谨以此书献给伟大的朱兰博士（1904—2008）。

领导者的质量思维

约瑟夫·M·朱兰（Joseph M. Juran）
约瑟夫·A·德费欧（Joseph A. De Feo） 主编

卓越国际质量科学研究院 组织翻译
焦叔斌 译

中国人民大学出版社
·北京·

译者序

本书是针对组织的领导者的一本书。作为一个领导者,首先要把握社会、经济和组织发展的大方向,还要有管理一个机构的宏观思路和大局观,同时还要对主流的管理方法论有所掌握。这三个方面构成了本书的基本逻辑思路。

本书从质量管理和卓越绩效管理的视角,分析了质量在企业竞争力和国家竞争力中的核心地位,阐述了实现质量领先和卓越绩效是组织在全球化的竞争性市场中取得成功的最重要的途径,也是人民安居乐业和享受美好生活的重要保障,搞好质量和卓越绩效管理正在日益成为各类组织实现持续发展、构筑千秋基业的必由之路。本书在全面涵盖质量管理的传统知识的同时,重点融合了包括卓越绩效、六西格玛管理等近年来理论和实践方面的新进展。全书内容丰富、新颖又不失精练,体现了其面向组织的领导者的立意和针对性。

本书原为管理领域中的世界经典名著《朱兰质量手册》的最新版(第6版)的第一部分。在出版过程中,中国人民大学出版社将这部分针对领导者的内容单独成书,以方便各类组织中处于领导岗位的人士阅读。衷心希望本书能成为广大领导者把握管理发展脉搏进而提升组织管理水准的一个重要的知识来源。

焦叔斌
2013 年 9 月

目 录

第1章	从质量到优异结果	1
	关于本章	1
	本章要点	1
	质量、卓越绩效与优异结果	2
	质量对收入和成本的影响	4
	质量、收益与股票市场	5
	市场质量领先与经营策略	6
	质量与市场份额	7
	宏观经济对结果的影响	15
	顾客的视角与生产者的视角	17
	与不满相关的需要	23
	发掘隐藏的顾客需要	25
	完美主义	26
	质量与质量管理简史	27
	21世纪与质量	39
	启示	39
	致谢	40
	参考文献	41
第2章	质量对社会和文化的影响	42
	关于本章	42
	本章要点	42
	质量大堤下的生活	43
	保护消费者权益运动的兴起	45
	质量与国家文化	54
	全球经济中的质量	55
	文化差异	56

政府的质量管制 ·· 57

产品安全与产品责任 ·· 64

环境保护 ·· 67

多国合作 ·· 70

参考文献 ·· 70

第3章 质量管理的普遍方法 ·· 72

关于本章 ·· 72

本章要点 ·· 72

普遍性的概念 ··· 73

质量管理的含义 ··· 74

组织有效性计划 ··· 77

关键术语表 ·· 78

质量管理：财务和文化方面的益处 ···································· 80

如何管理质量：与财务的类比 ··· 81

实施朱兰三部曲 ··· 83

参考文献 ·· 85

第4章 质量计划：设计创新性的产品和服务 ····················· 86

关于本章 ·· 86

本章要点 ·· 87

三部曲的第一个过程：设计创新性产品 ··························· 87

朱兰质量设计模型 ··· 88

质量设计中的问题 ··· 90

朱兰质量设计模型 ··· 92

朱兰质量设计模型详解 ··· 95

常用设计工具 ··· 138

六西格玛设计 ··· 140

参考文献 ·· 141

第5章 质量改进：实现绩效突破 ·· 142

关于本章 ·· 142

本章要点 ·· 143

通用突破程序 …… 144
突破的模型和方法 …… 149
突破的基本原理 …… 157
取得高层管理者的批准和参与 …… 164
COPQ 与降低成本 …… 166
驱动底线绩效 …… 167
发现不良绩效成本 …… 168
诠释不良质量成本 …… 170
结果 …… 173
计算所需资源 …… 174
突破的动员 …… 180
高层"质量委员会" …… 181
将突破目标纳入经营计划 …… 183
提案与选择过程 …… 185
项目章程：项目问题和目标陈述 …… 192
项目团队 …… 193
团队组织 …… 197
对突破的制度化 …… 203
评审进展状况 …… 203
突破培训 …… 204
致谢 …… 205
参考文献 …… 205

第 6 章 质量控制：确保可重复和具有符合性的过程 …… 206
关于本章 …… 206
本章要点 …… 206
定义符合性和控制 …… 207
反馈回路的要素 …… 211
控制金字塔 …… 217
对控制的计划 …… 219
控制展开表 …… 221
控制的阶段 …… 223
过程符合性 …… 226

产品符合性：适目的性 ·· 231
统计方法在控制中的作用 ······································ 236
质量控制体系和方针手册 ······································ 238
进行审核 ·· 239
领导者的任务 ·· 239
参考文献 ·· 240

第7章 战略计划与展开：由良好到卓越 ·························· 241
关于本章 ·· 241
本章要点 ·· 241
战略计划与质量：益处 ·· 242
启动战略计划与展开 ·· 246
设计战略计划与展开的要素 ·································· 249
利用关键绩效指标来测量进展情况 ···························· 260
启示 ··· 268
参考文献 ·· 268

第8章 业务过程管理：创建适应性组织 ·························· 270
关于本章 ·· 270
本章要点 ·· 270
为何进行业务过程管理？ ······································ 271
BPM 的由来 ·· 273
BPM 的定义 ·· 275
BPM 方法论 ·· 275
BPM 的展开 ·· 278
计划阶段：计划新过程 ·· 280
转移阶段：将新过程方案转移到运营中 ······················ 290
做好变革的准备 ·· 291
与技术融合的 BPM 的未来 ···································· 293
参考文献 ·· 294

第9章 朱兰转型模型与路线图 ···································· 295
关于本章 ·· 295

本章要点 · 295

　　文化转型 · 296

　　朱兰转型模型 · 297

　　领导与管理突破 · 302

　　组织结构突破 · 306

　　当前绩效突破 · 312

　　文化突破 · 313

　　转型路线图 · 327

　　参考文献 · 330

第10章　展望：促进环境可持续性的生态质量 · 331

　　关于本章 · 331

　　本章要点 · 331

　　质量与可持续性：简介 · 332

　　全球变暖 · 333

　　社会的责任 · 335

　　企业的责任 · 336

　　产品和过程寿命周期分析 · 338

　　生态质量的定义 · 340

　　生态质量的方法和工具 · 340

　　参考文献 · 343

第1章

从质量到优异结果 约瑟夫·M·朱兰

关于本章	与不满相关的需要
本章要点	发掘隐藏的顾客需要
质量、卓越绩效与优异结果	完美主义
质量对收入和成本的影响	质量与质量管理简史
质量、收益与股票市场	21世纪与质量
市场质量领先与经营策略	启示
质量与市场份额	致谢
宏观经济对结果的影响	参考文献
顾客的视角与生产者的视角	

关于本章

本章定义了组织中产品、服务和过程之质量的作用和重要性。一个在质量上优于竞争对手的组织会被认为是市场质量领先者,最近则被称为是达到了"卓越绩效"。组织生产的产品和服务必须满足顾客的需要。如是,顾客就会购买这些产品和服务,组织就能实现销售收入。所有的组织都能将普遍质量管理方法用于设计、保持和持续改进产品和服务质量,从而取得优异的结果。

本章要点

1. 坚持不懈地提供高质量的产品和服务的组织要胜过那些不能这样做的组

织。顾客是否满意取决于产品和服务的质量能否满足他们的需要。

2. 高质量的产品和服务对于组织有着两方面的影响。首先，质量使得组织可以提供优于竞争对手的产品、服务和过程，从而改善财务业绩。其次，坚持不懈追求高质量形成了组织可持续发展的文化。

3. 高质量的产品和服务能够增加销售收入。收入的增加可以来自销售额、预算拨款、学费、政府基金，等等。

4. 质量优势可以转化为更大的市场份额，但这必须有比竞争对手进步更快的系统性做法。

5. 质量意味着"适目的性"。这意味着无论是生产产品还是提供服务，都必须"适合"其目的的要求。为了适合目的，产品和服务就必须具备正确的特性，并以最少的故障或无故障的方式（达到和超过六西格玛水平）来满足顾客的需要。

6. 顾客从自己的视角、以自己的语言来表述其需要。供应商（生产者）必须理解这些表述背后所隐藏的真正的需要，并将这些需要翻译成供应商的语言。

7. 成功建立了质量优势的组织实施了各种不同的质量策略。我们的分析表明，尽管这些组织所采用的策略各不相同，但它们的做法存在着诸多相似。

8. 本手册既提供了各种普遍性策略的细节，也就各个特定的组织如何从中获益提供了建议。

质量、卓越绩效与优异结果

追求高质量的产品和服务的组织可以从两方面获益。其一，其产品和服务由于优于竞争对手而更畅销，带来了更高的销售额、更低的成本和更强的盈利能力，从而对财务业绩产生影响。其二，对于质量的不懈追求带来了文化的转变。这缘于组织在消除不良质量、过程浪费和顾客不满方面持续取得成功。这种转变不是偶然发生的，它是组织在质量方面精益求精并实施系统化的方法论的结果。在过去几十年中，这种最高境界被赋予了多种名称。人们常常用世界级、最佳实践、前卫公司等说法来描述这些通过设计和持续改进产品和服务质量而实现了优异结果的组织，近来的提法则是卓越绩效。这是指由于产品和服务超越了顾客的期望而达到卓越绩效状态的那些组织，它们实现了优异的、可持续的结果并为同行所认可。

如何认识质量

一个重要的工作是为"质量"这个词下定义。我们必须首先就这个词的含义达成共识，之后组织才能知道如何来对"它"进行管理。如果组织能够对质量进行定义，就能够对它加以管理，能够管理就能够提供，从而获得顾客和利益相关者的满意。如果一个组织不能对质量的含义有共识，也就不能进行有效的质量管理。

我们见过人们在各种会议上就质量问题发生争执。"高质量花费更高还是花费更低？"人们常常各执己见。半数人认为花费会更高，另一半则认为花费会更低。事实上，一部分人并不清楚另一部分人谈论的究竟是什么。问题的症结在于"质量"这个词，同样的读音，同样的字形，却有着多重的含义。为了有效地加以管理，就必须从顾客——那些购买组织的产品、服务甚至声誉的人们——的角度，对"质量"这个词的定义达成共识。

一家提供金融服务的公司的领导者们不支持某个旨在减少业务过程冗余的项目提案，因为下属把项目称为"质量改进"。有些领导者认为质量改进会造成更多的花费，在他们看来，高质量就意味着更高的成本。也有观点认为高质量对应着低成本。下属为了取得批准并避免引起混淆，不得不将项目更名为"生产率改进"。如果组织能够将"质量"这个词的不同含义加以明确就会减少这些混淆。然而，只要我们使用同一个词来表达不同的含义，有些混淆就不可避免。

一直以来，人们试图通过添加一些修饰词汇来阐明相关的意义。迄今为止，这些努力并未得到广泛的接受。还有人试图通过构造一个短语来明确定义"质量"这一词汇的主要含义。《朱兰质量手册》第 3 版最早给出了一个具有普遍性的定义，"质量"就意味着"适用性"。戴明博士（Dr. Deming）使用了"符合要求"这一提法。罗伯特·高尔文（Robert Galvin），摩托罗拉公司的荣誉主席，用"六西格玛"来描述与缺陷相关的高质量水准。有些则主张质量意味着世界级、同业之最，卓越绩效则是当前的提法。

在编写这一版时，我们发现这些定义大多不太适用于服务性组织。为了找到一个广泛性的、适用于任何场景的术语，我们对于《朱兰质量手册》第 6 版以前的定义进行了修正。几十年来我们一直主张质量意味着适用性（fitness for use）。这里的用途是由购买、使用产品和服务或受到产品、服务影响的顾客所规定的。如果组织理解顾客的需要，它就应该能够设计出适用的产品和服务。可是，由于越来越多的服务性行业在应用质量管理的方法，此前的质量定义就变得不够充分了。

我们因此而构造了一个新的定义。质量意味着适目的性（fitness for purpose）。无论你生产什么——产品还是服务——它都必须适合其目的。为了适合目的，任何产品和服务都必须具备能够满足顾客需要的正确特征，并且以最少的失效来加以提供，必须能够真正满足顾客的要求，并取得优异的业务绩效。

要用一个短语给出足够充分的含义供领导者和经理们在选择质量改进行动路线时所用是很难的。你所能采取的最好策略便是理解图1—1给出的含义辨析，并根据这些辨析来定义质量。

图1—1给出了"质量"这一词语所包含的众多含义中的两个方面。这两方面含义对于质量管理而言是极为重要的。

满足顾客需要的产品特征	免于不良
更高的质量使组织能够： • 提升顾客满意度 • 使产品畅销 • 应对竞争要求 • 增加市场份额 • 提高销售收入 • 卖出较高价格 • 降低风险	更高的质量使组织能够： • 降低差错率 • 减少返工和浪费 • 减少现场失效和保修费用 • 减少顾客不满 • 减少检验、试验 • 缩短新产品面市时间 • 提高产量、产能 • 改进交货绩效
主要影响销售收入 质量越高费用越高	主要影响成本 质量越高费用越低

图1—1 质量的含义

质量对收入和成本的影响

首先，质量对于成本具有巨大的影响。在这种情况下，质量意味着没有办公室差错、工厂缺陷、现场不良等方面的问题。"高质量"意味着更少的差错、缺陷和不良。顾客感知到的产品或服务的质量低，通常都属于不良、缺陷、差劲的响应时间等。要提高这种类型的质量，组织就必须掌握普遍的质量改进方法论。这种方法论常被称为"突破"或"六西格玛"，它是一种系统的用于减少这类不良数目或降低"劣质质量成本"的方法论，应用这类方法可以实现更高的质量水平和更低的成本。

其次，质量对收入产生影响。在这种情况下，"质量高"意味着为顾客提供的产品或服务的特征能满足他们的需要。这些特征使产品或服务更加畅销。顾客追求并购买更高质量的产品,从而为厂商带来了收入。质量领先者能够卖出更高的价格并获得更多的收入,这几乎已成为定论。

作者将对那些包含多重含义的词汇加以定义。我们在本书附录中提供了一个关键术语词汇表,这将有助于实际工作者在使用本书改进工作绩效时立足在一个共同的基础上。

以下这几个重要术语将贯穿于本书之中:

"组织"包括各类企业、公司、单位、产业机构、政府部门、学校、医院等。

"收入"是指总收入,它可以来自销售收入、预算拨款、学费、政府基金等。

"成本"指组织为了满足顾客需要所花费的货币的总量。从质量的角度来说,成本包括为了设计和提供高质量的产品和服务所造成的花费,以及由于低质量而产生的成本或损失。

质量对于成本的影响和对于收入的影响存在着交互作用。具有缺陷的产品和服务不仅增加了供应商和顾客的成本,还会影响再次的购买。吃了产品缺陷苦头的顾客当然不愿再次从同一个供应商处购买。他们也不会对这类信息保密,他们会广而告之,这会影响到其他潜在购买者的决策,从而对供应商的销售收入产生负面影响。

不良质量对于组织效益的影响得到了广泛的研究。与之形成对照的是,有关质量对于收入的影响的研究却相对滞后。考虑到大多数的高层经理们对于增加收入要比降低成本更为重视,这种反差就更加令人吃惊。这一反差提示我们:可以通过更好地理解质量对于收入的影响来提升组织的经济效益。

质量、收益与股票市场

最高管理层和董事会更为关心诸如净收入和股价之类的财务指标。不同的质量水平当然会影响这些指标,但其他变量也会产生影响,如市场选择、价格、财务政策等。现在我们已经能够将质量管理所产生的市场收益与其他因素的影响分离开来。

在1990年代早期,某些财经类媒体发文质疑马尔科姆·鲍德里奇国家质量奖、六西格玛以及其他类似方法对提高绩效的价值。一项研究通过分析应用这些方法的组织在股票市场上的表现,对这些提出质疑的文章进行了回应。该研究对鲍德里奇奖得主与标准普尔500企业进行了比较,结果十分惊人。马尔科姆·鲍德里奇国家质量奖得主的表现胜过了标准普尔 500 企业。鲍德里奇奖得主的股价升值 89%，而与之相比较的标准普尔 500 种股票的涨幅只有 33%。("Betting to Win on the Baldie Winner," 1993, p. 8) 这些得主后来被称为"鲍迪基金"。

对于那些不按资产价值来衡量的组织而言，质量活动所产生的影响也是显而易见的。2007 年鲍德里奇奖得主珊瑚泉市（Coral Spring）的市长 Michael Levinson 如此说道："每当被问及为何要参评鲍德里奇奖时，我的回答很简单：华尔街的三家评级机构给出的债券评级都是 3A，投资项目按时在预算内完成，企业满意度 96%，居民满意度 94%，综合质量评价 95%，雇员满意度 97%……这就是我们投身于鲍德里奇奖活动的理由。"

市场质量领先与经营策略

构筑市场质量领先者地位

市场领先通常是由于首先进入了某个新市场并获得了被市场人士称为"特许权"的优势而形成的。一旦获得了这种优势，就可以通过不断改进产品或服务以及有效的促销而使之保持下去。可是，其他的组织可能会决定通过改进产品或服务的绩效，亦即提高质量，来获得超过市场领先者的优势，从而重新定义市场，成为顾客角度的"质量领先者"。获取了质量领先者地位的组织通常是基于如下两种基本策略：

- 顺其自然。组织兢兢业业、尽力而为，希望原领先者有朝一日犯错误或拱手让出领先地位。
- 主动争取。实施主动的策略——将获取领先地位设定为正式的经营目标并采取行动使之实现。目标一旦实现就能取得优异结果并长久保持领先地位。

那些采取行动把实现质量领先地位作为正式目标的组织，必须回答"领先什么"这一问题。适目的性概念包含了多个方面，质量领先可以体现在其中的任一方面上，而组织努力的焦点将取决于它所作出的具体选择。如果质量领先包括如下方面：

1. 优异的设计质量。
2. 优异的符合性质量。
3. 可用性。
4. 质量保证。

5. 现场维修速度。

组织就必须聚焦于：

1. 产品和服务的开发。
2. 有力的质量控制和系统的质量改进。
3. 运营控制。
4. 可靠性和可维修性。
5. 迅速、准确的现场服务能力。

质量领先地位一经确立便可持久保持，除非有足够的证据表明已有竞争对手取代了这一地位。若无这种迹象，这种质量领先地位可能会维持数十年甚至上百年。然而，质量领先地位也可能因某些灾难性的变化而丧失。

据报道，某啤酒厂为了降低成本而改变了配方。在几年当中，其市场份额发生了急剧的下降。尽管后来又恢复了当初的配方，但市场份额却未能得到恢复。（"The Perils of Cutting Quality," 1982）

有些情形下，质量声誉不属于某个单独的组织，而是由许多组织形成的联盟建立起来的。这时，该联盟就会采用并公布一些符号或标志。人们认可带有这类标志的产品的质量，联盟会竭尽全力来维护其质量声誉。

中世纪的行会在其成员当中实施了严格的规范和质量控制。中世纪的许多城市为了保护本城市的质量声誉，还对一些制成品实施了"出口管制"（Juran，1995，Chapter 7）。

质量竞争的加剧促进了包括质量计划和质量领先计划在内的战略性经营计划的实施。（详见第 7 章"战略计划与展开：由良好到卓越"）

实现优异质量的途径之一是同该产品或服务的主导用户合作，共同进行产品开发。主导用户是指在某个市场中具有影响力并被人们追随的用户。例如，在医疗界的主导用户可能是这样一位人士，"他享有国际声誉，担任数个学术团体的主席，经常受邀出席大型会议发表演讲或担任主席，发表了大量学术论文"（Ollson，1986）。主导用户特征的确定需要进行一定的分析。（这在某些方面有点类似于辨识客户企业中对于购买决策最有影响的人员。）Ollson 举出了 10 种类型的主导用户，每一类都扮演着不同的角色。

质量与市场份额

提高市场份额常常是高层管理者最为重要的目标之一。市场份额越大意味着销售量越高。由于盈亏平衡机制的作用，销售量的提高会带来更高的投资回报。

图 1—2 中，在盈亏平衡线的右侧，因为固定成本不会增加，销售量增加 20%，利润增加了 50%。（实际上，恒定成本会随着销售量的改变而改变，但不是成比例变化。）提升市场份额带来的风险是适度的，因为技术、产品或服务、设备、市场等都是现有的，且其有效性已经得到了验证。

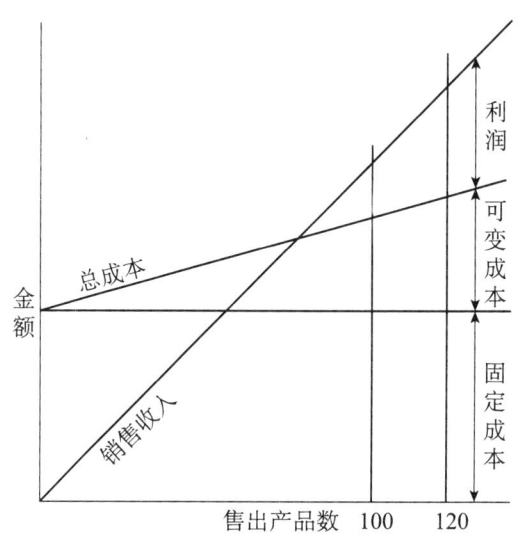

图 1—2　盈亏平衡图

资料来源：Juran, J. M., *Juran's Quality Control Handbook*, 5th ed., McGraw-Hill, New York, 1999, p. 7.13.

质量优异的效应

质量优异通常可以转化为更高的市场份额，但这可能需要付出特殊的努力。质量优异必须以顾客的需要和顾客所寻求的益处为基础。如果质量优异只是根据公司内部的标准来定义，顾客可能不会认识到其价值。病人可能愿意多花钱跑远路到美国梅奥诊所（Mayo Clinic）就诊而不选择本地的医疗机构，因为他们认为到梅奥诊所能够得到更好的治疗效果。

买方显而易见的质量优异

这种情况下，显而易见的质量优异可以转化为更大的市场份额。市场营销人员充分理解这一理念，他们总是在竭力要求产品开发者开发那些可以通过宣传而扩大市场占有率的产品特征。这方面的例子不计其数。

可以为使用者带来经济效益的质量优异

有些产品外表"相像"但性能却大相径庭。一个明显的例子是同类电器的耗电量差别。在这类例子中,产品的技术差异可以转化为货币语言。这种转化可以使不懂技术的人也很容易理解质量优异的意义。

某种动力工具所具有的高可靠性可以转化为货币语言从而卖出更高的价格。这种可靠性方面的优势还可以用来扩大市场份额。卡车轮胎的质量优异可以转化为单位行驶距离的成本。

顾客也会进行这种转化。砂轮的用户记录下砂轮的寿命,并将之转化为货币语言,即每加工 1 000 件产品的砂轮成本。这样测量单位成本使顾客不需要成为研磨技术方面的行家。

总起来看,上述这些例子可以概括如下:
- 在各种竞争性的产品和服务之间,实际上都存在着某种质量差异。
- 质量差异的实质是技术差异,但许多用户却并不理解其意义。
- 质量差异常常能够转化为货币语言或用户能够理解的其他形式。

微小但可察觉的质量优异

某些场合,即使"稍差"的竞争性产品也符合要求,优异质量仍可带来更大的市场份额。

一家滚动轴承制造商通过改良生产过程使其产品或服务明显比竞争对手更精密。然而,竞争对手的产品或服务也符合要求,所以不可能造成价格差异。尽管如此,其产品更为精密的事实却依然给客户的工程师们留下了深刻印象,从而该制造商进一步扩大了市场份额。

就消费性产品和服务而言,如果能使消费者充分感知到差异和价值,那么即使是看似微小的差异也会导致市场份额的扩大。

一家糖衣巧克力制造商的高管极力强调这样一个事实,即他们的产品不会在消费者的手上留下巧克力的污痕。他在电视广告中大肆渲染孩子们在吃完他的和竞争对手的(无糖衣)巧克力之后的手的对比情景,结果他公司巧克力的市场份额有了大幅的增加。

不加怀疑地接受的质量优异

消费者可以被说服相信那些他们自己无法证实的所谓产品优异的断言。一个例子是关于电动剃须刀的一项绝妙的市场研究。主持这项研究的公司(Schick)

聘用了一个独立实验室来进行测试。在研究中，参与者依次使用两把剃刀剃须。第一天先用 Schick 的剃须刀，接着再用竞争对手的剃须刀；第二天则颠倒顺序进行。在所有的测试中，都精确称量了第二把剃须刀所刮下的胡须重量。数据表明，当 Schick 的剃须刀作为第二把时所称出的胡须重量要大于竞争产品所刮下的胡须重量，暗示 Schick 的剃须刀刮得更为干净。几个月内 Schick 公司的市场份额上升如下：

- 9月　8.3%
- 12月　16.4%

在这个案例中，消费者无法证实所宣称的质量优异的准确性。他们可以选择不加怀疑地接受，也可以选择根本不相信。许多人还是不加怀疑地接受了它。

无质量优异

如果不存在明显的质量优异，市场份额便取决于营销的技巧，例如打动人的价值定位、诱人的包装等。各种形式的降价也能带来市场份额的扩大，但这通常只是暂时性的。竞争对手也会迅速采取类似的行动。如果因为改进过程降低了生产成本，使企业相对于竞争者建立起了成本优势，则降价策略就能产生长久的效果。

消费者偏好与市场份额

消费者在很大程度上依赖感官来判别质量。这一事实促进了人们对以感官为工具判断质量的研究。这些研究开发出了测量消费者偏好及其他形式的消费者反应的客观方法。目前，已有大量文献提出了各种类型的感观试验以及进行这类试验的方法。

最初，这些方法主要应用于过程控制以及产品和服务的接收决策方面。近年来，这些方法的应用扩展到了诸如消费者偏好测试、新产品和新服务的开发、广告以及市场营销等领域。

对某些产品或服务而言，通过"强制选择"试验很容易获得对消费者偏好的测量。例如，在百货商店摆放一张桌子，邀请一些过路人品尝一下 A 和 B 两杯咖啡，然后让他们说出自己偏好哪一杯。把几块地毯的样片展示给几组潜在顾客，然后请他们指出各自的偏好。对于那些比较简单的消费品或服务，这样的试验可以获得很好的有关消费者偏好的数据。对于更为复杂的产品，如保险或金融工具等，就要求进行更为高级的分析，如关联分析（conjoint analysis）或离散选择方法等。

将消费者偏好的数据与市场份额数据结合进行相关分析，会使这类数据的价值大大增加。图1—3所示的就是41种不同包装的食品的这样一种相关关系。这是一种非常有益的分析，值得仔细研究。

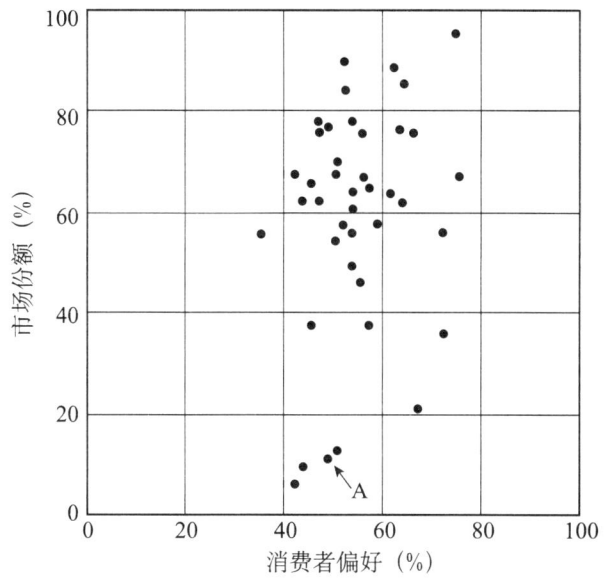

图1—3　消费者偏好与市场份额

资料来源：Juran, J. M., *Juran's Quality Control Handbook*, 5th ed., McGraw-Hill, New York, 1999, p.7.17.

图1—3中的一个点代表着超级市场货架上的一种食品。货架上的每种食品都有竞争产品。这些竞争性产品以同一价格销售，用同一规范的盒子包装，盒内食品含量也完全相同。什么会影响消费者？

• 包装盒的内容，凭感觉和习惯判断，可能导致消费者喜好产品A甚于产品B。

• 营销特征，如包装的吸引力、此前广告的感染力以及制造商的声誉等。

在图1—3中，水平轴表示消费者对主要竞争者的偏好，这是由经过统计处理的偏好试验确定的。纵轴表示对应于主要竞争者的市场份额，假设市场由两家厂商占有。

在图1—3中，没有消费者偏好低于25%或超过75%的产品。75/25的偏好水平意味着产品非常具有优势（或劣势），以至于3/4的用户都能觉察出其产品差异。由于所有其他因素基本上都是相同的，这一结果意味着受到75%以上消费者偏爱的产品最终会占领整个市场，其竞争对手会销声匿迹。

与代表消费者偏好的横轴具有大量的空域相对照，代表市场份额的纵轴在整个区间内都有相应的数据。其中一种产品（图1—3中以A表示）恰好位于50%

的消费者偏好线上,这可能意味着(在强制选择试验下)用户拿不准自己到底是偏爱该产品还是其竞争产品。但产品 A 仅占有 10% 的市场份额,而其竞争性产品的份额却达 90%。不仅如此,市场份额的这种不均衡状况已持续了多年,原因在于占有率 90% 的这家企业是率先把这种产品推向市场的,因此获得了一个"先到特权",并通过良好的促销保持了它的地位。

结论是,当相互竞争的产品在消费者偏好方面十分接近时,微小的质量差异的影响将被营销技巧所抵消。因此,可以合乎逻辑地得出结论,在其他一切条件都相同的情况下,当用户对质量有明确偏好时,质量差异对市场份额就具有决定意义。当质量差异比较微小时,影响市场份额的决定性因素则是市场营销技巧。

据此可以推论,若质量改进会使消费者偏好(1)由显著的弱势转化到一个可接受的程度或(2)由可接受的程度变为具有明显的优势,企业就应当进行质量改进。然而,如果质量改进只能带来消费者并不看重的微弱进步,这样的改进就没有必要,因为这种情况下,是市场营销技巧对市场份额起决定性的作用。

技术专家很容易得出这样的结论,即他们认为的产品或服务中最重要的方面也是用户最为关注的方面。在地毯行业,工程师们把大部分精力投入到提高产品耐用性以及适目的性的其他技术方面。然而,一项市场调查表明,消费者选择地毯产品的理由基本上是感官方面的而非耐用性方面的:

- 颜色　　　　　　　　56%
- 样式　　　　　　　　20%
- 其他感官方面的质量　6%
- 非感官方面的质量　　18%

从理论上说,对于较为复杂的消费性产品,只要能够获得以下两方面的量化数据,研究质量与市场份额的关系就是可行的。这两方面的数据是:(1)消费者购买模式的实际变化;(2)可能引起这种变化的供应商的行动。现实中,这样的信息是难以获得的。同样,在任何一种情形下,都难以判断为什么消费者购买的是 A 而不是 B。倒是一些"人口统计"意义上的特征,即购买者的年龄、家庭规模等,会决定偏好 A 而不是 B。对于通过中间商销售的产品或服务来说,消费者对质量的广泛不满会转化为"中间商的偏好",这将对市场份额带来沉重的打击。

某家用电器制造商在产品和服务的特征、价格和交货即时性上均具有竞争力。但是,它在现场故障处理方面竞争力很差,这成为消费者向商家投诉的主要原因。如下表所示,没几年时间里,该制造商(B)便丧失了其在市场份额上的所有领先地位。该表刺激 B 公司的高层管理人员采取了提高产品可靠性的行动。

型号价格	各个时期市场份额的领先者			
	基年	第一年	第二年	第三年
高	A	C	C	C
中	B	B	C	C
低	C	C	C	C
特殊	B	B	B	C

工业产品与市场份额

工业产品或服务的销售主要取决于技术性能而不是感官质量。然而，顾客偏好原理在这里仍然适用，同样也必须把质量差异同顾客偏好和市场份额相联系。

质量与竞标

许多工业产品，尤其是大型的系统，一般是通过招标的方式来购买的。法律要求大多数政府机构在签订大宗合同之前必须进行招标。工业组织也要求它们的采购经理采用同样的做法。招标单中通常会包括质量参数，有的规定得很详细，也有的只是性能规范。

对于参与竞争的供应商来说，中标率具有重大的意义，他们的销售额和利润主要取决于这一比率。此外，准备投标的成本也不可小视。最后，这一比率还影响着相关人员的士气。（中标队伍的成员同竞争者较量；投标失败一方的队员则彼此争斗。）通过分析以往投标的记录来提高中标率是可行的。图1—4所示是一个关于20项未成功竞标的分析。

为了制作图1—4，一个跨职能的团队分析了20项未成功的竞标，指明了未能赢得合同的主要原因和起作用的原因。该团队的研究结果显示，安装价格是影响最大的因素，在14次包括安装投标的竞标失败中，有10次都因安装价格在起作用。这一发现促成了对安装价格估算程序的修订以及中标率的提高。

遗留的易发生故障的产品特征

质量领先地位可能会因老型号产品遗留下来的易发生故障的产品特征久拖不治而失去。成为痼疾的这些产品特征人所共知，因此而产生的现场故障使售后服务人员疲于应付。尽管如此，这些易发生故障的产品特征还是会有许多被新型号产品所沿袭。这种沿袭轻则会影响销售额并提高成本，重则会像癌症一样摧毁看似有希望的产品线或服务线。

	投标未成功的原因				
合同建议书	设计质量	产品价格	安装价格	互惠购买	其他
A1		×	×		×
A2			××		
A3	××	×			
A4	××		×		
A5	××				
A6	××				
A7		××			
A8		××			
A9			××		
A10			××		
B1	×		×		
B2				××	
B3				××	
B4				××	
B5		×	×		
B6		×	×		
B7	××				
B8		×	×		
B9				×	
B10	×	×	×		
合计	7	8	10/14	4	1

图 1—4　未成功竞标分析

注：1. ×＝起作用的原因；××＝主要原因。
　　2. 只有 14 项投标涉及安装。

资料来源：Juran, J. M., *Juran's Quality Control Handbook*, 5th ed., McGraw-Hill, New York, 1999.

一个声名狼藉的例子是早期的静电复印机。在各种型号的复印机中，排名"前10位"的故障模式几乎是完全一样的。在汽车业中，类似的现象也存在了许多年。

造成这种问题遗留的原因与困扰众多企业的内部慢性浪费的原因极为类似：

1. 预警信号阻断。当浪费年复一年地发生时，会计会将之列入预算当中。这种做法阻断了预警信号，只要浪费不超过预算，就不会有警报响起。

2. 没有消除浪费的明确责任。当然也还有其他的原因。技术专家有能力消除大多数的遗留问题。可是，这些技术人员总是处在营销人员的强大压力下，被迫不断开发新的产品或服务特征以及过程特征以增加销售。此外，他们也不愿意把时间花在这些老问题上。在他们的文化中，创造新事物才是最大的荣耀。

令人惊讶的结果可能是，尽管每一个部门都恪尽职守，产品或服务却走向了衰亡。看来，除非最高管理层干预，即设定目标来解决这些遗留问题，否则这种困境就无法打破。

宏观经济对结果的影响

组织获取收益的能力受到经济环境以及各种经济体所形成的文化习惯的强烈影响。这些强大的力量影响着产品或服务的质量，也影响着其他的商业要素。

国家的富足与组织

一国的经济类型及富足程度极大地影响着其解决问题的方式。

自然经济

在这种经济中，广大贫穷的用户倾其所有来维持基本的生存需要，在此之外几乎没有其他选择。他们在低劣质量面前对自己的保护主要来自集体的政治权力而非经济实力。世界上的大多数人口仍处于这种自然经济当中。

短缺与过剩

在所有类型的经济中，产品短缺（卖方市场）会导致质量标准的松缓。由于对产品的需求大于供给，所以用户只能接受他们所能得到的（且抬高了物价）。与此相对照，买方市场会导致质量标准更加严格。

伴随失效风险的生活

随着社会的工业化，人们改变自己的生活方式以享受技术带来的好处。这些益处总的来说提高了生活质量，但它们同时也造成了新的依赖。在工业化社会中，芸芸众生把自己的安全、健康，甚至日常生活置于众多"质量堤坝"的保护之下。例如，有许多药物会让人获得暂时性的好处，但长期来看却会让疾病恶化。

有关的详细内容，参见第 2 章"质量对社会和文化的影响"。

有意的淘汰

随着顾客变得富足起来，经济组织不断地推出新产品（或新型号的老产品），并极力向目标用户推销。许多用户在购买新型号产品时还拥有着仍能使用的老产品，此做法被一些改革者认为是应受谴责的经济浪费。

改革者们在反对这种所谓的浪费的努力中，一直在抨击推出并促销这些新型产品的企业。改革者们所称的"预谋的淘汰"，隐喻（及直指）大机构凭借它们精巧的新产品和强劲的促销攻势，解除了用户的抵抗。按照这种认识，浪费的责任完全在于创造这些新产品的组织。

根据笔者的经验和判断，这种预谋淘汰的说法基本上是荒谬的。无论是对于制造商还是消费者来说，一个明显的事实是，（在是否淘汰旧的产品或服务并换新这一问题上）决策是由消费者做出的。不时地，这一事实会因某些大规模营销的失败而更加惹人注目。

- 现在的家用冰箱的许多特征都是旧型号产品所没有的，如冷冻室、制冰器、冰箱门储物架等。看到这些新的特征，购买了老式冰箱的房主们日益变得不快，这促使他们也去购买新型的产品，虽然老产品仍能使用。需要指出的是，是顾客而非生产商做出了购买新型号产品的决策。
- 1970年代后期，随着磁带录像机（VCR）的问世，预录的娱乐节目进入了人们的家中。此后的20多年里，这一发明成了全球成千上万的人的家用必需品。数字式影碟播放机（DVD）问世之后，只用几年而非几十年的时间便取代了具有同样功能的VCR。消费者选择了与VCR基本功能完全相同的DVD，因为后者具有更高的质量和更多的产品特征。通过互联网下载视频的新方式正再次颠覆着这一市场。

非本意的淘汰

还有另一类截然不同的淘汰。在这种情况下，耐用产品中包含有易损零部件，其寿命短于产品的寿命。这些零部件的寿命是由制造商的设计所决定的。因此，即使是用户决定换掉已坏的零部件（以使产品或服务能够继续使用），但淘汰产品的真正决策是由制造商做出的，因为产品设计已决定了零件的寿命。

有一种更糟糕的情况是，原厂商在设计时就决定了产品耗材、备用配件等是非标准的，从而其唯一的来源便非原厂商莫属。这使得用户被锁定在了唯一的供货源上。总起来看，这种做法助长了厂商大量的滥用材料，从而促进了保护消费者权益运动的兴起。

顾客的视角与生产者的视角

企业通过销售产品和服务而获得收益。产品是销售给"顾客"的,但顾客的身份各不相同。顾客可以是批发商、加工者、最终用户,等等,相应地有着各不相同的需要。为了满足顾客的需要从而销售更多的产品和服务,就必须搞清楚这些需要究竟是什么以及组织如何才能满足它们。

富裕度频谱

在所有的经济形态中,总人口的富裕状况都分布在一个广阔的频谱范围上。供应商则通过产品特征的差异化来对应这一频谱上的各个区段。这种差异通常被称为"档次(grades)"。

例如,所有的旅馆都提供住宿。除了这项基本服务外,不同的旅馆在其他条件的提供上会有巨大的差异,饭店的档次(如豪华套房、四星级,等等)便反映了这种差异。类似地,任何一款汽车都能提供两点之间的运输这一基本服务,但汽车却有多种档,既有保时捷、宝马、梅赛德斯、卡迪拉克、雷克萨斯这样的豪华品牌,也有诸如通用、现代、福特、丰田等许多经济性车型。高档汽车所提供的超越了纯粹的运输服务,还有更高水平的安全性、舒适、外观、社会地位,等等。

适目的性与规范符合性

有时,顾客与供应商在质量的定义上会产生分歧,这种分歧是麻烦的根源之一。在大多数顾客看来,质量意味着产品或服务所具有的那些能够满足顾客需要的特征。此外,质量还意味着产品不出故障,或发生故障时良好的顾客服务。我们对上述这些内容的一个综合定义便是"适目的性"。

与此相对照,多年来,许多供应商把质量定义为最终检验时对规范的符合。这一定义对于影响顾客所理解的质量的诸多因素未加考虑,如包装、储存、运输、安装、可靠性、维修、服务,等等。

图1—5列出了有关耐用产品的观点差异。

正在进行中的质量革命的内容之一,便是修正供应商的质量定义,以使之更接近顾客的定义。

| | 主要观点 | |
所涉及问题	顾客	制造商
购买什么	顾客需要的产品	制造商制造的产品
质量的定义	产品或服务生命周期内的适目的性	最终检验时符合规范
成本	使用成本，包括： • 购买价格 • 运行成本 • 维修费用 • 停工期 • 折旧 • 转卖损失	生产者的成本
确保产品使用的责任	整个使用寿命内	保修期内
零配件	不得不面对的讨厌事	有利可图的买卖

图 1—5　顾客与供应商观点的比较

使用成本

就消耗品或许多服务而言，顾客所支付的购买价格十分接近于使用（消耗）该产品或服务的成本。然而，对于长寿命的产品或服务来说，由于存在着一些额外成本，如运行成本、维修费用、停工期、折旧、牌照费、换型、交易服务收费等，其使用成本可能会同购买价格产生相当大的差异。

数个世纪以来对于购买价格的强调常常掩盖了后续的使用成本。这样所导致的后果之一便是局部的优化，即供应商优化的是自己的成本，而非供应商与顾客双方的综合成本。

寿命周期成本分析的概念为这一问题提供了一个答案，这方面的应用正在取得良好的进展。

用户的认知程度

在一个竞争性市场上，顾客具有多个供货源。在他们作出选择时，质量显然是所要考虑的一个因素。但是，顾客在评价产品质量的能力上却存在着巨大差异，尤其在购买前评价时更是如此。

从图 1—6 中可以概括出如下结论：

• 原始设备制造商（original equipment manufacturers，OEMs）可以凭借技术和（或）经济力量来保护自己，也可以依靠合同条款。经销商和维修店则主要依靠合同条款并辅之以一定的经济实力。

• 小用户只有非常有限的知识和自我保护能力。小用户的情况需进一步加以讨论。

所涉及的问题	原始设备制造商（OEMs）	经销商和维修店	消费者
市场的构成	少数大客户	一些大客户和众多小客户	非常多非常小的客户
任何一个顾客的经济力量	很大，不可忽视	中或小	微不足道
顾客的技术力量	很雄厚；有工程师和实验室	小或无	无（需要技术帮助）
顾客的政治力量	中或小	小或无	不确定，但总体上可能很大
适目的性的主要判断依据	合格检验	无消费者投诉	使用顺利
质量规范的确定	客户	制造商	制造商
进货检验的应用	进行全面检验，确保产品符合规范	经销商很少或没有；维修店在使用中检验	在使用中检验
收集和分析故障资料	良好至一般	较差甚至没有	较差甚至没有

图 1—6　顾客对质量的影响

资料来源：*Juran's Quality Control Handbook*, 5th ed., McGraw-Hill, New York, 1999, p.7.5.

尽管会有些例外，但绝大多数小用户并不完全了解产品或服务的技术性质。用户对适用性的某些方面会有一些感性的认识，如面包闻上去很新鲜，收音机听起来很清晰，鞋子很漂亮等。除了这些感性认识外，小用户只能主要依赖自己以往同供应商或经销商打交道的个人经验，特别是在涉及一些耐用产品或服务的性能时。如果过去缺乏这种经验，那么小用户就只能通过其他一些信息（如邻居、商家、独立实验室等）在相互竞争的供应商的宣传中进行选择了。

用户对产品适用性的判断对供应商收益的影响如下：

从用户的角度来看，产品或服务若是：

- 不具有适目的性。
- 适合目的但明显劣于其他竞争产品或服务。
- 适合目的且具有竞争力。
- 明显优于其他竞争产品或服务。

相对应的供应商收入便是：

- 没有收益，或立即陷入危机。
- 因市场份额减小导致收益下降或必须降价。
- 市场价格。
- 因市场份额扩大或单价提高获得高收益。

在下表中，"适合目的"、"劣于"、"有竞争力"和"优于"这些词汇，都是从用户的角度而言的。（该表的分析无论是对大客户还是小用户都同样适用。）

从用户的角度来看，产品或服务若是	相对应的供应商收入便是
不具有适目的性	没有收益，或立即陷入危机
适合目的但明显劣于其他竞争产品或服务	因市场份额减小导致收益下降或必须降价
适合目的且具有竞争力	市场价格
明显优于其他竞争产品或服务	因市场份额扩大或单价提高获得高收益

表述的需要与真实的需要

顾客总是从自己的视角、用自己的语言来表述自己的需要。而供应商面临的问题是要了解这些表述背后的真实需要，并将之翻译为供应商的语言。

顾客常常用产品的形式来表述自己的需要，而他们的真实需要其实是这些产品所提供的服务。例如：

表述的需要	真实的需要
食品	营养、美味
汽车	运输、安全和舒适
平板电视	在家观看娱乐节目、新闻、电影
牙膏	牙齿洁白、口气清新等
每周7天每天24小时营业的银行	随时存款、取款的能力

只是一门心思想着销售产品，可能会使注意力偏离顾客的真实需要。

Levitt（1960）在其《缺乏远见的市场营销》这篇广为人知的经典论文中，强调了与产品导向截然不同的服务导向。在他看来，铁路因过于关注铁路建设而非运输而失去了扩张的机会。同样，电影业由于过于关注影片而非娱乐，而丧失了与电视产业一起蓬勃发展的机会（Levitt，1960）。

为了理解顾客的真实需要，有必要回答这样一些问题：你为什么要买这种产品或服务？你希望从中获得什么样的服务？

心理需要

对许多产品或服务来说，顾客的需要超出了产品或服务的技术特征；他们的需要中还包含着一些心理因素。无论是产品还是服务，都是如此。一位想要理发的男子可选择去（1）"理发匠"开的"理发店"或（2）"发型师"开的"发廊"。两种情况下都是由一位熟练的理发师给他剪发，所得到的发型也一模一样。所不同的是他钱包里剩下的钱数和他所获得的舒服的感受（Juran，1984）。

对服务起作用的同样也适用于有形产品。在生产巧克力糖果的工厂里，加工完的巧克力糖由传送带送到包装车间。传送带的末端有两组包装人员，一组把巧克力装到纸板做成的包装盒里，这批产品将被运到廉价商店销售；另一组则把巧克力装到用椴木做成的包装盒里，这批产品将在豪华商场销售。这样，同等数量巧克力的最终价格会相差好几倍。这两类产品的购买者也将面临其他种种差异：商店装潢、店员的礼貌程度、服务即时性、受尊重程度，等等。然而，产品是一样的。任何一块在传送带上的巧克力都不知道它最终是去廉价商店还是豪华商场。

技术人员或许会好奇消费者为何愿意对同样的产品支付额外的价钱。然而，对许多消费者来说，心理需要被认为是真正的需要，他们凭自己的感觉行动。绝大多数的供应商都会设计相应的市场营销策略来响应顾客感觉上的需要。

"用户友好"的需要

许多用户的"外行"状态导致了"用户友好"这一术语的产生，它用以描述这样一种情况，即外行人也能自信地使用技术性较强的或其他复杂产品。例如：

出版物的语言应当简洁、明了并易懂。众所周知的难懂信息包括法律文件、用户操作手册、各种表格等。使用广泛的表格（如联邦政府的退税表）应该先请那些以后会真正使用这些表格的人实际试填一下。

产品或服务应当具有广泛的兼容性。这方面的许多工作已通过标准化委员会或自然垄断机构得到了实施。个人电脑是20世纪80年代缺乏兼容性的一个例子，当时许多个人电脑只能与同一制造商生产的电脑"对话"，但与其他制造商的产品却做不到这一点。

知情的需要

有时，顾客会发现自己处于一种不确定的状态：他们要乘坐的火车晚点了，且他们不知道火车什么时候能到；遇到了停电，不知何时才能恢复。在许多这样的情况中，供应商并未制定让顾客知情所必需的政策和程序。事实上，顾客即使了解了情况，通常也是除了等待别无选择。尽管如此，知情可以减轻焦虑，它提供了某种程度的安慰，即问题受到了重视且正在解决过程中。

纽约地铁系统的规定要求司机对于所有两分钟以上的延误都必须加以解释。一项调查表明，当时这一规则实际只在约40%的情况下得到了遵守。一份市政厅的报告得出结论："信息匮乏是导致公众对公共交通当局持对抗态度的主要原因。"（Levine，1987）

与之相反，一些航空公司则尽力使顾客了解航班延误的原因以及航空公司在采取补救措施方面所取得的进展情况。

有一类不同的情况是，厂商在没有知会顾客的情况下，秘密采取了有损质量的行动。最常见的情况是，不符合规范的产品或服务被交付到了不知情的客户手中。在大多数这类情况下，尽管产品或服务不合格但不妨碍使用。有些情况下，这是值得商榷的。还有些情况下，这种交付行为轻则是不道德的，重则甚至是违法的。

1990年代后期凡士通轮胎（Firestone Tire）与福特探索者SUV的联姻成为了现代汽车工业史上最糟糕最终也是致命的结合。福特探索者车型上安装的凡士通轮胎故障频出，常常导致车辆颠覆和滚动。这一缺陷使250多人丧命，还有3 000多起其他事故。更为恶劣的是，福特和凡士通均未对这一显而易见的问题承担责任。甚至在初期事故率已经达到非同寻常的程度时，装有凡士通轮胎的福特探索者却依旧在向大众销售。在事故率和死亡人数达到无法忽视的程度之前，生产商多年间一直对问题置之不理，并未采取召回措施。

一旦被发现，所有的秘密行动都会引起怀疑，哪怕这种产品或服务实际上是适合顾客使用的。顾客会怀疑："他们背着我们还偷偷干了些什么？"

不告知顾客的原因通常是厂商未能提出这样的问题：我们必须告诉顾客什么？如果在每一份有关不合格处理的文件中，都留出一栏并标明"向顾客说明的内容"，或许会有所帮助。最终的决策或许是没有要说明的内容，但至少考虑过这一问题。

文化需要

顾客，尤其是内部顾客，还有着文化方面的需要，这包括地位的维护、习惯的延续，以及其他被广义称作文化模式的要素。未能发现顾客需要可以部分地归因于不理解文化模式的本质，或甚至根本就不知道它的存在。

文化需要很少被公开地表达出来，它们大多是以隐含的方式加以表达的。一项有关变革的建议如果会削弱某些雇员的地位，那么这项变革就会遭到这些雇员的抵制。公开的抵制理由看似有理，例如，它会影响成本，而真正的原因则不会暴露出来。没有人会说："由于这项变革会削弱我的地位，所以我反对实行这一变革。"发现隐藏于表述背后的真实的需要，是实现坦诚沟通的一个重要步骤。（有关文化模式性质和"例行规则"的详细讨论，请参见第 5 章"质量改进：实现绩效突破"。）

源自非预期使用的需要

许多质量问题的产生，是由于顾客使用产品或服务的方式同供应商预期的使用方式不同所导致的。这种情况有多种表现形式：

- 安排非熟练的护工去从事本应由熟练员工从事的工作。
- 设备超载或不按照保养规程运行。
- 产品或服务以供应商从未预期的方式使用。例如，改锥被当作榔头来使用。改锥本来不是用来砸东西的！这样会造成损坏并伤害使用者。

所有这些都会影响质量与收益之间的关系。关键的问题在于，产品或服务的开发是应当依据预期用途还是实际用途，后者常常要求在开发中提高安全系数。例如：

- 为了防止过载而在电路中加入保险丝和断路器。
- 为了查出语法和拼写错误而设计拼写检查软件。
- 水、电、气等的收费单上加上一栏顾客上期使用量的核对项，以免抄表差错。

这些安全因素会增加成本，但由于这有助于避免因实际使用或误用而引起的更高损失，因此可能得到的是一个最优的总成本。

与不满相关的需要

当产品或服务出现问题时，会产生一组新的顾客需要，即如何恢复服务并对相应的损失和不便加以赔偿。这些新的需要是通过顾客投诉来沟通的，它由诸如顾客服务或呼叫中心这样的专门部门来处理。对消费者投诉和担保条款的不当反应极大地促进了"消费者权益"运动的兴起。（见第 2 章"质量对社会和文化的影响"。）

众多有关如何应对顾客投诉的研究揭示出了能够满足顾客要求的应对系统的一些关键特征。

投诉也影响到了产品或服务的可销性。美国消费者事务署委托进行的研究项目对此进行了研究，其研究结果可归纳如下：

- 在对产品或服务不满的顾客中，有近70%的顾客不会投诉。这一比例因产品或服务种类的不同而有所变化。不投诉的原因包括：为投诉而付出的努力不值得；认为投诉没用；缺乏投诉所需的知识。
- 在投诉的顾客中，有40%以上的人对供应商采取的应对措施表示不满。同样，这一比例也会因产品或服务的不同而有所变化。

对投诉采取的应对措施会极大地影响未来产品的销售情况。图1—7大致描述了经历产品不满后的消费者行为，这种巨大的影响还会扩展到对品牌的忠诚度上。图1—8分别显示了对大宗耐用消费品、金融服务和汽车服务方面的影响程度。

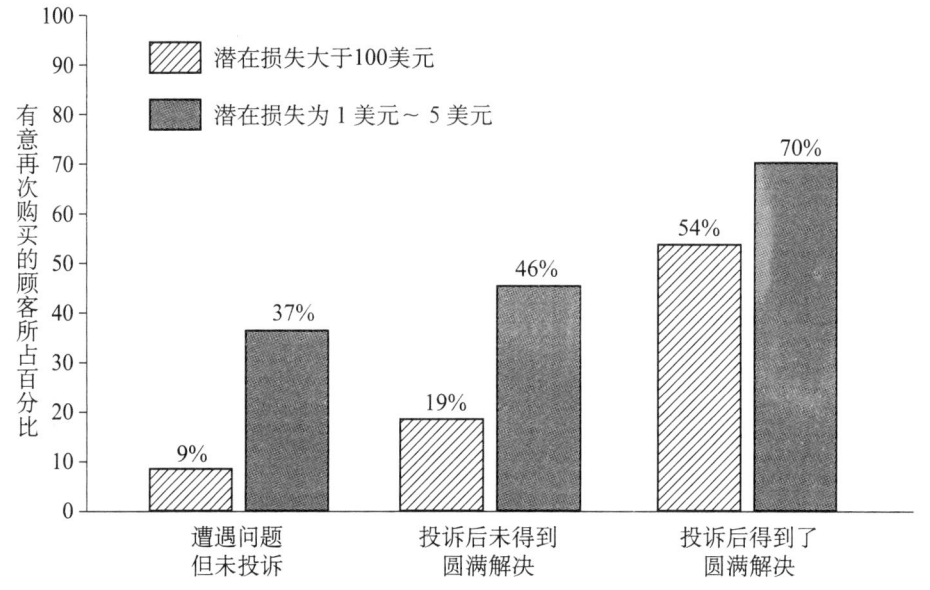

图1—7　经历产品不满后的消费者行为

资料来源：*Planning for Quality*，2nd ed，Juran Institute，1990，pp.4-12.

该研究得出结论认为，有条理的投诉处理方式会有很高的投资收益率。这种有条理的方式可包括如下的要素：

- 每周7天每天24小时服务的服务中心。
- 免费的电话号码。
- 计算机数据库。
- 电话应答雇员的专门训练。
- 主动征求投诉，以把未来的顾客流失降到最少。

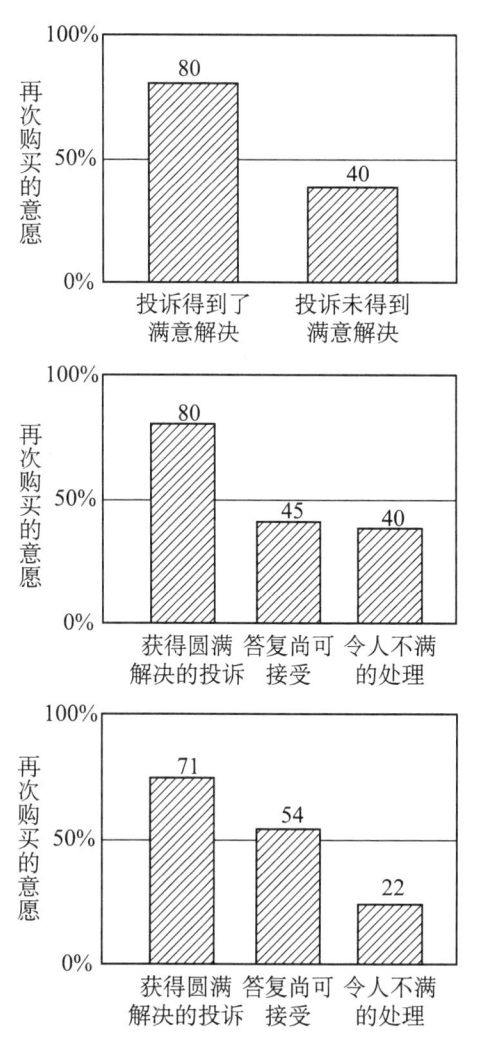

图 1—8 消费者忠诚度与投诉解决：大宗耐用品、金融服务、汽车服务

资料来源：*Planning for Quality*，2nd ed，Juran Institute，1990，pp. 4 - 14.

发掘隐藏的顾客需要

认为顾客完全了解自己的需要，而市场研究可以获得这方面的信息，这是一种最简单化的认识。事实上，顾客对自己需要的了解是相当不完全的。在某些情况下，顾客本人可能是最后意识到自己需要的人。很难想象有顾客会在 Walkman（微型便携式收录机）面市之前表达出对这种产品的需要。然而，一旦

Walkman 出现了，许多顾客便发现自己有这样的需要。

顾客认识上的这种空白主要是通过竞争性市场的力量以及企业家的行动来弥补的。

已有产品或服务的不足

当已有的产品或服务无法满足人们的需求时，就出现了一个等待填补的市场空白。人们的创造性便会想方设法去填补这一空白：

- 纽约市的出租车许可牌照已经冻结了好多年，而人口却在不断增加。由此而引起的短缺被无照运营车（黑车）、豪华接送轿车、公共汽车甚至自行车等填补了。
- 政府的纳税表填报说明使许多纳税人感到困惑，结果导致了一些关于填写报税申报单的畅销书和软件的产生。
- 手艺人提供的服务被公认为昂贵且不及时，其结果是诞生了一个庞大的DIY产业。

缩短服务时间

某些文化中流露出一种"即刻搞定"的迫切感。在这种文化里，那些能够以最短的时间为顾客提供服务的商家就能获得较大的市场份额。这种迫切感的一个引人注目的例子就是"快餐"业的成长。与快餐、快速服务类似的需要也是促使生产商应用"准时制"生产方式的重要的因素。

顾客习惯的变化

顾客的习惯往往反复无常。这方面的典型例子如服装的时尚和人们对健康的关注。消费主义驱动着当今的生活方式，许多人减少了牛肉的消费而更多地食用禽类和鱼类。这种变化并不仅局限于个人消费者，企业界也经常会掀起一些"运动"，其中的大多数都是来去匆匆，与之相关的一些"流行语"同样也是转瞬即逝。

完美主义

人类有一种追求精致、美丽和完善的天性。在不受经济因素约束的情况下，这种动力创造出了各个时代的艺术宝库。这种永恒的人类天性至今仍然盛行于艺术和美学之中。

在工业社会中，有许多情况下对完美的追求是同人类的需要相一致的。在食品和药物的制造中，某些微生物是必须完全消灭的，否则它们就会繁殖并对健康构成威胁。核反应堆、地下矿井、飞机以及其他易使生命遭受灾难性损害的构造，都要求彻底的完美，以使有可能危及人类安全的危险降到最低。危险品的大规模生产也是如此。

然而，也有许多情况下追求完美是同社会利益相矛盾的，因为它消耗了材料和能源，但无论在技术上还是美学上都未能增加适目的性。这种得不偿失的行为被称为"完美主义"，因为它增加了成本却没有增添价值。

质量与质量管理简史

一个年轻的应聘者在加入某个组织之后很快就会认识到，在组织中存在着大量的过程（系统）管理着组织的各种事务，包括质量的管理在内。新人或许会认为，人们一直以来就是应用这些过程实现质量管理的，将来也还会这样继续下去。这种想法是严重错误的。这些用来管理质量的过程在过去数千年中发生了巨大的变化，而且这种变化还将不断继续下去。

原始社会：家庭

质量是一个永恒的概念。虽然质量管理方式的起源隐藏于远古时代的迷雾之中，但我们仍能肯定人类一直以来都面临着质量问题。原始社会的食物采集者必须懂得哪些果实可食用，哪些有毒；原始的猎人必须知道哪种树木最适于制作弓箭。人们所获得的这些知识一代一代流传了下来。

家庭是人类的基本组织单位。孤立的家庭必须自给自足以满足自己衣、食、住的需要。家庭成员之间的工作各有分工。生产是为了自用，产品的设计、生产及使用都由同一批人来进行。虽然技术原始，但协作却是上乘的。由同一批人获得所有的质量信息，实施全部的纠正措施。原始状态的技术水平是实现更好质量的限制因素。

村庄：劳动分工

出于共同防御、社交等这样一些人类的基本需要，村庄被创造了出来。村庄刺激了进一步的劳动分工和专门技能的开发，开始出现了农夫、猎人、渔夫以及各种手工艺人——织布工、陶瓷工、鞋匠等。随着同样工作循环的反复进行,手工艺人们对所用原材料、工具、工序步骤以及制成品变得越来越精通。这种循环中包括了将产品卖给使用者并接受他们对产品性能的反馈。这种从高度熟练中获取的经验使得人类的才智向着技术进化迈出了最初的步伐。

村庄集市:两相情愿,买者当心

随着村庄的扩大,出现了村庄集市,手工艺人和买主按照预定的集日在此相会。在这种方式下,生产者和使用者当面进行货物交易。交易的货物通常为自然产品或自然材料的制成品。生产者和购买者对产品都相当了解,产品质量在很大程度上只需借助于人的感官就可以判断。

在这样一种状态下,村庄的官员会尽量避免被牵连到买卖双方的质量纷争中。这迫使买主必须保持警惕以防自己受到不良质量之害。实际上,卖主只负责提供货物,但买主却要负责提供质量"保证"。这便形成了所谓的买卖两相情愿,买者当心的习俗。买者学会了小心谨慎,在购买时对产品进行检验和试验。他们仔细地察看布料,闻鱼的味道,敲打瓜果,品尝葡萄。小心不足就有可能吃亏上当。村庄集市上的这种由买主自己当心的做法颇有合理性。这一时期这种做法在世界各地的村庄里广为流行。

群居是维系村庄集市的又一重要力量。生产者和购买者居住在同一个村庄,双方都生活在村民们的眼皮底下,品德信誉受到他人的评价。每个人也都受到村庄纪律的约束。对手工艺人而言,利害关系非常明显。他的(以及家庭的)地位和生计与他作为一个能干而诚实的手艺人的声誉密切相关。这样,手艺人的名声成为了维持高质量水准的朴实但却有力的动力。

商业发展的影响

经过一段时期,村庄扩张成为集镇和城市,改进了的运输手段为区域间的贸易创造了条件。

约在 12 到 16 世纪间,以北欧各城市为中心的汉莎同盟是一个典型的有组织多区域贸易的例子,它的影响超越了地中海和黑海地区,延伸到了斯堪的纳维亚与俄国一带(von der Porten,1994)。

在跨区域的贸易中,生产者和购买者不能再在市场上面对面地交易。产品是通过层层的供应商和加工商来制造的。产品的销售通过一层层市场商人而得以实现,同买主们直接接触的是中间商而非生产商。这种方式大大削弱了村庄市场所具有的那种质量保护,从而要求发明新的保证质量的形式。质量担保就是发明之一。

质量担保

最早的质量担保无疑是以口头形式进行的。这样的担保很难有约束力。口头约定的内容和含义在记忆上会有差异，担保的期限可能会超出当事人的寿命。由此而催生了书面形式的担保。

一个早期担保书的例子是一块从古巴比伦的尼普尔废墟中发现的陶制的碑。它是关于一枚镶着绿宝石的金戒指的。卖主保证 20 年内绿宝石不会从金戒指上脱落，如果在 20 年之内从戒指上脱落的话，卖主同意付给买主 10 个单位（mana）的银子作为赔款。落款日期是公元前 429 年（Bursk et al., 1962, vol. I, p.71）。

今天，质量担保在所有形式的贸易和商业中都得到了广泛的应用。这种做法激励生产者重视质量，促使销售商寻求可靠的供货来源。担保是如此重要，以至于近来立法机构规定了担保的标准以确保其措辞不致误导买主。

质量规范

卖主需要将他们所售之物与买主沟通，买主需要就他们欲买之物与卖主沟通。在村庄集市中，生产者和购买者之间直接进行口头的沟通。随着商业的发展，这种沟通扩大到分散在各地的层层生产商和层层经销商，于是新的沟通形式成为必需。这方面的一个主要发明便是书面的质量规范。这样，无论相距多远，无论产品的实质多么复杂，在设计者和生产商之间、卖主和买主之间，都能够就质量的信息进行直接的沟通。

正如担保书一样，书面质量规范的起源也很早。在 3 500 年前的埃及草纸卷中就有这方面的记载。早期的规范主要是规定产品及生产产品的过程；经过一段时期，规范扩大到对制造产品的材料进行规定；之后由于卖主与买主使用不同的检验方法而导致冲突，使得制定检验和试验规范便成为必然。

测量

检验和试验规范的出现导致了测量手段的进步。测量长度、体积和时间的仪器从几千年前就开始发展起来。仪器的种类、精度在持续不断地增加。在近几个世纪，测量时间的仪器的精度已经增加了十几个数量级（Juran, 1995, Chapter 10）。

手工艺人和行会

手工艺人所拥有的职业技能是其收入、地位,以及自尊和他人尊重的来源。可是,随着村庄发展为集镇和城市,手工艺人的数量也在增加。产生的竞争威胁着手工艺人的生意和利益。

为了保证他们的利益,同一行业中的手工艺人组织起了行业协会,这就是行会。各行会请求城市管理当局授予其会员从事本行当的专有权。

行会在中世纪繁荣了数百年,一直到工业革命其影响才逐渐减弱。行会利用其垄断性权力主要为会员们提供生活和安全保障,同时也提供广泛的社会服务。(详细资料见 Bursk et al., 1962, vol.Ⅲ, pp.1656-1678.)

行会的等级制度

每个行会内部都维持着由学徒、熟练工及师傅这三类工匠组成的等级制度。进入任一个层次都需要经过相当多的程序。

最底层为学徒或徒弟,成为学徒需要签订契约,这是一份约束学徒在一段特定时期内为师傅服务的正式合同。师傅负责将技艺传授给学徒。

为了获得提升资格,学徒必须服务够所签约的期限。此外还需要通过由师傅组成的委员会的考试。除口头考试外,学徒还必须制作一件完美的产品作为自己的代表作交由考试委员会审查。成功通过考试者正式被接受为熟练工。

熟练工从事本行当的权限受到限制。通常他可以受雇于一个师傅并按日获得报酬,也可以游走到其他城镇去寻找从事本业的机会。只有成为师傅才可以独立营业。

要成为师傅首先必须有空缺。行会规定了本地区师傅的数量。遇有师傅死亡或退休时,行会会决定是否填补空缺。如果需要,将通过正式的仪式,选拔一名熟练工进入师傅的行列。

行会和质量计划

行会在质量管理方面起着积极的作用,包括质量计划。它们对购入的原材料、制造过程、成品以及检验和试验方法等制定了规范。

行会和质量控制

行会还广泛参与质量控制。它们通过检验和审核来确保手工艺人遵守质量规范。建立"可追溯"的手段来识别产品的生产者。另外,一些行会在成品上打上它们的标记以向顾客保证产品质量符合行会标准。行会的控制还扩大到销售领域。不良质量的产品被禁止销售，违规者将受到从罚款一直到剥夺成员资格的一系列惩罚。行会还控制着销售的价格和条件。

行会和质量改进

一致性——维持成员之间的机会平等是行会的一个主导性政策。结果是，会员之间的内部竞争被限制在"正直的"竞争范围内。通过对产品或生产过程的技术革新进行的质量改进被认为是"不正直的"竞争。对质量改进的限制确实有助于维持会员之间的平等，但这却使得在面对其他城市的更先进的产品和生产过程的竞争时，行会变得更易受到打击。

行会和外部力量

行会可以控制内部竞争，但外部竞争则另当别论。有些外部竞争表现为与其他行会之间的司法纠纷，这些官司在诉辩上耗费了大量的时间。更加棘手的是来自其他城市的竞争，这些竞争不仅表现在价值和价格上，也会表现在质量上。

一致性的政策抑制了质量改进，变成了保持竞争力的障碍。因此，行会敦促当局限制输入外来产品。它们还制定了严格的规定防止行业秘密落入外来竞争者手中。（威尼斯玻璃制造业曾以死刑来威慑出卖机密者。）

检验和检验员

检验和检验员的概念古已有之。埃及古墓中的壁画和浮雕中描绘了制石工程中的检验活动。用来取齐的测量工具有直角尺、水平仪和铅锤。石头的表面平度用测杆和在石块表面拉直线的方法来检验。

随着店铺规模的扩大，检验工作成为检验员的全职工作。经过一段时期的发展，检验员的大量增加构成了检验部门的基础，随后产生了现代的质量部门。(Singer et al.，1954，vol. I，p. 481.)

政府参与管理质量

政府长期以来一直参与着对质量的管理。这样做的目的包括保护公民的安全和健康、保卫和改善国家经济，以及保护顾客免受欺骗。所有这些目的都与质量管理有关。

市民的安全和健康

早期的安全和健康保护是事后措施。汉谟拉比法典（公元前 2000 年）中规定,如果所建房屋发生倒塌并造成房主死亡的话,建筑者将被处以死刑。在中世纪,同样的命运等待着那些不小心将老鼠药混在面粉中的面包师。

国家经济

随着城市之间贸易的增加,一个城市的质量声誉会成为财富或负债。许多城市采取措施对输出的商品进行质量控制来保护它们的声誉。它们指定检验员对成品进行检验并贴上质量证明的封条。这一概念被广泛应用于诸如纺织品等大批量商品上。

商业的持续发展带来了国家之间的竞争,包括质量上的竞争。行会倾向于限制质量改进,但政府希望能改进国内商品的质量以减少进口增加出口。例如,在16世纪后期,苏格兰的詹姆斯六世(James Ⅵ)从低地国家引进工匠建立纺织厂,并让他们将手艺秘密教给苏格兰工人(Bursk et al. 1962,vol. Ⅳ,pp. 2283 - 2285)。

保护消费者

很多国家都认识到,在一些国内贸易行为中不适合应用"买者当心"的规矩。测量便是如此。国家规定了官方标准工具来测量长度、重量、体积等等。这些工具的使用是强制性的,有专门的监督人员来确保人们遵守规定。(例如,Juran,1995,Chapter 1。) 20世纪在保护消费者的立法方面有了巨大的进展。(详见 Juran,1995,Chapter 17。)

质量标志和印封

几个世纪以来标志和印封被应用于产品上以达到多种目的。标志被用来:

• 区别生产者,无论是手工艺人、工厂、商人、包装商还是其他。这样的区别可利于确定责任,保护无辜者免受责备,便于买主在众多制造商中选择,为制造者扬名,等等。

• 提供可追溯性。在大量生产中,利用批号有助于保持后续加工的一致性,明确报废日期,选择性地回收产品,等等。

• 提供产品信息。如所用成分的数量和类型、制造日期、保质期、产品型号、参数(如电压、电流)等等。

• 提供质量保证。这是行会和集镇的标志的主要用途。通过这种途径告示买主"此产品已经过独立的检验,具有好的质量"。

印封的使用则带有一些浪漫的效果。一些中世纪城市的印封是艺术设计的杰作，有些甚至成为世界知名之作。英国贵金属制品上的钢印（hallmark）便是如此。

工业革命

工业革命在18世纪中叶开始于欧洲。它起源于动力机械和机械动力的同时发展。工业革命导致了工厂的诞生，工厂的效率迅速超过了手工艺人和小作坊并使之在很大程度上退出了历史舞台。

工厂制度：手工作坊的破灭

工厂的目标是提高生产率和降低成本。在手工制度下，原始的技术造成了生产率的低下，而熟练工匠的高工资则导致了成本的高昂。工厂重新设计了制造过程以实现其目标。在手工制度下，手工艺人亲手操作生产最终产品——如别针、鞋、桶等——所需的每一项作业。在工厂制度下，完成一件产品所需的作业被分配给了几个或许多的工厂工人。人们设计出了专门的工具以将每项作业简化到很短的时间完成，一个工人可以在几小时内完成多次的作业循环，从而提高了生产率。

亚当·斯密在其著作《国富论》中首次讨论了手工作坊制和工厂制度的巨大差异。他指出别针的制造是由18项不同作业构成的一个独特的工艺。当将这些不同的作业分配给10个工厂工人时，产量提高到相当于每个工人一天可生产4 800个别针，这比由每个工人单独完成18项作业来制造别针的产量高出了几个数量级（Smith, 1776）。对于其他类型的生产，如纺织或编织，动力机械的效率远远胜过了手工操作的工匠，同时工厂还可雇用半熟练或不熟练工人以减少劳动成本。

工厂制度的主要经济效益是低成本下的大规模生产。这使得以这种方式产出的产品更能为人们所接受，从而促进了工业化国家的经济增长，导致了一个广大的"中产阶级"的崛起。

工厂制度下的质量控制

工厂制度要求质量控制的方式也要有相应的改变。当手工作业变为许多工人之间的分工时，这些工人不再是他们自己的主顾。工人的职责不再是为了让买主（或顾客、用户）满意，工厂工人很少与买主接触。取而代之，他们的职责变成"使之像样品（或标准）一样"。

大规模生产也带来了新的技术问题。由零部件组合起来的产品要求零部件之间具有互换性。再就是，随着技术的发展和商业范围的扩大，标准化的必要性也日益呈现出来。所有这些都要求机械、工具和测量具有更高的精度。（在手工制度下，由手工艺人调节和整修所需的零部件。）

理论上而言，这些质量问题应该能在最初计划生产过程时加以避免，但受到计划制定者——"熟练技工"和工厂监督员的限制。他们拥有丰富的实际经验，但他们的方法是经验主义的，根植于代代相传的手工实践中。他们几乎不懂得过程变异以及由此而引起的产品变异的实质。他们在如何收集和分析资料以确保生产过程具有能使生产工人生产出达到标准的产品的"过程能力"方面未经训练。一直到20世纪人们才开始应用这种新的概念。

由于质量计划方面的这种局限性，由专业检验员辅助部门监督员进行的检验开始广泛流行。在这种情况下，检验员对各自的部门生产管理人员负责。由专门部门来协调质量活动的概念也是大致到了20世纪才开始出现。

质量改进

工业革命为通过开发产品和生产过程来进行持续的质量改进创造了有利的氛围。例如，对蒸汽机设计的不断改进使它的热效能从1718年的0.5%提高到了1906年的23%（Singer et al. 1985，vol. IV）。发明家和企业家的涌现带领许多国家进入了技术和工业化的新世界。经过一段时期后，一些公司创建了内部的发明资源，亦即专门的研究实验机构来从事产品和过程的开发，有些则创建了市场研究部门以起到企业家的作用。

与此相对照，通过持续的质量改进来减少慢性浪费的观念则进展甚微，其原因或许在于大多数企业主管更重视提高收益而非减少慢性浪费。行会所奉行的阻碍质量改进的一致性政策可能也是原因之一。无论如何，通过质量改进以减少慢性浪费的概念直到20世纪日本爆发的质量革命才获得了广泛的应用。

泰罗的科学管理制度

对于手工作坊制度的又一沉重打击来自F. W. 泰罗的"科学管理"制度。这一制度起源于19世纪后期，一位美国经理泰罗希望通过改进制造计划来提高产量和生产率。他的做法是将计划从执行中分离出来。他主张由工程师来进行计划，而基层主管和工人则只管计划的实施。

泰罗制极大地提高了劳动生产率。它在美国获得了广泛的应用，但在别处却不尽如此。泰罗制在人际关系方面具有负面的作用，而大多数美国的经理们对此都置若罔闻。它对质量也有消极的影响，美国经理们的应对是把检验员从生产部门中抽出来安置于新创建的检验部门。经过一段时期，这些部门承担了更多的职能而演变成为今天包含众多职能的质量部门。（详见 Juran，1995，Chapter 17。）

质量保证的兴起

从对质量保证的剖析可以看出，它非常类似于质量控制。两者都评价实际质量，都将实际质量与质量目标相对照，都鼓励采取必需的纠正措施。两者的差异在于各自服务的主要目的不同。

质量控制主要服务于那些直接负责运营的人员，帮助他们调节当前的运营状况。质量保证则服务于那些并不直接从事运营但有必要知情、有必要了解事情的进展状况并希望确保诸事进展顺利的人员。

就这一意义而言，质量保证与保险具有相似性，两者都意味着用较少的花费来获得一种免于更大损失的保护。质量保证的保护来自一种可能避免更大损失的早期预警，保险的保护则表现为发生损失后的赔偿。

村庄市场中的质量保证

在村庄市场中，买主通过他们自己的警惕性，通过在购买产品之前的检验和试验来提供大部分的质量保证。进一步的质量保证来自手工作坊制度，生产者要经过学徒期的培训，必须通过考试之后才能独立开业。

借助审核而获得的质量保证

商业的发展引入了层层的供应商和批发商，将消费者与生产者隔离了开来。这客观上要求着新的质量保证形式，其中之一便是质量担保。行会建立了一种质量保证的形式，他们制定产品和过程的标准并借助审核来确保手工艺人们遵从标准。另外，一些官方机构还建立了独立的产品检验制度以保护它们作为产品输出者的质量信誉。

对供应商的质量控制体系的审核

工业革命促进了大型工业公司的兴起。它们大规模地购买设备、原材料和产品。在早期，他们的质量保证主要是通过检验和试验来实施的，进入 20 世纪后出现了一种新的形式，即由顾客要求和定义的质量控制体系。实施并遵守这些体系成为了获得并保持供应商资格的条件。通过获得供应合同之前和期间的审核，这种制度得到了进一步的强化。

起初，这种做法为供应商带来了一些严重的问题。缺乏标准化是其中之一。

每一个买方企业对于什么是适当的质量控制体系都有着自己的理解，这使得每个供应商都面临着如何使自己的体系能够同时满足多个顾客的问题。另一个问题是多重审核。每个供应商都要接受多个顾客的审核，没有一种制度将所有的审核结果汇总到一个共通的数据库中，顾客一般也不愿意接受由自己以外的其他人所进行的审核的结果。这种多重审核尤其使小供应商不堪重负。

最近几十年来，专业协会、国家标准化团体以及最近的国际标准化组织（ISO）在体系标准化方面采取了诸多措施。质量控制体系的 ISO 9000 系列标准在欧洲的企业界得到了广泛的应用。虽然并没有法律要求企业接受此标准，但由于市场的力量，没有哪个企业愿意处于这样一种境地，即竞争对手获得了 ISO 9000 标准的认证而自己却没有。

多重审核的问题依然存在。在理论上，通过一次审核来提供所有买主都能接受的资料是可行的。保险商实验室（Underwriters Laboratories，UL）的质量审核和一些主要的财务审计公司的财务审计便是如此。随着 ISO 9000 认证的发展，单一审核未来将成为可行，但这要求有更高的成熟度。

向军事采购的扩展

政府向来都是大买主，特别是在国防方面。其早期的质量保证制度主要是检验和试验，进入 20 世纪后有一个显著的变化，这便是采用强制性的质量控制体系并通过审核来确保对这些强制性体系的符合。北大西洋公约组织（NATO）制定了一个称为联合质量保证公报（the Allied Quality Assurance Publications，AQAP）的国际标准，其中包括了最大限度减少多重审核的条款。（详见 Juran，1997。）

对于强制性质量控制体系的抵制

一开始，供应商们抵制由客户所要求的质量控制体系，但所有这些都不能阻止质量保证的发展。买主的经济力量是决定性的。随着供应商们对这种新方式越来越熟悉，他们认识到许多规定只不过是经营管理的好经验而已。因此，对质量控制体系的强制要求看来注定要成为质量管理的永久性特征。

责任的转换

应当注意到，要求实施质量控制体系的做法涉及质量保证责任的重大变化。在村庄市场中，生产者提供产品，但买主对质量保证负有更多的责任。在实施质量控制体系的情况下，生产者变得对所提供的产品及其质量保证都负有责任。生产者质量保证的内容包括：
- 采用强制性的质量控制体系。
- 提供能够证明体系得到遵守的数据。

买方的审核，一是考察强制性的体系是否存在，再就是考察其是否确实得到了遵守。

20 世纪与质量

在 20 世纪出现了一些影响深远的新情况，要求做出相应的反应。这些情况包括科学和技术的爆炸性增长，人类安全和健康以及环境所受到的威胁，消费者保护运动的高涨，在质量方面日益增强的国际竞争。

科学和技术的爆炸性增长

科学和技术的增长为人类社会带来了无数的好处：延长了的预期寿命，良好的交通和运输，家务劳动的减少，新型的教育和娱乐，等等。为了将新技术转化为这些福祉而出现了大量的新产业。实现了产业化的国家有能力来改善经济和提高人民的福利。

新技术要求复杂的设计和精确的实施。过去几百年所用的经验方法难以提供所需的产品和过程设计，导致过程的产出很低而现场失效却很多。许多公司试图通过增加检验将好坏产品分开的方式来解决产出低的问题，通过担保和顾客服务来解决现场失效问题。这些办法代价昂贵，也不能减少顾客的不满。解决这些问题真正需要的是：从一开始就预防缺陷和现场失效的发生。

对人类安全、健康以及对环境的威胁

伴随着技术的益处的还有不请自来的客人。要接受这些益处就必须有生活方式上的改变，这使得生活的质量依赖于服务的连续性。可是，许多产品很容易发生故障，从而常常会导致服务的中断。大多数的中断无关紧要，但有些却是严重甚至可怕的，威胁到了人类的安全和健康，也威胁到了环境。

质量因此而成了重要的要求。技术益处的连续性取决于提供这些益处的产品和服务的质量。中断的频次和严重性也取决于质量，取决于技术性产品的持续运行和良好表现。这种依赖性便是人们所熟知的"生活在质量大堤之下"（详见第 10 章"展望：促进环境可持续性的生态质量"）。

政府质量管制的强化

政府对质量的管制古已有之。最初主要集中于人身安全方面，并以"事后算

账"的方式来实施,制定了法律来惩罚那些因提供不良质量而致人伤亡的责任者。近几个世纪以来,管制开始趋向于"防患于未然",其性质成为预防性的。

这种趋势在 20 世纪得到了进一步强化。在有关人类健康的领域,人们制定法律来保证食品、药品以及医疗器具的质量。从事特定行业的许可管理得到了强化。还制定了许多有关产品安全、公路安全、职业安全,以及消费者保护等方面的法律。

政府管制的强化除了因其自身的义务之外,也是对 20 世纪出现的各种力量的回应。技术的提高使得复杂而危险的产品流入到对技术知之甚少的社会大众手中,而政府管制则要求产品设计应避免这些危险。对企业而言,这种干预会成为一种需要认真对付的力量。(详见 Juran,1995,Chapter 17。)

消费者权益运动的兴起

消费者欢迎的是新产品所具有的新特征,而并非随之而来的新的质量问题。新产品令人陌生,大多数消费者都不具备专业技术知识。他们的直觉难以判断在众多互相竞争的产品中应当购买哪种,不同公司的宣称常常又彼此矛盾。

产品发生故障时,消费者会因含糊不清的担保和差劲的服务而焦头烂额。遇到这种倒霉事情,"体制"似乎不会提供帮助。单个的消费者不可能与体制抗争,但集中起来他们人数众多,因此在经济和政治上都具有潜在的力量。20 世纪,"消费者权益"运动的出现将这种潜力化为了现实,使得消费者能够更有效地应对这些问题。这一运动对于促使政府在保护消费者方面立法也取得了成功。(详见 Juran,1995,Chapter 17。)

在质量方面日益增强的国际竞争

城市以及国家之间的竞争已经存在了许多个世纪。最古老的竞争形式或许是在军备方面。20 世纪在两次世界大战的压力下这种竞争变得更加激烈,它导致了新型的可怕的大规模杀伤性武器的发展。

竞争的另一刺激因素来自跨国公司的兴起。大公司遭遇的对外贸易壁垒阻碍着其产品的输出。为了绕过这些壁垒,许多大公司建立了海外分支机构,以其作为基地来参与海外市场竞争,包括在质量上的竞争。

在 20 世纪关于质量竞争威力的最为成功的展示来自日本。在第二次世界大战以后,日本公司发现西方不愿购买它们的产品,日本在制造和出口劣质产品方面恶名远播。商品卖不出去为日本公司敲响了警钟,由此而触发了 20 世纪 50 年代的日本质量革命。在短短几十年当中,这场革命在质量方面将日本推入了世界领先的地位。质量领先转而使得日本一跃成为一个经济超级大国。这在工业史上是一个从无先例的现象。

21 世纪与质量

这些巨大力量的累积效应将质量搬上了舞台的中心。如此宏大的运动在逻辑上讲本来应当激发起一种相应的回响，亦即一场质量管理的革命。但是，组织很难认识到这样一场革命的必要性，它们缺乏必要的警报信号。生产车间里确实存在着技术性的质量措施，但最高管理层却没有管理性的质量措施。因此，除日本外，必需的质量革命直到 20 世纪末才开始初露端倪。这场革命要有效地席卷全球，需要几十年乃至整个 21 世纪的努力。因此，当 20 世纪被称为"生产率的世纪"时，21 世纪将以"质量的世纪"而为后人所知。

西方世界未能对质量革命的必要性作出及时的反应导致了一场广泛的危机。20 世纪 80 年代众多公司开展了质量活动，这些活动大多数都远未达到预期的目标。但是，有少数公司确实取得了令人信服的成功，积累了经验并树立起了典范，为西方国家在未来的年代提供了指南。

当今所有国家都有可能在质量方面实现优异。所需的方法、工具和诀窍依然存在。一个新兴的国家可能会比几个世纪以来在质量方面一直领先的那些国家提供更高的质量。今天，以及在可以预见的未来，各行各业的组织都必须不懈努力以追求完美，必须达到卓越绩效的水准。

启示

质量管理取得成功的那些公司采用了许多的策略。分析表明，各公司的策略尽管各有特点，但确有许多共性存在。这些普遍的策略包括：

1. 将顾客和质量置于最优先地位。实现顾客满意成为首要的运营目标，体现在愿景和战略计划中，规定在公司的方针和评价体系中。

2. 创建卓越绩效体系。所有那些实现了优异结果的组织都实施了某种变革计划或系统性的变革模型，这种模型使得组织的突破得以实现。

3. 实施战略性的质量计划。经营计划中包括了质量目标和平衡计分卡，并年复一年持之以恒。

4. 对最佳惯行实施标杆分析。这种方法用于根据别人已取得的卓越水准设定自己的目标。

5. 实施持续的创新和过程改进。经营计划中包括了质量改进的目标。人们认识到质量是一个移动的靶子，因此过程改进没有终点。

6. 实施质量管理以及各类方法、工具的培训。培训范围扩展到质量部门以外的所有部门和层次，包括最高主管在内。

7. 整个组织对质量保证的重视。重视改进并保证组织中的所有产品、服务、过程和职能的质量。

8. 按项目创建跨职能的项目团队。以跨职能团队的方式团结合作，重视公司成果胜于职能目标，合作关系延伸至供应商和顾客，是对当前绩效突破的关键。聚焦于"关键的少数"改进机会。

9. 雇员的活性化。包括培训和激活员工参与计划和改进"有用的多数"的机会。通过扩大表彰和奖励来提供激励，以应对质量革命所要求的变革。通过建立测量手段以使高层主管掌握实现顾客满意、满足竞争要求、改进质量等方面的进展。最高管理层亲自掌管质量管理，认识到某些职责是不可下授的，它们必须由最高主管亲自实施。

10. 构筑具有适应性和可持续性的组织。质量是由顾客定义的，顾客受社会问题所影响。今天的质量包括了安全、对环境无害、低成本、使用方便，等等。为了取得成功，所有的组织都必须成为具有可持续性的组织。

致谢

本章大量引用了以下资料：

De Feo, J. A., and Bernard, W. W. (2004). *Juran Institute's Six Sigma Breakthrough and Beyond.* McGraw-Hill, New York.

Gryna, F. M., Chua, R. C. H., and De Feo, J. A. (2007). *Quality Planning and Analysis*, 5th ed. McGraw-Hill, New York.

Juran, J. M. (ed.) (1995). *A History of Managing for Quality.* Sponsored by Juran Foundation, Inc. Quality Press, Milwaukee, WI.

Juran, J. M., and Godfrey, A. B. (1999). *Juran's Quality Handbook*, 5th ed. McGraw-Hill, New York.

Juran, J. M. (2004). *Architect of Quality.* McGraw-Hill, New York.

作者对于版权持有者允许引用这些资料深表感谢。

参考文献

"Betting to Win on the Baldie Winners." (1993). *Business Week*, October 18.
Bursk, E. C., Clark, D. T., and Hidy, R. W. (1962). *The World of Business*, vol. I, p. 71, vol. III, pp. 1656–1678, vol. IV, pp. 2283–2285. Simon and Schuster, New York.
Durant, W. (1954). *The Story of Civilization, Part 1: Our Oriental Heritage*, pp. 182–183. Simon and Schuster, New York.
Firestone Tire Recall, Legal Information Center http://www.firestone-tire-recall.com/pages/overview.html
Juran, J. M. (1964, 1995). *Managerial Breakthrough*. McGraw-Hill, New York.
Juran, J. M. (1970). "Consumerism and Product or Service Quality." *Quality Progress*, July, pp. 18–27. American Society for Quality.
Paraphrased from Juran Quality Minute: Hair Nets.
Paraphrased from the Juran Quality Minutes (2004) Planning Quality and Meeting Customer's Needs, Discussion Guide, p 19. Southbury, CT. Juran, J. M. (1977). "Quality and Its Assurance—An Overview." Second NATO Symposium on Quality and Its Assurance, London.
Juran, J. M. (ed.) (1995). *A History of Managing for Quality*. Quality Press, Milwaukee, WI.
Levine, R. (1987). "Breaking Routine: Voice of the Subway." *The New York Times*, January 15.
Levitt, T. (1960). "Marketing Myopia." *Harvard Business Review*, July-August, pp. 26–28ff.
Levinson, M. S. (2008). *City Manager, City of Coral Springs*, FL. Prepared remarks Malcolm Baldrige National Quality Award Ceremony, April 23, 2008 http://www.nist.gov/speeches/levinson_042308.html
Ollson, J. R. (1986). "The Market-Leader Method; User-Oriented Development." *Proceedings 30th EOQC Annual Conference*, pp. 59–68. European Organization for Quality Control.
"The Perils of Cutting Quality." (1982). *The New York Times*, August 22.
Singer, C., Holmyard, E. J., and Hall, A. R. (eds.) (1954). *A History of Technology*, vol. I, Fig. 313, p. 481. Oxford University Press, New York.
Smith, A. (1776). *The Wealth of Nations*. Random House, New York. Originally published in 1937.
von der Porten (1994). "The Hanseatic League, Europe's First Common Market." *National Geographic*, October, pp. 56–79.

第 2 章

质量对社会和文化的影响 约瑟夫·M·朱兰

关于本章　　　　　　　　　　文化差异
本章要点　　　　　　　　　　政府的质量管制
质量大堤下的生活　　　　　　产品安全与产品责任
保护消费者权益运动的兴起　　环境保护
质量与国家文化　　　　　　　多国合作
全球经济中的质量　　　　　　参考文献

关于本章

商业和科学技术的发展极大地扩展了非天然的产品和服务的范围和种类。这使许多现代工业社会中的人拥有了更长的寿命和更加安全的生活。他们在很大程度上避免了他们的祖先所要面对的各种危险的威胁。可是，这些非天然的产品和服务也带来了新的依赖和新的风险。多年前，作者提出了"质量大堤下的生活"这一短语来描述这些新的危险（Juran，1969）。本章讨论的便是不良质量对于我们的社会和环境所带来的影响。

本章要点

1. 人类社会有史以来就依赖着质量。在工业社会中，我们把我们的安全、健康甚至日常的福祉都置于了诸多质量"堤坝"的保护之下。可是，这些非天然的产品和服务给我们的社会带来了新的依赖和新的风险。这些风险必须降低，否则就会在金钱和文化上对我们造成损失。

2. 追求高质量是所有国家的共同目标。这一目标必须在能决定一国当务之急的重要力量，如政治、经济和社会力量的作用下，与国家的其他目标相竞争。

3. 保护消费者权益运动指的是通过集体行动来帮助消费者解决其问题的运动。没有人知道消费者的不满率在过去几个世纪是否增加了，但我们知道由于商品和服务总量的增加已使得消费者不满的总量增加到了一个巨大的数字。

4. 消费者对于产品的了解呈现出巨大的差异，有些甚至是一无所知。因此，产品的实际使用可能会与预期的用途大相径庭。但许多产品和服务是根据预期用途而不是实际使用情况设计的。由于人们以"不适合目的"的方式使用产品导致了伤害，从而产生了许多法律纠纷。

5. 许多权威机构组织发布和实施质量标准。有些机构是政治性的，如国家的、地区的和地方性的机构。还有些机构是非政治性的，如行会、行业协会、标准化机构等。这些权威性的机构都取得了实施各种管制计划的地位，从而成为了决定产品和服务可销性的潜在因素。所有的组织都必须考虑到这些管制的影响，否则就有可能招致惩罚。

6. 美国在 20 世纪所发生的这类法律诉讼在数量上有了显著的增加。伴随诉讼数量的增加，单件索赔和损失的规模也在显著增加。在设计所有的产品和服务时，都必须考虑到如何使不良质量可能造成的诉讼损失最小。

质量大堤下的生活

人类社会有史以来就依赖着质量。在原始社会，这表现为对于天然产品或"服务"的依赖。人类只能在很窄的气候温度、空气质量、食物质量等的变化范围内生存。对于大多数的原始社会来讲，即使是在这个很窄的范围内生存，也只是能够勉强维持，人类的生活基本上处于不确定中。人们每天要工作很长的时间，疲于奔命。营养不足、疾病、自然灾害等大大缩短了人们的寿命。为了降低这些风险，原始社会创造出了一些非天然的辅助手段，一定程度上增强了人们在智力和体力方面的能力，例如：

- 劳动分工。
- 社会共同体，如村落。
- 人工庇护所，如房屋。

- 把天然材料加工成非天然的产品，如陶器、纺织物、工具、武器等。
- 从以往经验中获得的启示，如播种时节、有毒的浆果等，并代代相传。

随后的商业和科学技术的发展极大地扩展了非天然的产品和服务的范围和种类。这使许多现代工业社会中的人拥有了更长的寿命和更加安全的生活。他们在很大程度上避免了他们的祖先所要面对的各种危险的威胁。可是，这些非天然的产品和服务也带来了新的依赖和新的风险。多年前，作者提出了"质量大堤下的生活"这一短语来描述这些新的危险（Juran，1969）。

在工业社会，大量的人将其安全、健康甚至日常的幸福都置于了许多质量控制"堤坝"的保护之下。例如，现在人们的日常安全和健康完全依赖于制造品的质量，例如药品、食品、飞机、汽车、电梯、隧道、桥梁，等等。另外，我们的生活方式的连续性是建立在各种重要服务的连续性基础之上的，如动力、运输、通信、水、垃圾处理等。一次大的电力故障会使数百万人的生活陷于瘫痪。

在质量大堤上有着许多微小的裂缝，即货品或服务偶然出现的故障。这些故障令人气恼而且代价昂贵。那些使人恐怖的重大决口便更为严重，如切尔诺贝利、博帕尔等事件。

不只是个人，各个国家以及它们的经济也都危险地栖身于质量控制大堤之下。一国的生产力依赖于其产品及过程设计的质量，一国的国防依赖于复杂的武器军备的质量，一个国家经济增长的关键在于其能源、通信、交通等系统的可靠性。

在技术给予社会极大好处的同时，它也使社会更依赖于科技产品和服务的持续性和良好运转。这是一种处在质量大堤之下的生活，一种获取了利益但却危险的生活方式。我们从技术中获取利益，正如荷兰人从海洋中攫取了大量陆地一样。然而，我们需要有好的堤坝，亦即要有好的质量来保护我们免受大量服务中断或意外灾难的危害。这些危险也导致了立法手段的介入，而开始时这些立法曾遭到工业公司的强烈反对。由此而表明，公众对于这些担忧是认真的。令人鼓舞的是，用户（无论是个人还是国家）愿意为好的堤坝付费。

不同用户处理质量大堤破损的能力有巨大差异。大型机构（工业公司、政府）雇用技术专家或发挥它们的经济、政治实力去计划、控制和改进质量。与此相对照，个人（消费者、公民）则发现他们与之抗衡的力量是如此神秘而强大，正如远古时他们的祖先在面对自然时的那种感觉一样。

任何个人在对付这些力量时都只有极其有限的能力。然而，这些个人为数众多，他们集中起来的经济和政治力量是可怕的。这种力量表现为一项运动，这便是通常所称的保护消费者权益运动。这一运动，虽然组织松散，但在为社会个体成员提供面对质量大堤破损的保护和资源方面已经非常具有影响力。

保护消费者权益运动的兴起

保护消费者权益运动是通过集体行动来帮助消费者解决其问题的运动的俗称。没有人知道消费者的不满率在过去几个世纪是否增加了,但我们知道由于商品和服务总量的增加已使得消费者不满的总量增加到了一个巨大的数字。到20世纪中期,消费者不满的增加使他们攻击工业公司所谓的其对消费者问题负责的言论。大多数公司都未能采取恰当的行动,由此而形成的真空吸引了众多的斗士来争夺对于保护消费者权益运动的领导权,其中包括了政府机构、政治家、社会改革者、消费者运动人士、消费者协会、标准化组织、独立的检测实验室,等等。这样便产生了一个风险,即在工业公司与其顾客之间将会介入一个谈判代理。[①]

消费者的认知

从20世纪70年代开始,研究者们开始识别那些主要的消费者问题以及相关利益群体对此的认知,这些群体包括消费者、消费者组织、政府、企业、保险公司,等等。表2—1列举了一项研究所得出的主要的质量主导的消费者问题。

表 2—1	主要的质量问题
许多产品可靠性低	
不能达到广告宣传的性能	
售后服务和维修的质量低劣和反应迟缓	
误导性的标签和包装	
投诉无用:不会有什么实质性的结果	
昂贵的保证或担保	
公司不能适当而快速地处理投诉	
太多的危险产品,尤其是儿童玩具	
服务质量,尤其是医疗服务,缺乏可信的信息	
过多的自我诊断	
当所购产品出问题时不知如何处理	
过多的类似但型号不同的产品让人不知如何选择	

消费者的期望有时候比市场改进速度升高得更快。另外,消费者的认知也可

---

① 这部分内容引用了《朱兰质量手册》第5版(1995,第17章)的一些材料。

能与现实不同。例如,有许多消费者认为产品质量变得越来越差了,"产品不如从前耐用"。但作者对某些产品系列的研究总是发现质量在不断地改进。

关于企业对消费者问题的态度,消费者通常持有的是负面的而不是正面的认知。他们极力赞同以竞争作为确保产品质量更高、更安全,价格更低的手段。他们也感到大多数广告具有误导作用,有相当多的是在严重地误导。

20 世纪 70 年代,消费者对不同行业表现的认知差异极大。认为比较好的有银行、大型百货商场、小商店、电话公司、超级市场、食品店和航空公司。在另一端,消费者感觉较差的有汽车制造商、广告公司、石油公司、汽车修理厂、二手车经销商等(Sentry,1976,p.13)。

虽然消费者的认知有时是有差错的,但这种认知却有着极为重要的作用。人们根据自己的认知行事,因而了解消费者的认知是什么就非常重要。

消费者通常认为,在质量方面他们能够做很多事情以帮助自己。他们认为必要的产品信息是能够获得的,但消费者却没有加以利用。对于产品的安全性也具有类似的观点。他们通常认为如果使用得当,大多数产品还是安全的;许多产品安全问题的发生都是由于没有正确地阅读说明书而引起的(Sentry,1976)。

应对措施的建议

有许多关于应对措施的建议,但观点差异很大。差异的产生部分是由于对成本和价格的影响(见下文),同时也是由于对权力的竞争。各种消费者组织和政府部门都觉得它们理应发挥更大的作用,对某些传统的企业权力应当加以限制。

理想情况下,应对措施应当从源头上消除产生消费者问题的原因。保护消费者权益运动对于工业公司能否主动采取这种预防持怀疑态度,因此主要的建议是设法使消费者能够事前判断他们是否是在购买"麻烦"。

购买前获得信息

如果消费者能够了解各类产品的检测数据、使用性能等信息,他们就能够做出更好的购买决策。许多工业公司拥有这样的信息但并不愿意公开,它们将其视为私有。公司有选择地进行部分公开,主要是为了帮助产品的销售。因此信息可能存在偏向性是显而易见的。消费者对信息的需要也延伸到售后服务、对投诉的反应等方面。同样地,公司也把这些信息视为私有。缺乏来自工业公司的信息导致了一个真空,从而催生了产品信息的替代来源,以帮助消费者判断购买或者避免购买哪些产品。其中的一个替代信息来源是独立于产品制造公司和销售公司的测试实验室。

在这种观念下，合格的实验室可以对产品质量作出权威而独立的评价，从而使消费者能够获得所需的无偏向性的信息以做出合理的购买判断。合格的消费者检验服务需要有专业、熟练的技术人员，装备良好的检验实验室，可获得用以测试的产品，以及对检验信息的通报。这些活动所需的资金是如此严峻的一个问题，以至于融资的方式决定了其组织的形式和检验服务的政策。

消费者资助的产品检验

这种形式的检验实验室通过发布其检测结果而获得收入，通常是有一本按月发行的杂志以及一个年度总结。通过宣传能够从中获得做出更好购买决策所需的信息而省钱，来鼓励消费者订阅这些杂志。这类实验室的广告常会表现为这样的提问："独立检验显示这个 75 美元的用具性能一样好，你还愿意付 100 美元购买另一种吗？"

这类消费者资助的实验室的运营方式是，它们购买并检验同类产品，评价其性能和缺点，将这些评价与产品价格比较，根据某种相对价值的量表来对产品进行评级。评级情况、检验结果摘要、检验方式等都公布在实验室的月刊上。工业公司不参与产品的检验和评价。另外，不允许公司引用这些刊物公布的评级情况、检验结果或其他材料。

其提供给消费者的服务通常包括：

1. 实验室的检验结果，大体上是客观而不带偏见的。
2. 价值判断，这是主观的，有可能会带有偏见，即其广告所强调的（告诉消费者某些低价产品与高价产品一样好）造成了对于高价产品的偏见。更重要的是，这些判断未必是消费者的典型判断。

尽管由大量消费者订阅所支持的检验服务存在着这些明显的问题，但在富裕国家甚至发展中国家中仍有许多这样的服务存在。在美国，这类检验最广为人知的一个来源便是"消费者联盟"，其检验结果发表在《消费者报道》月刊上。

政府出资的产品检验

政府涉足产品质量问题已有很长的历史，最初的目的是保护公民的安全和健康，随后又包括了保护环境。详见下文的"政府的质量管制"一节。

最近扩展到了消费者经济领域，部分原因是由于保护消费者权益运动的刺激。由此而带来的一个副产品便是使某些产品的检验结果以及其他有关质量的信息变得可获得。这些信息对公众公开，或者以出版物的形式，或者应要求提供。

政府补助的检验

在一些国家，政府资助检验实验室进行消费者产品检验并将结果公布以帮助消费者。这一做法的基本理由是，对这些信息存在着公众需要，因此，其花费应该由公众来负担。

强制性政府认证

在这种做法下，法律要求产品在销售给公众之前，要被独立地证明其合格。在许多国家，这一做法适用于那些对人身安全至关重要的消费产品（如药品、食品）。对于其他产品，在具体做法上有着很大的差别。一般来说，市场经济的国家反对对于（非关键）消费品进行强制性的政府认证，而是依赖于市场竞争的力量来使质量达到要求。与此相对照，计划经济的国家，如苏联，对消费品的标准进行了严格的规定并利用政府实验室来推行这些（具有法律效应的）标准。

公司出资的产品检验

在这种形式中，工业公司向独立实验室购买检验服务以获得对其产品的标志（证书、印章、标签）。一些类别的产品没有取得合格的检验服务标志就投放市场是非法的。有些情况下虽然没有标志是合法的，但出于经济原因而必须获得标志，如保险公司会收取极高的保费，否则根本不提供保险。

一个广受欢迎的标志是保险商实验室（UL）的标志。UL（现在是独立的）最初是由全国火灾保险商理事会为了帮助预防火灾而创立的，现在涉及火灾保护、盗窃保护、危险化学物质以及其他与安全有关的事务。其业务包括：

- 制定和发布材料、产品和体系的标准。
- 检验制造商的产品是否符合这些标准（或其他公认的标准）。
- 对于检验合格的产品授予UL标志，即将产品"列入目录"。

还有许多其他的实验室也类似地参与了安全事务，如蒸汽锅炉和航海的安全事务。有些实验室在各自的专业领域中获得了独特的地位，从而形成了在该领域的检验垄断。

从独立实验室获得标志的另一个目的是帮助产品销售。对于这些"非官方"的标志的价值，各公司看法不一。强大的公司会认为它们自己的品牌和标志要更有威望，检验实验室的标志只对较弱小的公司具有价值。授予这类标志的检验服务在目的和客观性方面存在着很大的不同。

在有些国家，这种志愿性的标志是由国家标准化团体来提供的，如日本标准化协会或法国标准化协会（AFNOR）。其标志授予那些满足各自标准的产品。希望使用JIS（日本工业标准）或NF（法国标准）标志的公司必须提交产品检验并为检验付费。如果产品合格，公司即被授予使用相应标志的权利。

有关商业行为的数据库

许多消费者的不满可归因于公司的商业行为，例如逃避履行保证书中的规定等。帕累托原理在此仍是适用的，少数公司造成了大量的投诉。根据这个原理，一个有关公司商业行为的数据库将有助于人们识别少数的那些"坏家伙"，从而减少它们的影响。

消费者教育

除了产品检验和商业行为数据库之外，消费者还可以获得其他形式的购前信息。一些政府部门发布从总体上描述产品功能及产品优点（或乏善可陈）的信息。然而，最常用的产品信息来源是有相关经验可以共享的亲朋的建议。消费者相信这些建议是可靠的。

标准化组织

这类机构有许多，例如，在美国对消费者很重要的机构包括：
- 主要的制造商和销售商，它们的标准对其供应商和竞争者有着广泛的影响。
- 行业团体，如美国天然气协会（AGA）或日用品制造协会（AHAM）。
- 专业机构，如美国测试和材料协会（ASTM）。
- 独立机构，如 UL。
- 美国国家标准学会（ANSI），是一个公认的制定国家标准的各种委员会的信息中心，并是标准的正式发布者。
- 国家标准和技术学会（NIST），前身是国家标准局（NBS），建立和维持计量标准的政府机构。

消费品的标准

授予某种标志，意味着必须有相应的标准，以便在客观的基础上对产品进行检验。但是，与计量标准、基础材料以及其他技术和工业需要的标准所得到的重视相比，为消费品提供这类标准所受到的重视则远不能与之相提并论。然而，保护消费者权益运动已极大地推进了制定这些标准的步伐。特别是行业协会被激励更多地承担了这种类型的业务。

制定消费品的标准面临一个严重的局限，这便是产品更新的步伐过快而制定标准所需的时间却太长。由于必须获得有关各方的一致意见，制定一个标准常常要历时数年。为计量或基本材料这样的领域所制定的标准可以有很长的使用期限，然而，对于消费品而言，其标准的寿命受到产品更新速度的限制，许多产品标准的寿命都非常短暂，从而制定产品标准的经济性受到了严重的质疑。

有些情况下，产品更新可归因于商人的狂热。例如，检验机械手表质量的一个指标是钻石的数量。一些制造商为了宣称其质量更高，就将非功能性的钻石也包括了进来。因此必须重新定义"钻石"这个词。

消费品标准所面临的另一个问题是，标准化机构传统上将重点放在"零时间"上，即产品使用前的检验状态。然而，许多产品，特别是那些非常昂贵的产品，是预期要提供多年服务的。许多消费者问题可追溯到使用中的故障，而多数消费者产品标准并没有充分地重视这方面的"能力"，即可靠性、可维修性等。

检验服务的客观性

除非检验服务是客观的，否则消费者就很可能被他们所信赖的组织所误导。客观性的标准包括：

• 财务独立：检验服务的收入对于检验结果不应有影响。当收入来源与生产被检验产品的公司无关时，这种独立性处于最佳状态。即使做不到这一点，公司的付款也只能是为了检验，决不能与检验结果有关。违背这一标准的一个例子是那些从事双重业务的检验机构，它们一方面根据产品检验合格情况授予公司一个标志，另一方面还出版公开发行的杂志，从而要求获得标志的公司在杂志上刊登广告。在这种情况下，利益冲突的风险是非常高的，因此消费者应该谨慎而不应轻信这些标志。

• 组织独立：检验服务的人员不应从属于接受产品检验的公司。

• 技术能力：这一显而易见的要求中包括了合格的专业人员、充分的检验设备以及有能力的管理人员。对于管理人员是否应是这一能力的唯一的判断者，还有待进一步讨论。

客观性这一问题是如此重要，因此在政府管理产品质量的情况下，通常在法令中要规定一个合格的检验实验室应当满足的标准。法令的执行者负责对照这一标准来判断实验室合格与否。

结果信息

消费者检验服务为消费者提供广泛的信息。其主要形式包括：

• 针对竞争性产品在价格、适用性方面的比较性数据，以及它们性价比的判断。这种形式的信息也是一种行动建议。

- 有关产品符合标准的数据。对于这种形式的信息，需要消费者自己来判断不同产品的价格与适用性。对于许多消费者而言，这类信息是一种负担。
- 产品符合标准的证明（通过标志）。在这里消费者被要求将标准等同于适用性，而要通过其他途径去发现不同产品的差异和价格对比情况。

符合有关标准的信息对于行业购买者是非常有用的，但对于一般消费者则不尽然。对于消费者来说，最佳的信息包括了适用性的对比数据，以及有关使用成本的对比数据。

一些消费者面对的重要质量问题，如产品到货时有缺陷，产品在使用中坏掉以及对于消费者的投诉反应较差等，传统的检验服务都不能提供确切的信息。

- 产品到货时有缺陷：检验服务的测试通常是针对一个小样本，亦即一个或少数几个产品单位进行的。这种检验能够判断产品设计是否能够满足适用性，但由于样本量太小而无法提供有关产品到货时的缺陷率的信息。
- 产品在使用过程中发生故障：传统上，检验服务是在"零时刻"，即使用前对消费品进行评价的。对于需长期使用的产品，这种检验不够充分，还有必要提供有关使用故障率的信息。现在有一些检验服务会进行一定程度的寿命测试，但所测试的产品单位数太少，不足以预测使用的故障率。有一些做法是通过向消费者发放问卷来获得这些信息，另一个信息来源是从修理店获取信息。
- 对消费者的投诉反应较差：这分明是产品检验表现最差的方面。检验实验室及其手段对此无能为力，因为这里所需的信息涉及的是服务机构的能力、速度和诚信。

购买后的应对措施

在产品保证期内遇到质量问题的消费者可以有多种选择。他们可以无需别人帮助而自己解决问题，如通过研究产品的信息并发挥自己的技能和才智来解决问题。更为普通情况是，他们必须去与直接相关的某个公司打交道，即卖商品的经销商或是产品的制造商。如果这些都无法解决问题，消费者仍然具有其他可以求助的途径（见下文）。

担保

质量担保（warranties）对于消费者而言是一项主要的售后帮助。然而，有许多消费者感到担保不易理解。另外，有许多人认为担保文件主要是为了保护制造商而不是消费者。但即使这样，消费者也越来越多地把担保作为进行购买决策时要考虑的要素，这也意味着担保越来越成为了重要的营销工具（Sentry,

1976, pp. 14, 15)。

消费者事务部——监督员

监督员（ombudsman）本来是一个瑞典词汇，用来指专事接受公民投诉并帮助他们要求政府机构采取行动的官员。监督员熟悉政府机构的渠道，能够找到有权或有责任采取行动的政府官员。他没有强迫采取行动的职权，但具有公布行动不当的权力。

监督员的做法也应用到了产品质量问题上。有些公司设立了内部的监督员并公布了其姓名和电话。消费者可以免费拨打，提出不满或获得信息。在美国这一角色更常用的头衔是消费者事务（关系）经理（总监）。这一经理职位还负有促进变革以改进消费者关系的责任。公司的这些努力导致了消费者"权利法案"计划的实行，这些权利包括安全、知情、选择、发表意见以及要求赔偿的权利。

另一种形式是行业监督员。一个例子是由家用器具制造商协会创立的"主要器具消费者行动小组"（一组独立的消费者专家），专门负责受理在当地没有获得满意解决的消费者的投诉。

还有一种形式是"产业与消费者联合投诉委员会"。例如有些北欧国家所实施的由政府提供资金的消费者争议调停和裁定委员会。这种委员会没有强制执行其裁定的职权，而只能公布不满意的裁定。他们受到了工商界人士的广泛接受和支持。

监督员这一概念从根本上而言是很有道理的。它受到消费者、政府主管部门的广泛支持，同时也受到企业经理中的一个强大的少数派的支持（Sentry, 1976, p.77）。一些报纸的读者来信部门提供了监督员的服务。

调解

调解这一概念是指，由第三方的调解者来帮助争论双方获得一个解决的办法。调解人没有强制执行的权力，没有具有约束性的协议要求必须遵守调解者的意见。尽管如此，调解还是促进了问题的解决。Best（1981）的报告说，纽约市的人事部在1977到1978年间60%的调解促成了问题的解决。

调解过程有助于开辟一个交流的渠道从而消除误会。此外，富有经验的调解者发挥了一种缓和的作用，促进了双方对于解决方案的寻求。

仲裁

仲裁时，双方同意受第三方决定的约束。仲裁是一种有吸引力的解决争议的形式，因为它避免了在大多数诉讼案件中的高昂花费和长期拖延。在大多数消费者索赔中，诉讼的费用远远超过了索赔的数目。尽管这样，使用仲裁程序仍然有一些障碍。双方必须就约束性的仲裁达成一致，必须建立地方的低花费的仲裁中心，并招募到志愿仲裁员以象征性的费用或免费提供服务。这些障碍限制了仲裁应用在消费者投诉中的增长。

消费者组织

有许多形式的消费者组织。有些组织专注于特定的产品和服务，如汽车安全和借贷信用等，有一些则是诸如工会或农会这样的大型组织的附属机构，还有不少其他的专门处理各种消费者问题的组织。此外还有大量的消费者联盟，有全国性的也有国际性的，它们主要是致力于提升所有地方的和专门的消费者组织的集体力量。

政府机构

有国家、州和地方层次的政府机构。所有机构都鼓励消费者提交未解决的投诉并检举不良的商业行为。消费者的投诉有助于这些政府机构发现具有普遍性的问题并依此：

1. 进行更加深入的调查。
2. 提出新的立法。
3. 发布新的行政法规。

这些政府机构同时也努力帮助投诉的消费者，或者以监督员的方式，或者采取法律行动以威慑。但在实践中，由于消费者不满的数量巨大，大多数政府机构不可能卷入到解决具体消费者不满的事务之中，见下文"政府的质量管制"一节中的"执行过程"。

无应对措施

在现行的自由企业、市场竞争体系下，有许多正当的消费者投诉没有得到满意的解决。但是，在这个体系中包含着一些内在的调节因素。不能够提供满意服务的公司也无法获得回头客。这些公司要么及时修正其行为，要么就将输给那些具有更好的满意记录的公司。根据作者的经验，所有其他的经济体系都更加糟糕。

对于消费者运动的认识

"消费者运动使产业界和企业保持了正确的方向"，这已成为包括企业经理在内的人们的广泛共识。同时人们也普遍认为消费者运动的要求"导致了更高的价格"。即使如此,大多数人仍然感到"所发生的变化值得付出这些额外的花费"。消费者也强烈地感到,消费者运动的倡导者们应该考虑到其提议的代价。然而,不在少数的消费者坚信,那些倡导者们没有考虑成本(Sentry, 1976, pp. 39, 40, 42, 47)。

质量与国家文化

追求高质量的目标对于所有国家都是共通的。这一共通的目标必须与处在政治的、经济的和社会的巨大力量影响之下的国家的其他目标相竞争,这些力量决定了一个国家的当务之急。本节将讨论这些力量以及它们对于实现高质量这一问题的影响。

国际贸易和跨国公司数量的增长要求必须注重理解一国文化对于质量管理的影响。为了促进这种理解,有关这一主题的内容将按照以下的粗略分类来讨论。

在所有类型的国家经济形态中,自然资源和限制都对其目标的优先次序有影响。然而,一个更为重要的影响力量是人的领导力和决心。从历史上来看,人的力量在决定目标能否实现方面要起着比自然资源更加重要的作用。

"资本主义"、"社会主义"和"发展中的"这些说法是贴在一些极其复杂的概念之上的简单标签。"资本主义"的宽泛定义是生产工具和分配工具的私人所有制,这是与社会主义的国家所有制相对而言的。但是,所有自称资本主义的国家都有某种程度的国有,例如在健康、教育、交通以及通信等事务方面。类似地,所有自称为社会主义的国家也在不同程度上含有一些生产产品和服务的私有企业。同样,工业意义上的那些"发展中"国家,在其他的方面可能是高度发达的,如在政治或社会方面。这里必须提醒读者的是,诸如"资本主义"、"社会主义"、"发展中的"等这些词的使用只是相对的含义,不能被认为是绝对的概念。

本章的主题显然会令那些从事(或预期从事)国际性经营活动的人士感到有兴趣和重要。随着贸易壁垒的逐渐消除,这类经营活动正在变得日益广泛。然而,政府壁垒的消除对文化壁垒影响甚微,这将持续作为一个问题存在下去,除非人们能够认识、理解和重视文化模式(及其背后的原因)。

就经济意义而言,资本主义发达国家属于"关键的少数"。发展中国家是绝大多数,它们占陆地面积的绝大部分,包括了地球上的大部分人口。然而,世界上的大多数商品和服务却是由资本主义发达国家生产出来的。这种更大的重要性

（在经济意义上）表明，那些从事国际贸易的人士必须对相应国家的主导文化有一个基本的了解。

全球经济中的质量

所有的资本主义经济都表现出了一些基本的相似性，影响着质量相对于其他经济目标的重要性。

质量竞争

资本主义社会允许甚至鼓励企业间的竞争，包括质量的竞争。在质量方面的竞争具有多种形式。

创立新的组织

新组织诞生的一个常见原因便是货物或服务的质量低劣。例如，某个社区的人口已经超过了当地食品店或餐馆的服务能力，使顾客必须排长队等候才能获得服务。在这种情况下，创业者就会意识到市场的机遇而创办一个新的企业，用更优质的服务来吸引顾客。

创办新企业的方便对于质量改进的促进力量远比人们通常所认识到的大得多。所有的经济，无论是资本主义的还是社会主义的，在商品短缺时都会面临质量低劣的问题。创立新企业是缓解短缺的一个途径，这意味着消除了导致质量低劣的一个根本原因。

产品改进

质量竞争的常见形式是通过改进产品以使之对用户更具吸引力，从而面对现有产品的竞争能够成功地胜出。这些产品的改进主要是通过已有公司内部的产品开发实现的。此外，有些产品改进是由一些独立人士所设计的，他们或者会成立一个新的公司，或者将他们的构思卖给现有的企业。

新产品

其中既可以包括"产品"，甚至还可以包括新的系统性方法，如最大限度减少用户维护的设计方案。今天的工业巨头有许多是建立在新的系统概念上的。正如产品改进一样，新产品可以源自内部开发，也可以从外部购买。

质量竞争会导致产品和设施的重复。有些经济学家认为这类重复是一种浪费。然而，它的总体效果是促使生产者优胜劣汰，从而为用户带来利益。

直接的市场反馈

在资本主义经济中，企业的收入取决于其销售产品的能力，不管是直接卖给用户还是通过中间销售环节。如果低劣的质量导致了过多的退货、投诉或是商品卖不出去，这对制造商就是警告的信号，是采取补救措施的前提条件。

低劣质量对于制造商的收入所带来的严峻而直接的影响也产生了有益的副产品，这便是迫使制造商持续改进其市场研究和早期预警信号，以便在遇到麻烦时能够及时地作出响应。

与市场的直接联系不只是接收投诉和其他的质量不好的信息，尽管这的确很重要。但更为重要的是，在产品投放市场和确定销售计划之前与市场的联系。在资本主义经济中，自主经营的公司都是自己来预测销售量。公司兴旺繁荣的能力取决于它们实现其预测的程度。潜在的利益与损害均迫使公司重视市场的需要，因为这是它们收入的源泉。

社会保护

资本主义企业的自主经营可能会导致企业虚假宣传产品、销售不安全的产品、破坏环境、不履行承诺，等等。这些影响大到一定程度，就会引起广泛的预防性立法。

文化差异

文化差异表现为许多方面，包括：
- 语言：许多国家有多种语言和许多的方言，这对沟通造成了严重的障碍。
- 风俗和传统：这些以及相关的文化因素提供了指导决策和行动的先例和前提。
- 公司的所有制：所有制的形式决定了长、短期战略的结果，以及所有者与非所有者的动机差异。
- 管理企业的方法：管理的方法取决于许多因素，如是依赖制度还是人，经理接受专业培训的程度，计划与实施分离的程度，单一公司的职业生涯和非固定的职业生涯，等等。

- 猜疑：有些国家中存在着因远古的战争、宗教差异、不同部族等导致的历史仇恨，由此而导致的相互猜疑一代代流传了下来。

显而易见，在同某一文化的成员进行谈判之前，了解其文化的特征是非常重要的。公司在把雇员派到境外之前为其提供专门的培训，这种做法已变得日益普遍。类似地，当公司在国外建立分支机构时，它们通常会培训当地人使其能够有资格担任高级职位。

政府的质量管制

从远古开始，"政府"就建立和执行质量标准。这些政府有些是政治性的，如国家、区域和地方的政府。有些是非政治性的，如行业协会、商会、标准化组织等。无论是通过政治权力的授予，还是由于长期的习惯，这些主管团体获得了一种地位，使得它们能够执行以下所要讨论的各种管制方式。

标准化

随着技术的进步，产生了对于某些概念和行为进行标准化的需要。
- 度量衡：标准化的一个早期应用是针对诸如时间、质量和其他基本常数的测量单位进行的。这些标准是如此地基础，它们现在通行在全球范围内。
- 互换性：这种层次的标准化使得在诸如家用电压之类的日常事务以及无数工业社会物品的互换性方面形成了秩序。符合这类互换性标准是经济的必需。
- 技术定义：标准化的进一步应用是定义了各种材料、过程、产品、检验，等等。这些标准是由来自社会各个相关部门的人员所组成的委员会来制定的。尽管是否遵守通常是自愿的，但经济规律决定了人们对于这些标准的高度接受和应用。

政府管制的上述领域都是与标准化有关的，遇到的阻力最小，而在其他的领域则会遇到不同程度的阻力。

公民的安全和健康

政府管理的一个主要部分就是保护其公民拥有安全和健康。最初的重点是放在对于"既成事实"的惩罚上，法律对那些因质量问题而导致他人伤害或死亡的人员给予惩罚。几个世纪以来逐渐形成了一种"事前"管制的趋势，其本质在于预防。

例如，美国对于房屋建筑、远洋轮船、采矿、飞机、桥梁以及其他许多结构，有相应的法律规定必须执行相关的安全标准；有些法律是针对由火、食品、药品、危险化学品等导致的灾难而规定的；还有些法律针对的是从事有关公共安全和健康的活动的资质，如行医资格、职业工程师、飞行员等。最近这些法律扩展到了许多领域，如消费品安全、高速公路安全、环境保护、职业安全和健康，等等。

国家的安全和经济健康

政府历来对于国防相关的问题给予高度的优先权，如军队的招募和训练、军备的质量等。随着商业的发展，保护国家经济健康的法律也被制定了出来。一个例子是为了保护一国的质量声誉而制定的管制出口商品质量的法律。另一个例子是保护货币制造统一性的法律（只有政府有权降低铸币的成色）。在政府作为采购者的情况下（如防御武器、公共设施等），政府管制包括了一个购买者要求确保质量的正常权利。

公民相关的经济

对公民相关经济领域的政府管制在市场经济中有极大争议。一些反对意见是基于意识形态的，他们认为竞争性的市场经济比政府机构的调节要好得多。另外的反对意见来自已知的政府管制的缺陷（见下文）。部分管制法规的增加是由于受到了保护消费者权益运动的促进。

立法数量

总体来看，与质量相关的立法量已增加到了一个可怕的程度。这一点从一本常用参考书（Kolb and Ross，1980）附录中的一个清单可见一斑：

- 对毒性物质的限制，共29页。
- 危险物质及相关运输标准，共93页。
- 美国国家安全与健康标准，共24页。
- 联邦记录保存的要求，共36页。
- 制定标准的组织，共38页。

在美国，大多数的这类立法都在联邦贸易委员会的职权范围内，它对于"商业中的不公平或欺诈行为"行使一定程度的监督职责。这导致了有关产品担保、包装和标签，以及借贷信誉等方面的专门立法和行政行为。

在某种意义上，这些行动都与工业公司针对消费者的陈述有关。在其监督中，联邦贸易委员会强调两方面的主要要求：

1. 广告、标签和其他产品信息必须清晰无歧义地陈述销售者意欲表达的意思。
2. 产品必须与其陈述相符合。

这些形式的政府管制是对多个世纪以来"买者当心"的惯习的一个突然的叫停。这种惯习在发展中国家的乡村市场上不论过去还是现在都具有合理性，然而，它已经不再适合发达的工业化国家的情况。有关这一问题的进一步讨论可参见 Juran（1970）。

管制方案

一旦决定了要在某些新的领域中对质量加以管制，实施管制所遵循的便是一个久经实践的过程。以下按顺序列出了所要做的各项活动，尽管这些活动是用政治性的政府管制的语言来描述的，但也同样适用于非政治性的政府管制。

法规

相关的法规规定了管制的目的，尤其是所要管制的主题。它确定了"游戏规则"并确立了执行法规的机构。

行政官

设立行政官的职位并授予其设定标准并监督执行的权力，并为此赋予其对被管制产业的重大事务进行奖惩的手段。

标准

行政官有权力设定标准，也可以决定采用现有的工业标准。这些标准不局限于产品，还可能针对材料、过程、检验、描述性文件、广告、人员资格等。

检验实验室

行政官被授权来设定判断"独立的"检验实验室资质的标准。一旦确立了标准，他还可以有权为符合标准的实验室签发资格证书。在有些情况下，行政官有权建立其自己的实验室。

检验与评价

这方面的做法有着很大的差异。对于有些管制领域而言，主管机构的批准是进入市场的前提，如新药品的应用或一支新的飞机机队的运行和维护方案；有些机构重视的是监督，即检查公司的控制计划以及对这些计划的遵守情况；另外一些机构则注重最终产品的抽样和检验。

印封或标志

被管制产品常常必须带有某种印封或标志以证明其遵守标准。当主管机构实施了检验之后，便会打上这种标志，如政府的肉类检查员要亲自为屠宰后的畜体加盖戳记。

更常见的情况是，主管机构不针对产品进行检测和盖章，而是通过检验来确定产品设计得符合要求与否。还可通过监督来确定公司的控制体系符合要求与否。那些体系符合要求的公司将被授权使用印封或标志。法规规定了对于未经授权而使用标志的惩罚条款。

制裁

管制机构具有广泛的执行权力，如：

- 调查产品故障和用户投诉。
- 调查公司的过程和体系控制。
- 在分销的各个阶段对产品进行检验。
- 召回已卖给用户的产品。
- 撤销公司销售产品或使用标志的权力。
- 告知用户有关缺陷的情况。
- 发布失效和终止的命令。

管制的有效性

管制者面临着两难的问题，既要保护消费者的利益，同时又要避免产生会损害消费者利益的负担。由于各个利益团体之间的利益彼此冲突，这种困难部分而言是不可避免的。但是，很多困难可以溯源到主管机构在实施管制过程中不明智的政策和执行。这主要涉及管制的思路、标准的制定、执行过程和管制的成本几个方面。

管制的思路

一个例子是国家公路交通安全管理局（NHTSA）为执行1966年制定的两条法律而采用的政策。这两条法律为：

1. 《全国交通和机动车安全法案》，主要是针对机动车制定的。
2. 《高速公路安全法案》，主要是针对驾驶员和驾驶环境制定的。

即使在1966年之前，汽车制造商、道路建设者等已经改进技术为驾驶者提供了一些方式以避免"第一撞击"，即由于相撞、驶离路面等而发生的事故。安全带的投入使用则为驾驶者提供了更为改良的方式以防止"第二撞击"，即因碰撞而突然减速使乘客被抛向方向盘、挡风玻璃等而产生的撞击。

在国家公路交通安全管理局成立时，美国的交通死亡率在所有工业化国家中是最低的。同时还从大量的数据中发现，驾驶员是交通安全的限制因素：

- 有约半数的致命事故都与饮酒有关。
- 年轻驾驶者（24 岁以下）在驾驶者人口中占 22%，但占发生事故总数的 39%。
- 超速和其他形式的"不当"驾驶被报告为 75% 的事故的原因。（在 1974 年的石油危机期间，高速公路的强制限速导致交通死亡率减少了 15%，而车辆没有任何变化。）
- 当安全带为可选配置时，大多数驾车者都未购买。而当安全带为标准装备时，大多数人都没有佩戴。

面对这大量的证据，国家公路交通安全管理局并没有将注意力放在主要的问题，即改进驾驶员的行为上。相反，它全力为车辆设计制定了大量的标准。这些标准确实提高了一些二次撞击中的安全性，然而，收获却甚微，增加的成本则达到了数十亿美元，这些成本最终还要由消费者以更高的购车价格的形式支付。

这一政策看上去只是在严格地对付一个明显的政治性目标——汽车制造商，而避免与大量的选民发生冲突。这在政治上是安全的，但对于安全性却效果甚微。有关的详细讨论请参见 Juran（1977）。

标准的制定

制定设计标准还是性能标准，这是管制所面临的一个重要问题。

- 设计标准有着精确的定义，但也有严重的不足。其性质和数字通常缺乏灵活性，难以理解，数量庞大，难以保持更新。
- 性能标准通常没有上述的缺点。然而，它把决定如何达到性能标准的负担，亦即创造或实现某个设计的负担，加到了使用者身上。性能标准还要求具有相当水平的监督官员，他们必须具有对于是否达到标准进行主观判断所必需的教育、经验和训练。

这两种标准由一个专门负责评审职业安全和健康管理署（OSHA）的安全法规的总统特别工作组来加以审查。该工作组提出了一个"性能/危险"的概念。根据这一概念，标准将"写入对以下事实的要求，即只有确保雇员不受与使用机器有关的危险威胁时，才能实现工作场所的安全。依据这样的标准，雇主可以自由决定最适当的避免已有危险的方式，但通过确定雇员是否受到危险的威胁，可以对雇主遵守要求的情况进行客观的衡量"。

执行过程

管制过程中的一个重要的缺陷是不能集中精力于那些关键的少数问题。管制机构收到了大量的有关不满的报告，如消费者的投诉、伤害报告，以及对个别产品的控告等等，其总数是个天文数字。要详细地对每一宗都加以处理是不可能的事情，试图如此行事的机构都无可救药地陷入了困境之中。由此而造成的瘫痪成为了批评的靶子，并威胁到行政官的职位甚至是机构的存在。

在美国，职业安全和健康管理署在 1970 年代中期面临的正是这样的威胁。作为应对，它根据对安全和健康的威胁程度建立了案件的分级制度，同时还废除了 1 000 多个安全法规，这些法规被抨击为只是增加了产业成本而基本没有改进工人的安全状况。

根据经验，主管机构开始依据帕累托原理来区分关键的少数和有用的多数。这使得他们能够集中资源并获得切实的成果。

关键的少数因素的选择通常是基于诸如伤害频率或消费者投诉频率之类的定量数据来进行的。但是，主观的判断起着很大的作用，这使得有影响力的特殊诉求者的案子容易获得高的优先度，而其本来是够不上作为关键的少数的资格的。

如何处理"有用的多数"的求助需要，是所有机构都面临的一个复杂的问题。最可行的做法似乎是让人们明白该机构不是解决这类问题的，同时为消费者提供旨在帮助其自助的信息和教育材料，包括到哪里申请帮助，如何申请帮助，消费者的权利是什么，该做什么不该做什么。

管制者不能立刻处理这些消费者问题无疑使公众在面对"你认为消费者在交易中得到不公平对待应归咎于谁"这样的问题时产生"平庸的管制机构"这样一种印象。

选择关键少数的规则

作者于 1972 年提出了以下的定量依据用以在涉及安全事务的问题中选择关键的少数因素：

> 任一小时中人的生命都应如其他任何时候一样安全。

为了实行这一方略，首先必须基于一些共同的基础，如每百万工时的伤害数等，在全国范围内将安全定量化。总的来说，这些量化的数据已经存在，但有时需要进行一些变换以使测量单位能够一致。

例如，关于学校安全性的统计是以每 100 000 学生每天的伤害数来表示的，机动车的统计按每行驶 1 亿英里的伤害数来表示，等等。

根据由此而算出的全国平均数据，便能够判断远高于平均数的相对少数情形以及低于平均的绝大多数情形。高于平均数的那些情形便自然地被归入关键的少数当中，而低于平均数的则不会被归入。若有些特殊的事件，尽管低于全国平均数但却获得了优于明显关键的少数事件的优先地位，则其提出者便有义务提供相应的证据。详细讨论可参见 Juran（1972）。

管制的成本与价值

管制的成本大致由两个主要部分所组成：

1. 管制机构的运行成本：这些成本都有已知的确切数字。在美国，这一费用已上升到每年几十亿美元。这些成本由消费者以纳税的形式支付，然后拨付作为管制机构的经费。

2. 执行管制的成本：这些成本并没有确切的数字，但可以确信这一成本是管制机构运行成本的许多倍。这些成本起初由工业公司支付，但最终则以更高价格的形式转移给消费者支付。

所有这些管制的价值是难以估计的。（对于一个人的生命有多大的价值并没有一个共识。）安全、健康与清洁的环境被普遍认为具有无法估量的价值。向消费者提供诚实的信息和迅速的赔偿也同样被认为是无价的。但这些一般性的共识并不能为如何处理某个具体的事件提供指导。理论上，每一事件应依据其成本—价值关系来加以考虑。然而法律并未要求管制者如此做，管制者一般会避免对成本—价值关系进行量化。

在 1994 年以前，研究成本—价值关系的支持者还主要来自工业公司。例如，一项有关强制性车辆安全体系的研究发现：

　　……实施强制性定期检验的州并不比没有此项要求的那些州的事故率更低。

　　……只有一小部分（2%~6%）高速公路事故可归因于机械故障。

　　……人为因素（如超速行驶）是远比车况要重要得多的一个高速公路事故原因。（Crain，1980）

管制者对于成本的不重视不可避免地导致了一些法规及其实施是如此地荒谬，以至于在适当时机它便会成为改变政策的突破口。企业界促使这种荒谬引起媒体的注意，而媒体则乐于将其公之于众。（媒体对学术性的研究不会有什么兴趣。）问题的曝光将使管制者处于守势，同时促使立法机构开始举行听证。听证过程（还依赖于政治气候）提供了获得更好的成本—价值平衡的途径。

在唤起人们对于成本—价值关系的关注时，政治气候是一个重要的变量。在 1960 年代到 1970 年代，美国的政治气候通常对管制立法有利。然后，在 1980 年代，政治气候发生了变化，随之出现了要求合理开支的潮流。这一趋势到了

1994 年年底得到了加速,当时选举使得反对管制的人在立法机构中占据了多数席位。

产品安全与产品责任

问题的增长

直到 20 世纪早期,还很少见到因使用产品(商品和服务)造成伤害的诉讼。即使有一些,也多半是不成功的。就算是打赢了官司,伤害赔偿的程度也非常轻微。

在 20 世纪,这类诉讼的数量在美国有了极大的增加。到 1960 年代中期,这类诉讼估计已达到了每年 60 000 起,而到了 1970 年代,每年便超过了 100 000 起(大多在庭外得到了解决)。与诉讼数量增长相伴随的还有个别诉讼的索赔额和赔偿额的同样显著的增长。每起事件的赔偿金额从数千美元增加到了动辄便超过 10 万美元的程度,1 000 万美元以上的赔偿也不再罕见。

在一些领域中,产品责任的成本迫使公司放弃了某些产品线或干脆停业。

20 年前,美国有 20 家制造橄榄球头盔的公司。从那时算起,由于产品责任的高额成本,有 18 家公司已不再制造这种产品(Grant,1994)。

几个因素的结合导致了诉讼数量和判决额度的增加,其中主要因素包括产品"数量的爆炸"。工业社会把大量的技术性产品交到了外行手中,其中一些产品本质上是具有危险性的。

- 有些产品会被误用。伤害率(每百万小时使用发生的伤害)或许是降低了,但伤害的总数却在升高,从而导致了总的诉讼数量的增加。
- 公司防御能力的下降。当这些诉讼进入审判时,法庭进而侵蚀了以前给予公司的法律防御。

先前,原告起诉制造商主要基于以下两个理由:

产品销售合同,其中包含了明确的或隐含的无危险保证。根据这一合同关系,原告必须证明其"合同地位",即属于合同的一方。法庭事实上现已废除了证明合同地位的需要而采取了另一种立场,即认为隐含的保证是依附于产品的,而不论使用者是谁。

公司的疏忽。以前,原告需要提供证据证明公司的疏忽。法庭现在则倾向于采取"严格责任"的原则,这是基于这样的理由,即有缺陷的产品所导致的伤害成本应由"将产品投放到市场上的制造商而不是无力保护自己的受伤者来承担"。

事实上，一旦使用极度危险的产品而导致了伤害结果，即使制造商没有疏忽也有可能会被判为负有责任。（有时受伤者并非对此无能为力，有些是由于其自身原因而导致了伤害。然而，陪审团对于受伤原告的同情是众所周知的。）

防御行动

对诉讼的最好防御是从源头上消除造成伤害的原因。公司的所有职能部门和各级人员都可以作出各自的贡献，以使产品更加安全，并增强公司对于诉讼的防御能力。各方面所起的作用分别为：

- 最高管理层：制定产品的安全方针，组织产品安全委员会和正式的行动计划，要求提供产品记录和可追溯性，建立对于整个计划的定期审核，支持那些超出单个公司的能力的行业相关计划。此外还应有一个记分卡，以某个适当的基准来测量公司产品的伤害率。一个有用的测量单位是每百万使用小时的伤害数量，因为大多数伤害数据库都采用了这一形式或是能够转化为这一形式。

- 产品设计部门：将产品的安全性作为设计参数，采用防误设计的理念，组织正式的设计评审，遵守既定的规范，从成熟的实验室获取设计要求清单，公布评估结果，应用现代设计技术。

- 制造部门：建立有效的质量控制，包括涉及产品安全性的防误措施；将产品使用的培训作为监督员和工人激励计划的一部分；鼓励针对产品安全性的建议；建立提供可追溯性和历史证据所需的文件。

- 营销部门：提供有关警告、危险和解毒剂的产品标签；就合同条款对现场人员进行培训；向分销商和经销商提供安全信息；建立安全程序演示；进行安装后测试，就安全事项对使用者进行培训；公布安全方面必须做的和必须避免的事项清单；建立良好的顾客关系，最大限度地减少敌意和索赔。合同应最大限度地避免不现实的承诺和保证，并包括明智的免责声明以避免不正当的索赔。

- 广告部门：要求技术和法律部门对合同草案进行评审，通过教育和警告来宣传产品安全。避免"夸张"，例如广告宣称"绝对安全"，这在产品责任诉讼中会招致适得其反的后果。在广告审查中应提问这样一个问题，即"这个说法在法庭上听起来如何"？

- 顾客服务部门：观察产品的使用情况以发现产品使用（和误用）的潜在危险，把信息反馈给有关方面，为用户提供培训和警告。

- 文件部门：安全立法和产品责任的增长极大地促进了对文档管理的需要。法律对大量这类文件的保存以及相应的保存期限做出了强制性规定。

消费者具有的产品知识差别极大，有的只是在最低的水平。因此，产品的真正使用可能会与预期的用途大相径庭。例如，一些折叠梯设有一个平台用来放置工具或材料（如油漆），但不能承载使用者的重量。然而，一些使用者还是要站在这个平台上，结果导致了受伤。

大多数现代的策略都是要求根据实际的使用而非预期的用途来设计产品。

对诉讼的防御

产品责任诉讼的增加导致了对如何最好地防御诉讼的重新审视。经验表明，这种防御必须有特殊的准备，其中包括：
- 伤害事件的重建。
- 研究相关的文件，包括规范、手册、程序、通信、报道等。
- 分析相关产品和过程的内部性能记录。
- 分析现场性能信息。
- 对相关设施的实际审查。
- 分析失效的硬件。

所有这些都应由具有资质的专家迅速进行，并及早告知保险公司。

是否以及如何进入审判涉及了大量的专门知识和经验。

利用保险防御

保险被广泛用作抵御产品责任的防御手段。但保费在急剧增加，同样也是由于诉讼数量和赔偿金额的增长所致。某些领域中保险成为运营成本的主要构成。（高涨的保险费率迫使一些外科医生选择了提早退休。）

今后的预测

直到1990年代中期，在产品责任方面仍然有一些艰难的悬而未决的问题。在许多观察家看来，美国的司法制度存在着一些严重的缺陷：
- 外行的陪审团缺乏判断技术性事件责任所要求的技术能力。
- 在许多其他的发达国家，这类决定是由法官做出的。
- 外行的陪审团在决定赔偿数额时很容易受感情左右。
- 在美国，与补偿性赔偿和"精神损失"赔偿相伴随的还有"惩罚性赔偿"，正是这种惩罚性的赔偿造成了赔偿金额的飞涨。
- 在美国，允许律师按照胜诉获赔金额来收费，通常认为因此而刺激了诉讼。这种安排在许多国家是非法的。
- 这种审判的抗辩制度把重点放在了赢得官司而非公正。

- 只有少部分赔偿金落到了受害人手中，大多数都交给了律师和支付了行政费用。

到 1990 年代中期，这一法律体系中的某些要素在国会得到了热烈的讨论。然而，带有这些缺陷的这一法律体系深深地根植于美国文化之中，因此是否要作巨大变革仍然有着疑问。一个主要的障碍是律师。他们在这个体系中具有巨大的经济利益，而且他们在立法过程中具有强大的影响力——许多立法者都是律师。

大多数发达国家有关产品责任的法律体系通常都没有上述的缺陷。这些国家也没有发生类似于美国这样的因产品责任而造成的对经济如此广泛的损害。

个人责任

绝大多数的产品责任诉讼是针对工业公司的，它们和它们的保险人有着巨大的赔付能力。其结果是，这些民事诉讼很少针对个人，如设计经理和质量经理等。这些个人没必要担心相关的民事责任。他们虽不能免于诉讼，但在实质上却可以免于赔偿。

刑事责任则是另外一回事。其违犯（如果发生的话）是针对国家的，国家是原告。直到 1960 年代之前，产品伤害的刑事责任的起诉都是专门针对公司而不是管理人员。在 1960—1970 年代，公诉人对于所涉及的个人变得更为激进起来。其特定的目标主要是公司的负责人，但有时也包括有选择的分部门（如产品开发或质量部门）经理。

导致这种局面的一个因素是较早的《食品、药品和化妆品法案》中的一项条款，将生产假药或贴假商标于药品的行为定为了犯罪。美国高等法院解释该条款适用于公司的负责人，即使其没有参与，甚至对事件一无所知。

刑事责任的威胁对于绝大多数企业经理而言都很遥远。在发现负有刑事责任之前，这些经理肯定已被发现在以下方面是有罪的，即（1）故意实施了非法的活动或（2）严重玩忽职守。这必须向陪审团证明而不仅仅限于合理的怀疑，而证明起来并非易事。（许多罪犯正是由于这一困难而逃脱了被定罪。）

环境保护

环境保护是政府管制的一个特殊类型。表面上看，环境保护是诞生于 20 世纪的一个现象。但是，有学者指出，环境保护起源于 17、18 世纪的保护土地免受欧洲殖民者开拓的自然保护运动。

18世纪中叶的工业革命开启了工业产品大规模生产和消费之门,其增长呈指数形态。为了支持这种增长,就必须有能源和原材料生产的相应的增长。由此而产出的商品为接受工业化的社会带来了许多的利益,但伴随而来的还有不受欢迎的副产品,同样也在以指数的速度增长着。

为了生产所需能源而产生了污染空气和水的排放物。核能的利用带来了核废料的处置问题以及放射性泄漏的危险。原材料的开采破坏了土地,也带来了有毒废料的处理问题。臭氧的损耗和全球变暖造成了不祥的威胁。废旧产品和过时产品的处置也在日益变得严重。与所有这些问题相伴的还有因产品使用故障而导致的许多不便和偶发的灾难。(见前文"质量大堤下的生活"一节。)

工业公司大多清楚它们在制造这些问题,但它们有其他更关注的问题。公众的意识滞后一步,但到了20世纪中叶,环境问题已变得非常明显。出于对公众压力的反应,政府制定了大量法律以避免这一问题的进一步恶化,同时提供经费以弥补一些环境损失。

新的立法起初因为造成了成本的增加而遭到工业公司的强烈抵制。之后随着环境保护逐步成为一个不容回避的现实,产业界开始寻求从源头来解决问题,应用技术以避免对环境的进一步破坏。一个突出的例子是日本在节约能源方面所取得的成就。在1973—1990年间,尽管工业生产在持续地增加,但能源的消耗并没有增加(Watanabe,1993)。

公众和媒体对于某些环境破坏事件的深切关注促成了治理这些损害的资金划拨。然而从长期的趋势来看,是致力于在源头上预防。

对于环境保护重要性的认识表现在多个方面。如:
- 许多国家建立了新的政府部门来处理环境保护问题。
- 许多工业公司出于同一目的而设立了高层职位。
- 在政府、产业界和学术界的参与下召开了许多会议,包括国际级别的会议。
- 涌现了广泛而大量的文献,其中一些是非常有针对性的。
- 公司也发展了解决环保问题的专门程序,一般包括:
  建立环保领域的方针和目标。
  建立公司各职能所实施的行动计划。
  进行审核以确保行动计划得到实施。

此外,公司的创造力使它们开始寻求降低解决问题的成本。表2—2列举了一些识别出的问题以及相应的解决问题的机会(Juran Institute,2009)。有关环境与质量的更多讨论请参阅第 10 章"展望：促进环境可持续性的生态质量"。

表 2—2　　美国工业的环境问题与解决机会

空气污染	烟雾、对流层臭氧、室内空气质量、挥发性有机化合物
气候变化	全球变暖、全球变暗、化石燃料、海平面升高、温室气体、海洋酸化
资源保护	物种灭绝、蜂群失衡、珊瑚白化、全新世灭绝事件、外来物种、偷猎、濒危物种
消费主义	消费资本主义、有意淘汰、过度消费
堤坝	堤坝的环境影响
电磁污染	电磁放射性与健康
能源	能源保护、可再生能源、有效能源利用、可再生能源商品化
捕鱼	爆炸捕鱼，底拖，氰化物捕鱼，幽灵渔网，非法、无报备、无管制捕鱼
基因工程	基因污染、转基因食品
过度耕种	过度放牧、灌溉、单一作物、肉类生产的环境影响
土地退化	土地污染、沙漠化
土地使用	市区无序扩张、栖地零碎化、栖地破坏
伐木	皆伐、滥伐、非法砍伐
采矿	酸性矿山排水、山巅移除采矿、泥浆蓄积
纳米技术	纳米毒理学、纳米污染
核问题	核微尘、核溶解、核能、放射性废弃物
臭氧损耗	CFC
悬浮颗粒物	硫氧化物
污染	光污染、噪声污染、视觉污染
资源损耗	自然资源枯竭、过度捕鱼、切取鱼翅、捕鲸
土壤	土壤保护、土壤退化、土壤污染、土壤盐碱化
热污染	城市废物、水危机、船只残骸、海洋酸化、船只污染、废水
毒素	氯氟烃、DDT、环境内分泌干扰物、二噁英、重金属、除草剂、除虫剂、有毒废弃物、PCB、生物积累、生物富集
废弃物	电子废弃物、垃圾、废弃物丢弃事故、船只残骸、填埋、沥出物、再利用、焚烧
水污染	酸雨、富营养、船舶污染、海洋倾倒、石油泄漏

资料来源：Wikipedia，2009.

多国合作

跨文化合作是一个多边问题。例如，某个系统在 A 国设计，但其子系统的设计可能来自其他国家。相应地，来自不同国家的公司供应零部件，进行生产、营销、安装、维护、等等。

有多种方法可用来协调这样的多国性活动，被广泛应用的包括：

标准化

这是通过诸如国际标准化组织（ISO）、国际电工委员会（IEC）等组织来实现的。一个特别的应用是北大西洋公约组织国家在多国缔约时广泛使用的联合质量保证公报标准。

合同管理

在许多情况下，主承包商为分包商（其中也可以包括财团）提供协调服务。（参见 McClure（1979）有关 F16 战斗机的讨论，也可参见 McClure（1976）。）

技术转让

这方面有很多广为人知的途径：国际性的专业社团及其委员会、联合会、交换访问、培训课程和研讨班。大型跨国公司的内部也有这类业务。

参考文献

Best, A. (1981). *When Consumers Complain*. Columbia University Press, New York.

Crain, W. M. (1980). *Vehicle Safety Inspection Systems. How Effective?* American Enterprise Institute for Public Policy Research, Washington, DC.

Juran, J. M. (1970). "Consumerism and Product Quality." *Quality Progress*, July 1970, pp. 18–27.

Juran, J. M. (1972). "Product Safety." *Quality Progress*, July 1972, pp. 30–32.

Juran, J. M. (1977). "Auto Safety, a Decade Later." *Quality*, October 1977, pp. 26–32; November, pp. 54–60; December, pp. 18–21. Originally presented at the 1976 Conference of the European Organization for Quality.

Juran, J. M. (1995). *A History of Managing for Quality*. Quality Press, Milwaukee, WI.

McClure, J. Y. (1976) "Quality-A Common International Goal," ASQC Technical Conference Transactions, Milwaukee, pp. 459-466.

McClure, J. Y. (1979) "*Procurement Quality Control Within the International Environment*," ASQC Conference Transactions, Milwaukee, pp. 643–649.

O'Keefe, D. F., Jr., and Shapiro, M. H. (1975). "Personal Criminal Liability under the Federal Food, Drug and Cosmetic Act—The Dotterweich Doctrine." *Food-Drug-Cosmetic Law Journal*, January.

O'Keefe, D. F., Jr., and Isley, C. W. (1976). "Dotterweich Revisited—Criminal Liability under the Federal Food, Drug and Cosmetic Act." *Food-Drug-Cosmetic Law Journal*, February.

Sentry (1976). *Consumerism at the Crossroads*. Sentry Insurance Co., Stevens Points, WI. Results of a national opinion research survey on the subject.

Strong, M. F. (1993). "The Road from Rio." *The Bridge*, Summer, pp. 3–7.

Watanabe, C. (1993). "Energy and Environmental Technologies in Sustainable Development: A View from Japan." *The Bridge*, Summer, pp. 8–15.

第 3 章
质量管理的普遍方法 约瑟夫·M·朱兰

关于本章	关键术语表
本章要点	质量管理：财务和文化方面的益处
普遍性的概念	如何管理质量：与财务的类比
质量管理的含义	实施朱兰三部曲
组织有效性计划	参考文献

关于本章

本章讨论有关质量管理这一主题的基本概念，定义了一些关键的术语，并辨析了当代各种相似但又有所不同的绩效改进计划。本章明确了质量管理的关键过程，这些过程融合在组织的战略结构当中，我将之称为"普遍方法论"。本章还讨论了尽管质量管理是一个永恒的概念，但为了应对人类社会不断发生的变化和危机，这一概念也在频繁地发生变化。

本章要点

1."质量管理"是一套普遍性的方法，企业、机构、大学、医院或任何其他的组织都可以应用这套方法来确保所有的产品、服务和过程满足利益相关者的需要，从而实现优异的结果。

2.正如我们在第一章"从质量到优异结果"中所讨论的，"质量"具有两重含义，对此必须加以明确和沟通。第一重含义是指用于满足顾客需要并实现顾客满意的产品和服务所具有的特征的好坏程度，另一重含义则是免于不良。

3. 朱兰三部曲体现了创造高质量的产品、服务和过程所要求的普遍原理。

4. 质量管理所遵循的普遍原理适用于任何类型的组织，包括公司、机构、企业、政府部门、学校、医院等。

5. 通过发掘消费者的意愿，实施创造创新性产品和服务的过程，将使每一个组织都能更好地理解顾客的需要，从而创造或设计出满足这些需要的产品。

6. 在生产中要实施确保产品符合设计准则的过程。我们必须对质量进行控制并预测其市场表现情况。

7. 采用系统性的方法来提高质量或实现突破以消除生产过程或产品中长期存在的缺陷。

普遍性的概念

在代数和几何中我学到了两个主要思想，使我在此后的岁月中受用良多。其一是关于普遍性的概念，其二则是理论和事实的区别。

我在代数课上第一次接触了用符号来建立一般性的模型。我知道3个孩子再加上4个孩子是7个孩子，3颗豆子再加上4颗豆子是7颗豆子。通过使用符号，比如说 x，我可以把 3+4 这一问题一般化，将之表达为一个具有普遍性的法则：

$$3x + 4x = 7x$$

这一普遍性反映了3加4总是等于7，无论其中的 x 代表什么，是孩子、豆子还是别的什么东西。普遍性的概念于我而言犹如一道炫目的强光。我很快认识到，普遍性到处都是，但必须加以发现。它有许多的名称，如规则、公式、规律、模式、法则、类型等。普遍性一旦被发现，就可以用来解决许多问题。

1954年，在《管理突破》这本教科书中，我首次概括了实现优异结果的诸多普遍原理。首先是关于控制，亦即防止负面变化的过程的普遍原理；其次是关于突破性改进的普遍次序，后者演化成了今天的六西格玛。1986年，我发现了另一个普遍原理，这便是在战略层次与产品和服务层次上的质量计划。我逐步认识到这三个管理过程（计划、控制和改进）是相互关联的，因此我设计了朱兰三部曲示意图来说明这种关联关系。朱兰三部曲反映了我们对质量进行管理的核心过程。作为必然的结果，这几个核心过程构成了质量管理中的一个重要的科学领域。就我所知，人们正越来越认识到，掌握这些普遍性的过程对于实现质量领先和优异结果具有极为重要的作用。

质量管理的含义

几十年来，质量是用"适用性"来简要地加以定义的。人们普遍认为，顾客如果认为一个组织生产的产品"适用"，则这些产品就是高质量的。在20世纪的绝大多数时间里，这一定义都因其易于理解而得到了人们的认同。简单而言，顾客购买的某个产品如果好用，他们就会对其质量感到满意。对于生产商来说，只要明确了顾客的要求，就容易把产品生产出来。

因此，质量管理就意味着"确保产品符合要求"。绝大部分这类工作落在了运营和质量部门的肩上。这些部门负责生产、检验、试验并确保产品符合要求。

有两方面的进展要求我们对这一历史悠久的定义进行修改。首先是人们认识到，有形产品的质量包含的范围，亦即其适用性，要比只是符合规范更加广泛。影响质量的还有设计、包装、订单处理、送货、现场服务，以及与有形产品相关的所有其他服务。运营和质量部门已无法独自管理质量。

第二方面的进展是经济由以生产有形产品为主向以生产服务和信息为主转型。正如我们在第1章"从质量到优异结果"中所阐述的，为了反映这些变化，本书作者决定用"适目的性"这一短语取代"适用性"，来定义产品的质量。我们使用"产品"这一术语来指代有形产品、服务和信息。一个产品，无论是有形产品、服务还是信息，对于该产品的顾客而言，它必须是"适合目的"的。顾客不只是最终使用者，而是包括了受产品影响的所有人，如买者、使用者、分销商、管制机构以及产品从产生到废弃过程中所影响到的几乎每个人。面对如此广泛的顾客群体以及他们的需要，管理质量的方法和工具也必须同样加以扩展。

在21世纪，"质量管理"可以定义为："各类组织，如企业、机构、大学或医院等，用以设计、持续改进并确保所有的产品、服务和过程满足顾客和利益相关者的需要，从而实现优异结果的一套普遍的方法。"

质量管理并非唯一的对组织进行管理的普遍方法。它是那些成功的组织已经采用，其他的组织如果要确保它们的产品、服务和信息满足顾客的要求，也应该采用的一套方法。越来越多的行业开始采用这些方法和工具来管理它们的产品和服务。那些新兴的组织和国家将根据它们的特定需要创造应用管理方法的新的途径。今天，包括医院、保险公司、医疗实验室、金融服务机构在内的各行各业都在通过管理实现优异结果和卓越绩效。

　　质量管理方法的加速应用始于1970年代后期，当时许多美国企业都受到了日本竞争对手的重创。顾客普遍认为日本制造的产品有更高的质量。这导致了"日本质量"或"丰田质量"的说法。这些说法成为了满足顾客需要的高质量的代名词。由于消费者或顾客有了更好的选择，一些美国的组织陷入了破产的境地，其他一些则只能在新的绩效水平下奋起应战。最终，有许多美国企业，后来还有欧洲的企业，凭借更高质量又重新收复了市场。

　　摩托罗拉公司是最早取得成功的企业之一。摩托罗拉深受NEC、索尼等日本公司所影响。摩托罗拉的奋斗历程和质量改进使其成为了美国马尔科姆·鲍德里奇国家质量奖的第一家得主。摩托罗拉总结提炼了质量改进的普遍方法，创造了六西格玛质量改进模式。从那以来，美国的质量得到了改进，质量革命持续发展成为了全球性的革命。从1986年到现在，这一质量改进模式在全球许多行业中成为了最有价值的模式。今天，诸如三星、奎斯特诊断公司、甲骨文、西班牙电话公司等都变得更有竞争力并成为了所在行业的质量领先者。

　　所有这些组织都对质量管理方法作出了贡献。它们将六西格玛之类的基本质量管理工具的应用扩展到了业务过程以及整个供应链中。质量已经不再只是质量管理部门的职责，而成为了贯穿整个组织的责任。质量管理成为了管理整个组织的方式，它已经成为了诸多战略的驱动力。成为同业之最，实现最高的质量，提供最高的顾客满意度，这已成为所有经营战略的共同追求。如果达到了目标，这些战略就能使组织实现财务方面的成功、文化的变革和顾客的满意。

　　在本书中，我们致力于提供一套准确、简捷、清晰的"质量"管理方法和工具。不仅包括产品和服务的质量，还包括过程和职能的质量，它们决定了组织的总体质量。

　　随着顾客和社会需要的变化，满足这些需要的途径也在变化。1980年代的质量管理方法或许已经不再适用于今天的组织，今天有效的东西未必明天也有效。即使是不断取得优异结果的普遍方法有朝一日也需要修正。本书致力于提供那些最为有效的方法，以及关于失败的教训。其中一个教训就是，随着时间的流逝，许多曾经的质量领先者未能保持住其优异的表现。为什么会这样？是由于领导不力？还是外部力量的影响？或者是由于战略执行不力？这些问题让许多曾经不得不为自己的"质量举措"辩护的实际工作者感到困扰。本书中将努力给出有关这些问题的答案。

　　图3—1辨析了质量的含义，我们强调了在用于产品和服务时，"质量"这一术语的众多含义中的两个方面，这两个方面对于质量管理而言极为重要：

1. 质量指的是满足顾客需要并让顾客满意的产品和服务的特征的好坏程度。就这个意义而言，更高的质量通常花费也更高。

2. 质量意味着免于不良。在这个意义上，质量的含义是成本导向的，"质量越高成本越低"。

满足顾客需要的产品特征	免于不良
更高的质量使组织能够： • 提升顾客满意度 • 满足社会需要 • 使产品和服务畅销 • 应对竞争要求 • 增加市场份额 • 提高销售收入 • 卖出较高价格	更高的质量使组织能够： • 降低差错率 • 减少返工和浪费 • 减少现场失效和保修费用 • 减少顾客不满 • 减少检验、试验 • 缩短新产品面市时间 • 提高产量、产能 • 改进交货绩效
主要影响销售收入 质量越高费用越高	主要影响成本 质量越高费用越低

图 3—1　质量的含义

资料来源：Juran Institute, Inc., 2009.

基于这些简明的定义，人们可以建立一套系统的质量管理方法：

• 建立设计产品和服务的过程来满足（内部和外部）利益相关者的需要。每一个组织都必须理解顾客的需要并创造或设计能够满足这些需要的产品和服务。

• 建立控制质量的过程。产品和服务设计出来后就要投入生产，这时必须保证产品符合设计准则。

• 建立持续改进或实现突破的系统方法。必须发现并消除对产品、服务以及生产它们的过程造成负面影响的慢性故障。

• 建立一个职能部门来确保上述三件事情的持续进行。

通过对质量进行设计，然后在运营中对之加以控制，并持续不断地进行改进，任何组织都可以踏上力争成为"质量型组织"的征程。上述全球质量领先者都在致力于努力使其产品和服务满足和超越顾客的要求，但并非不惜代价地这样做。质量满足了顾客的要求但不符合利益相关者的要求，这不是一个好企业应做的。要真正成为一个质量型的组织，生产产品和服务的成本必须是生产者和利益相关者能够负担得起的。但是，在进行这种判断时，必须明确质量、成本和收益间的关系。提高的特征质量必须能够带来足够的收入以弥补新增特征所增加的成本。但通过降低不良而实现的更高质量通常会降低成本并提高财务绩效。对于那些不取得销售收入的组织来说,在特征质量上的花费不应超出预算的允许,但致力于降低不良的质量改进却几乎总是能够改进财务状况。

依托这两方面的质量定义以及人们对质量优劣对组织绩效的影响的理解,便可以制订长期的计划来实现产品、服务和过程的高质量以及良好的财务绩效。立足于长期视野的管理还要求组织能够以系统性的方法,来充分理解顾客需要的变化,以避免发生卓越的绩效得不到保持的情况,甚至一些最为成功的组织都因此而折戟。

组织有效性计划

组织有效性、精益六西格玛、丰田生产系统和全面质量管理(total quality management,TQM)是各种方法的"品牌"名称,有些可能与我们的质量管理普遍方法十分相似。随着朱兰的质量管理普遍方法被导入和应用到许多新的产业中,可能会形成某种新的品牌。大多数情况下,因为有助于推动绩效改进,这些新品牌都发挥了正面的作用。正如早期的行会导致了质量标准的产生一样,社会和顾客需要的变化也要求普遍方法能够与时俱进。质量管理方法的一个常见问题发生在服务领域。服务性机构总觉得"质量"这个词是针对产品的。许多服务机构认为它们提供的不是产品,而是服务。它们用"服务卓越"这种说法来取代"服务质量"。一段时间之后,这一提法被人们所接受,我们就有了一个新的品牌。大多数情况下,新品牌是在此前品牌基础上的提高。也有些情况下,因为方法的改变带来的结果并不那么正面,而使品牌失色,TQM 就是如此。全面质量管理是 1990 年代的品牌,它后来为六西格玛所取代,为什么会这样?当时许多企业正在试图重新夺回竞争优势,这使管理质量的方法也发生了演变。TQM 的问题在于它不可测量或业务导向不足,从而逐渐失去了原有的光环。然而,有许多实现了显著绩效提升的组织,它们一直坚守着 TQM 直到现在。也有一些组织转向了新的质量管理品牌。在我们写作的此刻,精益六西格玛和卓越绩效正红极一时。它们也会随着时间而改变。归根到底,你把管理质量的过程叫什么名称并不重要,只要你做的是实现优异结果所必须做的事情。无论哪个行业、哪个国家或哪个时代,唯有满足和超越顾客的需要,才能实现优异的结果。

关键术语表

在质量管理的世界中，一些关键词汇的含义仍然缺乏标准化。然而每一个组织都可以通过使关键术语和词组标准化来有效地减少内部的混淆。关键术语表就是一个基本的工具，它可以成为报告、手册、培训教材等沟通方式的一个参照源。

"质量"的定义中包括了自身也需要定义的一些关键词汇，有几个术语尤其重要。

1. 组织。本书中我们使用这个词来指代任何机构、企业、公司、单位、办事处、营业单位、医院、银行、网络运营商、赌场，等等，它们向顾客提供某种类型的输出——产品、服务或信息，无论是出于营利的目的还是非营利的目的。

2. 普遍管理方法和工具。某种普遍的管理方法、工具或过程意味着它可以应用在任何行业、任何职能、任何文化中的任何组织中，它是真正具有普遍性的。对于组织中的绝大多数员工而言，"管理"这个词就意味着分配资源、设定目标、实施控制，并就产品、过程和人员的结果进行评审。对于"世界级"的那些组织而言，管理意味着产出预期结果以满足顾客和社会需要的一系列活动。管理过程并非只限于财务、人力资源、技术和运营这些方面，还包括针对如下方面的管理过程，即理解顾客的需要，设计满足这些需要的新产品和服务，建立制度和控制手段确保这些需要能够持续得到满足，确立持续改进的体系和举措，确保社会的需要不致受到负面的影响。

3. 产品：有形产品、服务和信息。它们是满足顾客需要的那些过程的产出。对于经济学家来说，产品包括了有形产品和服务，也包括了信息。但在一般的语境下，产品有时只指有形的产品。作者用"产品"这个词来同时表示有形产品和服务。

a. 产品可以是有形的产品，如玩具、计算机，或是含有信息的文件，如一份提案、一张建筑图纸、一个网站。

b. 产品也可以是服务，即为他人完成的工作。如木匠为屋主建造房屋，修理工为车主修理汽车，护士照看病人，网络内容商提供快速的信息以满足用户需要。

4. 特征。特征是满足顾客需要的产品或服务所具有的性质或特性。汽车的一个特征可以是音响系统满足驾驶者收听需要的保真性。这一特征对于汽车的驾驶和性能可能影响甚微，但它满足了顾客其他方面的需要。急诊室为亟须迅速抢救的危重患者提供的紧急通道也是一项特征。特征是公司、组织、系统、机构在用于满足顾客需要的产品和服务的设计中必须包括的东西。特征必须通过确切地理解如何才能满足那些最重要的需要来确定。

5. 不良质量成本（cost of poor quality，COPQ）。组织中，如果产品、服务和过程中的所有缺陷都能够消除的话，这类成本将会消失。这些成本是用占销售额或总成本的百分比来测量的。

6. 顾客。顾客指你的公司、组织、系统或机构外部任何受到产品或服务影响的人。顾客获得了组织的产品的价值。顾客可能是产品的最终使用者，也可能是组织外部的并非使用者的中间顾客，如为孩子购买游戏的家长，为病人植入器具的外科医生。一项产品或服务可能会有多个顾客。人们常常区分"外部"顾客和"内部"顾客。外部顾客如上面的定义，内部顾客指组织内部的用户。本书中，单独用"顾客"这个术语将指外部顾客。顾客有时也被称作利益相关者，这个词通常包含了外部顾客和内部顾客、股东、管理层和雇员在内。这众多的角色对组织提出了不同甚至互相冲突的要求，因此本书将对它们分别加以讨论，而非全部混在一起。

7. 操作者。操作者指组织内部从事生产或执行某个过程的雇员、部门、职能、业务单位和机构。为了实现优异的结果，组织必须聚焦于外部顾客，还必须确保所有操作者能够按照设计准时完成他们的工作。

8. 顾客满意。顾客满意指的是当顾客的需要得到了所购买或使用的产品或服务的满足之后的正面状态。满意主要受到产品或服务的特征的影响。

9. 顾客不满。这是顾客的一种负面状态，它来自因产品或服务的缺陷而导致的需要未能满足，进而会造成顾客的恼怒、投诉、索赔或退货。

10. 不良。指任何导致产品或服务不能满足顾客需要的错误、缺陷、故障、差错。呼叫中心的电话应答过于缓慢、账单的差错、保证期内索赔、动力不足、未按期交货、不能使用的产品等都属于不良。

11. 顾客忠诚。指产品和服务的特征满足了需要且交付后没有不良而使顾客达到的欣喜状态。忠诚也是相对于竞争者而言的。忠诚的顾客会持续购买和使用你的组织的产品和服务。忠诚是顾客满意度的一个战略性财政指标。创造忠诚的顾客是优秀组织的目标。

12. 顾客不忠。这是顾客的一种非常负面的状态，他们不再要你的产品或服务，而转向选择那些具有更好的产品和服务的厂商。

13. 优异绩效、世界级或同业之最。这些提法被用来描绘在市场上具有公认的最高质量产品的那些组织。这些组织成为了人们事实上希望达到的参照标杆。这方面的例子如丰田汽车、三星电子、梅奥诊所、谷歌等。

质量管理：财务和文化方面的益处

影响收入的特征

收入可以有若干种类型：（1）销售产品或服务而收取的款项；（2）政府征收的税金；（3）慈善机构得到的捐款。不管是哪种情况，收入的数量在不同程度上与提供为顾客所重视的产品特征的能力有关。在许多市场中，具有较好的特征的产品或服务能够获得较高的收入，因为它们能取得较大的市场份额以及卖出较高的价格。那些特征不具备竞争力的产品或服务只有以较低的价格才可能被卖掉。

影响收入的不良

遭遇不良产品的顾客会采取给厂商带来额外支出的行动，如抱怨、退货、索赔或提出诉讼。顾客还可能选择（或者在采取上述行动的同时）不再向差劲的厂商购买产品，以及公开披露这种不良及其来源。如果众多顾客都采取这类行动的话，将对生产商的收益造成严重的损害。

影响成本的不良

不良的质量造成了额外的不良质量成本。"不良质量成本"（COPQ）这一术语包括了如果没有不良——没有差错、没有返工、没有现场失效等——则会消失的那些成本。朱兰研究院对于不良成本的研究表明，对质量没有有效管理的那些组织的质量成本之高令人震惊。

计算不良质量成本对组织有很高的价值。COPQ向企业的领导者确切表明了不良质量给企业增加了多少成本从而降低了利润。详细的COPQ的计算为系统地消除导致不良质量成本的那些不良质量提供了一个路线图。

在1980年代早期，许多企业的领导人都宣称他们的COPQ达到了销售额的20%～25%。这一令人瞠目的数字得到了许多独立机构的不良质量成本计算的支持。为了编写本书，我们进行了进一步的研究，以对经济中的COPQ作出更加精确和更具有时效性的估计。

这一工作并非看上去那么容易。许多机构对于总额中应当包括哪些成本存有异议。此外，数据的统计方式多种多样：占销售额百分比、占经营费用百分比、占增加值百分比、绝对金额、人均金额，甚至在医疗行业还包括了死亡数。许多来源提供了原始的数据，而有些来源则只是引用含混的"专家"或"研究"。有些来源之间互相循环引用。

根据公开文献的结论和推断、中西部医疗企业集团与朱兰学院的联合报告，以及医疗行业从业人士的合理判断，可以估计直接医疗成本中的30%都源自不良质量的医疗，主要由过度使用、误用和系统中的浪费所构成。使用不足对于成本的影响尚不清晰。美国2011年的全国医疗支出约为14 000亿美元，其中的30%相当于4 200亿美元花在了不良质量上。其中，间接的不良质量成本（如缺勤降低的生产率）估计占到了25%～50%，相当于1 050亿～2 100亿美元。私人购买者承担了这些成本中的约1/3。事实上，我们估计一般的雇主每年在每个雇员身上支出的不良质量医疗成本在1 900美元到2 250美元之间。即使把这些数字缩小一半，不良质量医疗成本每年也让美国花费了几千亿美元（Midwest Business Group on Health et al., 2003）。

我们的推断表明，2003年制造业组织的不良质量成本在15%～20%之间，许多组织因开展了系统性的削减活动而使之降到了更低的水平。服务性组织不良质量成本占销售额的比重在30%～35%，这些数字中包括了返工的成本、控制不良过程多花的成本，以及为了正确地让顾客满意而花的成本，售前发生的不良显然增加了厂商的成本，售后发生的不良既增加了厂商的成本也增加了顾客的成本。此外，售后发生的不良还减少了厂商未来的销售额，因为顾客不愿意再购买质量不良的服务。

如何管理质量：与财务的类比

质量管理最好从建立组织的"愿景"开始，然后是确立方针、目标以及实现愿景的计划。这意味着质量目标和方针必须被纳入组织的战略计划中。（这些内容主要在本书的其他章节，尤其是第7章"战略计划与展开"中讨论。）目标向成果的转化（使质量得以实现）是通过建立管理过程——产生预期成果的一系列活动——来进行的。在质量管理活动中频繁地应用着三个这样的管理过程，即

- 质量的设计或计划。
- 符合、控制或保证质量。
- 改进或创造质量突破。

这些过程相互关联,被称为"朱兰三部曲"。它们与人们长期以来使用的财务管理过程十分类似。财务管理过程的构成如下:

财务计划。这一过程产出了年度的财务和运营预算。它明确了来年将要进行的活动。这些活动要转换为货币语言,即收入、成本和利润。它要算出所有这些活动的财务结果。最终要制定出组织及其各个部门和单位的财务目标。

财务控制。构成此过程的几个环节包括:评价实际的财务绩效,与财务目标进行对照,对发生的不一致采取措施,会计师称这种不一致为"差异"。财务控制过程包括诸多的子过程,如成本控制、支出控制、风险管理、库存控制等。

财务改进。这一过程旨在改进财务成果。它有很多形式:成本削减计划,为改进生产率而采用新设施,为了增加销售而开发新产品,收购,合资等。

这些过程是普遍性的,它们构成了财务管理的基础,不论企业的类型如何。

财务管理的做法使主管们认识到,他们可以利用同样的计划、控制和改进过程来管理质量。因为三部曲的概念与在财务管理中是完全相同的,所以主管们不必改变他们已有的概念认识。

他们以前在财务管理方面的许多训练和经验大多适用于质量管理。

虽然道理没有什么变化,但在具体步骤上却有所不同。图3—2表明了在这三个管理过程中,每一个都有其独特的活动顺序。三个过程中的每一个都具有普遍性,遵循着不变的步骤程序。每一程序适用于各自的领域,不因产业、职能、文化或其他因素而有所不同。

质量计划	质量控制	质量改进
设定质量目标 辨识顾客是谁 确定顾客的需要 开发应对顾客需要的产品特征 开发能够生产这种产品特征的过程 建立过程控制措施,将计划转入运营部门	确定控制对象 测量实际绩效 将实际绩效与目标对比 对差异采取措施 持续测量和保持绩效	提出改进的必要性 做好改进的基础工作 确定改进项目 建立项目小组 为小组提供资源、培训和激励,以: 诊断原因 设想纠正措施 建立控制措施以巩固成果

图3—2 质量管理

实施朱兰三部曲

朱兰三部曲示意图

朱兰三部曲中的三个过程是互相关联的，图 3—3 表示了这种相互关系。

朱兰三部曲示意图是一个以时间为横轴，以不良质量成本为纵轴的示意图。初始的活动为质量计划。市场研究职能明确谁是顾客，以及他们的需要是什么；然后计划人员或产品实现团队开发用于满足这些需要的产品特征及过程设计；最后计划人员将他们制订的计划交给运营部门："你们来运行这些过程，生产所要求的产品特征，提供产品以满足顾客的需要。"

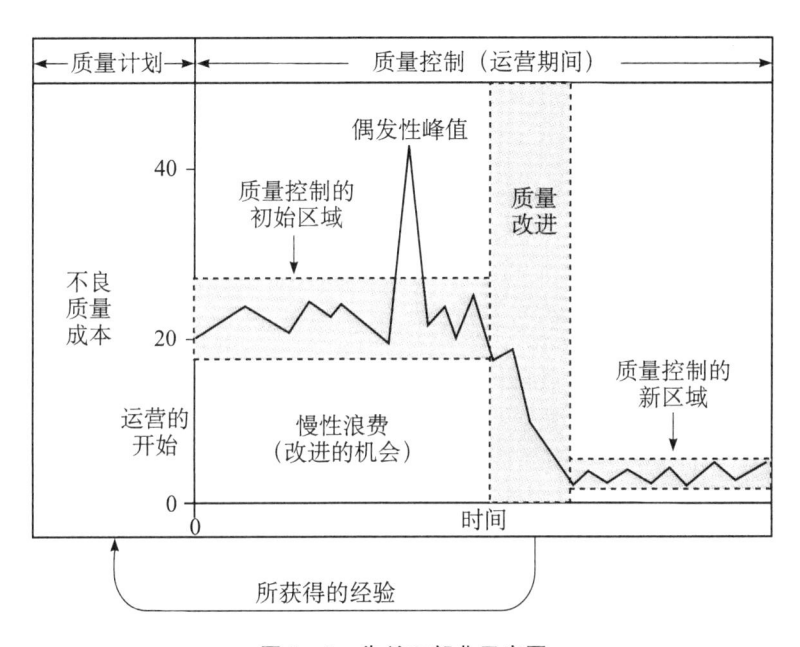

图 3—3　朱兰三部曲示意图

慢性不良和偶发不良

投入运行之后，会发现所设计的用来提供产品和服务的过程不能够生产 100% 的优良产品。为什么呢？因为有隐性的或周期性的不良存在，需要返工或重做。图 3—3 表明，由于缺陷的存在，有 20% 以上的工作过程必须返工。这种浪费被认为是慢性的——在组织决定找出根原因之前，它会不断持续下去。为何会产生这种慢性浪费呢？因为所运行的过程是如此设计的。计划人员在设计过程中无法预见到所有可能的障碍。

在常规的职责分工体制下，负责运营的人员无法消除这种因设计而造成的慢性浪费。他们所能做的是实施质量控制，即防止事情变得更坏，如图 3—3 所示。图中还表明一个突发的偶然事件使缺陷水平上升到 40% 多的峰值。这种峰值是由于一些非预期的事件如停电、过程崩溃或人为的错误等造成的。作为质量控制工作的组成部分，运行人员要亲临现场，采取措施恢复原状，人们通常称之为"纠正行动"、"排除故障"、"灭火"等等。最终结果是将差错水平恢复到计划所决定的约 20% 的慢性水平。

这个图还表明经过一定的时间，慢性浪费可被压低到一个远低于最初水准的程度。这是通过三部曲的第三个过程——质量改进来实现的。事实上，慢性浪费被看作一个改进的机会，通过对之实施一定的步骤可以实现改进。

三部曲示意图和产品不良

三部曲示意图（图 3—3）与产品和过程的不良有关。纵轴代表着诸如不良质量成本、差错率、缺陷百分比、返修率、浪费等。在纵轴上，刻度零代表着完美，越往上越糟。减少不良的结果意味着降低了不良质量成本，更多地满足了交货承诺，减少了浪费，降低了顾客的不满等。

三部曲中的时间分配

对主管们来说，一个有趣的问题是：如何设计职能并在三部曲的各个过程中分配它们的时间？图 3—4 是一家日本公司用以表明这种相互关系的一个模型（Itoh，1978）。

在图 3—4 中，横轴代表着各类人员时间分配的百分比，刻度从 0 到 100%。纵轴代表着人们在组织中所处的层次。该图表明高层主管将大部分时间用在计划和改进上，在战略计划上他们用去了相当的时间。他们用于控制的时间不多，且集中在一些主要的控制项目上。

随着在组织阶梯上逐渐往下走，人们用于战略计划的时间在减少，而用于控制和维持的时间则迅速增加。在最底层，时间主要用于控制和维持，但在计划和改进上还是要花费一部分时间。

图 3—2 以简化的形式表示出了这些不变的步骤程序。进一步的细节将在本书的其他章节给出：第 4 章 "质量计划：设计创新性的产品和服务"；第 5 章 "质量改进：实现绩效突破"；第 6 章 "质量控制：确保可重复和具有符合性的过程"。

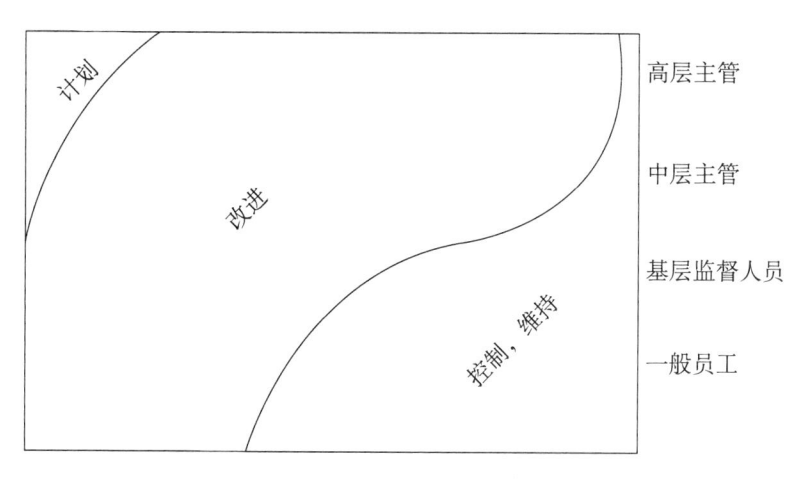

图 3—4　Itoh 模型

资料来源：*Management for Quality*，4th ed.，Juran Institute，Inc.，1987，p. 18.

参考文献

Itoh, Y. (1978). "Upbringing of Component Suppliers Surrounding Toyota." International Conference on Quality Control, Tokyo.

Juran, J. M. (2004). "Architect of Quality," McGraw-Hill, New York, NY.

Midwest Business Group on Health, Juran Institute, Inc., and The Severyn Group, Inc. (2003). "Reducing the Costs of Poor-Quality Health Care through Responsible Purchasing Leadership."

第4章

质量计划：设计创新性的产品和服务 约瑟夫·A·德费欧

关于本章
本章要点
三部曲的第一个过程：设计
　创新性产品
朱兰质量设计模型
质量设计中的问题

朱兰质量设计模型
朱兰质量设计模型详解
常用设计工具
六西格玛设计
参考文献

关于本章

新产品开发过程是组织中最重要的业务过程之一。它是未来的销售、绩效和竞争力的生命线。制造业中传统上开发新产品的方法往往来自产品开发部门。在服务类组织中，新服务的开发是由来自多个部门的从事新服务设计的专门小组来进行的。此处所讲的"质量计划"是指开发满足顾客需要的新产品（包括有形产品和服务）和过程的一个系统性过程。设计创新性产品的方法多种多样。六西格玛设计、精益设计、世界级质量设计、并行工程、软件敏捷设计等，都是常见的方法。本章主要讨论那些具有共性的方法和工具，这些方法和工具有时会被开发部门所忽略。质量设计方法和工具将促使组织开发出突破性的能够为组织创造收益的产品和服务。

本章要点

1. 质量设计与创新是朱兰三部曲的三个普遍过程之一。为了获得新的产品、服务及过程的突破,这一过程是必不可少的。

2. 有效的设计过程必须有一套稳健的方法和结构,用以创造新产品(有形产品、服务和信息),并确保在产品投入市场之前开发出包括过程控制的关键的运营过程。

3. 朱兰质量计划模型由以下这些简单的步骤所构成,它主要着眼于对那些将从新产品中受益的顾客的更好的理解。它不是六西格玛设计那样的统计设计方法,它常用于设计新的服务和过程。其步骤如下:
- 确立设计目标。
- 定义所针对的市场和顾客。
- 发掘该市场、顾客和社会的需要。
- 开发将要满足这些需要的新设计的特征。
- 开发或再开发产出这些特征的过程。
- 开发过程控制以将新设计转入运营阶段。

4. 六西格玛设计模型,常被称为 DMADV,由一系列统计设计方法所构成,主要适用于制造类产品。这一模型有着类似的步骤,也包括了朱兰模型中的一些工具:
- 定义项目和目标。
- 测量对于顾客和质量最为关键的那些特性(critical to quality,CTQ),确定所需特征。
- 分析所获信息并创建体现 CTQ 的高阶设计。
- 进行详细设计,并在转入运营之前进行评价和优化。
- 确认设计要求并制作最终产品。

三部曲的第一个过程:设计创新性产品

组织令顾客满意的能力取决于其设计过程的稳健性,因为组织所销售的商品、提供的服务均源于此。

设计过程是朱兰三部曲三要素中的第一要素，也是管理者确保组织生存的三个职能之一。通过设计产品（有形产品、服务或信息）以及产出最终结果的过程（包括控制手段在内），设计过程使创新得以实现。由于顾客的需要和技术在不断变化，设计完成后，另外两个要素，即控制及改进便进入角色，对设计进行持续的改进。

本书讨论两种形式的设计过程。本章讨论第一种类型，即朱兰的通用质量设计模型。这种模型诞生于1986年，它提供了一种结构，既可以整合到组织的新产品开发职能中，也可根据需要独立地按照项目的方式加以实施。

第二种类型是六西格玛设计（design for six sigma，DFSS），因其过程中的步骤（定义，define；测量，measure；分析，analyze；设计，design；及确认，verify）而被称为DMADV，是对朱兰模型的最新发展。它建立在六西格玛改进或DMAIC（定义，define；测量，measure；分析，analyze；改进，improve；及控制，control）的绩效改进方法的基础之上。DMADV最初是由通用电气公司所推行的，它应用了朱兰模型中的要素并融入了许多通用的统计改进工具。

对于简单、经济的产品设计和过程再设计而言，朱兰模型是非常有用的。作者们亲眼见证了这一模型在很多优秀的产品、过程和服务的设计中的应用。

这方面的例子包括某多工厂制造商的一个获奖的安全项目；一个可使销售部门和制造部门在整个订单完成过程中追踪处理情况从而可以每天知会顾客订单的确切状态的信息系统；一个重新设计过的比以前更快更有效的应收账款处理系统。

DFSS是一个由计算机和统计软件包支持的经典模型，这样就可以使用众多的设计工具，而这些工具在没有计算机的情况下是很难使用的。六西格玛模型适用于设计更加复杂的产品并实现非同寻常的质量水平。尽管在短期来看它非常耗时、昂贵，但若使用得当，将会带来良好的投资回报。

朱兰质量设计模型

现代结构化的质量设计是用于计划满足顾客需要的特征以及产出这些特征的过程的方法论。"质量设计"指的是组织中产品或服务的开发过程。值得注意的是，计划者担负着双重责任，既要提供满足顾客需要的特征，又要提供满足运营需要的过程。过去认为产品设计只是理解产品应具有的特征，这是营销、销售和研发人员的快乐领地。但是，由于这种新的双重责任，规划者因理解顾客需要和产品特征而产生的激动还必须经受理解运营要求之火的锤炼。

这就是说,过程能否在不产生浪费的情况下产出所需特征?为了回答这一问题,就必须既理解当前过程的能力,又理解顾客的规范。如果当前过程无法满足要求,则现代的设计中就必须包括找到有能力的替代过程。

朱兰三部曲指出,"质量"这一术语包含了两方面的含义:首先,具有能够让顾客满意的特征;其次,这些特征要免于不良。简单而言,特征中的缺陷导致了不满。

1. 质量改进的目的是消除不良。
2. 质量设计的目的是创造特征。

狩野和朱兰等人很早就认识到,免于不良,亦即没有顾客不满,未必就等于获得了满意。我们很容易断定消除不良可以减少不满,但是,我们不能断定满意度就会因此提高。因为消除了讨厌因素并不会让人更满意,而只是减少了不满。

只有具备了特征才能够产生满意。满意与不满并非非此即彼的关系。很有意思的是,有很多组织都未能理解这个道理。让我们来看一个例子,即许多酒店中常见的顾客意见卡。这上面都是些封闭式的问题。例如,它们问,"用从1到5来表示你有多喜欢这里"。它们不会问"你对这里有多喜欢"?这正好是"你对这里有多不喜欢"这一问题的反面。因此,任何不允许开放式问题的所谓的满意度评估都只是一种片面的质量理解,这些开放式问题,如"我们应当做哪些我们尚未做的事情"或"是否有人提供了我们没有提供的服务"。某综合评分为3.5的酒店与同品牌的评分为4的另一家酒店相比到底意味着什么?没什么意义。他们的所谓的满意度指数其实是不满意度指数。

因此,我们又回到了究竟什么是质量这一基本问题上。正如第1章"从质量到优异结果"中所述,作者引用了朱兰很久以前提出的一个定义:"质量"意味着适用性,我们现在又将其扩展为了"适目的性"。让我们对这个概念加以更为深入的探讨。

首先,"适用性"这一定义考虑了质量的两个维度,即具备特征和免于不良。麻烦的问题在于,谁来决定"适合"的含义?又由谁来决定"目的"的含义?用户决定了"用途"是什么,用户也决定了"适合"是何含义。任何其他的回答都注定会有争议和误解。在这点上,供应商很少会赢,而用户,尤其是广大社会总是会赢。例如,假如你自己是个顾客。你曾经用螺丝刀撬过油漆桶吗?你当然干过。你曾经为了让孩子观察虫子而用它在广口瓶盖上钻过孔吗?你当然干过。干家务时你曾经把它当作凿子去凿木头或金属吧?别,螺丝刀的预期用途可是拧螺丝!

因此"用途"一词由两方面构成，即预期用途与实际用途。若用户按预期的方式来使用，那么供应商和用户皆大欢喜，符合规范与适目的性是一致的。但是，如前述的螺丝刀的例子那样，顾客不按预期方式使用产品又如何呢？则规范与适合性又是什么关系？

再深入一些，用户实际上是如何使用产品的呢？它满足了用户的什么需要？在此我们发现了另一个结合点：用户可以巧妙地创造出产品的新用途。例如：

WD-40 的 "2000" 种用途。 WD-40 多年前是为美国太空计划设计的，没有多少人知道该品牌名的来历。其实，"WD"是指水溶剂，40 指这是该公司的第 40 个配方。但当它进入大众消费市场后，用户发现了各种各样的新用途。有人宣称它能很好地去除地板上的磨痕。有人则说它能轻易去除台灯上的价签、挡风玻璃上的检验标签，以及粘在小孩头发上的泡泡糖。该公司为此十分高兴，但并未公布所有这些聪明的新用途供公众消费。还有人说如果把它喷在钓饵上可以钓到更多的鱼。有关节炎患者称把它喷在僵硬的肘部可以缓解症状。我们就别扯太远了。若把产品用于明显不合适之处会如何？拉丁语中有个合适的词"ab-use（abuse，滥用）"，其前缀"ab"就是"不"的意思。

有些例子会有帮助。再回到螺丝刀吧，你可能争论说把螺丝刀用作撬杆、凿子或钻头是对其原设计目的的滥用，但显然，许多厂商提供的产品都能承受这种"滥用"，这些用法也就成了"预期"用途（无论是因诉讼或是其他原因所致）。再比如商业飞机中的"黑匣子"（顺便提一下，它其实是橙色的），它可以在飞机损毁的情况下保存下来。了解所有形式的用途，这是现代设计所要努力做到的。

最后，正如我们再三强调的，现代设计与计划追求的是根据所理解的顾客需要来创造特征，我们将之称为顾客驱动的特征。新的产品、服务和过程就是所有这些特征的总和。

有一种不同类型的产品计划，它推出并不针对明示需要的特征供用户来探索，这超出了本章所讨论的范围。3M 公司的即时贴便笺纸和互联网就是这方面的例子。我们没有表达出这些需要，但是，一旦拥有了这类特征，就无法再想象没有它们的生活。

质量设计中的问题

质量设计模型及与其相关联的方法、工具和技术之所以会被开发出来，是因为纵观现代社会的历史，组织在生产能够确实使顾客满意的产品和服务方面，更多地表现为一贯性的无能。作为顾客，人们会不止一次地体会过这样的沮丧，如飞机的延误，放射性污染物的泄漏，没能达到最佳效果的医疗方案，失灵的儿童玩具，并不像所期望的那样快或好用的一个新软件，极其迟钝（如果有的话）的政府反应，或者配备了最新高科技部件的家用洗衣机以高价洗出的衣服并不比以前更干净。这些频繁而又巨大的质量差距实际上是由图4—1示出的一系列较小差距复合而成的。

质量差距的第一类构成是理解差距，也就是说，对顾客的需要缺乏理解。有时，这种差距的出现只是由于生产者根本就没考虑顾客是谁以及他们需要什么。更多的情况下，这种差距是由于供应商对其能够准确理解顾客真实需要的能力太过自信而造成的。图4—1中最后示出的感知差距也是由于未能理解顾客和顾客需要而造成的。顾客并非只是依据产品的技术价值来体验一套新服装或当地公用设施服务的连续性，顾客会针对他们对于产品或服务所带来的益处的感知情况作出反应。

```
顾客期望                                          理解差距
              对需要的理解
                                                  设计差距
              产品设计
质量差距                                          过程差距
              提供设计的能力
                                                  运营差距
              实际提供
                                                  感知差距
顾客感知
```

图 4—1 质量差距

资料来源：Inspired by A. Parasuraman, Valarie A. Zeithami, and Leonard L. Berry (1985). "A Conceptual Model for Service Quality and Its Implications for Further Research," *Journal of Marketing*, Fall 1985, pp. 41–50.

质量差距的第二类构成是设计差距。即使完全了解了顾客的需要和感知，很多组织还是不能够设计出与这种了解完全一致的产品和服务。其部分原因在于，那些了解顾客的人员以及他们用以了解顾客需要的训练常常被制度化地与实际从事设计的人隔离了开来。另外，不管是设计复杂的设备还是细微的服务，设计人员常常缺少一些简单的工具，以便能够将他们的技术专长与对顾客需要的理解结合起来，从而创造出真正卓越的产品。

第三类差距是过程差距。由于创造有形产品或提供服务的过程不能够始终与设计相符合，许多优秀的设计都遭到了失败。这种过程能力的缺乏在所有类型的质量差距中是最持久、最难缠的问题之一。

第四类差距是运营差距。用来运营和控制过程的各种手段在最终产品或服务的提供中会产生进一步的不良。

质量设计为消灭各种类型的质量差距并确保最终的总质量差距最小提供了过程、方法、工具和技术。图4—2概略地列出了质量设计的基本步骤。本章的其他部分将讨论每一个步骤的细节及范例。

```
质量设计
1. 确立项目和设计目标
2. 识别顾客
3. 揭示顾客的需要
4. 开发产品或服务特征
5. 开发过程特征
6. 开发控制方式并转入运营
```

图4—2　质量设计的步骤

资料来源：Copyright 1994，*Quality by Design*，Juran Institute，Inc.

朱兰质量设计模型

接下来我们将概略地分析每一个步骤。

第一步：确立项目和设计目标

所有的设计都应该按项目的方式进行。不存在一般性的设计，设计都是具体的。在战略计划中，我们确立了愿景、使命、战略、目标等，每一项都是具体的。在产品计划中，我们的起点是一个项目，亦即需要计划的某个事项。我们设计的可能是一个新的培训室、一辆新汽车、一场婚礼、一条免费的客服热线或一个新的互联网旅游预订竞价过程（如Priceline.com，Expedia.com）。要注意上述每一项都是一个具体的事项，且都可以与其他事物区分开来。培训室不同于咖啡屋，汽车不同于榴弹炮，一条热线并非长途电话，旅游预订过程也不是在线书店。这一点非常重要。如果不能把我们所设计的事物与其他事物区分开来，则所有的事情都将模糊不清。因此，项目是我们的起始点。

第二步：识别顾客

早在1980年代的全面质量管理（TQM）时期，我们就认识到顾客就是那些接受产品的人。如果我们要设计一个培训室，接受培训的人员就是一类重要的顾客。还有管理员也是顾客，因为他们要对教室进行打扫和布置。新车的顾客包括买主、保险公司、零售商、运输公司等。客服热线的顾客就是我们的客户及客服人员。旅游预订过程的顾客包括旅行者、航空公司以及网络运营商。从以上这些讨论中我们得出了一个基本的理解：顾客就是有特定需要必须被满足的各种角色。

第三步：揭示顾客的需要

我们所要揭示的顾客需要包括了欲望、需要、认知、渴望以及其他的情感。我们必须知道如何对事物加以分类和区分主次。但在这一点上，必须强调的是，优先度高的顾客（如车的买主）并非就是唯一的具有高优先度需要的人。还要强调的是，优先度低的顾客也未必意味着其需要就是低优先度的。我们既要理解"顾客之声"，也要理解"市场之声"。

例如，拿新车的运输商来说，我们绝不能忽视他们对小汽车的高度和宽度的要求。忽略了这些要求，他们可以使产品到不了最终付钱的顾客手中。主管机构也是如此（各州及全国的公路交通安全委员会以及环保机构等的"需要"若得不到满足，就会导致所有的过程停顿下来）。综上所述，我们又能得出一个结论：必须以一种一致同意的方式来确定顾客的优先等级。

第四步：开发产品或服务的特征

产品计划中的"特征"一词是指产品的用途、特性或功能。在结构化的产品计划中，我们引入了一个不同的定义：特征就是顾客用以满足其需要的事物。例如，在上述培训室的例子中，受培训者需要在学习时记笔记，则对应的特征就可以是一个活页纸板、一块白板或一张桌子。培训室的管理员可能需要经常移动东西，相应的特征就可能包括可搬动性、尺寸、重量以及模块性。

随着这个特征清单的变长，我们很快会意识到我们不能够让所有的特征都处于同一个优先度水平上。所以我们需要有一种方法来建立秩序，还是要以一种一致同意的方式。最终我们得到了经过优化的、一致同意的特征清单以及各项特征的目标。注意这里的优化是指：并非所有的特征都能在产品计划中存续下来。

第五步：开发过程的特征

特征是由过程创造出来的。我们要审视现有的过程以及可替代的过程，以考虑选用哪些过程来产出所需的特征。要确保所选过程能够实现产品特征的目标。换言之：

> 过程能力必须与产品要求相一致。这一认识非常重要。过程并不知道其产品的目标，产品目标都来自人。理想的产品目标显然要反映出各类顾客的要求。此处的关键问题在于：变异来自过程，目标来自人。

在上述培训室的例子中，过程目标可能是在20分钟内重新布置好房间，壁橱中要存放有活页纸，按一定标准为受训者颁发证书，等等。如前所述，我们要列出生产产品的所有可能路径，根据某些依据选择将要采用的过程，为过程设定目标并达到一个最优的状态。

第六步：开发过程控制方式并转入运营

开发过程控制方式

从人体对温度和新陈代谢的调节，到经营组织或家庭的财务控制，控制是所有人类活动都必不可少的。

> 在产品计划中，我们要确保过程按设计的能力来工作。在培训室的例子中，可以采用一个核对表来作为对重新布置教室以及活页纸的最小库存的控制。控制应用了反馈回路的概念。

以下是一个常见的例子：

你是否检查过你的车子的机油？量油尺就是一种控制手段。我们首先有一个控制对象（油量），一个测量单位（夸脱或公升），一个测量手段（你和量油尺）以及一个目标（让油量保持在"加满"与"添加"这两个刻度之间）。然后我们来执行抽样过程（将量油尺擦干净、放入油中，然后取出观察油量）。如果需要调整（油量低于"添加"这个刻度时），就要将油加至"加满"与"添加"这两个刻度之间的某处，这是我们定的目标。如果油量还在这两个刻度之间，则控制活动就是取出量油尺，关上机油盖，继续驾驶直至下一个检查点（可能是下个月）。注意控制活动必须反映控制的既定目标。在发动机汽油的这个例子中，控制点是"两个刻度之间"，相应的控制措施就是把油量保持在"两个刻度之间"的某一位置。许多人忽略了这个点，他们把油加到了"加满"刻度之上，这是过度控制。控制活动必须符合目标要求。

转入运营

转入运营意味着整个设计过程的结束。"运营"在此指的是实施过程的方方面面,而非"生产"。继续用前述的例子,培训室的运营指的是培训师、管理员及采购部门的活动。在新车的例子中,运营包括制造、运输、经销商关系以及法务部门。对于客服热线来说,运营指接听电话的客服人员。在旅游预订竞价过程中,其运营包括了接标者和拒标者,还包括了对潜在顾客和承运人之间的界面软件进行维护的人员。从工业革命到 20 世纪这一生产率时代的启示中,我们认识到各方面的运营相关者的参与是所有运转良好的过程的关键。

在福特的金牛座车型的开发中,人们认识到了"平台"团队的价值。设计师、工人、采购人员、销售人员以及管理者聚在同一个屋顶下开发了这款汽车。平台团队的概念渗入到今天的许多汽车厂商当中。位于密歇根州奥本山的克莱斯勒技术中心就是最近的一个广泛合作的例子。要实现向运营的成功转移,就必须尽可能早地让运营相关方面参与到设计过程中。

本章接下来的部分将针对上述的每一步骤给出详尽、实用的指南和范例。

朱兰质量设计模型详解

第一步:确立目标和项目团队

一个质量设计项目是组织为了能够提供一种新的或改进的产品、服务或过程而进行的有组织的工作。确立一个质量设计项目涉及以下一些步骤或活动:
1. 识别需要哪些项目来实现组织的销售或创收战略。
2. 编制每个项目的目标陈述书。
3. 成立实施该项目的团队。

项目的识别

决定实施哪些项目通常是组织的战略计划活动和经营计划活动的结果。(在第 7 章 "战略计划与展开:由良好到卓越"中,讨论了具体的项目是如何从组织的愿景、战略和目标方面展开的。)一般来说,质量设计项目创造全新或更新的产品,旨在实现特定的战略目标,迎合新的或变化了的顾客需要,满足法律或顾客的要求,或利用新的或正在形成的技术。

最高管理层必须在识别及支持关键的质量设计项目方面起到领导作用。以设计委员会、委员会或类似的机构的形式，管理者需要承担以下的关键角色：

1. 确立设计目标。营销、销售以及类似的管理职能要识别当前未被满足的市场机会和客户需要。通过设定这些目标，管理层启动了创造新的产品、服务和过程的这个过程，以满足那些尚未被满足的需要。

2. 推荐和选择项目。管理层或委员会选出对于实现战略业务和顾客目标至关重要的那些主要的质量设计项目。

3. 选择团队。一旦确定了项目，就任命一支团队负责完成质量设计过程的剩余的步骤。团队可以由产品开发部门的项目经理来加以确定。

4. 支持项目团队。为了实现新的设计目标，一般需要新的技术与过程。保证每个质量设计团队的准备、培训和装备足以完成其任务，便成为管理层的责任。所要提供的支持包括：

a. 提供有关设计工具的教育和培训。

b. 提供一个训练有素的项目领导者帮助团队有效地工作，以及学习质量设计过程。

c. 定期评审团队的进展情况。

d. 批准项目目标的修订。

e. 辨识并帮助解决各种问题。

f. 提供数据分析的资源和技能。

g. 为非正常的数据收集需要提供资源，如市场调查时。

h. 交流项目结果。

5. 监测进展情况。为改善整个过程的有效性，委员会负责确保质量设计过程的正常运行、评价进展状况并进行中途的修正。一旦委员会对于潜在的项目来源进行了评审，它就会选择一个或数个即刻给予注意。接下来，它必须为该项目制定出目标陈述书。

编写目标陈述书

一旦委员会明确了某个项目的必要性，它就应当准备一份体现该项目特定目标的目标陈述书。目标陈述书是给项目团队的书面指令，描述了该项目的意图或目的。团队的目标要回答：

- 该计划项目的范围，亦即所要针对的产品和市场。
- 该项目的目标，也就是要取得的成果（销售目标）。

编写目标陈述书时必须对项目背后的推动力有清楚的了解。目标有助于回答以下问题：

- 为什么本组织要实施这一项目？

- 一旦实施了该项目会取得什么成果？

一份目标陈述书会促进在有关人员之间达成共识，包括受项目影响的人，以及为计划和实现项目目标贡献时间或资源的人。

例如：

- 团队的目标是向市场提供一种比同类产品便宜 25% 的新型的低能耗、无氟电冰箱。
- 团队将为所有商店的库存创建精确的控制及最低的成本。

虽然这些目标陈述描述了将要做什么，但它们并不完善。它们缺乏一个完美体现项目目标的质量设计目标陈述所要求的清晰和具体。写得好且有效的目标陈述通过包含以下一项或多项内容来定义项目的范围。

内在绩效 最终产品在某个或某几个方面的表现会影响项目范围，如 24 小时响应时间。

比较绩效 最终产品相对于竞争产品表现如何十分重要，例如，在大都市地区的最快响应时间。

顾客反应 与其他产品相比，顾客会如何评价该产品，例如，与其最近的竞争对手相比，某公司被评价为在准时供货方面表现得更好。

市场之声 谁是或将是该产品的顾客或目标受众，该产品将占有多大的市场份额或有怎样的市场定位，例如，成为美国本土所有商务旅行者的首选。

绩效不良 该产品在产品失效方面的表现，如故障率为每百万使用小时低于 200 次。

避免不必要的限制 避免为团队过度规定产品，例如，如果希望产品是在航空旅行时可随身携带的，那么规定准确的尺寸就过于限制了。可能会有多种方法满足可随身携带的要求。

设定质量目标的基础 除了项目的范围之外，目标陈述书中还必须包括项目的目标。在设定质量目标时的一个重要考虑是要选择目标所立足的基础。

以技术作为基础 在许多组织中，把质量目标建立在技术基础之上已经成为传统。大多数目标都是以规范和程序的形式发布的，这些规范和程序为基层监督员和一般员工规定了质量目标。

以市场作为基础 影响产品销售能力的质量目标应该基本上立足于符合或超过市场质量水准。因为在质量设计项目进行当中，市场和竞争状况无疑会发生变化，所以目标应当设定得足以应对或超过项目完成时的预期竞争水准。有些内部供应者是内部垄断者。常见的例子包括工资单的结算、设备维护、食堂服务以及内部交通等。然而，大多数内部垄断者都有潜在的竞争者，存在着能够提供相同服务的外部供应商。因此，可以将内部供应者的绩效同外部供应商的报价进行比较。

以标杆分析为基础 "标杆分析（benchmarking）"是近来出现的一个提法，意思是根据对他人已经达到的水准的了解来设定目标。一个常见的目标是要求新产品的可靠性至少要等于它将要代替的旧产品的可靠性，并且至少要等于可靠性最高的竞争产品的可靠性。应用标杆分析意味着所设定的目标是可达到的，因为他人已经达到了。

以历史水准作为基础 设定质量目标的第四个广泛应用的基础便是历史绩效，亦即根据过去的绩效来设定目标。有时为了刺激改进会将目标变严。对某些产品和过程来说，历史基础有助于取得所需的稳定性。而在有一些情况下，特别是涉及不良质量成本长期居高不下的情况时，历史基础会使慢性浪费得以维持。在目标设定过程中，管理层应当对此类误用历史基础的情况保持警惕。

目标是移动的靶子 人们普遍认识到质量目标必须及时调整，以应对不断扑面而来的变化：新的技术，新的竞争，威胁，以及机会。虽然那些已经采用质量管理方法的组织实际上应用了这个思想，但在提供用以评价变革影响以及修正目标的手段方面，它们仍可能做得并不理想。

项目目标 项目的具体目标，亦即项目团队要实现什么，这是一个有效的目标陈述书的构成部分。为了使事情得以成功，项目团队必须从终点开始思考。对最终结果考虑得越仔细，就越容易获得一个成功的结局。

目标的衡量 除了说清楚将要做什么和何时做之外，一个项目目标必须表明团队如何来衡量是否达到了所宣称的目标。花些时间确定如何衡量成功是很重要的。下面所列的是四件可衡量的事情：

1. 质量。
2. 数量。
3. 成本。
4. 时间、速度、灵活性。

一个有效的质量设计项目目标必须具备五个特征，这样才可以为项目团队提供足够的信息来引导计划过程。目标必须是：

1. 具体的。
2. 可衡量的。
3. 有关各方一致同意的。
4. 现实的——目标可以很高，但必须是可行的。
5. 确定时间——什么时候完成目标。

例如，看一下这个写得很糟糕的目标："为穷人设计一款新型的寿险方案"。

将其与下面的例子来对比一下："在 90 天内设计并提供一款寿险方案，该方案要使贫困家庭能以每年 500 美元以下（面市时）购买保险。该设计还要使公司能取得 4%～6% 的平均回报。"

与第一个例子相比较，第二个例子要详尽得多，且可衡量，并有确定的时间。它清楚表述了目标或最终结果，并为团队计划产品的特征和实现目标的过程提供了充分的导向。

新产品方针　企业在质量和产品开发方面必须具有非常清晰的方针指导。大多数这种方针应当是针对所有新产品的，但个别的可能只与某个产品、产品线或产品群有关。四项最关键的方针如下。

1. 新设计和继承设计中的不良。很多组织建立了明确的方针，规定新产品或产品部件的不良率不得高于它所要替代的老产品或部件。此外，它们通常要求所有的继承设计必须达到一定的性能水准，否则必须用更可靠的设计代替。继承设计可靠性的最基本要求可以用下面的一个或多个标准确定：（1）竞争者或领先者的可靠性；（2）顾客的要求；（3）高于领先者或顾客要求。

2. 预期的与非预期的使用。折叠梯的顶阶是否应当设计为可安全踩踏？虽然该处清楚地标示着"请勿踩踏"。医院的急诊室是否应该设计为可处理大量来院的常规非急诊病人？这些均是在项目开始前需要回答的方针问题。其答案会对最终产品产生巨大影响，在作答时需要考虑组织的战略以及产品应用的环境。

3. 对于正式的质量设计过程的要求。为了确保产品计划者辨识顾客并设计出能以最少的不良来满足顾客需要的产品与过程，要求有一个结构化的、正式的过程。结构化的正规性有时会因其对创造力的限制而让人退避三舍。再没有什么比此更能误导人们了。正式的质量设计明确了需要创造力的要点，然后鼓励、支持，使得创造力得以发挥。正式的设计活动确保了创造力聚焦于顾客，确保了创造性的设计免受不良的破坏性影响而最终交付给顾客。

4. 设计保管与变更管理。必须有专门规定以保证已批准设计的存档与调档。对设计的任何改动必须经过确认，得到适当的批准，存档，并无误地体现在产品或过程中。保存最终设计和管理设计变更的专门人员必须具有相应的职权、责任和资源。

建立团队

对于质量设计而言，跨职能团队的方式是有效的。这是基于如下的理由：

- 团队参与的方式促进了思想、经验的共享，人们感到自己是"我们的"组织的一分子，并且在帮助它实现其目标。

- 团队成员的多样性为将要计划的产品和过程带来了更完备的工作知识。计划一个产品要求对组织中各部分如何完成运营有一个透彻的了解。
- 来自不同部门或职能机构的代表会促使整个组织接受和实施新的计划。通过有关各方的主动参与所设计的产品或过程往往在技术上更为卓越，并更容易为负责实施的人们所接受。

团队选择指南　在选拔团队时，委员会要明确组织的哪些部分对于产出具有影响。有几个方面需要关注：

- 最受项目结果影响的那些方面。
- 负责项目过程中的各个步骤的部门和职能机构。
- 在项目设计中具有特殊的知识、信息或技能的那些人。
- 在实施计划时能够有所帮助的那些方面。

第二步：识别顾客

这一步看起来似乎没有必要。计划者和设计者当然知道他们的顾客是谁：汽车驾驶员，银行柜台前的存款人，就医的病人。但这些并非仅有的顾客，甚至不一定就是最重要的顾客。顾客由一系列角色所构成，必须加以充分的了解。

一般说来，有两类基本的顾客群：外部顾客，即那些在生产组织之外的顾客；内部顾客，即那些在生产组织之内的顾客。

外部顾客的类型

"顾客"一词经常用得很不严谨，它可以指一个组织，一个大组织中的一部分，或者一个人。有许多类型的顾客，有些是显在的，还有些则是潜在的。下面列出的是一个主要的分类，以帮助辨识所有的顾客。

购买者　为自己或他人购买产品的人，例如某个为其家庭购买食品的人。最终用户/终极顾客是最终从产品受益的人，例如去医疗机构进行诊断检查的病人。

商家　为了再销售而购买产品的人，包括批发商、分销商、旅行社代理和经纪人，以及任何经营产品的人，诸如超市中把产品置于货架之上的雇员。

加工者　用该产品或输出作为生产其自己产品的输入的组织与个人，例如炼油厂收到原油，对其加工处理，为各种顾客提供不同的产品。

供应商　为过程提供输入的组织或个人，例如，为汽车提供火花塞的制造商，或者为公司的环境法律事务提供咨询的律师事务所。供应商也是顾客，他们有关于产品规范、缺陷反馈、预测订单等方面的信息需要。

潜在顾客　那些目前不用该产品但可能变成顾客的组织或个人，例如，一个租车的商务旅行者，在需要购买一辆个人用汽车时可能会购买一辆类似的汽车。

隐蔽的顾客　对另外一类不易被想起而容易忽略掉的顾客的分类。他们可以对产品的设计施加巨大的影响，包括管制者、批评家、意见领袖、测试服务机构、支付者、媒体、自由公众、直接或间接受产品威胁的人、公司政策制定者、工会、职业协会等。

内部顾客

组织中的每一个人都扮演着三个角色：供应商、加工者和顾客。每个人会从别人处接受某物，对之做某些加工，然后传递给第三个人。有效地满足内部顾客的要求对服务外部顾客具有重要影响。内部顾客的辨识需要一些分析，因为这里的许多关系常常是非正式的，从而模糊了对于谁是顾客及其如何受到影响的察觉。例如，某公司决定在其一个工厂引入准时制生产系统，这将会对采购、运输、销售、运营等产生重要的影响。

大多数组织试图建立起一个机制，以使似乎具有竞争性的职能依据满足顾客需要的更高目标来协商和消除分歧。这包括了举行每周的部门领导会议以及发布程序手册等。然而，这些机制经常不起作用，原因在于内部顾客的要求没被充分理解，因此职能之间的沟通不能很好地进行。这就是识别内部顾客、发掘他们的需要并计划如何满足这些需要成为质量设计过程中的一个主要目标的原因。这也是设计过程需要跨职能团队参与的另一原因，这些成员有助于认识内部顾客所具有的利益。

识别顾客

除了上面给出的一般性指南，常见的最有帮助的方法是绘制一张概略的与所计划产品相关的过程流程图。仔细分析流程图常常会有新的发现，可能会识别出遗漏了的顾客，对顾客与过程之间的相互作用会有更精细的理解。图 4—3 就是一个流程图的例子。对流程图的考察揭示出"顾客"的角色实际上是两个不同的角色——下订单和用产品。这些角色可以是，也可以不是，由相同的人来扮演的，但它们的确是两个不同的角色，而每一个角色都需要理解其需要。

第三步：揭示顾客的需要

质量设计的第三步是揭示产品的内、外部顾客的需要。有效揭示顾客需要的一些关键活动包括：

- 对收集顾客的需要进行计划。
- 收集用顾客的语言表述的顾客需要。
- 对顾客需要进行分析并排出优先次序。

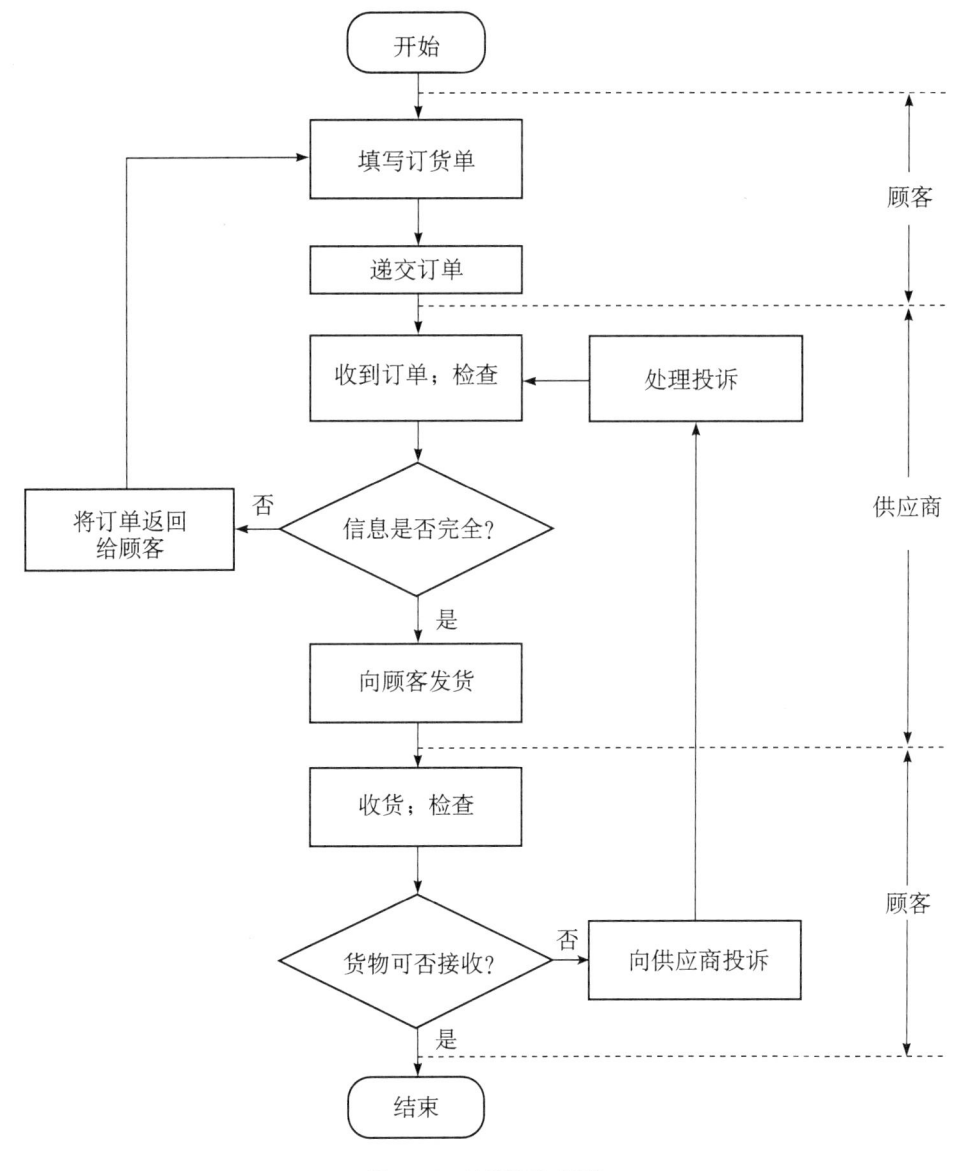

图 4—3　流程图与顾客

资料来源：From J. M. Juran, *Quality Control Handbook*, 5th ed., McGraw-Hill, New York, 1999, p. 3.12.

- 将顾客的需要翻译成"我们的"语言。
- 建立测量单位与测量手段。

我们自己的经验告诉我们，人类的需要既变化多端，又非常复杂。这对于设计团队来说格外具有挑战性，因为顾客的行为不会总与他们所说的期望保持一致。从顾客所表达的或以为的所有需要中识别出最重要的需要，这是对质量设计的挑战，只有如此产品才会让顾客高兴。

设计一件产品时，事实上有两个相互关联而又彼此不同的方面需要开发：一是技术要素，即产品特征将做什么或将如何发挥作用；二是人的要素，即顾客从使用产品中得到的益处。这两方面必须综合考虑。

发掘顾客需要是一件复杂的任务。经验显示，顾客通常并不会用简单的词语准确地表达出他们需要什么，甚至经常并不提到他们某些最基本的需要。银行报表的准确性，医生的能力，计算机的可靠性，出版物的语法准确等也许都是顾客认为应有的要求，但若是没有调查他们绝不会表述出来。

顾客表达他们需要的方式之一是描述他们所经历过的问题以及对某种可以解决他们问题的产品的期望。例如，一个顾客可能说，"我不能总是亲自接听我的电话，但我又不想让打电话的人感到不便，或对无响应的应答系统感到厌烦"，或者，"我母亲的自尊和对他人的爱对我来说是非常重要的。我想找一个长期的护理设施，能对待她像一个正常人，而不是一个病人"。即使人们的需要没有用这些词汇表达出来，准确地理解顾客所期望的益处所在也是揭示顾客需要的要旨。

当一个产品的特征满足了顾客的需要时，它就会给顾客一种满意的感觉。如果它未能无缺陷地提供所允诺的特征，顾客就会感觉不满。即使一个产品完全按照其设计发挥了功能，若竞争产品的服务或性能更为优越，则后者会使顾客更为满意。

表述的需要与真实的需要

顾客总是从自己的视角并用自己的语言来表述自己的需要。顾客可能会用他们希望购买的产品或服务来表述自己的需要。但是，他们的真正需要是他们相信他们将获得的益处。

如下所示：

顾客希望购买：	顾客需要所包括的益处或许是：
新鲜的面食	营养和味道
最新型个人计算机	迅速便捷地撰写报告
	在网上寻找信息
	帮助孩子学习数学
健康保险	免遭财务不测
	获得高质量的健康保健
	在健康保健提供者之间进行选择
飞机票	运输，舒适，安全，方便

未能把握表述的需要与真实的需要之间的区别就会使所设计的产品的可销性

大打折扣。理解真实需要并不意味着计划者可以不管顾客的表述，而以自己卓越的技术理解取代顾客的真实需要，而是意味着需要提问并回答如下的问题：

- 顾客为什么购买这个产品？
- 他或她希望从产品中获得什么服务？
- 顾客如何从中得益？
- 顾客如何使用该产品？
- 过去是什么使顾客产生抱怨？
- 顾客为什么选择竞争对手的产品而不选择我们的？

感知的需要

可以理解，顾客根据他们的感知来表述其需要。这些感知会完全不同于供应商关于产品质量构成的感知。若不关注顾客的感知如何影响购买习惯，而只是考虑顾客的感知是对还是错，计划者便会误导自己。尽管顾客与供应商之间的这种差异是潜在的麻烦制造者，但同时也可能成为机会。对顾客感知的优异的理解能够形成竞争优势。

文化需要

顾客的需要，特别是内部顾客的需要，超出了产品和过程的范畴，还包括一些基本需要，如工作安全、自尊、被人尊敬、习惯的延续，以及其他我们统称为"文化价值"的要素，而这些则很少被公开表述出来。所提议的任何变动都会成为对这些重要价值的威胁，因而会遭到抵制，直到威胁的本质被理解为止。

源自非预期使用的需要

许多质量问题的起因在于顾客的使用方式不同于供应商计划的方式。这种情况有很多形式：病人跑到急诊室去诊视非急诊的疾病，未经训练的工人被分派到需要熟练工人的过程，设备未能接受规定的预防性维护。

诸如安全一类的因素会增加成本，但它们可以避免因误用产品而造成的更高损失，这又会降低总成本。重要的是知道下面的问题：

- 实际用途（及误用）是什么？
- 相关的成本如何？
- 坚持预期用途会有什么结果？

人类安全

技术把危险的产品交到了外行的手中，这些外行并不总是具备必要的技能以进行操作而不发生危险。技术还创造出威胁人类健康、安全和环境的危险的副产品。危险的程度是如此之大，以至于产品与过程计划中相当一部分投入要用于把这些风险降低到可接受的水平。有很多法律，包括刑法和民法，要求必须这样做。

用户界面友好

由于许多用户是外行而产生了"用户界面友好"这种说法，用以描述有利于外行方便地使用技术性产品的这种产品特征。例如，公开发表的信息所使用的语言应当简单、明确、容易理解。（众所周知的难懂信息包括法律文件、用户操作手册、行政机构的表格等等。应用广泛的表格，如政府税收表，应该做一个抽样测试，让那些以后会填表的人试填一下。）所发表的信息的语言还要广泛兼容（例如，新版软件应该"与以前版本向前兼容"）。

服务的及时性

服务应该是及时的。在我们的文化中，竞争的一个主要要素就是服务的及时性。连锁日程（例如邮递或乘飞机旅行）是另一个日益要求及时的来源。还有一个例子就是应用日益广泛的准时制制造（just-in-time）系统，它要求有可靠的原材料供应以使库存降到最低。所有这些例子都表明了在计划中包括及时性要素对于满足顾客需要的必要性。

与不良有关的顾客需要

在涉及产品失效时，出现了一组新的顾客需要，这就是如何恢复服务，如何补偿相关的损失及不便。显然，最理想的解决方案是计划好质量，从而不发生故障。但此时，我们需要的是了解故障发生时顾客需要什么。

担保

管制销售的各种法律要求供应商提供某些担保。然而，在我们这个复杂的社会里，提供专门的书面合同来规定保证的范围及时间已成为必要。此外，由谁来承担什么责任也应当加以明确。

销售中投诉处理的影响

投诉基本上涉及的是产品不满，但它对销售有副作用。这一领域的研究指出：对产品不满的顾客中，有将近 70% 并不投诉。投诉的比例依产品的类别而变化。不投诉的主要原因有：（1）投诉的付出不值得；（2）相信投诉不会有什么用处；（3）缺乏如何投诉的知识。超过 40% 的投诉顾客对供应商的应对感到不快，百分比同样依产品类别而不同。

未来的销售受到投诉处理的显著影响。这一强烈的影响还会扩展到品牌忠诚。即使是那些著名品牌的"大件"商品的顾客，如耐用消费品、金融服务以及汽车服务的顾客，也会在感觉到他们的投诉不受重视时降低购买意愿。

同一研究的结论是，有组织的投诉处理方式会有很高的投资收益率。此类有组织的方式的要素可能包括：
- 一个提供24小时服务的顾客服务中心和/或一条免费的电话热线。
- 对接听电话的雇员进行专门训练。
- 主动征求投诉，把未来的顾客流失降到最少。

使顾客知情

顾客对成为供应商秘密行动的牺牲品非常敏感，因此人们常说"买主要保持警惕"。当此类秘密日后被发现并公之于众时，对供应商的质量形象造成的损害是极其巨大的。在大多数情况下，产品尽管有一些不符合要求但还可以使用。有些情况下，可能会有些争议。而另一些情况下，发货的行为至少是不道德的，最坏的情况下则是非法的。

在涉及产品缺陷的很多情况中，顾客也有知情的要求。在许多情况中，服务的中断会迫使顾客等待不确定的时间，直到服务恢复。最明显的例子是断电以及公共交通设施的晚点。在所有这类情况中，顾客会变得烦躁不安。他们不能够解决问题，而必须依靠供应商。但是，他们希望能得到诸如问题的性质以及大概什么时间可以解决的信息。许多供应商因疏忽通知顾客而使其质量形象遭到了损害。与此相对照的是，有些航空公司付出很大努力来告知顾客延误的原因以及提供补救措施的进展状况。

收集顾客需要的计划

顾客的需要一直在变化，不可能有一个最终的顾客需要表。虽然这会使人感到泄气，但计划团队必须认识到，即使在计划过程的进行中，诸如技术、竞争、社会变动等力量也会创造出新的顾客需要，或者可能改变目前需要的优先顺序。因此，经常与顾客核实需要并监视市场变化变成极其重要的事情。

最常见的收集顾客需要的方法包括：

1. 顾客调查、焦点小组、市场调查项目和研究。
2. 例行沟通，例如销售和服务电话、报告、管理评审、公司出版物。
3. 追踪顾客投诉、事故报告、信件和电话接触。
4. 顾客参与的模拟应用试验和计划过程。
5. 具备专门顾客知识的雇员：销售、服务、办事员、秘书以及接触顾客的管理人员。
6. 顾客会议。
7. 最终用户的用户研讨会。
8. 竞争者产品的信息。

9. 到访顾客所在地,观察并讨论。
10. 政府或独立实验室的数据。
11. 联邦、州和地方管制的变化将会确定目前的需要和新的机会。
12. 竞争分析,侦察同领域竞争者的产品并进行比较。
13. 与顾客和产品有关的个人经验。(但是,没有经过顾客的直接认可而赋予个人经验太大的权重是需要特别谨慎的。分析者必须牢记从个人的角度来看待顾客的需要和要求或许会掉入陷阱。)

通常,顾客不会用他们希望从购买和使用产品中得到的好处来表述他们的需要。

收集用顾客的语言表述的顾客需要清单

要使顾客需要清单在设计新产品中发挥重要的作用,必须将之用顾客所寻求的益处的形式来表达。换句话说,就是要在顾客的表达中捕捉需要。通过聚焦于顾客所追求的益处而非提供这种益处的手段,设计者就能对顾客的需要和顾客使用产品的方式有一个更好的理解。用顾客所追求的益处来表达需要可以揭示出改进质量的机会,而只专注于产品特征时往往看不到这些机会。

对顾客需要进行分析并排出优先次序

实际从顾客那里收集到的信息往往范围太大、太含糊不清、数量太多,以至于不能直接用于设计产品。为了确保设计真正满足需要,确保设计的时间用在那些真正重要的需要上面,信息的准确含义及优先次序这两方面都必须加以确定。下列活动有助于提供这种精确性和聚焦:

- 对内、外部顾客的需要清单加以整理、综合并排出优先次序。
- 确定内、外部顾客的每一个需要的重要性。
- 把每一个需要分解成精确的术语以便识别出相对应的设计要素。
- 将这些需要翻译成提供产品的组织的语言。
- 为每一个需要确定特定的测量指标和测量方法。

分析和整理顾客需要的最佳计划工具之一便是"质量设计展开表"。

质量设计展开表

设计新产品时会产生大量有用而必要的信息,但若没有一套系统的方法来整理和分析这些信息,设计团队就会被淹没在信息的海洋里而错过其中包含的有用内容。

计划人员开发了大量的方法用以整理所有这些信息,其中最方便最基本的设计工具便是质量设计展开表。展开表是一种可用于大量场合的用途广泛的工具。

在质量设计过程中运用了数种类型的展开表，诸如：

- 顾客需要展开表。
- 需要分析展开表。
- 产品或服务设计展开表。
- 过程设计展开表。
- 过程控制展开表。

除了可以记录信息之外，在分析收集到的数据之间的关系时，在将顾客需要转化为产品特征、产品特征进而又转化为过程特征和计划时，这些工具会格外地有用。图4—4说明了这一转化过程。对顾客及其需要的分析为产品设计提供了基础。产品设计又形成了过程设计的基础，而过程设计进而又为控制展开表提供了输入。

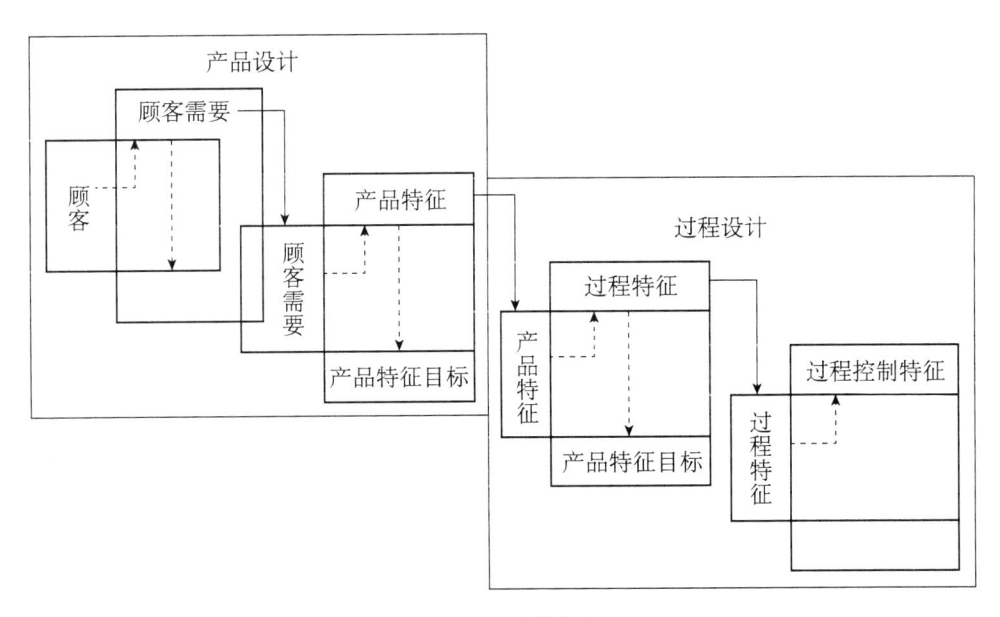

图4—4 活动次序

资料来源：Juran Institute, Inc. Used by permission.

对大多数设计项目而言，简单的矩阵展开表就足够了。对有些项目来说，更复杂的质量机能展开表非常有助于设计权衡的计算。所有这些展开表都是用来辅助质量团队记录并同时比较多个变量之间的关系的。我们将在设计过程的适当时机展示一些表格。图4—5给出了这类展开表的一般布局。一般来说，行标题是所分析的对象，如要使之满意的顾客，要满足的需要，等等；列标题是手段，例如若得到满足将能使顾客满意的需要，用以满足需要的产品特征，等等。表格的底行通常包含着对表格顶部的手段的特定衡量目标。表格的内部用符号或者数字表示手段对对象的影响，如，无、中、强、很强。还可以添加其他的列来具体衡量各行的重要性，参照标杆，等等。

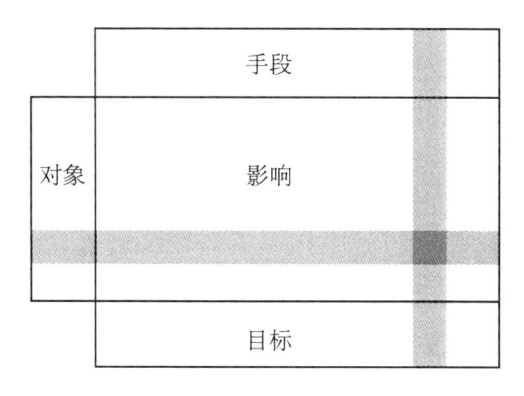

图 4—5 计划展开表

资料来源：Juran Institute，Inc. Copyright 1994.

顾客需要展开表

图 4—6 是一个简单的顾客需要展开表的例子。左边一列按照优先次序列出了所有的内、外部顾客，各列的标题是已经发现的各种需要。通过核对或是指定一个重要性，就能够针对满足各项需要的重要性，绘制出一个简单但很说明问题的图来。所有的产品开发都必须在一定的预算内进行。对顾客及其需要排出优先次序，确保了预算用在最重要的方面。

顾客	顾客需要							
	引人入胜	信息量大/文笔优美	醒目的封面标题	稳定的销路	畅销	充足的时间	材料完备	没有最后一刻的改动
读者	●	●	●					
广告客户	●	○	●	●	●			
印刷者						●	●	●
排字工						●	●	●
套色工						●	●	●
报摊	●	○	●	○	●			

图例 ● 非常强   ○ 强   △ 弱

图 4—6 顾客需要展开表

资料来源：Juran Institute，Inc. Copyright 1994.

精确的顾客需要

一旦必须被满足的需要排定了优先次序,为了以此为依据来设计产品,就必须用足够精确的词语将这些需要描述出来。利用顾客需要展开表有助于将这一分析综合起来。此时,顾客需要可能是由相对宽泛的期望和比较具体的要求构成的混合物,前者如"容易使用",而后者则如"星期六可用"。图4—7展示了宽泛的(称作"初级的")需要如何被分解为更为具体的要求("次级的","三级的",等等)。注意这里的初级和次级并不意味着更重要和不太重要,而只是分别意味着不太具体和更具体。每一个需要必须被分解到这样一个程度,即它必须能(1)被测量;(2)对产品设计作出明确的指导。有些情况下分解两级就足够了,但在另一些情况下,也许需要分解成四级或五级。图4—7展示了涉及一项群体医疗举措的基本需要"便利"是如何被展开的。

初级需要	次级需要	三级需要
便利	营业时间	下午5:00—9:00及周六的一定时间营业
	交通条件	离公共汽车站不超过三个街区,设有足够的停车位
	等候时间短	24小时内紧急预约 14天内常规预约 就诊等候不超过15分钟
	有辅助性设施	设有药房、实验室

图4—7 一个医疗机构的需要分析展开表

资料来源:Juran Institute,Inc.

将他们的需要翻译成"我们的"语言

所确认的精确的顾客需要可以用几种语言来加以表述:

- 顾客的语言。
- 供应商("我们")的语言。
- 一种共同的语言。

有一句古老的格言说,英国人和美国人被共同的语言分隔开来。共同语言或行话的表象可能会是麻烦的根源,因为双方都相信他们互相理解,并且期望被对方理解。因未认识到理解差异导致的沟通失败,会导致进一步的误解,从而使事情更为困难。因此,计划者采取特别的步骤,通过系统的翻译,以确保恰当地理解顾客的需要成为必然。翻译的必要性对内、外部顾客同样适用。许多公司职能部门所采用的行话并不为其他职能部门所理解。

含混的术语尤其会造成翻译的困难,这种情况甚至(通常尤其容易)在那些相信讲的是同样的行话的供应商和顾客之间发生。同一个词会有多重的含义,描述性词汇所描述的并不具有技术的精确性。

翻译的帮手

有许多帮手可以用来帮助消除模糊,在语言与行话之间搭起桥梁。最常用的如下所列:

术语表是一个术语及其定义的列表。它是公开发表的对于关键术语的精确含义的共识。它也许会伴随着其他形式的沟通方式,如草图、照片以及录像带等。

样品有许多形式,如实物(例如纺织品样品,色条,录音带)或服务(例如展示良好服务"样品"的录像带,即殷勤有礼、体贴周到等)。它们起到了产品特征的详细说明的作用。它们利用了人类除了识别文字之外的那些感官。

一个专门的组织或许是必要的,由于翻译量的巨大,由其来专门负责翻译同外部顾客的沟通。一个常见的例子是负责接收客户订单的订单编辑部门。这些订单中的某些要素是以客户的语言表述的,订单编辑部门把这些要素翻译成供应商的语言,例如产品代码、供应商的首字母缩略词,等等。

标准化在许多成熟的产业中得到了广泛应用,顾客和供应商双方都从中得益。标准化的范围扩展到了语言、产品、过程,等等。所有组织都使用了对其产品的简短标示,如编号、首字母缩略词、单词、短语,等等。这种标准化的命名使得与内部顾客的交流变得十分容易。

测量是纠正模糊不清和歧义的最有效方法——"用数字来表达"。这是在计划过程中强调测量重要性的第一个环节,但绝不是最后一个。质量计划还要求测量产品特征、过程特征、过程能力、控制项目,等等。

建立测量单位和测量手段

有效的质量计划必须有顾客与供应商之间的准确沟通。有些重要的信息通过语言就足以传递,然而,一个日益复杂和专业化的社会要求以更高的精度来沟通与质量有关的信息。达到更高精度的最佳方式莫过于用数字说话。

量化必须有一个测量系统 这一系统由下述要素构成:测量单位,它是某个质量特征的一个确定的量值,能够用数字对该特征进行评价,例如,评价服务时间的小时、评价电力的千瓦、评价药物的浓度等;测量手段,亦即测量的方法或仪器,实施评价并以测量单位的数值来表达测量结果,例如,钟表示出了时间、温度计测量温度、X 射线测量骨密度等。

通过测量顾客的需要,就建立起了一套判断该需要是否得到了满足的客观标准。此外,只有借助于测量,才能回答诸如这样的问题:我们的质量是更好了还是更坏了?我们与他人比较是否具有竞争性?我们的哪一项业务提供了最佳的质量？我们如何把所有业务都提高到最佳水平上？

特征的测量单位

测量的首要任务是针对每一个顾客需要来确定合适的测量单位。对于特征来说，我们知道没有一个简单、方便、通用的公式作为诸多测量单位的来源。特征的数量巨大、种类繁多。实际上，每个特征要求有自己独特的测量单位。最好从询问顾客他们评价产品质量的测量单位是什么来开始。如果供应商的测量单位与之不同，就有可能出现顾客不满，此时就需要团队提出一个双方都能接受的测量单位。即使顾客并没有一个明确的测量单位，也需要询问他们是如何判断自己的需要是否被满足的，他们的回答也许会带出一个隐含的测量单位。

应用于有形产品

有形产品的质量特征的测量单位大量使用了"硬的"技术单位。其中一些单位是公众所熟悉的，如用分钟测量时间，用度测量温度，用安培测量电流等。有许多测量单位则只有专家才明白。有形产品的质量还有一些"软的"方面。食品工艺师需要有关味道、柔软度及其他食品特性的测量单位，家具外表必须"美观"，包装必须有"吸引力"。为此类特征开发测量单位要求大量的努力和独创性。

应用于服务

对服务质量的评价包括一些技术性的测量单位。常见的例子是对及时性的评价，用天、小时等单位测量。服务性公司产生的环境污染物（如噪音、辐射等）也同样用技术性测量单位来测量。

服务质量还包括诸如服务人员的殷勤有礼、环境布置、报告的易读性等特征。由于这些特征是由人来判断的，其测量单位（以及相关的测量手段）必须经过顾客意见评审委员会的评判。

理想的测量单位

理想的测量单位的标准总结如下。一个理想的测量单位：

- 是可理解的。
- 为决策提供共同的基础。
- 有助于形成一致的理解。
- 使用经济。
- 与现有的测量手段相容，如果其他标准也能符合的话。

测量抽象事物

某些质量特征看起来独立于物质世界之外。服务质量常常把殷勤有礼作为一个重要的质量特征。即使是对于有形物品来说，我们也有一些诸如漂亮、味道、香味、感觉或者音调这样的质量特征。从而，我们必须建立测量此类抽象事物的单位。

处理抽象事物的方法是把其分解为可识别的部分。在这里同样，顾客再次成为识别这些成分的最佳出发点。例如，宾馆客房的外观肯定是一个质量特征，但它看起来似乎是一个抽象概念。然而，我们可以把这个特征分解成可观察的部分，然后来识别那些共同组成"外观"的成分。比如，地毯上没有污点或裸露的补丁、清洁的卫生间、台布没有串色并且按一定尺寸折叠了起来、窗户玻璃没有污痕、床单没有褶皱且距地面在一定范围内，等等。一旦为每一构成要素建立了测量单位，就应该将之概括为一个指标，例如，脏、坏地毯数与宾馆客房总数的比值，缺失台布的客房数与客房总数的比值，或顾客投诉的次数。

建立测量手段

要用数据说话，不仅需要一个测量单位，还需要根据测量单位来评价质量。进行评价的一个关键要素就是测量手段。

"测量手段"是一个专门的探测装置或测量工具，它用来辨认某种现象的存在及强度，并将感知转化为信息。随后，这些信息将成为决策的输入，因为它使我们能够评价实际的表现。

技术仪器显然是测量手段，人类的感官也是测量手段，某些数据系列的趋势也被用作测量手段，休哈特控制图也是一种测量手段。

测量手段的精确度与准确度

测量手段的"精确度"是对于测量手段在多次重复试验中重现其结果的能力的衡量。对绝大多数技术性测量手段来说，这种再现能力都很高，而且很容易量化。

众多测量手段的另一端是把人类作为测量手段的情况：巡视人员、审计人员、监督人员和评估人员等。与技术性测量手段相比较，人类测量手段的精度要差得多。从而，计划人员常被告诫，在以这类数据为基础进行决策时，一定要认识到人类感觉所具有的局限性。

测量手段的准确度是指测量手段能够反映真相的程度，亦即它对某些现象的评价与可靠标准测定的"真值"相一致的程度。观察值与真值之间的差异就是"误差"，误差有正有负。

对于技术性测量手段而言，通常很容易通过再校准来调整其准确度。一个简单的例子便是钟表，人们根据收音机播出的报时信号来对表。与此相对照，测量手段的精度则很难调整。精度的上限通常取决于测量手段的基本设计，要使精度超过其上限，就必须重新设计。测量手段会由于使用不当、保养不及时等原因，工作在其能力以下的精度水平上。因此，在为每一个需要确定适当的测量手段时，计划人员要考虑制订适当的保养维护计划，同时要有一个对照表将每次检查时要采取的措施列出来。

产品设计展开表

关于顾客需要的翻译和测量的所有信息必须记录下来并加以整理。经验表明，这些数据必须妥善安排，才能在产品设计时伸手可得。图4—8的例子展示了一些用于产品设计的顾客需要。顾客需要及其翻译和测量均置于表格的左侧，表格的其他部分将在下一节讨论。

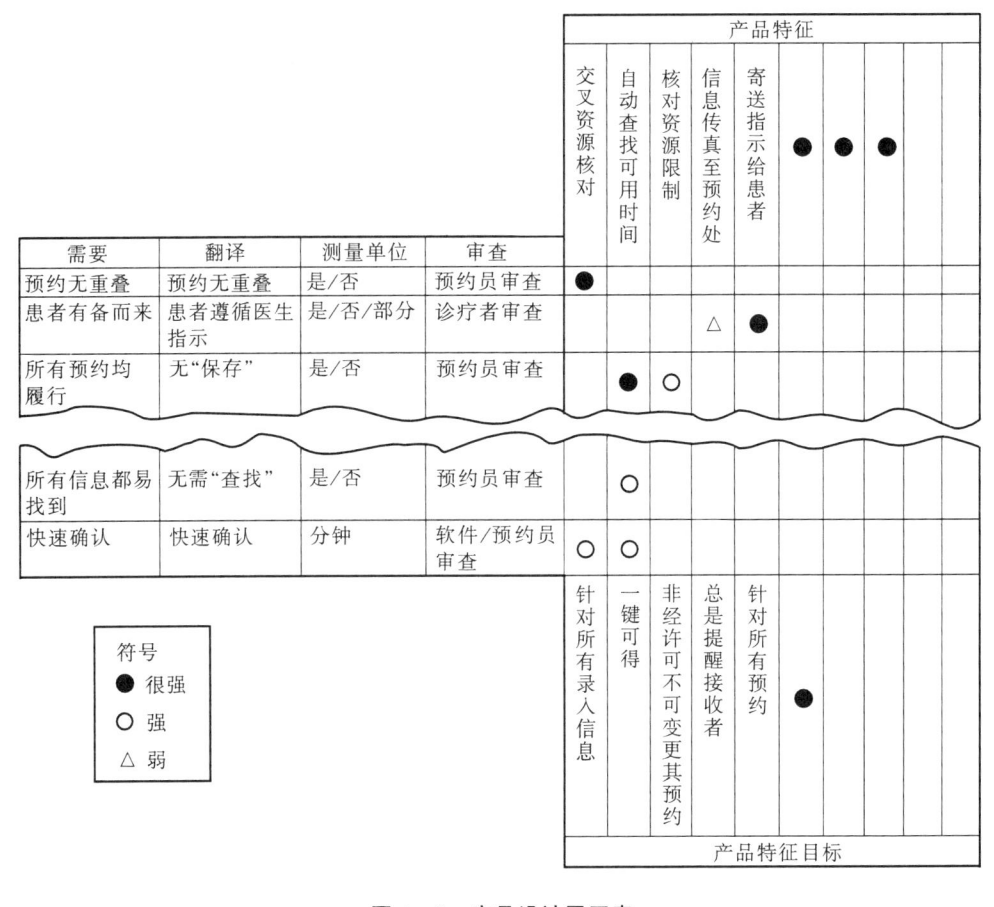

需要	翻译	测量单位	审查	交叉资源核对	自动查找可用时间	核对资源限制	信息传真至预约处	寄送指示给患者		
预约无重叠	预约无重叠	是/否	预约员审查	●						
患者有备而来	患者遵循医生指示	是/否/部分	诊疗者审查				△	●		
所有预约均履行	无"保存"	是/否	预约员审查		●	○				
所有信息都易找到	无需"查找"	是/否	预约员审查		○					
快速确认	快速确认	分钟	软件/预约员审查	○	○					
				针对所有录入信息	一键可得	非经许可不可变更其预约	总是提醒接收者	针对所有预约		

符号
● 很强
○ 强
△ 弱

图4—8　产品设计展开表

资料来源：Juran Institute, Inc. Copyright 1999.

第四步：开发产品或服务的特征

一旦充分理解了顾客及其需要，我们便可以设计能够最好地满足这些需要的产品或服务了。大多数公司都有一些设计新产品并将之推向市场的过程。在质量设计过程中的这一步骤，我们将集中讨论质量在产品开发中的角色，以及这一角色如何与一个具体行业的开发和设计技术恰当地结合起来。在产品开发中，产品设计是一个基于技术或职能专长的创造性过程。

传统的产品设计者都是工程师、系统分析师、营运经理以及许多其他的专业人士。而在质量舞台上，设计者包括任何一个经验、职位和专长能够给设计过程以贡献的人。产品设计的产出是详细的设计方案、图纸、模型、程序、规范，等等。

在这一步骤中，总的质量目标有两个：
1. 确定哪些产品特征和目标将为顾客提供最优的利益。
2. 明确为使设计结果能够无缺陷地交付需要些什么。

在设计服务时，这一活动的范围有时使人迷惑。例如，在提供医疗服务时，诊断与治疗这一产品在哪里结束？实验室检测、图表分析等过程从哪里开始？思考这一区别的一种可行的办法就是认为产品是"面对顾客"的，亦即顾客所看到的和所体验的。病人看到并体验了同医师的相互作用、等待、信息的澄清，等等。把血样送到实验室并进行检测的效果和效率会影响这些产品特征，但其本身却是将最终产品交付给顾客的提供过程的特征。

设计有形产品的人也可以从思考产品设计的范围中受益。请记住，顾客的需要就是顾客想从产品中获得的益处，设计一个消费类电子产品不仅包括其本身的内容，还包括安装和使用的说明以及"求助热线"。这一步骤中有六项主要的活动：
1. 将相关联的顾客需要加以分组。
2. 确定识别产品特征的方法。
3. 选定高阶产品特征和目标。
4. 开发详细的产品特征和目标。
5. 优化产品特征和目标。
6. 确定并发布最终的产品设计方案。

将相关联的顾客需要加以分组

绝大多数质量计划项目都会面对大量的顾客需要。在前面各步骤所获数据的基础上，质量团队可以将那些具有相似功能的需要排序并分组。这个活动不需要太多时间，但能为以后节约很多时间。确定优先次序确保了产品开发的稀缺资源可以最有效地用于那些对顾客最重要的项目。将相关需要加以分组使得计划团队可以"各个击破"，即分成子团队来负责不同部分的设计。当然，这种区分子系统或构成元件的设计方法已经被广泛应用许多年了，或许有所不同的是，这里首先关注的是顾客需要的构成，而不是产品的构成。在这一步骤之后的活动中将涉及产品的构成元件设计。

确定识别特征的方法

在确定满足顾客需要的最佳产品设计方面，有很多互补的方法。大多数设计项目并不会使用所有的方法，但是在开始设计前，团队应该针对在自己的设计中将要应用的方法制订一个系统的计划。以下是一些选项。

标杆分析　这种方法明确了同业之最，也明确了使之成为同业之最的方法。

基础研究　基础研究的一个方向可以是对产品的一个创新，一个目前市场上不存在或竞争者尚不具备的产品创新。基础研究的另一个方向则是探索产品及产品特征的可行性。这两方面都很重要，但要当心对产品技术能力的迷恋不要压过对产品给顾客所提供益处的主要关注。

市场试验　在市场上测试所引进的产品特征有助于人们对概念进行分析和评估。焦点小组是一项用来测量顾客反应以及确定产品特征是否确实满足顾客需要的技术。有些组织非正式地利用展示会及其他相关会议让顾客测试它们的想法，还有些组织则利用原型产品进行有限的试验性质的销售。

创造性　在开发产品特征时允许人们想象所有的可能性而不受任何限制或先入之见的妨碍。质量设计是一种求证的、结构化的、以数据为基础的满足顾客需要的方法，但这并不意味着它是僵化的、没有创造力的。在质量设计过程中的这一时刻，必须鼓励参加者在设计备选方案时充分发挥创造性，并为他们提供所需的工具。在选出了若干有前途的备选方案之后，他们会利用严格的分析和数据来设计最终产品。

设计团队可以利用个人对世界的观察，即从自己的视角来思考。每个雇员都可能发现其他的行事方法。团队要鼓励人们提出新思想和冒险。团队成员要避免被"卡住"，或花费太多时间争论一个具体的思路或问题。可以暂时将之放在一边，等到有新思路时再来讨论。在思考顾客的需要或问题时可以采用新的方法，如下所示：

- 改变关键词或短语。例如，将"需要"或"问题"称为"机会"，用"在需要时即刻交货"来代替"按时交货"。
- 随机联想。例如，拿一个常见的词，如"苹果"或"马戏团"，然后把你的业务、产品或问题描述为该词。比如，"我们的产品就像一个马戏团，因为……"
- 中心思想。把你的思路从一个中心思想移到另一个上去。例如，把焦点从产品转移到顾客，可以通过提问"小孩会受到什么样的伤害？如何能避免这种伤害？"而不是问"我们如何能把产品造得更安全一些？"

• 换位思考。用另一个人的观点，如你的竞争者、你的顾客的观点来考查问题，在考虑自己的根据之前先考虑他们的根据。

• 梦想。设想你有一支魔棒，你可以挥动魔棒消除所有实现目标的障碍，那会是一番什么样的景象呢？你将首先做什么？它会怎样改变你的思路？

• 面条原则。当你在考虑一个新概念或为如何响应一个特殊的需要而感到困难时，可以让团队随心所欲地提出新的主意，就像是把一碗面条扔到墙上，看看会粘上些什么。即使是"疯狂的"主意也常能导致可行的解决方案。

在这一时点上，初始的设计决定越简单越好。例如，在方向盘上装置收音机控制面板的想法会被看作一个高阶的产品特征。它的准确位置、控制方法以及如何作用可以在以后详细分析。随着计划项目的推进，它也许会变成细化产品特征的主题。

标准、规定与政策 现在还需要确定，所有相关的标准、规定与政策已经得到了明确和考虑。有些要求对于具体产品或产品特征只起着指导性的作用，而有些则要求了必须怎样做。有些规定来自组织内部，有些则来自联邦、州、当地政府、管制机构或产业协会。在决定最终产品设计的产品特征之前，所有的产品特征及产品特征目标都必须对照这些规定加以分析。

认识到这一点很重要，即当产品特征与标准、政策或规定相冲突时，这并不总是放弃的理由。有时，当该特征能够更好地满足顾客需要时，可以通过努力来使其被接受，涉及的是内部政策时尤其如此。但是，在提出主张时，必须有恰当的数据作为支持。

设计准则 作为高水平设计的准备工作之一，设计团队必须就用于评估备选设计方案和设计特征的明确准则达成共识。所有设计必须符合下列的一般性准则：

• 满足顾客的需要。
• 满足供应商和生产者的需要。
• 不输于（或胜过）竞争者。
• 优化顾客和供应商的总成本。

除了以上四个一般性准则外，团队成员应对未来选择时所依据的准则达成清楚的共识（如果选择相对复杂，团队就应考虑使用选择矩阵的正式技术）。团队的使命陈述书和目标是这些准则的一个来源。团队可能制定的其他类型的准则还包括：

- 特征对需要的影响。
- 所针对需要的相对重要性。
- 需要受到影响的顾客的相对重要性。
- 所提议特征的可行性和风险。
- 对产品成本的影响。
- 与标杆分析所揭示的竞争产品特征的关系。
- 标准、政策、规定、规章等的要求。

在决定如何将设计向前推进时,关于哪些产品特征是对顾客需要的最佳响应,团队还必须考虑很多其他的重要问题。在选择产品特征时,他们需要考虑是否:

- 开发一项全新的功能。
- 用新的特征代替原特征。
- 改善或修改现有的特征。
- 剔除不必要的特征。

选定高阶特征和目标

质量设计的这一阶段将鼓励团队考虑所有可能的特征以及每一个特征如何响应顾客的需要。这一活动应该在没有先验假设,即过去什么行或什么不行的限制条件下进行。因为技术或市场发生了变化,先前没能实现的顾客需要或没能解决的顾客问题可能已可以重新思考了。

团队此时应当开始执行其识别可能的产品特征的计划,应当利用其明确的选择准则来识别出最有前途的产品特征。

图4—8所示的产品设计展开表对于这一活动而言是一个非常好的指南。使用展开表的右边部分来决定并整理以下的内容:

- 哪个产品特征用来满足哪项顾客需要?
- 每一项重要的顾客需要至少有一个产品特征来对应。
- 与某个顾客需要有关的所有产品特征的总效果足以满足该需要。
- 每一个产品特征至少能满足一项重要的顾客需要。
- 每一个产品特征至少对于满足一项重要的顾客需要是必需的(即去掉了这个特征将使一项重要需要得不到满足)。

团队为每一个特征设定目标 用质量术语来说,目标就是所瞄准的质量靶子(如所瞄准的价值和规范界限)。正如前面所讨论过的,目标与质量标准不同,标准是必须遵守的,通常来自外部,标准是一种"要求",通常决定着产品的一致性或产品如何运行,但产品特征目标则通常是自愿的和协商的。因此,质量设计过程必须提供既满足质量标准又满足质量目标的手段。

设定产品特征目标的准则　正如所有的目标一样，产品特征目标也必须满足某些准则。虽然设定产品特征目标的准则与第一步中讨论过的设定项目目标的准则略有差异，但二者还是有许多相似之处。产品特征目标应该符合所有的重要要求：

- 可测量。
- 最适宜。
- 符合法律要求。
- 可理解。
- 可应用。
- 能达到。

特征目标的测量　要测量产品特征目标，需要做以下工作：

- 确定测量单位，如米、秒、天、百分比，等等。
- 确定测量方法（即确定测量手段）。
- 设定目标的值。

对顾客需要的测量现在就可以应用了。这两方面的测量会以下列方式之一相联系：

- 测量顾客需要和测量产品特征目标可能会使用相同的单位和测量手段。例如，如果顾客的需要是以用小时来衡量的及时性所表达的，则通常会有一个或多个产品特征也将用小时测量，通过它们的共同效果来满足顾客的需要。
- 对产品特征的测量可以通过某种技术从需要的测量演化而来。例如，运送一定尺寸和重量的货物的顾客需要可以转化为对运输系统的某种工程测量。
- 对产品特征的测量可能来自与该产品特征量度有关的顾客行为。例如，汽车制造商为汽车座椅的尺寸与结构开发出了特定的参数，这些参数又可以翻译成顾客评价的"舒适"。

由于我们现在已经能够测量顾客的需要以及相关的产品特征目标，所以质量计划团队就可以确保产品设计的漫长历程始终指向满足顾客的需要，即使是在生产样机或进行任何试销之前。

对于大的或复杂的项目来说，开发产品特征的工作经常被分配给许多个人或小组来完成。在所有小组完成其工作后，综合质量计划团队就要对这些结果进行整合。整合包括：

- 当相同的特征被确定为多组时，合并这些产品特征。
- 识别并消除不同小组提出的彼此矛盾或冲突的特征和目标。

- 确认综合起来的设计满足团队设定的准则。

开发详细的特征和目标

对于大型和高度复杂的产品来说，为了进行详细的设计，通常必须把产品划分为多个组件甚至子组件。每个组件一般有自己的设计团队，他们将完成下面所讨论的详细设计。为了确保整体设计在满足顾客需要方面保持完整、一致和有效，这些大型、分散的项目就需要：

- 有一个领导小组或核心团队负责总的指导和整合。
- 针对每个组件制定具有定量目标的详细合同。
- 对所有组件进行定期的综合设计评审。
- 在产品设计阶段完成之前进行明确的设计集成。

一旦开发出最初的详细的产品特征和产品特征目标，技术设计人员就要进行初步设计并表达为详尽的规范。在团队能够应用各种质量计划工具优化产品特征模型并最后确定和公布最终产品特征和目标以前，这是必不可少的一步。

经常可以见到质量设计团队所选的产品特征过于概括，难以对应确切的顾客需要。正如在识别顾客的基本需要时那样，高阶的产品特征应当分解为清楚定义并能够测量的细目。

特征与目标的优化

初步设计一经完成，必须加以优化。也就是说，必须对设计加以调整，以便以最低的综合成本满足顾客与供应商双方的需要，并赶上或超过竞争对手。

除非以一种组织化的方式并遵循质量原则，否则要取得最优会是一件非常复杂的事情。例如，有许多设计方案均是由众多变量综合作用来产生一个最终的结果。其中有些设计是经营性的，比如设计一个信息系统，它涉及的是设施、人员、能源、资本等的最佳利用；还有些设计方案是技术性的，涉及硬件的最佳运行。无论是哪种情况，应用一定的质量原则，就会使取得最优的过程变得更容易。

取得最优涉及对需要的权衡，无论这些需要是多公司的还是公司内部的。在理想情况下，最优的实现应该通过供应商和顾客双方的参与。有若干有助于实现最优的技术可供利用。

设计评审 在这个概念下，为会受到产品影响的有关各方提供机会，在设计的各个不同形成阶段来对之进行评审。这使得他们能够运用他们的经验和专长作出如下贡献：

- 对将来会出现的问题进行早期预警。

- 提出有助于实现最优的数据。
- 挑战理论和假设。

设计评审可以在新产品开发的不同阶段进行。可用于评审关于顾客需要的结论，进而评审产品规范（产品输出的特性）。设计评审还可以在选择最优设计方案时进行。典型的设计评审的特征如下：

- 参与是强制的。
- 评审由计划团队以外的专家进行。
- 进行变更的最终决策权在计划团队手中。
- 评审是正式的、有计划的，按日程进行。
- 评审以明确的准则及预定的参数为基础。
- 评审可以在项目的不同阶段进行。

良好的设计评审的规则包括：

- 对评审的日程和文件进行充分的预先计划。
- 清楚规定的会议结构和角色。
- 部门间冲突的预先识别。
- 重点在于建设性的而非批评性的输入。
- 评审期间避免竞争性的设计。
- 评审的时间和日程要具有可行性。
- 为评审提供充分的技能与资源。
- 讨论要聚焦于未试过的/未经证实的设计思想。
- 管理层指导下的参与。

跨职能设计团队 设计团队应该包括所有那些同产品设计结果有关联的人员，以及对产品设计非常熟悉的人员。从这个意义上而言，是整个团队，而不仅仅是产品设计者，对最终设计负有责任。

结构化的协商 顾客与供应商受到强有力的局部力量的拖拽，从而使得达不到最优结果的情况极易发生。为了保证这些协商会议能够以尽可能高的生产率进行，在会议之前最好制定一些基本的规则。以下是一些例子：

- 为了实现共同的目标，团队应该以一种合作而非竞争的精神来主导。
- 观念的差异是有益的，有可能导致更有效率和更有效果的解决方案。
- 每个人都应该有机会献计献策，每一个想法都应予以考虑。
- 每个人的意见都应不被打断地倾听和尊重。
- 避免变得个人化；从正反两方面来看每一个想法，在挑剔缺点之前，先看优点。

- 挑战臆测，尊重事实。
- 讨论陷于困境时，在继续讨论分歧之前，先退回一步明确已经达成的一致。
- 不能达成一致的问题应当暂时搁置起来，以后再回来讨论。

创造新的选择　团队常常采用历史上是怎样做的来看待一个产品设计。优化活动则使得团队能够采取新视角看待产品并创造新的选择。以下是一些常见的优化设计的质量工具：

竞争分析是与竞争产品特征进行的逐一比较。（参看随后的例子。）

销售分析评估哪些产品特征会刺激顾客的购买意愿，顾客愿意支付的价格如何。（参看随后的例子。）

价值分析不仅计算某个产品特征的增量成本，而且还计算满足特定的顾客需要的成本，并且比较备选方案的成本。（参看随后的例子。）

关键性分析识别设计中易受损的"关键的少数"特征，以便得到优先的注意和资源。

故障模式和影响分析（FMEA）计算某一特定失效概率带来的综合影响，该失效的后果，以及该失效可被探测和纠正的概率，从而建立起一个有关失效预防对策的设计优先序列。

故障树分析是预防措施设计的一种辅助工具，它是通过追踪所有会导致某一特定失效的可能原因组合来进行的。

面向制造和装配的设计要对制造过程中问题的复杂性和可能性加以评估，以使装配尽可能简单和无故障。

可维修性设计对于特定设计在使用寿命期间维护的便利性和成本进行评估。

竞争分析　图4—9是竞争分析如何进行的一个例子。竞争分析的数据可以是不同方法所获数据的综合，如对竞争者产品的实验室分析，对这些产品的现场试验，或者对那些愿意并正在使用竞争者产品的顾客进行的深度访谈和现场观察。

要注意，通过对这一分析的评审，计划团队可以识别出设计中存在的不敌竞争者的那些部分，以及团队开发出的具有优势的部分。基于这一分析，团队就需要作出是否升级产品的优化抉择。在进行这些抉择时，团队也许要用到价值分析。

产品特征与目标	有无某一产品特征			特征性能与目标的对照(*)			判断是否为重大风险或机会
	产品A	产品B	我们的产品	产品A	产品B	我们的产品	
可从所有音频电话机上方便地获取留言	是	是	是	4	5	4	—
可远程更改留言	是	否	是	3	—	5	机会
内置两条线路	否	否	是			4	机会
竞争者产品具有而我们的产品不具有的附加特征	有无某一产品特征			特征性能与目标的对照(*)			判断是否为重大风险或机会
	产品A	产品B	我们的产品	产品A	产品B	我们的产品	
无磁带留言	是	是		4	—		风险
电话与应答机一体化	是	是		3	4		风险

图例(*)
1=差
2=一般
3=满意
4=良好
5=优秀

图 4—9　竞争分析

资料来源：Juran Institute，Inc.，Copyright 1994.

销售分析　图4—10是一个销售分析的例子。这一分析与竞争分析类似，不同之处在于参照点是顾客对所提议设计的反应，而非同竞争者的设计特征的比较。但要注意的是，竞争分析和销售分析的要素可以结合起来，即在销售分析中加入顾客对所提议新设计与现有竞争者设计所进行的评价。

有着多个可选功能和可选配置的复杂产品，如汽车，为销售评价提供了独特的机会。对本公司已有车型与竞争者车型选装件安装率的观察，可以了解到对于该特征的市场需求水平以及某些细分市场愿意为该特征支付的附加价格的信息，虽然其他细分市场会认为该特征没有或只有很低的价值。

价值分析　价值分析不仅在结构设计和定制（custom-engineered）产品的开发中有着普遍的应用，同样也可以成功用于其他环境，如图4—11所示。通过对满足不同顾客需要的成本进行比较，设计团队能够作出许多重要的优化决策。如果满足次要需要的成本很高，团队就必须探索变通的方案，若该产品对价格高度敏感，甚至可以考虑干脆不理会这些需要。若是非常重要的需要却没产生什么花费，团队就要确认该需要是否已经得到了充分而完整的满足。虽然高度优先的需要产生的费用较低并不一定就不合适，但它确实可以提醒设计者注意，避免将那

产品名称：汽车维修服务——调节	顾客如何评价产品？差 尚可 满意 良好 优秀	评价根据以前的使用还是当前的看法	顾客如何看我们的产品同竞争者产品的差异？	若价格因素并不重要，顾客是否购买？	若价格因素重要，顾客是否购买？	以下产品中顾客选购的优先次序及选购的依据	判断是否为显著的风险或机会
我们	优秀	曾使用		是	$175	是	2-特征
竞争者A	良好	看法	优于	否	$145	是	3-价格	机会
竞争者B	优秀	曾使用	无差异	是	$175	是	1-特征	风险

产品名称：报修车辆的取送 产品特征目标：当日服务	顾客如何评价产品？差 尚可 满意 良好 优秀	评价根据以前的使用还是当前的看法	顾客如何看我们的产品特征与竞争产品特征间的差异？	增加的特征使产品：	判断是否为显著的风险或机会
我们——提供	良好	曾使用		无差异	
竞争者A——未提供	满意	看法	优于	不如	机会
竞争者B——提供，同时还向顾客提供租车服务	优秀	曾使用	不如	优于	风险

图4—10 可销性分析

资料来源：Juran Institute，Inc.，Copyright 1994. Used by permission.

些本来能够用于重要需要的资源用到了次要需要上。以牺牲产品基本功能和性能为代价来使产品"画蛇添足"的情况并非少见。

顾客需要（依优先次序列出）	产品特征与目标						满足需要的成本
	由护士处理的就诊，每周5天	执业产科医生接诊，每周2天	社工，每周5天	营养顾问，每周5天	现场计费职员为符合条件的患者办理医疗补助保险	现场实验室,1小时内出结果	
方便利用	60 000	30 000	10 000	10 000	20 000	40 000	170 000
对职员的信任		70 000	10 000	15 000			95 000
费用合理						25 000	25 000
灵敏性			15 000	5 000			20 000
明白的选择			5 000	15 000			20 000
特征的成本	60 000	100 000	40 000	45 000	20 000	65 000	330 000

图4—11 价值分析

资料来源：Juran Institute，Inc.，Copyright 1994. Used by permission.

最终产品设计的确定和发布

设计方案经过优化和测试后，就到了选定最终设计方案所包括的产品特征和目标的时候，这也是通过各种形式的文件将产品开发结果正式传往其他职能部门的阶段。这些文件包括有关产品特征及产品特征目标的规范，各种展开表和其他辅助文件。各种口头或书面的指示对之构成了补充。为了完成这一活动，团队必须首先确定产品特征和产品特征目标的批准与发布过程。产品设计中除了产品特征与产品特征目标外，还应包括那些与最终的产品设计相关的程序、规范、流程图，以及各种展开表。试验、现场测试、样机，以及其他必要环节的结果要通过验收。如果一个组织已经有了一套批准产品特征目标的过程，还应当根据最新的经验进行重新的检查。要提问这样一些问题，如该批准过程是否保证了来自内、外部关键顾客的输入？是否有利于设计的优化？如果尚没有现成的产品特征目标批准程序，那么现在就应该开始着手制定一个程序。

第五步：开发过程的特征

一旦产品设计和开发完毕，就有必要确定通过何种方法持续创造并提供产品。这些方法统称为"过程"。"过程开发"是确定操作人员为满足产品质量目标所采用的具体方法的一系列活动。与此有关的一些概念包括：

- 子过程：大的过程可以分解为较小的单位以便过程的开发与操作。
- 活动：过程或子过程中的步骤。
- 作业：实施一个活动的详细的逐步描述。

为了使过程有效，它必须是目标导向的，具有具体的可测量的结果；过程必须是系统化的，活动和作业的序列得到充分而明确的定义，所有的输入和输出得到了明确的规定；过程必须具有相应的能力，即能够在运营条件下满足产品的质量目标；必须是正当的，其运营具有明确的职权和职责。

过程的开发所包括的 11 项主要活动是：

- 评审产品目标。
- 确认运营条件。
- 收集备选过程的已知的信息。
- 选择总体过程设计。
- 确定过程特征和目标。
- 确定具体的过程特征和目标。
- 针对关键要素及人为差错的设计。
- 优化过程特征和目标。

- 确立过程能力。
- 确定并发布最终过程的特征和目标。
- 确定并公布最终的过程设计。

评审产品目标

理想情况下，这一评审应当会比较简单。有关各方在之前的阶段对于产品质量目标已经进行了确认。但在许多公司，产品和过程的设计常常是由不同团队来进行的，彼此对于对方的活动并没有真正的参与，从而难以获得双方都期望产出的结果。参与的缺乏通常会减少备择设计方案的数目，这些备择方案在早期阶段很容易获得，但到后期却变得非常困难和昂贵。此外，设定产品目标的人员对于自己的决策有着既得的权益，会对过程设计团队提出的变更产品设计的建议表现出文化上的抵制。如果产品和过程设计是由不同的团队完成的，那么对产品质量目标的评审和确认就绝对是必需的。

对于产品质量目标的评审确保了这些目标能被同过程设计最为密切的人员所理解。评审有助于实现最优。过程设计者能够给产品设计者提供一些有关实现质量目标的成本的实际情况。这一评审过程应该为质疑昂贵的产品目标提供一条正当而畅通无阻的途径。

确认运营条件

要实现对运营条件的理解，必须进行多方面的调查。

用户对过程的理解 这里的"用户"指那些对于实现产品目标的过程有所贡献的人，或那些使用过程以满足自己需要的人。用户部分由内部顾客（组织单位或个人）组成，这些内部顾客负责运行过程以实现质量目标。操作者或其他类型的工人便是用户。过程计划人员需要了解这些人如何理解他们所要做的工作。过程设计必须适应他们的理解水平，或者能够提高他们的理解水平。

过程将如何被使用 设计者当然清楚他们所开发过程的预期用途。然而，他们未必清楚最终用户是如何实际使用（或误用）的。设计者可以依靠自己的经验推测，但通常还须用直接观察和与有关人员的面谈来加以补充。

使用环境 计划人员非常清楚他们的设计必须考虑环境，环境会影响过程的绩效。具体的有形过程的设计者通常会考虑诸如温度、振动、噪音水平等环境因素；那些严重依赖人的反应的计划者，特别是在服务领域里，在过程设计中应当考虑环境对人的绩效的影响。例如，一个设计顾客查询处理过程的团队，应当考虑到环境压力对于顾客服务代表绩效的影响。这些压力可能来自大量的顾客投诉、粗鲁的顾客、缺乏当前产品的信息等。

第 4 章　质量计划：设计创新性的产品和服务

收集备选过程的已知信息　一旦清楚了目标和环境，计划团队就需要得到关于备选过程的可靠信息，以满足预期环境下的那些目标。

过程构架　计划人员应当了解一些最概括的具有一定特征的基本过程构架。"过程构架"是一个把过程结合或支撑在一起的耦合结构。这个结构支持着产品的生产或服务的提供。某一特定构架的选定，也会对产品生产的方式以及组织响应顾客需要的能力产生深刻的影响。图 4—12 是对此的示意。

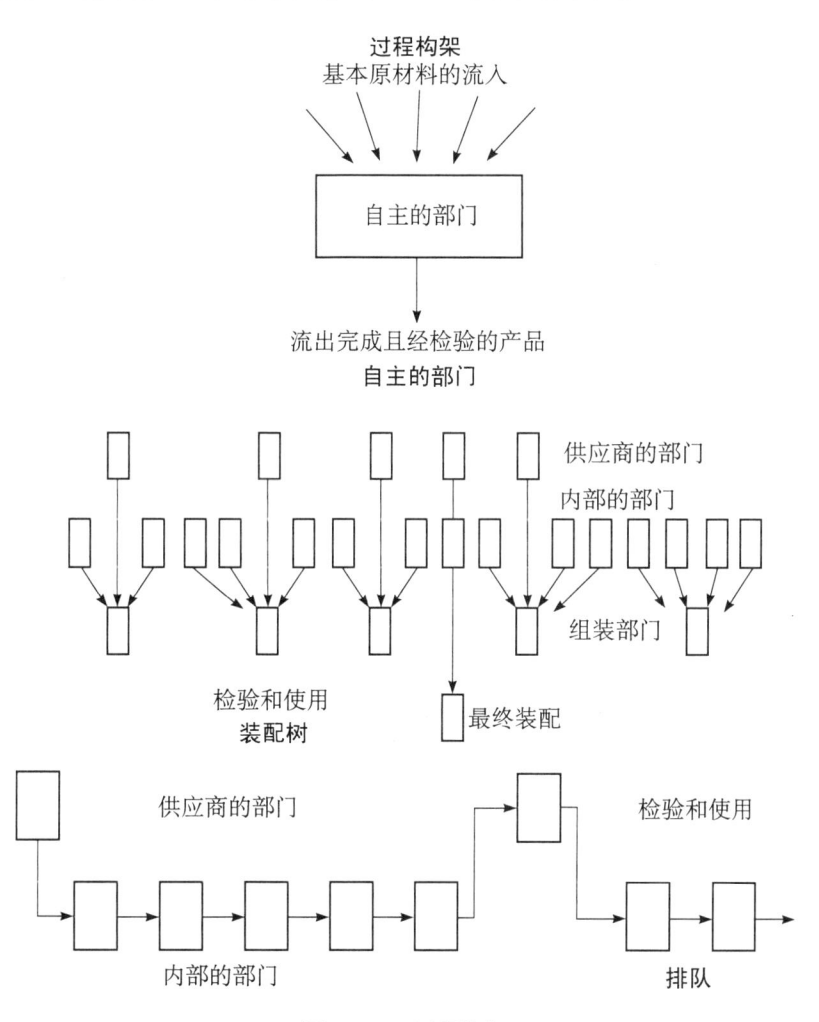

图 4—12　过程构架

资料来源：Juran Institute，Inc.，Copyright 1994. Used by permission.

装配树　"装配树"是一个常见的过程，它把若干子过程的产出组合了起来。多数这些子过程都是同时运行的，它们或者是最终装配所必需的，或者是在过程的末端获得一个最终结果。这种类型的过程构架在大型的机械产业和电子产业得到了广泛的应用,如生产汽车、家电、电子仪器等的产业。它在医院的许多过程中也有应用,如手术室中做外科手术的情况。树的枝或叶代表大量的供货者或内部制造零配件的部门。零件的组装再由其他的部门完成。

在办公室工作中,某些数据收集与汇总的过程也表现出了装配树的特征。编制主要的会计报告(如资产负债表、盈亏表)要求将许多零散数据逐步汇总,最后形成综合的报告。无论是在跨职能的层次还是在部门层次,装配树设计都得到了应用。在大的作业中,专业人员事实上是不可或缺的,他们在各种跨职能层次上贡献出不同的产出。预算过程便是一个例子。虽然在大的部门过程中并未强制使用专业人员,但事实上却常常如此。这可以从设计部门得到证实,在那里许多设计工程师分别设计一个项目的各种图纸,最后汇集成总的设计。

业务过程质量管理

许多计划人员越来越多地在其主要过程中应用被称为"业务过程质量管理"的第四种管理形式,这是一种不大传统的形式。之所以出现这种新的管理形式,是因为人们日益认识到当今企业的许多目标越来越依赖于大型的、复杂的、跨职能的业务过程。过程质量管理强调如果一个组织要维持或扩大其业务,有许多关键性过程对它是决定性的。(详见第 8 章"业务过程管理:创建适应性组织"。)

过程的测量

在选择一个具体的过程设计方案时,计划团队需要获得备选设计方案的效果与效率信息,包括:

- 缺陷率。
- 周期时间。
- 单位成本。
- 产出率。

为了获得所需数据,计划者必须应用很多不同的方法,包括:

- 分析现过程。
- 分析相似的或有关的过程。
- 测试备选过程。
- 分析新技术。
- 从顾客处获取信息。
- 模拟和预估。
- 标杆分析。

总体过程设计的选择

正如产品设计从高阶描述开始进而扩展到细节说明一样,过程设计也应当始于用一个高阶的流程图来描述总体过程的流向。从这样一个图出发，可以确定子过程和主要的活动，这些子过程和活动进而又可以在一个更加详细的层次上加以设计。在开发高阶流程以及之后的细节时，团队应确保其符合以下准则：

- 将会实现产品的质量目标。
- 落实关键性分析、FMEA 和故障树分析的对策。
- 符合项目目标的要求。
- 可以支持实际的，而不仅仅是预期的用途。
- 资源利用率高。
- 不需要超出预期的投资。

有些过程设计基本上是重复现有的设计，还有一些则是重新的或"原创的"再设计，大多数有效的过程再设计都是可靠的现有过程与部分明显变化的结合。

上述的准则应该成为以下这些选择的指南，即过程的某一部分是否应当原样采用，或是要进行一些改进，或用一种完全不同的方法来代替。

在过程设计的这一点上，要应用我们在产品开发部分所讨论过的一些方法，尽可能地进行创造性思考。考虑完全不同的过程构架会产生的影响。哪种方式能使顾客得到更好的服务？是常设的含有多专业的单位，还是按需提供的高度专业化的专家职能？哪种方式最有可能减少不良？如何能够显著地缩短运转周期？有无一种新技术能够让我们采取完全不同的方式？我们能否开发出这样一种技术？

一旦完成了高阶的流程，则流程图中的每一项活动和决策都要求文件化为规范，其中要包含下列内容：

- 输入。
- 输出。
- 输出的目标。
- 运转周期时间。
- 成本。
- 输入转化为输出的综合描述。

对这些因素的明确规定使随后划分详细设计的工作成为可能，并确信最终设计将会一致而协调。

在早期的新过程流完成后，就应该对改进的机会加以评审，例如：

- 消除会导致返工的错误源。
- 消除或减少冗余的子过程、活动或作业。
- 减少传递次数。
- 缩短运转周期时间。

- 替换那些输出有缺陷的任务、活动或过程。
- 修正过程中的顺序问题以减少活动或返工的数量。

测试所选过程

成功设计的一个关键因素就是把从测试产品、产品特征、总体过程以及子过程中得到的经验整合进设计中,保证它们满足质量目标。测试应该贯穿于整个质量计划过程,以便在移交到运营阶段之前能够对计划进行变更、修正和改进。为分析和评价总体过程和子过程的各种备择设计方案,测试要在各个时点上进行。

比较或标杆分析

组织内外部的其他单位也许已经使用着一个与所设计过程相似的过程。通过与已有的类似过程相比较,能够确保所设计的新过程有效。

测试限制

所有测试都有一些限制存在。下面是一些常见的应该了解并重视的限制。

运营条件的差异 试操作和模块测试显然不同于运营条件。即使是试运行测试和标杆分析也在某些细节上区别于实际的全负荷情况。测试条件与实际应用条件之间存在着以下一些普遍的差异:

- 操作过程的人员。
- 过程的顾客。
- 极端值与异常情况。
- 与组织的其他过程和其他部分间的交互作用。

规模的差异 尤其是对于关键性失效,如设备故障、关键人员流失,或任何其他潜在的失效,如外科手术过程中的并发症等,测试的规模也许不足以大到使这些罕见的失效发生。

其他影响 有时设计一个新过程或者重新设计现过程会造成或加剧其他过程的问题。例如,住房贷款审批过程中周转时间的改善可能会给结账部门带来工作的积压,这种过程间的相互作用在孤立的测试中可能不会发生。

识别过程特征和目标

"过程特征"是指创造产品、提供服务以及实现满足顾客需要的产品特征目标所必需的任何特性和属性。"过程目标"是指一个过程特征的数值指标。

产品特征回答了"我们需要具有什么样特性的产品来满足顾客的需要"这一问题,过程特征回答的问题则是,"我们需要什么样的机制来持续并无缺陷地创造和提供这些特性(并符合质量目标)"。总的来说,过程特征定义了过程。这些特征和目标中的许多,但并非全部,来自流程图。

随着过程设计从宏观层次进入到细节，一长列具体的过程特征浮现出来。每个过程特征针对着一个或多个产品特征的生产。例如：

- 开具发票要求的一个过程特征是能够进行算术运算，这样才能给出准确信息。
- 生产齿轮要求的一个过程特征是能够给齿轮毛坯准确地打孔。
- 通过电话销售信用卡要求的一个过程特征是能够准确地收集顾客信息。

大部分过程特征都会归入下列的某个类别：

- 程序——遵循正常固定顺序的一系列步骤。
- 方法——对一系列作业、活动或程序的有序安排。
- 设备和物资——过程的运行所需要的"物质"设施和其他有形货品。
- 原料——有形的要素、数据、事实、数字或信息（这些与设备和物资一道组成所要求的输入以及被加工对象）。
- 人员——人的数目，要求他们具备技能并完成目标和任务。
- 培训——完成过程所需的技能和知识。
- 其他资源——可能需要的附加资源。
- 支持过程——可以包括秘书支持，偶然的其他支持，诸如外部打印服务、复印服务、临时帮助，等等。

正如产品设计一样，如果把过程特征和目标整理到一个展开表中，用以示意该过程是如何提供产品特征与目标的，过程设计会更易管理和优化。图4—13给出了这样一个展开表。

		过程特征			
产品特征	产品特征目标	浇灌能力	小组规模	经认证的材料	预估完工所需用时
完成任务时间	100%低于1个小时	○	●		
保证按约定时间完成	99%的工作在约定时间的15分钟以内				●
所有材料对环境都是安全的	全部天然材料/无合成物			●	
图例 ● 特强 ○ 强 △ 弱		每分钟10加仑	每1万平方英尺1人	100%农业部批准	预估时间误差小于10%
		过程特征目标			

图 4—13　过程设计展开表

资料来源：Juran Institute，Inc.，Copyright 1994. Used by permission.

这一展开表不仅是对过程的关键属性的方便的总结，它还有助于回答有效的过程设计所必需的两个关键问题。首先，该过程能实现所有产品特征和目标吗？其次，每个过程特征对于至少一个产品特征是必不可少的吗？也就是说，有没有不必要的或冗余的过程特征？还要确证其他的过程特征不能够在产品上产生同样的作用。

通常，高阶的过程设计会识别出公司范围的宏观过程所要求的特征和目标。这方面的例子如采购过程的周期时间、财务系统的具体数据、新技能的培训等。由于所设计的新过程将依赖于这些宏观过程的支持，在这一时点必须确认它们能够满足目标要求。如果不能，这些宏观过程就需要作为过程设计的一部分加以改进，或者用其他的方法来加以取代。

识别详细的过程特征和目标

大多数情况下，由单个的子团队来实施子过程和主要活动的详细设计将是最有效的。这些详细设计将以过程特征和目标作为其目标和准则。每一个子过程团队将把设计进行到这样一个层次，在此层次上，可以制定标准操作程序、编写软件、生产或购买设备以及采购原材料。

针对关键因素及人为差错的设计

过程设计的一个重要因素便是确定关键因素对设计的影响。"关键因素"是那些对人类生命、健康以及环境有严重威胁或会招致重大经济损失的方面。此类因素的一些例子涉及大规模的作业，如机场交通控制系统、巨型建筑项目、医院患者看护系统，甚至管理股票市场的过程。对这类因素的计划显然应当包括充足的安全措施，诸如结构集成、自动防故障装置、冗余系统、多重警告，等等。在这一阶段，关键性分析和失效模式与影响分析对于识别那些需要特别注意的因素是很有帮助的工具。

在实施特定的作业和活动时，员工的能力会有很大的差异。有些员工干得很好，而另一些则干得不那么好。所有员工都毫无例外的一点就是，他们是人类大家庭的一部分，而人是容易犯错误的。总的来说，人为差错大到了这样一个程度，要求过程设计必须提供减少和控制人为差错的手段。首先要对人为差错的数据进行分析，然后应用帕累托原理。关键少数错误的类型将成为具体的过程设计需要考虑的内容。过程设计能够处理的人为差错分为以下的主要类别：

- 由于缺乏特定的所需技能引起的技术差错。
- 因缺乏反馈而加重的差错。
- 由于人们无法永远保持注意力高度集中而引起的差错。

防误的原理

研究表明防误方法有多种不同的分类，如下所述。

消除：即改变技术以消除有错误倾向的操作。例如，在某些原材料搬运操作中，要求工人在吊绳与产品之间插入一个保护垫，以使绳子不致损坏产品。换用一根尼龙带来吊装的话就构成了消除。

替换：这种方法保留了有错误倾向的操作，但是用非人类操作者代替了工人。例如，工人可能会在装配中安装错误的元件，一个设计合适的机器人可以避免此类错误。非人类的操作，只要它们维护恰当，就不会发生疏忽的错误，不会变得疲倦，不会失去记忆，等等。

易化：在这一种方法里，有错误倾向的操作被保留，工人也被保留，但是提供给工人一种减少出错倾向的方法。零部件的彩色编码就是一个例子。

探测：这种方法对于防止差错的发生无济于事，它只是在最早阶段发现错误，从而将损失降到最低程度。一个常见的例子是在过程的各步骤之间进行自动检测。

缓解：这种方法也无助于防止差错的发生，但是，它给出了避免严重损害的手段。一个普遍的例子是利用保险丝来避免损害电器设备。

优化过程特征和目标

在计划人员已经考虑了关键因素，并从减少人为差错的角度修改过计划之后，接下来的活动首先是对子过程设计的优化，然后是对总过程设计的优化。在第4步的产品开发中，已经引入了优化的概念。优化产品特征和产品特征目标的活动同样也适用于过程计划。优化既适用于总体过程的设计，也适用于单个子过程的设计。

确立过程能力

在一个过程开始运行前，必须证实它能够满足质量目标的要求。任何一个设计项目都必须衡量其过程相对于主要质量目标的能力。如果达不到过程能力，在过程投入运营前就应该对过程能力不足的根原因进行系统的诊断，并通过过程改进来消除这些根原因。

缩减运转周期时间

过程能力与过程满足顾客需要的有效性相联系。某一类特殊的需要可能与子过程的运转周期时间有关，所谓运转周期时间就是从过程的开始到结束所经过的全部时间。缩减运转周期时间对于许多组织而言几乎成了一种强迫性的思维。顾客、日益增加的成本以及竞争力量几方面的压力迫使企业去寻求实施其过程的更快的方式。这些受到关注的过程通常包括新产品的上市，提供顾客服务，招募新雇员，响应顾客的投诉，等等。对于现有过程而言，设计者遵循众所周知的质量改进过程来缩减运转周期时间，通过诊断活动来明确时间消耗过长的原因，然后开发特定的补救措施来解决这些问题。

确定和发布最终过程特征和目标

在前面的步骤中，计划团队确立了过程流向，明确了初步的过程特征和目标，考虑了关键过程及人为差错，优化了过程特征和目标，并且确立了过程能力，现在可以确定最终设计中包括的所有详细的过程特征和目标了。这一阶段还应该把过程开发的成果通过各种形式的文件正式地传达给其他的职能部门。这些文件包括产品特征及产品特征目标的规范，以及展开表和其他辅助文件。各种口头或书面的指示对之构成了补充。

填写过程设计展开表是始终贯穿于过程开发中的一项活动。展开表应该持续更新以反映设计中的修改，如对备选方案的评估、考虑关键因素及人为差错的设计、优化、测试过程能力，等等。在对过程设计展开表进行了最后修订后，还应该再次核对以确认下列事项：

- 每个产品特征与一个或多个过程特征具有强的或非常强的关系。这样将确保产品特征在没有重大缺陷的情况下有效交付。满足了每个过程目标也就意味着每个产品特征目标的实现。

- 每个过程特征对于提供一个或多个产品特征是重要的。与产品特征不存在强相关的过程特征是不必要的，应该舍弃。

完成的过程设计展开表和详细的流程图是整个过程中的经理、基层主管乃至普通员工均需要的共同信息。此外，计划团队还必须确保过程中的每项作业在以下方面得到明确：

- 谁对之负责。
- 该作业如何完成。
- 其输入如何。
- 其输出如何。
- 运行中可能出现的问题以及如何处理。
- 所用的设备及原料的规范。
- 该作业所要求的信息。
- 该作业所产生的信息。
- 所需要的培训、标准操作程序以及辅助手段。

第六步：开发过程控制方式并转入运营

在这一步骤中，计划人员要为过程开发控制方式，安排整个产品计划向运营部门的转移，并确认转移的实施。这一步中有七项主要的活动。

1. 明确所需的控制。
2. 设计反馈回路。
3. 对自我控制与自我检查进行优化。
4. 建立审核。
5. 证实过程能力和可控性。
6. 对转入运营阶段进行计划。
7. 实施计划并确认转移。

一旦设计完成，计划方案就交到了运营部门手中。之后的生产产品、提供服务并确保精确无误地满足质量目标就成为运营人员的责任。他们是通过一个有计划的质量控制体系来进行的。控制旨在持续地满足目标要求，并防止因不良改变的发生而影响产品质量。换句话说，无论生产中发生了什么（人员的变动或流失，设备或电力故障，供应商变化，等等），员工都要能够调整过程或使过程适应这些改变或变异，以保证质量目标的实现。

明确所需的控制

过程控制由三项基本活动组成：

- 评估过程的实际绩效。
- 将实际绩效与目标相对照。
- 对差异采取措施。

在第6章"质量控制"中有关于这些活动在反馈回路中的应用的详细讨论。

过程特征

很多控制包括对最直接影响产品特征的过程特征的评估，例如打印机墨盒的状态、炼铁炉的温度或研究人员报告中所用公式的正确性。有些特征成为受控对象的候选对象，作为避免或降低失效的手段。这些受控对象通常选自前面所确定的关键因素，或来自FMEA、故障树分析（fault-tree analysis，FTA）以及临界分析。过程控制涉及这样的决策：该过程应当继续运转还是停止？

- 设定控制标准，即确定判断过程失控的水平以及用于决策的工具，如控制图。
- 决定不符合标准时应当采取的行动，亦即排除故障。

- 指派采取行动的人员。

借助于一个详细的过程流程图,确定控制的测量点并编制相应的文件,这一点也是采取纠正措施的地方。然后将每个控制点记录在类似于图4—14这样的控制展开表上。

过程特征	过程控制项目							
	控制对象	测量手段	目标	测量频率	样本容量	控制标准	职责
过程特征1							
过程特征2							
⋮							
波动焊接	焊料温度	热电偶	505°F	持续	—	≥510°F,降温 ≤500°F,升温	操作者
	传送带速度	测速表	4.5英尺/分钟	1/小时	—	≥5英尺/分钟,减速 ≤4英尺/分钟,增速	操作者
	合金纯度	实验室化学分析	最大杂质1.5%	1/月	15克	≥1.5%,更换焊锡	过程工程师

图4—14 控制展开表

资料来源:From J. M. Juran, *Quality Control Handbook*, 5th ed. McGraw-Hill, New York, 1999, p. 3. 48.

培训

应当培训员工能够作出产品合格与否的决策,还应该对此加以检查以确保他们作出正确的决策。规范必须清楚,毫不含糊。

质量审核和控制体系的审核在本书其他部分详细讨论。虽然对控制体系的审核是独立于设计团队之外的一项职能,但设计团队仍有责任确保具备了实施有效的审核所必需的足够的文件,并且保证能够持续地为审核提供资源和时间。

证实过程能力和可控性

虽然过程能力必须在过程设计期间着手解决,但在实施期间,必须对过程能力和可控性的最初表现加以确认。

对向运营的转移加以计划

在许多组织中,运营部门对过程的接收是结构化和正规化的。要提供一个由一定的标准要素构成的信息包,其中包括应达到的目标、欲使用的设施、应遵循的程序、指令、注意事项,等等。还有针对各项目的相应补充材料。此外,还在维护、危机处理等领域给操作人员提供简单指示和培训。随信息包一起的还有责任交接的正式文件。有些组织中,这种交接是在一种近乎庆祝仪式的气氛中进行的。

结构化方式的价值　它常常采用核对表和倒计数的方法，以确保交接有序而完整。如果组织已经有了一个进行转移的结构，项目信息就要按照已有的做法进行组织。如果组织只有一个松散的结构或根本没有结构，那么下述材料将有助于对项目转移的计划。

不管组织有无一个结构，除非交接已经得到了确认，每个有关的人都得到了生产最终产品所需的所有信息、方法和程序，否则团队就不应该停止对于项目的责任。

诀窍的转移　在过程设计期间，计划人员获得了关于过程的大量诀窍。如果这些诀窍能够转移给运营人员，将使他们从中受益。这种转移有很多种方法，而最有效的转移会充分利用若干互补的沟通渠道，包括：

- 过程规范。
- 情况简介。
- 在岗培训。
- 正规培训课程。
- 预先参与。

转移计划的审核　作为正式的转移计划的一部分，还应制订一个单独的审核计划作为确认计划转移的工具。这种审核不同于之前讨论过的控制审核。这种审核意在评价转移的成功程度。要使审核确有意义，就应在对转移进行计划时确立一些特定的目标。通常，这些目标与在产品、产品特征和过程特征的开发中所确立的质量目标相联系。团队也许会决定给转移活动添加某些目标，或决定在首次连续运营期间修改新计划好的质量目标。例如，在生产产品的首次试运转期间，总运转周期时间也许会超过预期目标 15%。这种更改考虑了员工需要时间来适应计划。随着他们变得熟练，获得了过程的经验，适应了他们的新职责，运转周期时间将会趋近于预期的质量目标。针对转移的审核计划应当包括以下内容：

- 欲达到的目标。
- 如何测量目标的实现情况。
- 设定目标、测量以及分析的时间安排。
- 谁来进行审核。
- 需要制作何种报告。
- 针对未能达成目标的情况，谁负责采取纠正措施。

实施计划并确认转移

质量设计过程的最后活动是实施计划并确认计划向运营的转移已经发生。制订产品计划花费了我们大量的时间和精力，最后确认其运转良好是值得做的一件事情。

常用设计工具

- 亲和图。这种图把相似的项目加以聚合，它是质量改进中所用的因果图的前身。在质量设计中，用亲和图来把相近的需要或特征归类整理。
- 标杆分析。这一方法是关于组织最佳惯行的公开分享和调查，主要针对业务过程和内部过程（而非竞争对手的或独家的制造）。今天，它已从"产业观光"发展成了以在线数据库参与为主的研究。
- 头脑风暴。这一广为人知的方法用于获取群体对于原因（在进行改进时）和特征（在进行计划时）的意见。
- 继承性分析。通常用一个矩阵来描述设计要素的继承程度，特别是关于那些有缺陷倾向的要素。
- 竞争分析。通常用一个矩阵来描述与竞争产品特征的逐一对比，尤其关注与"同业之最"目标的比较。
- 控制图。广泛用于描述过程随时间的变化情况。最常用的是休哈特的平均值控制图。
- 关键性分析。用一个矩阵来描述某个特征或要素相对于顾客需要的失效程度以及相应的纠正责任。
- 数据收集：焦点小组。这一常用的方法是将顾客置于某种场景中，在一个训练有素的专业人员的引导下来深入探索顾客的需要。
- 数据收集：市场研究。包括旨在回答以下三个基本问题的各种方法：对用户来讲什么是重要的？这些重要事项的次序如何？与竞争者相比，我们在按照这一次序满足这些事项的要求方面做得怎么样？
- 数据收集：调查。这种被动性的方法旨在获取预设的有关满意或需要的问题的回答。通常它是"封闭式"的问题，不便于评论和回答开放性问题。其主要特点是回收率很低，再就是人们怀疑即使那些不满意的人给出的评价也会较高。
- 故障模式及影响分析。也称为FMEA，用一个矩阵表示出故障的概率、重要性以及检测的难易程度，据此可以算出风险优先度数（RPN）。RPN高的要优先处理。虽然主要是用作一种设计工具，但也用于改进中。

- 故障树分析。这是一种关于故障模式的图示，表示了必须同时发生（"与"）或依次发生（"或"）才会导致故障的事件。通常采用垂直的形式，以"与"事件和"或"事件作为树的分支。
- 流程图。用标准的活动符号及流向来描述过程的最常用的方法。它最早源自1950年代的软件设计，后演化为今天广泛使用的过程图示工具。
- 词汇表。词汇表是用以消除顾客与供方之间在词汇及术语方面的模糊的有力武器。它是用于特定语境下的工作词典，如"舒适"一词在用于办公室椅子时的含义。
- 设计网络。一种树状图，描述了设计活动中同时发生或相继发生的事件。通常在网络图上标示了完成事件的总时间，最早开始时间以及随后的停止时间。它用于管理相当复杂的设计活动。类似的方法有计划评估评审技术（PERT）及关键路径法（CPM）等。今天的展开表式的项目管理软件通常体现了这些方法的关键特征。
- 过程分析法。这种过程流程图方法表示了每项任务所需时间，任务所需支持（如计算机网络），以及任务间所"浪费"的时间。这种方法通常通过访谈来进行，需要有熟练的过程专家。
- 过程能力。这一术语可用于描述各种揭示过程的重现能力以及满足要求的能力的统计工具。
- 销售分析。这是另一种矩阵式的工具，用于描述针对特定的产品特征所能够制定的价格或需要支付的成本。
- 散点图。这是一种图示方法，通过将一个变量相对于另一个变量打点来确定相关关系。这是进行回归分析确定预测方程的前奏。
- 选择矩阵。这个矩阵工具表示出了根据公认的准则所要做的选择。这种方法既用于改进也用于设计。
- 顾客需要展开表。这种展开表描述了顾客群体与所表述的需要之间的关系。在考虑产品特征时，所涉及顾客群越广的需要其优先度也就越高。这种展开表的高级形式即"质量屋"或质量功能展开（QFD），详见本章的"六西格玛设计"一节。
- 需要分析展开表。这种展开表用来将最初的表述需要分解成不同的层级。因此，对于新车购买者来说，"经济性"可以进一步分解为购买价格、使用成本、保险费用、燃油经济性及再销售价值。将需要分解到最基础的层级上，有助于精确响应和测量。
- 产品设计展开表。这是顾客需要展开表的续表，进一步确立了针对顾客需要的特征及特征目标。在考虑所用过程时，与需要具有最强相关性的特征将被赋予更高的优先度。

- 树图。指用并行或继起的事件作为树枝来进行描述的各种树形图。这种图不如设计网络精密，但有助于从"大局"的角度来理解各项活动。
- 价值分析。一种矩阵图示，表示了顾客的需要，以及为了提供满足特定需要的特征所需的成本。它是销售分析的近亲。

六西格玛设计

产品及服务的设计就是针对有形产品或服务以及产出产品或服务的过程，所创造的一种详细的描述。用质量理论的术语来讲，产品设计就意味着确立质量目标以及使这些目标能够持续达成的手段。用六西格玛的语言来说，产品设计（六西格玛设计，DFSS）是指以如下的方式来同时创造产品及其生产过程的设计，即要使得不仅产品与过程中的缺陷极低，而且也是可预测的。进一步地，即使在进入大规模生产阶段后，缺陷也要非常低而且可预测。要达到这种成本低、周期时间短及顾客满意度高的卓越水平，就必须对传统的设计方法加以提升。例如，每一个DFSS设计项目都始于识别顾客并详细分析和理解他们的需要。即使是"再设计"也从同一点开始，因为所有成功的设计都是基于顾客需要的，而且在这个快速变化的世界中，顾客需要，甚至顾客本身也在飞速改变。另一个例子就是在DFSS中大量集中地使用了统计方法。从统计分析中所获信息的力量为实现六西格玛质量水平提供了途径，这种水平是用百万分不良率（ppm）来衡量的。对于DFSS的各个阶段的描述被称为是DMADV。

DMADV代表的是：定义、测量、分析、设计及确认。此处的讨论并不涉及DMADV所用程序及工具的所有细节，这恐怕需要数百页的篇幅，这些内容可在其他公开出版物上找到。我们试图让读者了解的是那些所有管理者都应该了解的有关DMADV每一阶段的目的、主题、问题及步骤次序。

六西格玛设计，即DFSS，是关于开发高质量产品的过程的一个新说法。它是质量设计的概念与六西格玛方法目标的结合。DFSS过程指导产品的设计者们创造出了产品的设计，并使得制造部门能够以六西格玛质量水平把这些产品生产出来。在服务业的情况下，它意味着开发能够以六西格玛质量水平提供的服务过程。

DFSS设计活动将获得一个新产品、一个现有产品的新设计或一个现有设计的修改。它由五个阶段按照以下的次序构成：定义、测量、分析、设计、确认。图 4—15 列出了每一阶段的活动。

定义	测量	分析	设计	确认
• 提出项目 • 确定项目范围 • 项目的计划和管理	• 发掘顾客需要及其优先次序 • 开发 CTQ 及优先次序 • 测量基线绩效	• 开发设计备选方案 • 开发高阶设计 • 评估高阶设计	• 优化详细设计参数 • 评估详细设计 • 计划详细设计确认试验 • 确认产品的详细设计 • 优化过程绩效	• 试生产/分析结果 • 实施生产过程 • 转移过程所有权

图 4—15　DFSS 中的主要活动

参考文献

Designs for World Class Quality. (1995). Juran Institute, Wilton, CT.
Juran, J. M. (1992). *Quality by Design*. Free Press, New York.
Parasuraman, A., Zeithami, V. A., and Berry, L. L. (1985). "A Conceptual Model for Service Quality and Its Implications for Further Research." *Journal of Marketing*, Fall, pp. 41–50.
Veraldi, L. C. (1985). "The Team Taurus Story." MIT Conference paper, Chicago, August. 22. Center for Advanced Engineering Study, MIT, Cambridge, MA.

第 5 章

质量改进：实现绩效突破

约瑟夫·M·朱兰　约瑟夫·A·德费欧

关于本章	突破的动员
本章要点	高层"质量委员会"
通用突破程序	将突破目标纳入经营计划
突破的模型和方法	提案与选择过程
突破的基本原理	项目章程：项目问题和目标陈述
取得高层管理者的批准和参与	项目团队
COPQ 与降低成本	团队组织
驱动底线绩效	对突破的制度化
发现不良绩效成本	评审进展状况
诠释不良质量成本	突破培训
结果	致谢
计算所需资源	参考文献

关于本章

本章的目的是说明突破的本质以及它与实现优异结果之间的关系。本章讨论那些普遍的和基本的概念，这些概念定义了创造"对当前绩效的突破"的那些方法。因摩托罗拉、GE 的努力而广为人知的六西格玛绩效改进模型就是最广为应用的实现突破的方法。尽管第 12 章"六西格玛：改进过程有效性"会详细对此加以讨论，我们在本章主要讨论一些理论基础，给出关键术语，对当代的各种彼此类似但又有所不同的绩效改进方法加以辨析。本章将聚焦于领导者在确立组织的持续改进战略时的作用。

本章要点

1. 对当前绩效的突破旨在消除各种不良，如过久的缺陷、过久的延误、过长的周期时间，以及由于过程不佳产生的不良质量而导致的高成本。

2. 于1950年代确立的朱兰通用突破程序由实现优异结果的六个步骤构成。这些步骤包括：

    a. 提出并明确问题。（由管理层做。）

    b. 确立项目和团队。（由管理层做。）

    c. 诊断原因。（由项目团队做。）

    d. 纠正问题。（由项目团队与产生问题的工作组做。）

    e. 巩固成果。（由项目团队与相关的运营人员做。）

    f. 复制成果并提出新的项目。（由管理层做。）

3. 所有的改进都是通过项目来实现的。为了实现突破，领导者必须确立目标和项目并提供资源，以确保目标和项目的完成并取得成果。

4. 实现突破是最高管理层的职责。具体来说，最高管理层必须：

    a. 建立确定项目优先次序的跨职能委员会或推进小组。

    b. 提出并选择突破项目。

    c. 建立项目章程，其中包括了对问题和目标的规定。

    d. 提供资源来实施项目，尤其是人员和时间。

    e. 为项目指派团队、团队领导者、促进者、六西格玛的"黑带"。

    f. 评审进展、消除障碍、管理文化抵制。

    g. 表彰、认可。

5. 项目的选择要求管理层要有相应的技能和方法以确定"可实施"的项目，从而也能让团队理解问题和目标。

6. 要实现当前绩效的突破必须有两方面的"历程"：诊断历程和治疗历程。这些历程也就是运用基于事实的方法来解决绩效问题。

7. 诊断历程按照如下顺序进行：

    a. 从问题到问题的症状。

    b. 从症状到关于症状原因的假设。

    c. 从假设到对假设的测试。

d. 从测试到确立症状的根原因。
8. 治疗历程按照如下顺序进行：
   a. 从根原因到设计根原因的治疗措施。
   b. 从设计治疗措施到在运营条件下测试和提供治疗措施。
   c. 从可行的治疗措施到处理可预测的变革抵制。
   d. 从处理变革抵制到针对治疗措施建立新的控制，从而能够巩固成果。
9. 有大量的努力用于创造更为简单易行的改进方法，大部分都无果而终。六西格玛DMAIC改进模型获得了广泛的认可以及最广泛的应用。其基本步骤如下：
   a. 选择问题并启动项目。（由管理层做。）
   b. 定义问题。（由倡导者和管理层做。）
   c. 测量症状的重要程度。（由项目团队做。）
   d. 分析信息以找出根原因。（由项目团队做。）
   e. 通过给出关于原因的治疗措施来进行改进。（由项目团队做。）
   f. 实施控制以巩固成果。（由项目团队和部门做。）
10. 在变革过程中，所有的项目和团队都会遭遇障碍，会有来自各个方面的反对，会遇到来自经理、员工或工会的推托或拒绝，我们将之称为对变革的抵制。所有的管理人员都必须懂得如何克服这些抵制。

通用突破程序

改进发生在每一天，每一个组织，甚至包括那些做得不太好的组织。就短期而言，这是企业的生存方式。改进是每个组织日复一日进行的渐进式改进活动。改进不同于突破性改进，突破必须有专门的方法和支持，才能获得显著的结果和变化。也不同于计划和控制，突破要求反思哪些因素阻碍着当前的绩效水平满足顾客的需要。本章主要讨论突破性改进，以及领导者如何创建一种体制来提升改进率。通过年复一年地实现少数关键（帕累托原理）的突破，组织就能够胜过竞争者并满足利益相关者的需要。

在此处，"突破"意味着"有组织地创造有利的变化并实现前所未有的绩效水平"。类似的说法还有"质量改进"或"六西格玛改进"等。前所未有的变化如实现六西格玛水平（3.4 ppm）或10倍于当前过程绩效水平的改进。突破带来了成本的显著降低、顾客满意度的提升，以及能够让利益相关者满意的优异结果。

通用突破程序的概念最初来自我在西方电气公司的经历（1924—1941），以及从1945年起我作为独立顾问的岁月。通用突破程序最初发表于一些论文上，后来则写成了书（Juran，1964）。此后，这一程序在经营管理者使用经验的基础上不断发展演变。

朱兰学院于1979年创建后，发行了《朱兰论突破》（Juran，1981）的系列录像带。这一录像带系列得到了广泛的传播并对许多组织推行突破起到了推动作用。这些组织纷纷开展内部的培训计划并开发了各自的突破程序。所有后来的这些程序都在很大程度上类似于1964年的原版程序，有些组织进行了有益的修改和增补。

突破意味着改变：向新的、更高的绩效水准的动态的、决定性的移动。在一个纯静态的社会中，突破是被禁止和忌讳的。曾经有许多这样的社会，有些存在了好几个世纪。在那些世纪中，其成员享受或忍受着完全的可预知性。他们确切地知道自己的人生地位是什么，即与他们的祖先完全一样。但是，经过一定的时间，这种可预知性让他们的后代付出了代价。代价就是由于其他动态的社会的征服或接管，导致了这种静态社会的灭亡。这些静态社会中，有些领导人或许很清楚这种灭亡的危险，有些人只是在赌自己在世时这些危险不会成为现实。正如蓬帕杜夫人写给法国国王路易十五的著名信件中说的："我们身后，哪管它洪水滔天。"

今天的领导者不可忘记历史。对静态社会的威胁来自人类的基本动机，即获取更多的动机，这包括更多的知识、物品、权力和财富等。由此而产生的竞争使得突破变得无比重要（Juran，1964）。

我们可以遵循一个不变的事件程序来打破旧的绩效水准，实现新的水平。这一程序的细节是重要的。起始点是认识到突破的必要性和可行性。在人类组织当中，除非有人倡导，否则变化就不会发生。如果有人不愿意改变，则在变革实现之前就要经历漫长而艰苦的历程。变革之路的起点就是有人坚信变革——突破——是必要且可行的。变革的必要性主要来自信念或信仰，可行性则要求进行一些研究，这引出了第二个步骤。

第二步是考虑突破是否有可能发生，即进行可行性研究。这一研究有助于将问题分拆成主要的组成部分，区分关键的少数和有用的多数，我把这称为是帕累托分析。这些关键的少数问题将成为我们发掘新知识的对象。但是，新知识的创造不会简单地发生——我们必须有所组织。这引出了下一个步骤。

组织知识的突破是下一步。这要求我们建立两个系统：一个负责对突破加以引导,一个负责收集事实并分析。我们分别将之称为方向臂和诊断臂。对于知识的突破而言,这两臂都是必不可少的。只有其中的任何一个都是不够的。当两者都具备后,诊断就开始了。通过对事实的收集和分析,获得了新的知识。到此,就实现了在知识上的一个突破。

但是,知识上的突破并不能自动创造出绩效的突破。经验表明,技术变革通常会影响相关人员的地位、习惯、信念等。人类学家将这种信念、惯习的集合命名为"文化类型"。

这样,在文化类型上的突破便成为了新增的一个重要步骤。在达成新的绩效水平之前,我们必须发现预期的变革对文化类型的影响并设法应对由此而产生的抵制。这常常成为一个困难而重要的问题。

最终,绩效的突破终于得以实现,这是我们所追求的结果。为了使之能够保持下去,我们依靠控制来维持这种状态,直到再次发生突破为止。

两类突破

突破可以针对质量的两个方面中的任一方面。

1. 更高质量的产品和服务特征带来了顾客的满意和厂商的收益。这些产品特征促进了收益的提高。

2. 免于不良将减少顾客的不满以及非增值性的浪费。对于厂商而言,减少产品的不良将减少成本,这是突破的目标所在。

突破适用于任何行业、问题或过程。为了更好地理解为何如此众多的组织开展了诸如精益六西格玛这样的改进活动,我们必须对计划和改进加以对比。在上一章中,我们讨论了设计产品特征的质量计划过程。

用于减少过多的缺陷和不良的突破可由如下的措施所组成:

- 增加生产过程的产出。
- 减少行政报告的差错率。
- 减少现场故障。
- 减少索赔障碍。
- 缩短重患临床处置时间。

两种情况的结果均为绩效改进,都有助于实现卓越绩效。但是,要成为市场领先者,改进就必须以一种革命性的速度发生,这常常让许多组织犯难。实现优异结果的方法和工具与日常一般使用的改进方法有着根本上的不同。

旨在增加收益的突破始于设立战略目标,如提供同业之最特征的新产品开发目标,或用以战胜竞争者的运转周期缩减目标。为了实现这些新的目标,就必须进行系统性的"质量计划"过程（Juran，1999）。需要进行多个层次的质量计划。一个组织必须计划新产品或进行面向质量的设计。其他类型的质量计划还包括可制造性设计、六西格玛设计、绿色及精益设计等。

质量计划与大多数的产品和服务开发方法都有所不同，它是通过一系列通用的步骤来完成的。这些步骤聚焦于理解"顾客之声"（内部的和外部的）并将之整合到产品设计中去。最好的设计方法总是以明确为谁设计开始。换言之，谁是"顾客"？然后是确定这些顾客的需要，接下来开发满足这些需要所必需的产品或服务特征，等等。综合起来，这一系列步骤便是"质量计划或质量设计路线图"。创造设计上的突破反映在第四章"质量计划：设计创新性的产品和服务"中。

许多组织年复一年地遵循着一套结构化的开发新产品和服务的做法。按照这种结构化的方式：
- 产品开发项目是经营计划的组成部分。
- 由新产品开发职能保持对这些项目的业务监督。
- 设置了专门的产品和过程开发部门，配备有开展技术工作所必需的人员、实验室和其他资源。
- 重要的技术工作有明确的职责划分。
- 有精心设计的程序以确保开发工作在各个职能部门间的进行。
- 这种长期存在的结构有利于按年度进行的新产品开发。

这种专门的组织结构尽管十分必要，但并不足以确保良好的结果。在有些公司，新产品面市的周期很长，新型号产品在市场上的竞争表现不佳，或新的慢性浪费又产生出来，这些弱点通常都可以归因为计划过程中的不足。

在非增值性的活动过多或慢性浪费造成的成本过高的情况下，产品和服务已经在生产，目标已经确立。达成这些目标的过程和使之能够保持的手段是由基层员工来实施的。可是，所产出的产品和服务并不总是能够满足目标。因此，减少这些非增值活动或慢性浪费的做法不同于设计或计划的方法。为了实现当前绩效水平的突破，首先必须获得管理层对于诸如六西格玛这样的质量改进计划的承诺。这类计划能够提供识别问题并发现原因的手段。组织必须花时间对当前过程加以诊断。揭示出原因之后，就可以采取治疗措施来消除这些原因。这种旨在实现突破的做法才是本章要讨论的主题。

必须持续地实现突破才能使不断变化的顾客需要得到满足，顾客的需要是一个移动的靶子。竞争性的价格也是一个移动的靶子。可是，改进上的突破通常滞后于设计上的突破，它们前进的速率完全不同。其主要原因在于，高层管理者对通过其他途径来增加收入给予了更高的优先度，而对于按这种方式来实现前所未有的绩效水平的突破并未给予相应的资源。这种重视程度的差异通常也反映在各自的组织结构上。企业新产品开发的方式便是一个例子。

从历史上来看，应对竞争和改进绩效在基于两种不同理念的两条路线上进行着。

- 政治领袖们固守着传统的政治解决方法，如进口配额、关税、"公平贸易"立法，等等。
- 产业领袖们日益坚信，对竞争的最好回应是具有更强的竞争力。采用这种方式必须活用那些从各行各业的模范公司中总结出来的经验。这种广泛的推广运动延续到了21世纪。

最近几十年来的经验使人们已经达成了共识，质量管理（计划、控制和改进）是最有效的应对威胁和机会的手段之一，它提供了必须采取的行动方式。就突破而言，这些共识主要包括如下方面：

- 全球竞争日益加剧并已成为生活中一种长期的令人不快的事实。必要的应对就是持续地以高速度进行突破。
- 顾客越来越强烈地要求供应商改进产品，这种要求进而传导到整个供应链。顾客不仅要求产品方面的突破，而且还要求改进质量管理体系
- 在没有推行战略性改进计划的组织中，慢性浪费巨大。1980年代初期，由于质量不良，许多组织约有1/3的工作是对以往所做工作的返工。到了1990年代末期，这一数字降到了20%～25%（笔者估计）。人们普遍认识到这样的浪费不应再继续下去，因为它削弱了竞争力和盈利能力。
- 突破必须导入到影响公司绩效的所有领域，包括所有的业务过程、交易过程和制造过程。
- 突破不应只靠自发性的努力，必须将之融入到组织的战略计划和整个系统中，必须是强制性的。
- 实现市场领先，要求高层管理者亲自掌管质量管理。在曾经位居市场领先地位的组织中，都是最高管理者亲自执掌质量舵轮。就笔者所知，从无例外。

对降低慢性浪费的忽视

在大多数组织中，降低成本的呼声远低于增加收益的呼声。因此：

- 在经营计划中没有减少慢性浪费的目标。
- 这类突破的责任是模糊的，发起行动是志愿者的事情。
- 未能提供必需的资源，因为这类突破不是经营计划的组成部分。

高层管理人员对此缺乏重视很大程度上是因为他们的思维受以下两个因素的

影响：

1. 许多高层管理人员不仅把增加销售放在首要位置，而且有些人认为降低成本是一种低级的工作，不值得花费高层经理的时间。尤其在高科技领域更是如此。

2. 高层管理人员从来没有意识到慢性浪费的规模，也不清楚在这方面投资所具有的潜在的高回报。高层经理们所盯着的"仪表盘"或"记分卡"总是在强调诸如销售额、利润、现金流这些指标，但看不到慢性浪费的规模以及其中蕴含着的机会。经理们对于高层的这种迟钝负有一定的责任，他们所提交的报告总是使用专家的行话而不是管理的语言，亦即货币的语言。

突破的模型和方法

突破要回答如下的问题，即我应当如何减少和消除我的产品、服务和过程中那些不正确的因素以及相应的顾客不满？突破模型必须针对那些导致了顾客不满、产品和服务的不良质量以及未能满足内、外部的特定顾客的特定需要的那些问题。

根据我的研究，通过减少与顾客相关的问题来实现当前绩效的突破具有最高的投资回报率，而这归根结底只是纠正少数几类问题，包括：

- 过多的缺陷。
- 过多的耽搁或过长的周期时间。
- 由于返工、废品、交货延误、处理顾客不满、更换退货、顾客和客户流失、商誉损失等导致的过高成本。
- 由于浪费造成的高成本和高价格。

有效的突破模型要求：

- 在领导者的强力推动下，按项目年复一年地进行。
- 由团队来承担项目，找出问题的根源并巩固成果。
- 团队针对"问题"过程来设计治疗性的改变，消除或解决产生问题的原因。
- 团队与部门合作来实施新的控制，以防止原因回潮。
- 团队努力推广治疗方法以提升突破的效果。
- 所有的团队必须遵循一个系统化的基于事实的方法，这要求经历以下两种历程：

- 诊断历程。从症状（存在问题的表现）出发对引起问题的原因进行假设，验证假设，找出根原因。一旦找出了原因，则开始第二个历程。
- 治疗历程。从根原因出发到设计治疗性改变，以消除或解决产生问题的原因；从治疗方案到测试，再到运营条件下应用；从实施治疗到应对变革阻力；从应对阻力到建立新的控制以巩固成果。
- 无论组织如何称呼或命名其改进模型，只有当完成了上述两个历程之后，突破结果才能够发生。

自从我首次发表关于通用突破程序的文章以来，已经过去了 50 多年。在这漫长的时间中，我见证了许多的模型，有许多的组织都试图对这个名叫突破的简单方法加以简化、改造和重命名。有的有效，有的则不然。

最近的成功例子是六西格玛或六西格玛 DMAIC。自从摩托罗拉采用了我在 1970 年代后期所推行的这种质量改进方法以来，六西格玛已经成为了最有效的改进品牌。六西格玛方法和工具应用了此处的许多通用原理，它与收集和分析数据的统计和技术工具结合了起来。

GE 前董事长杰克·韦尔奇这样来定义六西格玛："六西格玛是这样一种质量活动，当说过和做过了所有其他的事情后，就用它来改善你的顾客的体验，降低你的成本并造就更好的领导者。"（Welch，2005）

突破性改进案例

以下概括了一个突破性改进项目的轮廓。由于本书是指南性的，我们将只集中讨论管理层所实施的一些重要的活动。下面所列出的每一个主题都包含有大量的技术知识、工具和方法。

识别项目（由管理层做）：
- 提出项目。
- 评估项目。
- 选择项目。
- 确定项目类型，如设计项目、改进项目，还是其他类型，如精益项目。

确立项目（由倡导者做）：
- 制定问题陈述书和目标陈述。
- 选择一位促进者，如为六西格玛项目则选择黑带或专家。
- 选拔和任命团队。

诊断原因（由项目团队和黑带做）：
- 分析症状。

- 确定、量化或修改目标。
- 提出关于原因的假设。
- 测试假设。
- 识别根原因。

治疗原因（由项目团队和产生问题的工作组做，或许在与治疗措施有关的人员的协助下）：

- 评估备选的治疗方案。
- 设计消除根原因所需的解决方案、治疗方案或改变。
- 设计新的控制方法以巩固成果。
- 设计文化（防止或克服对变革的抵制）。
- 在运营条件下证明治疗方案的有效性。
- 实施治疗方案。

巩固成果（项目团队与相关的运营人员做）：

- 设计和实施有效的控制措施。
- 必要时对过程采取防误措施。
- 对控制进行审核。

推广成果并提出新的项目（由管理层做）：

- 推广成果（复制治疗方案，必要时有修正）。
- 根据上个项目所获启示提出新的项目。
- 将骨干组织进"卓越绩效"或"质量委员会"。
- 选择需要改进的问题或新的目标，确立相应的项目。
- 建立项目章程：提出问题和目标陈述。
- 提供资源：培训、人员、技能、辅导，尤其是完成改进所需的时间。
- 任命项目团队提出治疗方案和控制措施。
- 评审进展，进行认可和表彰。

预制房屋油毡的神秘破损

这里给出的是一个简单的案例，所涉及的项目也很简单（但仍然很有价值）。它反映了突破改进方法的基本特点。

在美国所建的单户住宅中，几乎有半数是在移动的生产线上建造的。模块组件被运输到很远的地点，经过组装后，安装在购房者的住址处预制好的地基上。一旦完工并做好庭院之后，就很难区分组装的预制房屋与现建的房屋有什么不同。

一家大型的模块式住宅制造商对于其分布在全国各地的一些工厂的高昂的返工费用很是挠头。顾客的不满在增加，利润也受到了影响。各家工厂成立了由总经理和直接下属组成的质量委员会。他们接受了质量改进的培训，识别出了费用最高的返工，组建并培训了质量改进团队，开始着手降低返工的数量。以下便是这一改进项目的故事。我们从识别问题开始说起。

识别问题：工厂质量委员会对其返工问题进行了帕累托分析

对于过去6个月中所发生的最昂贵的返工情况进行的帕累托分析，给出了如下的分布（各项累积百分比按降序排列）：

- 更换破损的油毡：51%。
- 修理墙体中切断的电线：15%。
- 更换现场丢失的固定装置：14%。
- 修理水管渗漏：12%。
- 修理干式墙上的裂缝：8%。

根据帕累托分析，质量委员会选出了第一号公敌：破损油毡的更换。更换破损油毡花费不菲，通常需要把墙体移开之后才能铺设新的油毡。接下来要确立正式的项目，并明确解决问题的职责。

确立项目

- 首先编写了问题陈述："更换破损油毡的数量巨大，占到了全部返工的51%。"
- 给团队提供了目标陈述作为其活动方向："降低破损油毡更换的数量。"

注意这里对问题和目标都作了描述，问题陈述和目标陈述中所用的变量和测量单位是完全一样的。这很重要，因为问题陈述告诉了团队他们要解决什么问题，项目的其他部分均专注于质量委员会所选择的问题。如果问题陈述与目标陈述不一致，项目团队可能会完成目标，但并未解决问题。委员会组建了一个由来自现场的代表所构成的项目团队，油毡是在现场安装的，破损也是在现场观察到的。委员会任命了一位来自现场的员工担任项目负责人。该负责人不仅接受过质量改进的培训，还学习过如何领导一个团队。一位训练有素的促进者负责给团队辅导有关突破改进的方法。团队开始了其诊断历程：从症状到原因的历程。

诊断原因

团队的第一项任务是分析症状。（症状即问题的外在表现。）当然，主要症状就是破损油毡更换的数量。次要症状包括更换的成本、破损类型、破损位置、更换耽误的时间、更换导致的延期，等等。通过定义、量化、图示对这些症状进行了分析。接下来又分析了主要症状。

团队将油毡的破损分类为沟槽、起屑、割伤、裂口、污渍。利用流程图描绘出了各现场与油毡或油毡的更换有关的所有操作。流程图还标出了发生破损的工位。然后进行了若干帕累托分析。首先是根据破损类型进行的帕累托分析，其结果如下：

- 沟槽（凹痕）：45%。
- 起屑：30%。
- 割伤：21%。
- 裂口：4%。
- 污渍：2%。

由此，团队将注意力集中在比重最高的类型即沟槽上。

第二个帕累托分析是根据房屋中的位置对沟槽进行了分析，从中可以看出房屋的哪些区域有最高的破损发生率：

- 厨房：38%。
- 前庭：21%。
- 浴室1：18%。
- 浴室2：14%。
- 洗衣室：9%。

现在，团队把注意力集中在厨房油毡所发生的沟槽上，暂时忽略其他的症状。帕累托原理认为，对于任何给定的结果（一个过程的输出或本例中的一个症状）而言，都存在许多的促成因素。这些促成因素对结果的贡献各不相同，其中相对少数的促成因素作出了最大的贡献，这些因素被称作"关键的少数"。那些出现较少的促成因素被称作是"有用的多数"。根据帕累托分析的结果，团队将注意力集中在影响问题的那些关键的少数因素上，以期用最少的努力取得最大的回报。

第三个帕累托分析是按班次对厨房油毡的沟槽进行分析，分析发现在班次之间沟槽的发生没有差异，说明"班次"不是厨房油毡沟槽的促成因素。团队结合自己的经验，就导致厨房油毡沟槽的原因提出假设（或假定）。他们提出了长长的一系列假设，以下是最具有说服力的几个：

- 尖利的重物（工具）坠落。
- 在地板上拖拽物体。

- 雇员工作靴上的石子。
- 雇员疏忽。
- 新油毡没有保护层。

在房屋预制行业，前三个假设是否确实发生过是已知的，无需检验。关于"缺乏保护"这一假设呢？对这一假设进行检验的唯一做法就是将厨房油毡沟槽与保护的有无进行相关分析。团队被要求在所有油毡破损或更换的报告中都注明有无保护。

接下来，发现油毡沟槽破损发生的所有场合都不存在保护层。随后，团队又发现并没有正式的控制计划要求安装保护层。所以，质量检验或质量保证检查都没有发现此处未执行控制计划，甚至根本就没有控制计划！地板保护层是一个最大的影响因素。

解决问题

工人、采购人员和工程师一起选择和购买了结实、便宜的材料用来覆盖新铺设的油毡。大家都同意，每次由操作者负责在每道工序完成后即刻铺设保护层，领班负责检查是否完成。之后，油毡沟槽破损以及其他类型的破损有了显著的下降。（看来有好几种破损类型都有着共同的原因，其中之一便是缺乏保护层。）没过几周，油毡破损几乎完全消失了。大家举行了庆祝会，厂长指望着能拨下一大笔奖金——当然会有自己一份！

几周之后，在工厂管理层的每周例会上，质量经理报告说，油毡沟槽破损又再次神秘地出现了。这一消息让人们感到难以置信和失望。"我们还以为我们把沟槽破损给消灭了呢！"他们是曾经做到了，只是忽略了几个"小的细节"。

巩固成果

团队调查发现：（1）对安装保护层没有设计并发布正式的控制方案；（2）各工地存在着工人的轮换，这些人对于该程序未经过培训；（3）新工人未经过培训，因为没有正式的要求。更重要的是，根本就没有正规的培训计划（包括确保培训得到定期实施的控制措施），这也是没能进行培训的原因。看起来，这里的"工厂"更像是一个有屋顶的建筑工地，只是靠工匠的技能和骄傲来维持标准。与此相比，工厂的特点是有更加正式的程序和控制。所有这些对于相关人员都是宝贵的启示，并进而引起了一系列的改进和计划项目的实施，人们树立了新的工作态度，企业在由建筑工地向工厂的转变中有了更大的进步。控制和培训都实现了正规化。

以往的举措

许多组织,尤其是在美国,为了应对危机或经济下滑,都推行了各种"改进"举措来改进它们的绩效。由于种种原因,许多这样的举措都未能达到目的。有些做法从一开始就注定了随后的命运。可是,有些组织实现了巨大的突破,改进了绩效,成为了榜样、市场领先者。

通过对这些榜样所用方法的分析,我们获得了一些启示,包括为了实现突破和成为市场领先者必须采取的措施,为了实现这些优异结果必需的工具、方法等。

关于突破的启示

我对那些成功的组织所采取措施的分析表明,大多数此类组织都实施了许多乃至全部的以下这些措施或策略:

1. 它们扩展了各个层次的经营计划,其中包括了年度的突破目标和顾客满意度目标。
2. 它们实施了系统化的突破过程,建立了推进这一过程的专门结构或组织机制。
3. 它们采用了大质量的概念,它们将突破方法应用到了所有的业务过程中,而不只是在生产过程中实施。
4. 它们对包括最高管理层在内的各个层次的人员就实现各自目标的方法和工具进行了培训。
5. 它们让员工在各自的日常工作中参与突破活动。
6. 它们应用测量指标和计分卡对照突破目标来评估进展情况。
7. 包括最高管理层在内的各级管理人员对照突破目标来评估进展情况。
8. 它们扩大了认可的范围,修改了奖励制度,对于工作中的变革与采用新方法和工具加以认可。
9. 随着绩效的改进,它们每隔几年就会对它们的改进计划进行更新,以加入一些新的变化。
10. 它们创造出了超过竞争者的"改进速度"。

突破速率举足轻重

第10个启示颇为重要。只有一个突破系统是不够的。这一启示强调,每年的突破速率决定了哪个组织能成为市场领先者。图5—1表示了不同的突破速率的效果。

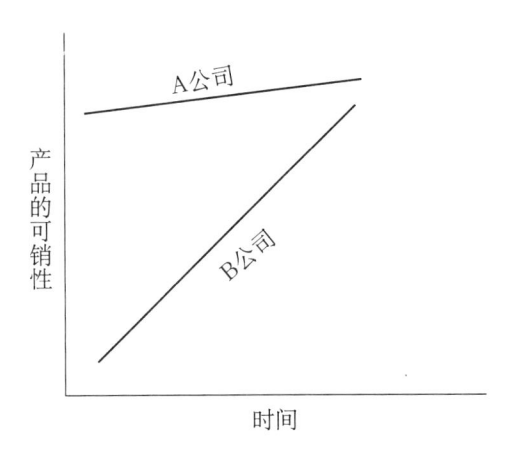

图 5—1 两种改进速率的比较

资料来源：Juran Institute, Inc., 2009.

在图中，纵轴表示产品的可销性，因此越往上越好。上边的一条直线表示 A 公司的绩效，它在开始时处于行业领先者的地位。A 公司保持着逐年增长的趋势，公司在盈利，看起来未来一片光明。

下边的直线代表竞争者 B 公司，开始时并非领先者。然而，B 公司比 A 公司的改进速度要快得多。A 公司正面临着失去领先地位的威胁，B 公司即将超越。这里的启示是显然的：

> 在争夺市场领先地位的竞争中，一个组织所能维持的突破的速率是最具有决定性的因素。
>
> ——J. M. 朱兰

图 5—1 中的斜线有助于解释为何有如此多的日本产品通过质量革命获得了市场领先地位。其主要原因在于，相对于西方的渐进性改善而言，几十年来日本公司的突破速率是革命性的。最终，它们超过了西方的公司，由此而使得许多美国公司在 1980 年代早期陷入了经济灾难当中。今天，许多的美国汽车企业取得了巨大的进步，而丰田公司却出现了召回事件。图 5—2 所示的是我对汽车行业在 1950—1990 年的突破速率的估计。

从 1980 年代的众多改进竞争力的举措中也可以得出不少教训，其中的一些举措未能对底线收益产生影响。质量圈、雇员参与团队、TQM、再造、国家质量奖，等等，这些方法都是为了应对日本的质量革命。有些方法不能够持久而失败了。每种方法对当时采用它的公司来说都有所帮助。有一个启示是十分明显的：这些举措表明，要获得这种革命性的突破速率绝非轻而易举，必须从战略上

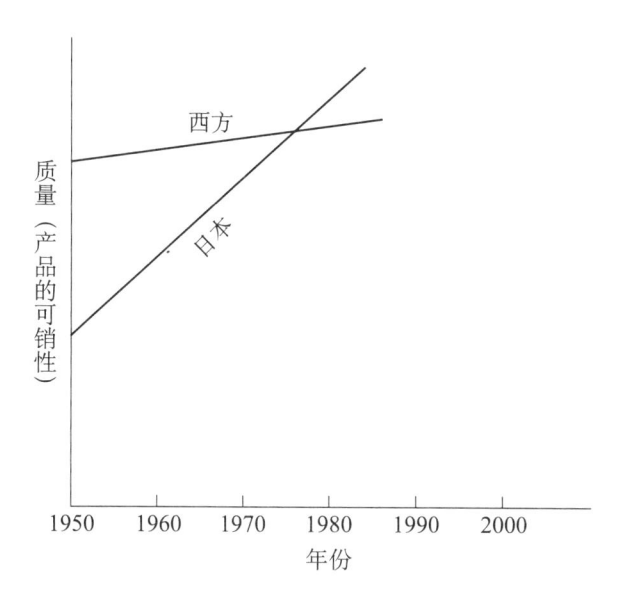

图 5—2　汽车行业质量改进速率的估计

资料来源：Juran Institute，Inc.，1994. Used by permission.

重视保持市场领先。时至今日，在世界上的大多数地方，只有国家质量奖项目还在持续。那些宣称质量已死或 TQM 无用的组织把它们的失败归罪于方法，这只有部分正确。有些情况下，的确是方法选用不当；还有些情况下，则是由于其管理层未能在一开始处理好影响这些方法发挥作用的众多障碍和文化阻力。本章将会讨论这些障碍以及管理这些障碍的手段。

突破的基本原理

实现突破仅依赖于少数几个基本的概念。对于大多数组织和管理者来说，每年进行的突破不仅是一个新的责任，而且是对管理风格的一种激烈改变，是对组织文化的变革。因此，在讨论突破过程之前先掌握有关的基本概念是十分重要的。

突破不同于设计和控制

突破改进不同于设计（计划）与控制。三部曲示意图（图 5—3）表明了这种区别。图中，慢性浪费水平（不良质量成本）最初约为总产出的 23%。这一慢性浪费是固化在过程中的，"设计便是如此"。随后，一个突破改进项目将这一浪费减少到了约5%。根据我的定义，这一慢性浪费的减少就是突破，它达到了一个前所未有的绩效水平。

图5—3中还示出了一个"偶发性的峰值"，浪费突然增加到了40%。这一峰值是非预期的，来自各种意外。人们会迅速消除这一峰值使之恢复到约23%的长期水平上。这一行动不符合突破的定义，它未曾实现前所未有的绩效水平，而只是去除了峰值又回到原先计划的绩效水平上。这类行动通常被称为根原因分析，采取纠正措施，或"灭火"。

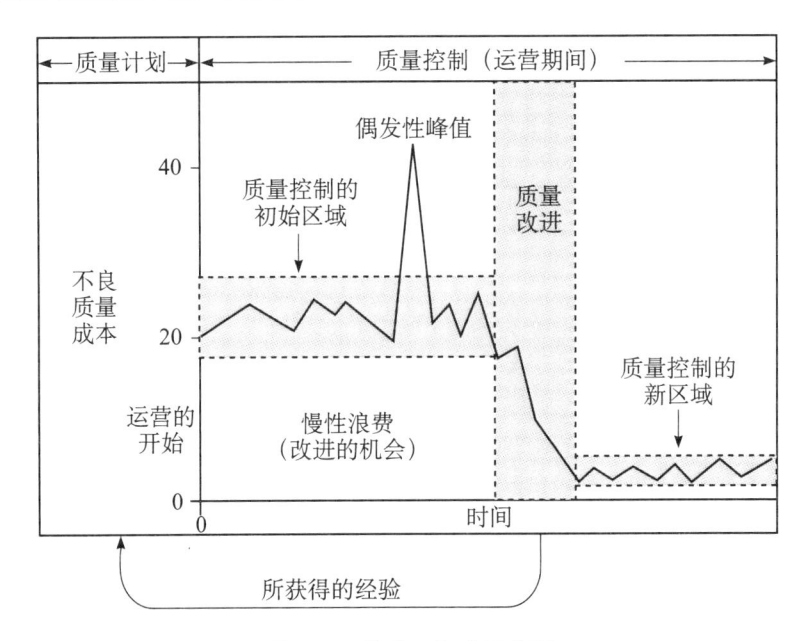

图5—3 朱兰三部曲示意图

资料来源：Juran Institute, Inc., 1986.

对当前绩效的突破也不同于对设计的突破。当前绩效对应着已有的顾客需要和目标，新产品或服务的开发则是试图创造某种满足新的顾客需要的新东西，它是新的，创新性的，必须进行适当的计划。

三方面——设计、控制和改进——一起带来了更好的绩效，它们都是以团队的形式来实施的，其中的步骤各不相同。这有点像木工、电工和水暖工，大家都在建房子或解决问题（管道渗漏、木材腐朽或断路器失效）。他们拥有共同的方法和类似的工具，但是工作在不同的时间，为了不同的目的。

所有突破都是以项目的方式实施的

没有一般意义上的突破，所有的突破均是在一个个项目中实施的，此外别无他途。

"突破"在这里指的是"按计划（实施项目）来解决某个慢性问题以找出解决方案"。突破有着多重的理解，组织应编制术语表并培训全体雇员。引用组织中曾成功实施过的例子有助于对其的定义。

突破是普遍适用的

在1980年代和1990年代期间实施的大量项目表明了突破适用于：
- 制造业以及服务业。
- 生产过程以及业务过程。
- 运营活动以及支持性活动。
- 基于软件和信息的产业。

在这一期间，突破被应用到了包括政府、教育和医疗等领域在内的几乎所有的产业中。此外，突破成功地应用到了组织的所有职能领域，如财务、产品开发、市场营销、法律，等等。

某公司分管法律事务的副总裁对于质量改进在法律事务中的应用曾经抱有疑问，但她在两年内把处理专利文件的周期时间减少了50%以上。（更详细的讨论及更多具体的例子请参考 www.juran.com 的朱兰学院 e-lifeline。）

突破影响到所有参数

公开发表的关于突破的报告表明，其影响覆盖了组织的所有参数：
- 生产率：人均每小时的产出。
- 运转周期时间：过程的实施所要求的时间。这里的过程尤指那些由依次在各个部门实施的多个步骤构成的过程。第8章"业务过程管理：创建适应性组织"中详细讨论了这类过程的突破。
- 人身安全：许多项目通过无差错措施、失效保护设计等提高了对人身安全的保护。
- 环境：类似地，许多项目通过减少有害排放而保护了环境。

有些项目的益处覆盖了多个参数。一个经典的例子是关于彩电的。日本松下公司收购了美国的一家彩电生产厂（Quasar），随后进行了多种突破，包括：
- 减少现场故障的产品再设计。
- 减少内部缺陷率的过程再设计。
- 与供应商采取联合行动提高购进元器件的质量。

改进前后的各类数据如下：

	1974	1977
失效率，即（成品）需要修理的缺陷数	150/100 台	4/100 台
检修人员数	120	15
保修期间故障率	71%	10%
招修服务的成本	2 200 万美元	400 万美元

生产商的受益是多方面的：降低了成本，提高了生产率，有了更加可靠的供应，提高了可销性。最终用户也从中受益，现场故障率减少了80%以上。

待突破的项目数目庞大

20世纪80—90年代期间那些取得突破成功的组织实际实施的突破数目表明了，需要突破改进的项目数目有多么庞大。有些公司报告每年的改进数目达数千项。在一些非常大的公司中，这一数目还要高得多，会差几个数量级。

待改进项目大量积压的存在既有内部原因也有外部原因。内部来看，新产品和过程的计划活动中一直存在着缺陷。事实上，这一计划过程是一个双重的孵化场，在孵化出新计划的同时，也孵化出了慢性浪费，这些慢性浪费年复一年地被积累了起来。每一个这样的慢性浪费都成为了一个潜在的突破改进项目。

产生这一巨大积压的另一原因是人类创造性的本能，这似乎是没有极限的。丰田汽车公司报告其8万名员工每年要提出400万件突破建议，每人每年平均达50件之多（Sakai，1994）。

外部来看，顾客和社会持续变化的需要在不断挑战着现状，今天的目标到了明天便不再合适，这也带来了巨大的项目积压。

质量改进并非没有代价

突破以及由此而实现的慢性浪费的削减并不是免费的，它要求付出多种形式的努力。必须创建一种基本的架构来调动组织的资源以实现逐年的突破。这包括设立要达到的具体目标、选择要着手的项目、分配责任、追踪项目的进展情况，等等。

与此同时，还必须进行充分的培训以使人们掌握突破改进过程的本质，了解如何在突破改进团队中工作，学会如何使用工具，等等。

除了这些准备方面的努力之外，每个突破改进项目还必须进行诊断以找出慢性浪费的原因，并进行治疗以去除这些原因。这也是所有在团队中参与解决问题的人们必须花费的时间。

所有这些汇总起来是很大一笔花费，但取得的成果会是惊人的。在那些成功的公司、行业模范那里的确已经取得了惊人的成果。详细的这类成果数字已经获得了广泛的发表，美国国家标准和技术研究院（NIST）年会的文集便是主要媒介之一，该研究院是马尔科姆·鲍德里奇国家质量奖的主管单位。

削减慢性浪费无需大量资本

减少慢性浪费很少需要资本支出。揭示原因的诊断活动通常需要的只是突破项目团队的时间。消除原因的治疗措施通常是对过程的微细调整。在大多数情况下，无需资本投入便可将已经生产出80%以上良品的过程提高到良品率90%以上。削减慢性浪费能够获得高投资回报率（ROI）的一个主要原因便是避免了资本的投入。

与此相对照，旨在增加销售的产品开发项目则涉及揭示顾客需要、设计产品和过程、建造装备等方面的花费。这些花费大都属于资本支出，因此降低了ROI的估计。在投资、设计以及销售新产品取得收入之间还存在时间的滞后。

突破的投资回报率很高

从日本（戴明奖）、美国（鲍德里奇奖）、欧洲以及其他各地的国家奖得主公开报告的结果来看，这是显而易见的。越来越多的组织发表了有关其突破改进的报告，其中包括了所取得的成果。

从突破改进项目得到的实际回报情况并未得到充分的研究。我曾经分析了各公司发表的论文，发现每个突破项目平均能削减成本10万美元（Juran，1985）。这都是些大公司，每年销售额在10亿美元以上。

我还估算了对于那些10万美元水平的项目来说，其在诊断和治疗措施上的投入总计约1.5万美元，或总投入的15%，而所得到的投资回报是主管们所能期望的最高水平。这使得一些主管们调侃道："突破是最值得做的生意。"今天，突破项目取得的回报更高，但实现突破的成本并未偏离15%的投入水平。

韩国首尔的三星电子公司（SEC）的改进方式达到了完美的程度。它利用六西格玛作为创新和提高效率、质量的工具。SEC创建于1969年，并于1971年卖出了其第一台产品：一台电视接收机。从那以来，该公司使用了各种各样的工具和方法，如全面质量控制、全过程管理、产品数据管理、企业资源管理、供应链管理、顾客关系管理，等等，此后又实施了六西格玛管理以巩固已有的创新并提高SEC在世界市场上的竞争地位。其通过六西格玛而实现的财务收益据估计达到了15亿美元，这包括节约的成本以及因新产品开发和销售额提升而实现的利润增加。

SEC 在头两年中完成了 3 290 个六西格玛项目，其中的 1 512 个属于黑带水平。第三年预期完成 4 720 个项目，其中的黑带项目为 1 640 个。

SEC 的六西格玛项目使缺陷平均减少了 50%。如果没有六西格玛，很难想象会有质量和生产率的改进。这些令人吃惊的数字无疑对于三星近来的成长发挥了主要的作用。这些成长包括：

• 2001 年，SEC 的纯收入为 22 亿美元，总销售收入为 244 亿美元。市值 436 亿美元。

• 根据 SEC 2001 年的年报，SEC 现在在全球电子和电气设备制造商中位居前 10 位，具有最好的营业利润率和十分健康的财务状况。

• 该报告还称，其负债权益比率低于所有其他排名前列的公司，股东权益与净资产比率高于平均水平。

• SEC 称，2001 年在全球市场上，其技术优势、六西格玛质量举措和产品营销能力使得其记忆芯片市场份额提高到了 29%，显示屏份额提高到了 21%，微波炉份额提高到了 25%。

虽然面对世界经济下滑和对美国出口的减少，SEC 的经营利润还是达到了 8.5%，这在很大程度上要归功于其质量改进和六西格玛推广。

SEC 的质量和创新战略使它居于 2002 年《商业周刊》信息技术指南的榜首。该指南根据标准普尔的四个准则，即股东回报、所有权回报、销售增长和销售总额，特别提及了 SEC 的计算机显示器、存储芯片、电话机和其他的数字类产品。

《商业周刊》的这一排名还由于 SEC 的雇员坚信，质量是该公司销售额提高、成本降低、顾客满意和利润增加的最重要的原因。数年前，美国人对 SEC 的产品几乎是一无所知，或者被认为是日本品牌的劣质、便宜的替代品。这种认知正在改变。美国市场现在占到了 SEC 总销售额的 37%。

主要成果来自关键的少数项目

大部分的可测量成果来自一小部分质量改进项目，即那些"关键的少数"。这是些跨部门的，因此需要多个部门的团队来实施。与此相对照，大多数项目都属于那些"有用的多数"，通常由部门内的团队实施。与那些关键的少数项目相比，这些项目的效果通常要小若干个数量级。

虽然这些有用的多数项目所取得的成果只在总成果中占一小部分，但它给较低层次的员工提供了参与突破改进的机会。在许多管理者看来，在工作生活方面的收获与经营绩效方面可见的成果一样，有着同样的重要性。

突破的阻力

虽然一些先进组织通过突破取得了令人瞩目的成就，但大多数公司却未能如此。有些失败的确是由于不懂得如何组织突破，但有些则是由于存在着一些不利于确立持续的突破体制的内在障碍。在采取行动之前搞清楚这些主要障碍的性质是很有用的。

失败造成的失望

前面提到的成果不佳使某些有影响力的杂志断言，突破活动注定会失败。这一断言忽视了那些先进组织所取得的瞩目成果（这些组织的表现证明了卓越的成果是可以实现的）。此外，先进组织也展示了它们是如何实现这些成果的，从而为其他组织提供了可供借鉴的经验。尽管如此，媒体的断言也已经使一些高层主管在突破面前裹步不前了。

质量高花费也高

有些管理人员持有质量越高成本也越高的思维定式。这种认识或许是来自一个过时的理念，即改进就是加强检验以避免不合格品流到顾客手中；也可能是来自对于"质量"这个词的两种含义的混淆。

（通过产品开发）改进产品特征这一意义上的更高质量通常需要资本投入。就这一意义而言，它确实花费更高。然而，减少慢性浪费意义上的更高质量则通常花费更少，而且要少得多。那些向管理层提出提案要求批准的人应当仔细定义关键词，明确到底谈的是哪个质量。

对授权的误解

主管们都是大忙人，各种新的需要还在不断地争夺他们的时间。他们努力通过授权来保持工作负荷的平衡。"一个好主管必须是一个好的授权者"这一原则有着广泛的应用，但它在突破方面却有点用得过头。先进组织的经验表明，确立持续的突破体制要使整个管理团队增加至少10%的工作负荷，包括最高管理层在内。

大多数高层管理人员都力求通过大量的授权以避免背上这一新增的负荷。有些主管设立了一些模糊的目标，然后就鼓动大家做得更好，"第一次就把事情做对"。但在那些模范组织中却并非如此。在每一家这样的组织中，高层主管执掌着改进举措并亲自承担着某些不可下授的角色。

雇员的担心

突破意味着组织行事方式的深刻改变，绝非表面看上去的那样简单。它在职位说明书中增加了新的职责，赋予了职位承担者更多的任务。它要求人们接受团队的概念以实施项目，这在许多组织是一个不可接受的概念，它侵犯了职能部门的管辖权限。它需要培训以使人们学会按照这种方式做事。总之，这是一场大变革，打破了平静，也带来了许多不期而至的副作用。

对雇员们而言，这些深刻变化所产生的最为骇人的作用莫过于对饭碗和地位的威胁。削减慢性浪费减少了返工的需要，从而会减少从事这些返工作业的岗位，取消这类岗位又会威胁到与之相关的基层主管的地位和饭碗。因此削减浪费的努力受到来自员工、工会、基层主管和其他方面的抵制并不足为奇。

但是，突破对于保持竞争力是必不可少的。不能进步会将所有人的职位都置于危险之中。因此，虽然明知雇员的担心是人们对于令人不安的事情的一种合乎逻辑的反应，但公司除了选择突破别无他途可循。需要做的是建立一种沟通的渠道，以解释理由，了解人们的焦虑，并寻求最理想的解决方案。沟通不畅，非正式渠道就会登场，怀疑和流言就会传播。

其他一些担心源自文化模式。（对于旨在增加收入的产品特征的改进来说，不存在以上的担心。这类改进受到人们的欢迎，因为它提供了新的机会，提高了职位安全感。）

取得高层管理者的批准和参与

在20世纪八九十年代所学到的经验中很重要的一点便是：高层主管的亲自参与对于实现高速的突破是不可或缺的。这一认识表明，质量活动的发起者们应采取积极步骤以使高层认识到：

- 精心计划突破活动的价值。
- 高层管理者提供资源的必要性。
- 所需要的高层参与的确切性质。

确证必要性

高层管理人员最易被他们看到的重要威胁或机会所打动。G公司的情况便是一个面临重要威胁的例子。这是一家生产家用电器的公司。G公司与它的竞争对手 R 公司和 T 公司同为一家大客户的供应商，它供应四种型号的产品（见表 5—1）。该表显示，2000 年 G 公司是其中两种产品的供应商。在价格、准时交货和产品特征方面具有竞争力，但在顾客所感觉到的质量上却绝对处于下风，现场故障是其主要问题。到了 2002 年，由于缺乏应对而使 G 公司失去了 1 型产品的生意，2003 年又失去了 3 型产品的生意。

表 5—1　　　　　　　　　　　　　某大客户的供应商

产品型号	2000	2001	2002	2003
1	G	G	R	R
2	R	R	R	R
3	G	G	G	R
4	T	R	R	R

通过向高层主管指明机会，如削减慢性浪费所能降低的成本等，也有助于确立他们的改进意识。

慢性浪费的规模

降低不良质量的成本或不良绩效过程的成本对高层管理人员来说普遍是一个重要的机会。在大多数情况下，这一成本比组织的年利润额还要高。对这一成本的量化可以有力地证明彻底改变组织的突破方式的必要性。表 5—2 给出了一个例子。该表展示了一家流程性行业的公司用传统的会计分类估算的不良质量成本。该表对于高层管理者揭示出了几方面的重要问题：

表 5—2　　　　　　　　　　　　不良质量成本的分析

类别	金额（美元）	百分比
内部故障	7 279 000	79.4
外部故障	283 000	3.1
鉴定	1 430 000	15.6
预防	170 000	1.9
	9 162 000	100.0

- 数字的规模：这些成本的总数每年约为 920 万美元。对该公司而言，这个数字显示出了一个重要的机会。（如这些成本以前从未加总过的话，这一总数通常会比人们想象的大得多。）
- 应重视的领域：表中的不良成本主要由内部故障成本构成，占总数的 79.4%。很显然，要显著降低成本就必须从内部故障着手。

COPQ 与降低成本

X 公司欲降低 10% 的运营成本。高层经理们首先开会讨论哪些业务单位的成本可以削减。他们列出了有 60 多个项目的清单，包括取消质量审核、更换供应商、购置新的计算机系统、裁减客服部门的人员、减少研发投入等。

他们取消了为满足顾客需要而提供质量和服务的那些职能；采购了低档的零部件，花巨资更换了计算机系统；解散了他们的组织，尤其是顾客受到影响的那些方面，减小了未来提供新服务的可能。

做完这些之后，大多数高层经理都领到了奖赏。结果呢？他们完成了削减成本的目标，但雇员沮丧、顾客不满，组织仍然承受着因不良绩效而导致的巨大支出。

人们并未充分认识到改进质量成本对于组织的资产负债表底线的好处。这种不理解源于改进质量是费钱的这一旧有的误解。

然而，这一误解有一定的道理。例如，如果组织以某一价格向顾客提供某种服务，而竞争者却以同样的价格提供具有更好特征的基本服务，那么，为了达到与竞争者同样的特征，你的组织就要花更多的钱。

如果你的组织不增加这些特征，或许就会因顾客转向竞争者而失去收入。如果采取降价措施，还是会降低收入。换句话说，你的竞争者的服务具有更好的质量。

你的组织要保持竞争力，就必须在开发新特征上投资，这会对收入具有正面的影响。为了改进质量，就必须把特征设计在内，或者以今天的术语来表述的话，就是以更高的西格玛水平来提供新设计。

由于这一历史的误解，组织并不总是能够接受关于质量改进会影响成本但不会增加成本这一认识。它们忽略了与产品、服务和过程的不良绩效有关的巨大成本。这些成本源自未能满足顾客的要求，未能及时地提供产品，或者必须通过返工才能满足顾客需要。这些便是不良质量的成本（cost of poor quality，COPQ）或不良过程绩效成本（cost of poorly performing processes，COP[3]）。

如果加以量化的话，这些成本就会迅速得到所有层次的管理者的重视。为什么呢？全部加起来的话，不良质量成本将占到全部成本的 15%～30%。就这一完整意义来看，质量不只是影响收入，而且影响成本。如果我们通过减少不良来改进产品、服务和过程的绩效，我们就会降低这些成本。为了改进遍布在组织中的不良质量，我们就必须应用突破改进。

六西格玛计划聚焦于降低因绩效的低西格玛水平而造成的不良质量的成本，以及设计新的特征（增加西格玛水平），使管理层能够增加顾客满意度和改进底线结果。有许多组织通过减少让顾客满意的重要的产品和服务特征来降低成本，可是对于损害底线结果并浪费股东数百万美元的不良绩效却视而不见。

更好的做法

Y 公司采取了与本节开头提到的 X 公司不同的做法。该公司的最高管理层找出了所有那些如果每件事都在更高的西格玛水平上完成的话便会消失的成本。他们所列出的包括了那些补偿或赔付给顾客的成本，这些成本源自送货延误、账单差错、废品与返工、因打折差错或其他错误而导致的应付款错误等。

该公司将不良质量成本核算之后，公司管理层对于不良绩效质量所造成的数百万美元的损失深感震惊。

这个总的不良质量成本就成为了靶子。结果？由于降低了成本，提高了顾客的满意度，从而消除了浪费，也增加了底线收入。为何能做到？因为该公司从根本上消除了这些成本存在的原因，即那些导致顾客不满的过程或产品的不良。只要消除了这些不良，质量就会提高，而成本便会降低。

虽然响应顾客要求来改进组织的所有方面都是重要的，但组织不应忽视不良绩效的财务影响。事实上，这些成本应当成为六西格玛项目选择过程的依据。

换句话说，不良质量成本为为何必须变革提供了证据。改进组织财务状况的需要与实施和衡量质量改进直接相关。增强特征与降低不良质量的成本均会影响组织长期的财务成功，无论你选择从哪里开始。

的确，把提高的成本效益、成本节约与相应的花费相对照，质量改进的程度存在着一定的限度，但是，除非你达到了五西格玛或六西格玛的水平，否则这一限度很难出现。企业应当根据顾客最重要的需要来追求下一个质量水平。顾客所要求的事情，就必须做好才能维持生意；如果顾客没有要求，那你可以慢慢筹划。

驱动底线绩效

如果你接受质量是由顾客和市场决定的这一现实，为了创造忠诚的顾客，你的组织就必须提供正确的产品或服务特征并降低不良。

有竞争力的价格，由很快的运转周期支持着的市场份额，低的保修成本，低的废品和返工成本，这些将带来更高的收入和更低的总成本。事实上，产品特征和不良质量成本的有效组合才能够真正带来实质性的利润。

在介绍识别、测量和计算不良质量的具体方法之前，先来看一下如果要理解质量成本是如何驱动财务目标的，首先应该做什么。

例如，如果组织设定了降低 5 000 万美元成本的目标，有一个简单的方法可以算出需要多少改进项目才能达到这一目标。如果考虑到它的财力能够支持多少活动，组织就能更加有效地管理其改进举措。这一问题的答案有助于确定需要多少专家或黑带来管理改进，以及必须进行多少培训。

这一方法包括以下六个步骤：

1. 确定成本降低目标，如未来两年降低 5 000 万美元，则每年就是 2 500 万美元。

2. 假设每个改进项目的平均回报是 25 万美元，计算需要多少个项目才能实现每年的目标。本例中，我们居然需要 200 个项目，每年 100 个。

3. 计算每年能够完成多少项目以及需要多少专家来领导团队。如果每个项目可以在 4 个月内完成，这意味着一个黑带每 4 个月可以完成两个项目，一年就可以完成 6 个项目。这样我们就需要 17 个黑带。

4. 估计有多少员工可以兼职参与项目，以同黑带共同完成目标。假定每个黑带每 4 个月需要 4 个员工，我们每年可能就需要约 200 个员工在某种程度上参与，或许只需付出他们 10% 的时间。

5. 确定不良绩效涉及的具体成本。从让组织每年花费 25 万美元以上的不良清单中选择项目。如果还未编制这一清单，则在启动任何项目之前，委任一个小组来确定成本并进行帕累托分析。

6. 应用这一方法向最高管理层据理力争，确保足够数量的改进项目得到支持。所有的组织都在改进，但世界级组织比竞争对手改进得更快。

发现不良绩效成本

若要清楚地认识到改进的机会，可以观察传统的不良质量成本，更为重要的，是那些隐藏的不良质量成本，如图 5—2 和图 5—3 所示。必须把这些隐藏的成本加以量化，才能掌握因不良绩效造成的损失的全貌。如果每一个活动每次都做得完美无缺，这些不良质量成本将会彻底消失。

组织中存在着三种类型的不良质量成本。如果按照以下三种类别来认识不良质量成本，你的努力将会更聚焦。

- 鉴定和检验成本。
- 内部故障成本。
- 外部故障成本。

鉴定和检验成本

鉴定和检验成本是为了在顾客受到影响之前发现不良而进行的检验、检查或保证所产生的成本。

这方面的例子如：

- 在向顾客提供之前检验产品或检查文件。
- 在邮寄之前评审文件并纠正差错。
- 检验设备或消耗品。
- 核对报告或信函。
- 在寄出费用清单之前审核顾客的账单。
- 因设计不良而进行的再加工。

在这一阶段发现不良，避免了此后可能发生的严重的故障成本，也有助于开发更有效果和更有效率的检验方法。这种类型的成本总会在某种程度上存在，因为必须通过一定水平的审核才能确保获得稳定的绩效。

内部故障成本

发生在组织内部的故障成本，是由于对那些尚未到达顾客手中的缺陷产品进行修理、更换或处置而发生的。

这方面的例子包括：

- 更换生产中不满足规范的冲压件。
- 重新油漆划伤的表面。
- 加班弥补因意外的计算机停机而耽误的事情。
- 更换运输中损害的零部件。
- 重写提案的某个部分。
- 通过加班来弥补延误。
- 纠正数据库差错。
- 为了更换缺陷零部件而储存的备品备件。
- 不满足规范的废品。

- 为纠正供应商收款单差错的对账时间。
- 为纠正规范或图纸的差错而进行的工程更改。

这些成本对于顾客服务有着间接的影响。

外部故障成本

外部故障直接影响顾客，通常对其的纠正也是最昂贵的。外部故障成本可能来自：

- 保证期的赔付。
- 投诉调查。
- 采用补偿方式弥补顾客不满。
- 收回坏账。
- 纠正账单错误。
- 处理投诉。
- 通过选择更昂贵的运输方式来加快延误的送货。
- 更换或修理损坏或丢失的货品。
- 为航班取消的旅客安排食宿。
- 因晚付款而支出的利息或失去的折扣。
- 因使用中的问题而对顾客提供的现场协助。
- 因性能不足或延误交付而向客户提供的补偿和优惠。

纠正外部故障的努力通常关注重获顾客的信心或丢失的生意。这两方面的支出都是有争议的，可能会也可能不会被充分计算。

诠释不良质量成本

在这一阶段，根据有把握的估算来确定不良质量成本，以便引导组织的决策。它不应作为月度财务分析的组成部分，尽管对于这些成本的认识会影响到财务和成本数据编制与解释的方式。

根据数据用途的不同，识别不良质量成本所要求的精度也会有所不同。当用于帮助选择项目时，其精度的要求就要低于对于已批准项目所进行的过程预算。

在评估项目时，有关不良质量的数据有助于识别出那些成本降低潜力最大的项目，这类项目更容易得到批准和支持。黑带或团队或许会根据对顾客或内部文化的影响来选择某些项目，但必须用数据来说明何处的成本最高，从而可以聚焦于关键的少数事项。

一项治疗措施所带来的成本降低的额度是评价项目有效性的另一指标。在设计治疗措施时，工作小组应就治疗措施将会减少的成本进行估计，依据这个估计来建立关于修正过程的预算。

测量不良质量成本时有四个主要的步骤：
1. 识别因不良质量而导致的活动。
2. 决定如何估计成本。
3. 收集数据并估计成本。
4. 分析结果并决定下一步。

识别因不良质量而导致的活动

一些活动之所以被认为是不良质量导致的，因为它们的存在完全是由于在鉴定、检验以及估计内、外部故障成本时发现了不良。

项目团队通常始于测量某个问题的基本症状的明显成本，如丢弃的消耗品、顾客投诉或搞错了的送货。建立相关过程的流程图并进行分析，通常就能识别出那些多余的活动，如为了处置或更换退货而进行的活动。

识别治疗活动的努力常常是整体性的，因为它关注的是整个组织中的不良质量成本。这一努力最好由一个或少数几个分析人员来进行，同时由熟悉该领域的中、高层经理组成的团队来协助。

任务小组首先要识别组织范围内的主要过程及其顾客。针对每个过程，任务小组通过头脑风暴来提出与不良质量相关的主要活动，然后通过与各部门各层次的关键人员的访谈来进一步扩展这一列表。这一阶段的主要任务是编制与不良质量有关的活动的列表，而非估计成本。

项目团队和任务小组发现如果能有一个与不良质量有关的典型案例的完整列表，就更容易向人们解释他们在寻求什么。这些例子基本上是此前关于不良质量成本的分类中所给出的那些。通过使用如下这些关键词，如返工、浪费、加固、退货、废品、投诉、修理、赶工、调整、退款、罚款、等待、冗余等，有助于给出更好的回答。

决定如何估计成本

一旦识别出了与不良质量有关的某个活动，则其成本的估计可以有两种策略：总资源和单位成本。这两个策略可单独使用，也可一起使用。

有关总资源策略的一个例子是，某单位计算处理顾客投诉的人力资源时间以及这一时间的货币价值。这种做法要求两方面的数据,即某一类问题所消耗的资源的总量,以及与不良质量相关的活动所消耗资源所占的百分比。

有关单位成本的一个例子是,某项目团队计算了每年花在纠正错误的送货上的成本。要获得这一成本,团队就要估计纠正错误的送货的平均成本,以及每年会发生多少次错误,然后将平均成本与错误次数相乘即可。

计算某个类目所用资源总量的数据有多种来源,如会计、用时统计报告、其他的信息系统、合理的判断、专门的用时统计、专项数据收集、单位成本等。这些来源在"计算所需资源"一节中讨论。

收集数据并估计成本

收集不良质量成本数据的程序与其他良好数据的收集程序类似:

- 确立需要回答的问题。
- 了解数据使用和分析的方式。
- 决定从何处收集数据。
- 决定由谁来收集数据。
- 理解数据收集者的需要。
- 设计简明的数据收集表格。
- 编写明晰的指示。
- 测试表格和程序。
- 培训数据收集者。
- 审核结果。

在估计不良质量成本时,有时必须收集个人对于所用时间和费用的大致判断。虽然此时不需要精确的数据,但也必须仔细计划。提问的方式常常会影响人们的回答。

当同样的活动经常在组织的不同部分进行时,可以采取抽样的方式。例如,所有现场销售部门都有着类似的职能。如果一个公司有 10 个现场销售部门,对其中一两个部门的估计,就能够对估计整体的不良质量成本起到很好的作用。

分析结果并决定下一步

收集不良质量成本的数据有助于作出如下的决策:

- 选择最重要的质量改进项目。
- 识别某个问题成本最高的方面。
- 识别需要消除的特定成本。

结果

值得注意的是，每一个实施六西格玛并将之渗透到自己的运营中的组织都取得了令人瞩目的节约，这些节约反映在底线绩效中。更多的顾客变得满意和忠诚，销售收入、利润和营业毛利等都有了显著的改进。

例如，霍尼韦尔公司自 1994 年实施六西格玛以来节约成本超过了 20 亿美元。通用电气公司于 1996 年开始推行六西格玛，到了 1999 年其节约就达到了 20 亿美元。百得（Black & Decker）公司 2000 年的六西格玛节约达到了 7 500 万美元，比头一年翻了一番还多，从 1997 年以来的总节约额超过了 1.1 亿美元。

将不良质量成本作为六西格玛绩效水平的函数来看更有启发：

• 当生产过程为＋/－三西格玛水平时，每生产百万个零件将有 66 807 个缺陷。如果每个缺陷的纠正成本为 1 000 美元，则总的 COPQ 便是 6 680.7 万美元。

• 当组织将过程改进到＋/－四西格玛水平时，每百万只有 6 210 个缺陷，此时的 COPQ 为 621 万美元

• 在＋/－五西格玛水平，每百万产品的缺陷成本降到了 23.3 万美元，比＋/－三西格玛过程能力时节约了 6 657.4 万美元。

• 达到几近完美的＋/－六西格玛水平，每生产一百万个产品的缺陷损失几乎被削减到了 3 400 美元。

在完成了所有的数据收集和制表并进行了决策之后，还必须制订消除所识别成本主要构成的后续行动计划，至此关于不良质量成本的研究才算结束。没有必要应用复杂的会计方法来测量成本，这样做会很昂贵并浪费宝贵的精力。简单的方法足矣。

在建立有用的 COPQ 数据时，最重要的步骤就是识别影响成本的活动及其他因素。估计成本所使用的任何一致无偏的方法都能够得出有助于识别质量改进机会的充分信息。当某些项目是为了识别具体的问题原因或确定具体的节约时，可能就需要更为精确的估计。

计算所需资源

计算所需资源总额的数据有多种来源，下面分别加以讨论。

会计科目

财务和成本会计核算中的某些科目常常可以部分或全部纳入不良质量成本中。典型的例子如废品损失、保证赔付成本、职业责任保险、废弃库存、部门总成本等。

时间统计报告

许多组织平时会要求员工报告在某些活动上所花费的时间。这使得有可能将某些或全部的时间归入某个不良质量成本类别中。

其他信息系统

其他的信息系统如成本会计、基于活动的成本核算、原材料管理、销售或其他类似的报告。

用来计算不良质量成本活动所用资源比重的数据可以通过多种方法获得，这包括：

- 合理判断。管理人员和有经验的员工能够很充分地判断出本部门用于某类特定活动的时间比例。当该单位担任较少的职能或该活动用去了过多或过少的时间时，这种判断就更为容易。
- 特定的时间统计报告。这种方法被用于计算处理计算机投诉的成本。如果某个部门从事多种职能，其活动既非特别大也非特别小，或者人们对于某特定活动所应投入的时间或金钱所占比重的判断不确定或显著不一致时，就需要收集一个短期的时间分布数据。显著不一致是指差异超过了总额的10%时。
- 专门的数据收集。除了收集某个雇员在某项活动上所用时间的数据外，组织还可以收集计算机网络失效的时间，消费或遗弃的某种品目的量，或某种设备或资源的闲置时间等。

所有这些例子中，确定不良质量成本的总公式为：

$$\text{不良质量成本} = (\text{资源总量所花成本}) \times (\text{某类不良质量成本活动所用资源的比重})$$

单位成本

有关这一策略的一个例子是，某项目团队计算了每年用于纠正送货错误所花费的成本。为了找出这一成本，就要估计纠正每次送货错误所花费的平均成本，估计每年所发生的送货错误的次数，然后把两者相乘。

单位成本要求有两方面的数据：某个特定的不良所发生的次数以及每次纠正不良所花费的平均成本。

每次纠正的平均成本的计算涉及纠正差错所需资源种类的清单，所用的某种资源的数量，单位资源的成本。

以下这些场合比较适合采用单位成本：发生次数很少但损失很大的不良，十分复杂需要许多部门共同参与来纠正的不良，时常发生且对其的纠正也十分常规导致人们甚至意识不到其存在的不良。

有关不良发生频次的数据可以来自以下方面：

- 质量保证。
- 保证赔付数据。
- 顾客调查。
- 现场服务报告。
- 顾客投诉。
- 管理工程研究。
- 内部审核报告。
- 运营记录。
- 特别调查。

对孤立的某次不良发生的成本的估计通常需要进行一些分析。标明因不良而导致的各种返工循环的流程图通常有助于识别所用的各种重要资源。

当分析资源时，要考虑所占用的工时、外购服务、原材料和损耗品、设备和设施、借款以及未收回资金的成本。

确定每种资源的使用量时，要核对以下的数据源：

- 时间统计报告。
- 成本会计系统。
- 各种行政管理记录。
- 管理工程研究。
- 基于已知情况的判断。
- 特别的数据收集。

当团队确定了每种资源的使用量后，就可以计算各自的成本，然后把所有资源的成本加以汇总。财务或工程部门通常都有用于计算团队所要求的单位成本的标准方法。

在计算单位成本时，要记住以下的提醒：

- 工资、福利都要考虑在内。
- 要包括重要器材和设备的分摊成本，尽管这对于许多活动而言微不足道，忽略掉也无妨，但对某些活动却是至关重要的。

不要被这种认识所误导，即认为资本成本是固定成本，即使不良没有发生也依然存在。这是一个不良质量成本为标准惯行所掩盖的典型例子。如果计算机使用得更加有效率，就有可能处理更多的事务而无须购买更多的设备。闲置或误用的资本资源是不良质量成本，就如同一个错误的打印作业把纸张丢弃一样。

要确定包括付款延误而导致的罚款或折扣失效，以及为紧急订单和运输而付的高价。

其他方法

还可以建立针对特定项目的其他方法。例如，对于用掉的损耗品，组织应计算假如没有缺陷的成本以及实际的成本，两者之差便是不良质量成本。这种方法也可用于将实际结果与他人已实现的最佳结果进行比较。

有些特定的情形或许会要求团队建立适合特定问题的其他方法。例如，在预防方面增加投资可能是更合算的。

可能的投资回报

使公司资产得到最佳的利用，这是高层管理人员的主要职责之一。判断是否最佳的一个关键的指标叫作投资回报率（ROI）。通俗来说，ROI 就是（1）预期所得与（2）预计所需资源的比值。计算减少慢性浪费项目的 ROI 要求综合考虑如下这些因素：

- 该项目所涉及的慢性浪费的成本。
- 该项目成功可能带来的成本节约。
- 诊断和治疗所需成本。

许多突破提议未能得到管理者的支持，都可归因于未能给出量化的 ROI。这一疏漏对于高层主管来说是一个障碍，他们无法比较（1）质量改进项目的可能 ROI 与（2）其他投资机会的可能 ROI。

经理们以及撰写这类提议的其他人员在准备有关 ROI 的信息时，应当尽可能取得 ROI 方面的内行的协作。ROI 的计算之所以复杂是因为它涉及两种类型的资金，即资本和花费。虽然都是货币，但在一些国家（包括美国在内），这两类资金的课税是不同的。资本投资是从税后资金中支出的，而花费则从税前资金中支付。

课税上的这一差异反映在会计准则上。花费是即刻报销的，因而减少了申报所得从而减少了应缴所得税。资本投资是逐渐冲销的，通常要跨几个年头。这增加了所申报的收入，从而增加了相应的所得税额。这可以算是突破提议的优势所在，因为很少有突破项目是资本密集型的。（有些高层经理习惯于将投资一词仅用于指代资本投资。）

获得成本的数据

组织的会计体系一般只量化了不良质量成本的很少一部分，其余大部分都被分散在了各种各样的一般管理费用中。因此，专业人员一直在设法把这些遗漏找出来。他们为解决这一问题的主要努力如下：

1. 进行估计：这种方法比较迅速但也比较粗略。通常以抽样的方式来进行，不需要付出太大的努力。它可以用几天或几个星期就得出（1）慢性浪费成本的近似估计并（2）指出主要集中在哪些方面。

2. 扩展核算体系：这是一种更加准确的做法。这要求许多部门都要进行大量的工作，尤其是会计和质量部门。它十分费时，常常要花费两到三年时间。

> 根据我的经验，估计要省事得多，用少得多的时间就可以得出一个结果，而且足以用于管理决策。
>
> ——J. M. 朱兰

需要注意的是，对于成本数据准确度的要求取决于这些数据的用途。账目的平衡要求有很高的准确度，管理决策有时可以允许有一定程度的误差。例如，某个潜在的改进项目据估计每年产生的不良质量成本是 30 万美元，这一数据受到了质疑。争论的数字从 24 万美元到 36 万美元，相当大的一个范围。有人会作出明智的判断："哪个估计值更准确不是什么问题，就算是这个最低的数字，也是一个改进的好机会。让我们来做吧。"换句话说，尽管估计值的误差很大，但项目实施的管理决策是不变的。

组织各层次的语言

为了获得高层的认可，语言的选择是一个很微妙的方面。企业中通行着两种标准的语言，这便是货币的语言和物的语言。（还有各自的行话，各个职能的语言都是独特的。）但是，如图 5—4 所示，标准语言的使用也是不一致的。

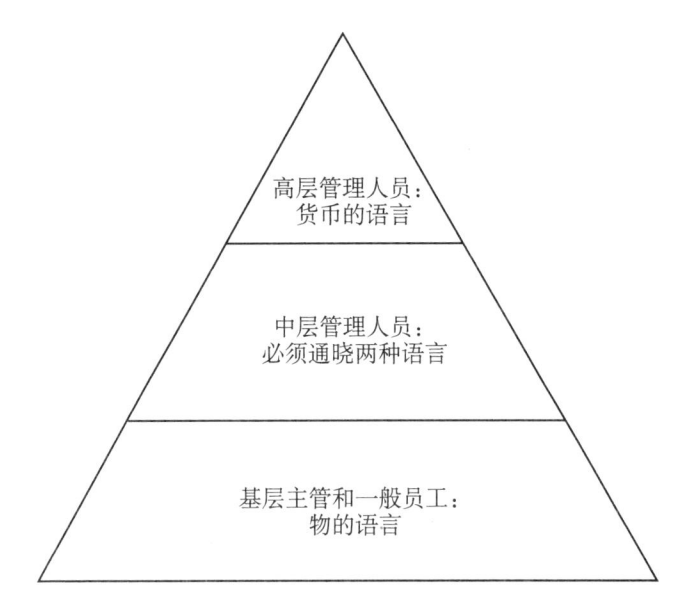

```
           高层管理人员：
            货币的语言

          中层管理人员：
         必须通晓两种语言

       基层主管和一般员工：
             物的语言
```

图 5—4　组织等级层次中的常见语言

资料来源：Juran Institute, Inc., 1994.

图 5—4 表示了公司不同层次使用的语言。顶部的高层管理人员使用的主要是货币的语言。在底部，基层主管和普通员工所使用的语言是物的语言。在中间，中层经理和职能专家们需要同时懂得这两方面的语言，中层经理们应当是讲两种语言的。

用物的语言来衡量慢性浪费是很普遍的，如差错率、过程产量、返工时间等。将这些衡量转化为货币的语言有助于高层管理人员将之与财务指标联系起来，因为长期以来在管理者的"仪表盘"上显示着的都是些这样的指标。

几年前，我受邀到英国的一家大型生产企业，考察其质量管理的情况并提出一些建议。我发现这家公司有着巨大的不良质量成本，完全可以在 5 年之内削减一半，这样做的投资回报率远远高于其生产和销售产品的投资回报率。当我向公司总裁作了解释后，他感到非常受震动，将慢性浪费的问题以投资回报率的语言解释给他这还是第一次。他立即责成副总裁去讨论如何着手这一机会。

向高层管理者的陈述

向高层管理者的陈述应该针对高层管理者的目标，而非发起者自己的目标。高层管理者要满足各个有关方面的需要，如顾客、所有者、雇员、供应商、社会公众（如在安全、健康、环境等方面），等等。如果建议报告能够针对有关方面的特定问题并估算了可能获得的益处，将是大有帮助的。

高层管理者会得到大量的有关配置公司资源的建议，如开辟国外市场、开发新产品、添购可以提高生产率的新设备、进行收购、创办合资企业，等等。这些建议相互之间都在争夺优先权，一个主要的判据就是投资回报率（ROI）。如果在突破建议中给出了 ROI 的估计，将是非常有利的。

在建议的阐述中，如果把数据转换成高层管理者们已经熟悉的度量单位的话，有时是很有帮助的。例如：

- 去年的不良质量成本相当于盈利额 150 万美元的 5 倍。
- 不良质量成本削减一半将使每股收益增加 13%。
- 去年订单的 13% 因不良质量而被取消。
- 32% 的工程设计时间花费在发现和纠正设计缺陷上。
- 25% 的生产能力用于纠正质量问题。
- 70% 的库存用来预防不良质量。
- 25% 的总生产时间用于发现和纠正缺陷。
- 去年的不良质量成本相当我们的运营部门全年在 100% 制造缺陷。

在向高层管理者提出建议时，有一些"要"和"不要"的经验值得留意。

- 要总结出不良质量成本的估计总额。这些总额会大得足以引起上层的注意。
- 要表明不良质量成本集中在哪里。表 5—2 是一种常用的归纳形式。一般说来（在该例中也是如此），大部分成本都可归因于内外部故障。表 5—2 也表明试图从减少检验和试验做起是错误的。首先要减少的是故障成本。当缺陷水平降低后，检验成本也就减少了。
- 要详细讨论构成建议报告核心的主要项目。
- 要估算可能的收获以及投资回报率。如果公司此前从未实施过有组织的削减质量成本的活动，那么一个合理的目标可以是在 5 年内将之削减 50%。
- 要事先把数据让财务（或其他部门）的有关人员评审，因为高层管理者是通过这些人来核对财务数据的正确性的。
- 不要用有争议和不明确的数据来夸大所提出的不良质量成本。这会导致在决定性的会议上陷于对数据准确性的争论，反而不去讨论建议本身的价值。
- 不要暗示不良质量成本会降低至零。这样的诱导反而会使人们偏离建议的主旨。
- 不要在开始时强行推销那些主管们并不真正喜欢或工会强烈反对的项目。最初应选择那些接受性比较强的领域。这些领域所取得的成果将决定整个质量改进事业的成败。

突破的必要性远不限于满足顾客或削减成本。各种新的压力已昭然可见。最近的例子如产品责任、消费者权益运动、国外的竞争、各种各样的立法，以及对于环境的关注。突破对于所有这些压力都是一种有力的对应。

类似地，说服高层管理者确信突破的必要性也不再仅仅靠热心的发起者们提交的报告。这种确信还可以来自对成功公司的访问、研讨会上听到的报告、成功企业公布的报告，以及公司内外专家的建议等。然而，没有什么能比本公司所取得的成果更具有说服力的了。

提交给高层管理者的陈述中的最后一个要素是要说明他们自己在发起和推动突破中的责任。

突破的动员

一直到1980年代，突破在西方企业中都还是可有可无的。它并非经营计划的内容或是职位说明的构成部分。的确有一些突破活动，但都是自发性的。某处的某个主管或非主管雇员，出于这样那样的原因，实施了某些突破项目。他们或许会劝说其他人加入到某个非正式的团队中来。结果或许不错，或许并不理想。这种自发的、非正式的活动方式产生不了多大的突破，他们的重点还是检验、控制和灭火。

正规化的必要性

伴随日本的质量革命而来的质量危机呼唤着新的战略，其中之一便是更加高速度的突破。显然，非正式的方式不可能进行每年数以千计（或更多）的突破。这导致了一些公司开始尝试采取有组织的方式，有些公司经过一段时间后成为了典范。

有些高层主管对采取正规化的必要性抱有异议："为什么我们不能就这样做？"其答案取决于所需要突破的数量。如一年只是几个项目，非正式方式就足够了，因而无需正式的动员。然而，要进行成百上千的突破就需要有正式的结构了。

实践表明，突破的发动需要两个层面上的活动，如图5—5所示。该图是关于这两个层面活动的说明。一个层面的活动是动员公司的资源来综合安排突破项目，这是管理者的责任；另一个层面的活动是分别实施各个突破项目所必需的，这是突破团队的责任。

管理当局承担的活动	团队承担的活动
建立体制：质量委员会	确认问题，分析症状
选择问题：确定目标	提出对于原因的推测
创建项目章程、委派团队	检验推测
启动团队活动评审	确定原因
提供表彰和奖励	启动治疗措施并进行控制

图 5—5　突破动员

高层"质量委员会"

发动突破的第一步是建立组织的质量委员会（或类似名称）。委员会的基本责任是发起、协调突破活动并使之制度化。许多组织都建立了这样的委员会，他们的经验成为了有用的指南。

成员与职责

委员会的成员通常来自资深经理阶层，高层管理委员会常常也就是质量委员会。经验表明，当高层主管亲任最高委员会的领导和成员时，这时的委员会制度是最有效的。

在大型组织中，通常事业部和总部都会建立委员会。此外，一些规模较大的分支机构也可能会建立委员会。当多重的委员会建立后，它们通常会联系在一起，较高层委员会的成员会出任下一级委员会的主席。图 5—6 是这种关系的一个例子。

经验表明，只在较低层建立质量委员会是没有效果的。这种做法把突破项目限制在了"有用的多数"上，忽略了那些有可能取得重大成果的"关键的少数"项目。此外，只在低层设立委员会是在向人们表示"突破没有被列入高层的议事日程"。

每个委员会明确并公布各自的职责是十分重要的，这样可以使（1）委员会成员就其目标达成共识；（2）组织的其他成员了解未来将要发生的事情。

许多委员会公布了其职责声明。主要的共同点有如下一些：

• 确立方针，如以顾客为中心、突破必须是持续不断的、全员参与、薪酬制度应反映突破绩效等。

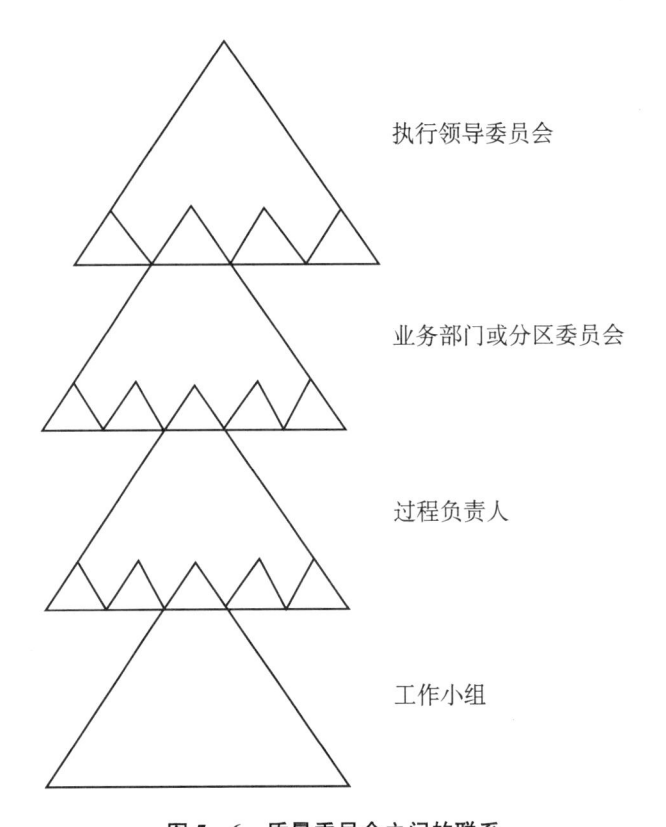

图 5—6　质量委员会之间的联系

资料来源：Juran Institute, Inc., 1994.

- 对主要情况的估计，如相对于竞争对手的质量状况、慢性浪费的程度、主要业务过程的充分性、突破要取得的成果等。
- 建立选择项目的程序，如项目的提出、审查和选择，撰写项目目标陈述书，创造突破的良好氛围等。
- 建立实施项目的程序，如选择团队的领导者和成员、明确项目团队的作用等。
- 为项目团队提供支持，如针对项目的培训时间、诊断支持、骨干支持，确保测试和试验设备等。
- 建立衡量进展情况的方法，如顾客满意度、财务绩效，或团队的参与情况等。
- 进行评审，帮助团队克服障碍，确保实施纠正措施。
- 对团队公开表彰。
- 修改薪酬制度以反映出持续的突破所必需的变化。

委员会应当预见到那些棘手的问题，尽可能在宣布开展持续的突破活动的打算时给出解答。有些高层主管甚至为此专门制作了录像带以使更多的人能够从权威的来源听到一致的信息。

领导者必须面对关于失去工作的担心

雇员们不仅要求在这一重要问题上对话，而且还要求对他们的担心能够提供保证，特别是由于改进而失去工作的风险。大多数高层主管不愿面对这些担心。这种不情愿可以理解，对不确定的未来进行保证是有风险的。

尽管如此，一些主管们在某种程度上对于两种相关变化的程度进行了预估：

1. 由于退休、提前退休、辞职等减员所产生的职位空缺。对此的估计具有相当的精确度。

2. 由于削减慢性浪费而减少的工作岗位数。这个估计带有更多的推测性质，很难预测突破速率多久之后就能达到这一程度。实际上公司的估计往往过于乐观。

对此的分析有助于主管们判断他们可以作出什么样的保证，如果能作保证的话。它还有助于对行动方案的选择：培训有空缺的岗位、将人们调整到有空缺的岗位、提前退休、协助雇员寻求其他公司的工作、提供终止服务的帮助等。

质量和/或卓越绩效部门的协助

许多委员会会寻求卓越绩效和质量部门的协助。这些部门的专家们熟悉提升质量的方法和工具。他们能够：
- 为委员会在计划导入突破时提供所需输入。
- 起草建议和程序。
- 承担重要的细节工作，如筛选项目等。
- 编写培训材料。
- 开发新的计分卡。
- 起草进展情况报告。

质量经理常常担任委员会的秘书长。

将突破目标纳入经营计划

已经成为市场领先者的组织，亦即那些典范，都扩展了经营计划，将质量目标纳入了其中。事实上，它们把公司面临的机会和威胁都转化成了目标，如：

- 在未来的两年内将交货准时率从 83% 提高到 100%。
- 在未来的 5 年内把不良质量成本削减 50%。

这样的目标十分清晰，每一个都是量化的，并且有时间表，使高层主管们认识到必须建立这样的目标。这是很大的一步，但还只是第一步。

目标的展开

目标在展开之前还只是一些愿望。它还必须分解成具体的实施项目，委派具体的个人和团队，并向他们提供项目实施所需的资源。图 5—7 展示了目标展开过程的解剖图。在该图中，委员会确立了概括的（战略性的）目标，并使之成为公司经营计划的组成部分。这些目标经过分解后被分配到较低的层次以转化为具体的行动。在大型组织中或许还需要进一步的分解才能到达行动的层次。最终的行动层是由个人和团队组成的。

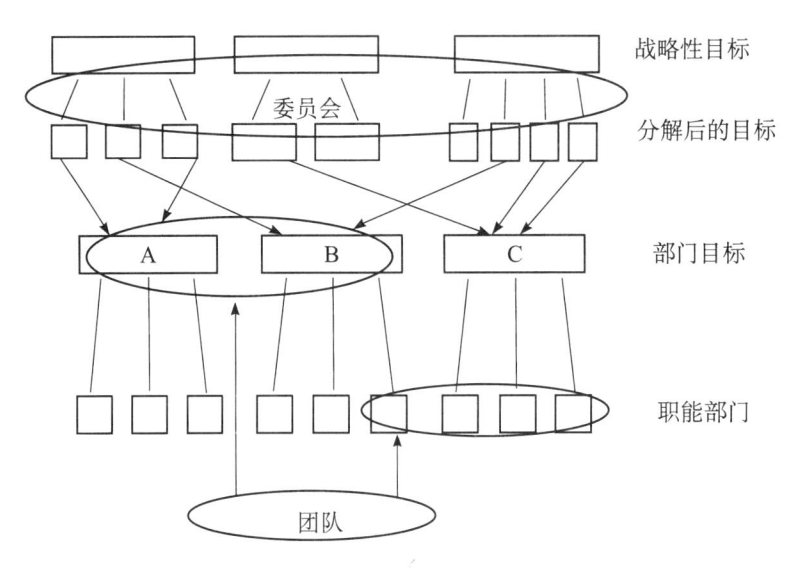

图 5—7　目标展开过程的解剖图

资料来源：Juran Institute，Inc.

进一步地，行动层选择突破项目，所有的项目汇集起来实现目标。这些项目及其所需的资源估计被提交到上一个层级。项目建议和资源估计量经过讨论和修改之后最终被决定。最后就实施哪个项目、提供什么资源、由谁来负责等达成一致。

这种起始于最高层战略目标的方法看起来似乎纯粹是一种自上而下的活动。然而，在作出最终决定之前，展开过程力求畅所欲言的双向讨论，这也是其通常的方式。

战略目标涉及的是关键的少数问题，但其并非局限在总公司的层次。事业部、利润中心、维修单位和其他分支机构的经营计划中也会包含有质量目标。目标展开过程在这些方面也是适用的。（有关展开过程的更详细讨论，请参看第 7 章"战略计划与展开：由良好到卓越"。）

项目的概念

项目在这里指的是一个业已安排解决的长期性问题。项目是突破行动的焦点。所有的突破都是通过一个个项目的方式来进行的，除此之外别无他途。

有些项目来自公司经营计划中的目标。这样的项目数量不多，但都十分重要。它们总的说来属于关键的少数项目（请参看下面的"帕累托原理的应用"）。然而，大多数项目并非来自公司的经营计划，而是来源于下面将要讨论的"提案与选择过程"。

帕累托原理的应用

在展开过程中用于选择项目的一个有效的工具便是帕累托原理。这个原理是说，在产生某种共同效果的任何总体中，相对少数的因素贡献了大部分的效果，这些因素便是关键的少数。这一原理广泛应用于各种人类事务中。如相对少数的人写了大部分的书，犯了大部分的罪，拥有大部分的财富等。

用帕累托图的形式来表示数据极大地促进了信息的沟通，尤其是有助于使高层管理人员认识到问题的根源，并对解决问题的行动方案给予支持。（关于朱兰博士命名帕累托原理的说明，参看本书附录。）

有用的多数问题和解决方案

根据帕累托原理，关键的少数项目构成了大部分的突破，因此这些项目得到最优先的考虑。关键的少数项目之外还有有用的多数项目，这些项目的总贡献构成了突破效果的一小部分，但它们提供了雇员参与的大部分机会。有用的多数项目是通过现场改进团队、质量圈、精益 5S 工具或自我导向的工作团队等方式来实施的。

提案与选择过程

大多数项目是通过提案与选择过程来确定的，它包括以下几个步骤：

- 项目的提案。
- 项目的审查与选择。
- 项目目标陈述书的编写和公布。

项目提案的来源

项目的提案可以来自组织的所有层次。在较高的层次上，提案往往在规模上很大（关键的少数），在范围上则是跨部门的。在较低的层次，提案通常较小（有用的多数），往往局限在一个部门的范围之内。

提案有许多来源。包括：

- 正式的数据系统，如有关产品性能、顾客抱怨、赔偿要求、退货等方面的现场报告；会计报告中的保证赔偿费用和内部不良质量成本；以及服务报告。（有些数据系统提供了数据分析以帮助识别问题所在。）
- 专题研究，如顾客调查、员工调查、审核、评价、与竞争对手的标杆对比等。
- 顾客的反应，这是指那些对产品不满并表达出来但继续购买的顾客，那些认为产品特性已无竞争力的顾客会干脆（默默地）离去。
- 现场情报，可以来自对顾客、供应商和其他相关方面的访问；竞争对手采取的行动；媒体的有关报导（如有关销售、顾客服务、技术服务等）。
- 社会影响，如新的立法、政府管制的程度以及产品责任诉讼的增长等。
- 管理层，如质量委员会、管理人员、基层监督员、职能专家和项目团队等。
- 普通员工，向基层主管提出的非正式想法，来自品管圈的正式的建议和想法等。
- 与业务过程有关的建议。

大质量概念的影响

从1980年代开始，在大质量概念的影响下，项目提案的范围有了显著的扩大。大质量概念的广泛性在所实施项目的多样性中一目了然：

- 改善销售预测的准确性。
- 缩短新产品开发的周期。
- 提高业务投标的成功率。
- 缩短完成顾客订单所需时间。
- 减少交易取消的数量。

- 减少发票差错。
- 减少拖欠户头的数量。
- 缩短招募新员工的时间。
- 改善准时到达率（运输服务）。
- 缩短专利文件处理的时间。

提案过程

提案当然源于人。数据系统是非人工的，不可能进行提案。为了激励突破项目的提案要运用多方面的手段：

- 提案的号召：利用信件或公告栏邀请所有人员进行提案，提案的呈交可以逐级上报，也可以交给指定的人员如委员会的秘书等。
- 寻访：这种方法是安排专业人员（如工程师）走访不同部门，与主要人员交谈，从而获得他们的看法和提案。
- 委员会成员：他们分析数据并提出建议。
- 头脑风暴会议：为了某个具体的意图组织起来提出建议。

只要能够充分强调大质量的概念，瞄准所有的活动、产品和过程，无论使用什么方法都会获得最多的提案。

各级员工的提案

员工是大量提案的潜在源泉。他们在现场的时间长，大量的常规活动都是在他们的眼皮底下进行的。因此他们非常容易识别存在的问题并推测原因。现场的细节没有谁比他们更熟悉的了。例如，"最近 6 个月没看到有维修工走近过那台机器"。此外，有许多员工更容易识别机会和提出新的办法。

员工的提案大多由局部的有用的多数项目所构成，同时还有些关于人际关系方面的建议。针对这些提案，员工们可以提出有用的原因推测以及切实可行的治疗措施。就跨职能的项目而言，绝大多数普通员工都会感到力不从心，因为他们对于整个过程及构成总体的各个步骤之间的联系缺乏了解。

在有些组织中，对普通员工的提案的鼓励似乎意味着这些提案会被最优先处理，结果造成了由员工来决定管理者应当首先着手哪些项目。来自普通员工的提案必须与来自其他方面的提案平等竞争，这本来是应该首先明确的。

与供应商和顾客的联合项目

所有的公司都要向供应商购买产品和服务，也许最终产品的多半都会来自供应商。几十年前，顾客通常采取对抗的态度，认为供应商应该处理好自己的问题，现在人们越来越认识到解决这些问题必须有建立在以下基础之上的合作伙伴关系：

- 建立互信。
- 明确顾客需要和规范说明。
- 交换重要的数据。
- 在商业以及技术层面上的直接沟通。

项目的筛选

号召人们进行提案会产生大量的回应，数量之多会超出组织的消化能力。在这种情况下，一个必要的步骤便是进行筛选，以识别出具有最高收益的提案。

要从大量的提案中筛选出一个项目清单，要求必须以一种有组织的方式进行，既要有结构也要有方法。审查过程要耗费大量的时间，因此委员会通常将筛选工作授权于一个秘书机构来进行，一般由质量部门来担任。秘书机构筛选提案，即判断提案是否满足下文列出的准则。这一判断导致了一些预先的决策。一些提案被否决，另一些被推迟。剩余的要进行进一步的深入分析，估计其潜在收益和所需资源等。

委员会和秘书机构都认识到建立一些在审查过程中使用的准则是非常有用的。经验表明需要有两类准则：

1. 选择团队的首个项目的准则。
2. 选择以后的项目的准则。

项目的准则

在以项目方式进行突破的开始阶段，每个人都处于学习的状态。项目由正在培训中的项目团队来承担，能够成功地完成一个项目构成了这种培训的一个组成部分。从这些团队的实践中总结出了一系列广泛的准则，即：

- 该项目应当针对某个慢性问题，即这一问题很久以来一直在等待解决。
- 该项目应当是可行的，在几个月内完成的可能性应该很高。从众多组织的反馈可以看出，首个项目失败的最常见原因是未能满足这个准则。
- 该项目应当具有足够的意义。项目的结果应该十分有用，足以引起关注和认可。
- 项目的成果应当是可衡量的，不论是以货币还是其他指标。
- 首个项目应当是成功的。

选择项目的其他准则旨在使所选择的项目能够为组织带来最大的益处：

• 投资回报率：这一因素举足轻重，具有决定性意义，所有其他因素重要性相当。未能计算投资回报率的项目只能依赖管理者的判断来决定重要与否。

• 可能的突破的大小：一个效果大的项目比几个效果小的项目都更有优先权。

• 紧迫性：或许必须对诸如产品安全、员工士气和顾客服务这些问题作出迅速的反应。

• 技术方案的可获程度：已有成熟的技术的项目比那些需要进一步研究来寻找所需技术的项目更有优先权。

• 产品线的健康性：涉及繁荣的产品线的项目与涉及已过时的产品线的项目相比更有优先权。

• 变革的可能阻力：容易被接受的项目要优于那些会遭到抵制的项目，如遭到来自工会或一部分主管抵制的项目。

大多数组织采用一种系统的方式依据这些准则来对提案进行评估。这产生出了一套综合的评估指标，可以表示出各种提案的相对优先程度。

项目的选择

筛选过程的最终结果是提出一个排出优先次序的推荐项目清单。每一个推荐都附有相关的信息，包括符合评价准则的程度、可能的益处、所需的资源，等等。这份清单通常只限于与委员会直接相关的那些事情。

委员会对这些推荐项目进行评审并最终决定着手哪些项目。这些选定的项目便成为公司业务的正式组成部分。其他的推荐项目落在了委员会直接相关的范围之外，这些项目会再次被推荐给适当的分委员会、有关管理人员等。基层主管和员工们可以自由决定是否在本单位开展这些项目。

关键的少数和有用的多数

有些组织完成了许多项目。但是，当被问及"我们的这些努力取得了什么收获"这一问题时，他们沮丧地发现在公司的重要经营指标上并未取得显著的效果。调查表明其原因在于项目的选择过程。他们实际所选的项目包括：

• 救火式的项目：这是专为排除偶发性的"峰值"而采取的项目。这些项目没有着眼于消除慢性浪费，因此不可能改进财务绩效。

• 有用的多数项目：根据定义可知，这些项目在财务方面只有很小的效果，但对人际关系具有很大影响。

• 改进人际关系的项目：在人际关系方面的效果是显著的，但在财务方面的效果通常难以衡量。

为了在重要经营指标方面取得显著的成效，除了这些有用的多数之外，还必须选择那些"关键的少数"项目。两者兼顾是可行的，因为可以由不同的人员分而治之。

有一派观点主张市场领先的关键是"积跬步、聚小溪"，换句话来说，是由有用的多数决定的。还有一派则强调关键的少数。就我的经验而言，我认为这些都不是完整的答案。两者都有必要，但时机要选对。

关键的少数项目是领先和底线指标的主要贡献因素，有用的多数项目则是雇员参与和工作生活的质量的主要贡献因素，两方面都是必不可少的，只有哪个方面都是不充分的。

关键的少数项目和有用的多数项目可以同时实施，成功的组织正是这样做的。之所以能这样做是因为他们懂得，这两类项目要求的是组织的不同类别的人员的时间。

两类项目之间的关系如图 5—8 所示。在该图中，横轴表示时间，纵轴表示慢性浪费的规模，越往上越不好。有用的多数项目的改进形成了缓慢的斜线；关键的少数项目的改进，尽管次数很少，但构成了整个改进效果的主要部分。

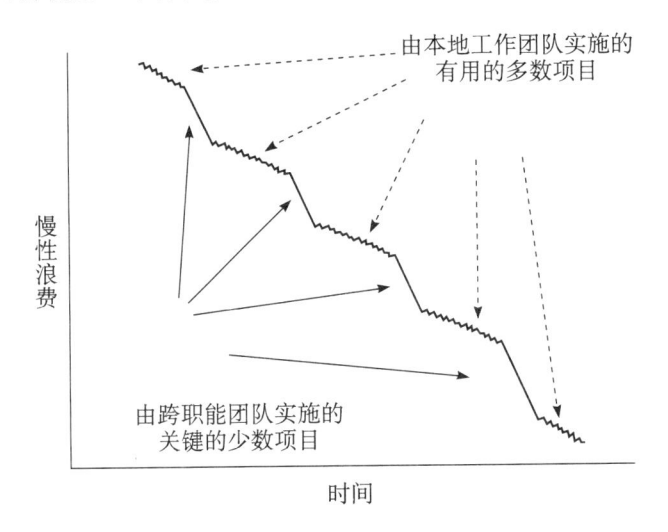

图 5—8　关键的少数项目和有用的多数项目之间的关系

资料来源：Juran Institute，Inc.，1994.

项目的成本数据

要满足前述的准则（特别是投资回报率准则），需要有各种成本的信息：
- 与所涉及提案相关的慢性浪费成本。
- 该项目如果成功可能会降低的成本。
- 所需的诊断和治疗的成本。

成本与不良百分率

只根据不良（差错、缺陷等）百分率来判断重要与否是有风险的。表面上看，当这一百分率很低时，似乎该提案的优先程度也应该低。某些情况下确实如此，但在其他一些情况下这就可能是一种误导。

"大象"级项目和"可下口"项目

吃掉一头大象只有一种办法：一口一口地吃。有些项目是"大象"级的，覆盖了非常广泛的活动领域，必须将之分割为多个"可下口"的项目。在这种情况下，可以安排一个项目团队专门来"分割大象"，然后由其他团队来实施这些"可下口"的项目。因为多个项目团队同时进行，从而缩短了项目完成的时间。反之，由一个团队来做要花费几年的时间，这会出现挫折感、人员的流动、项目的延迟和士气的下降等。

分割大象的最有用的工具便是帕累托分析。对于大象级项目，负责综合协调的团队和承担分项目的团队要分别制定各自的项目目标陈述。

复制与克隆

有些组织由多个具有很多共性的独立单位组成，常见的例子如连锁零售店、修理店、医院等。在这样的组织中，某个单位获得成功的突破项目自然成为应用到其他单位的提案，这被称为项目的克隆。

其他单位抵制把这些突破项目应用到本单位的情况并不少见。有些抵制本质上是出于文化的原因（如"非我发明"症，等等）；有些则可能确实是由于运营条件不同，如电话接线员为顾客提供着相似的功能，但有些主要为产业客户服务，而另外一些则主要服务于居民。

高层管理人员在将某处产生的经验推广到其他独立单位时要格外小心。克隆当然有其好处，在可能应用的地方，无须重复以前的诊断和设计治疗方案的活动，就能实现同样的突破。

人们对此总结出了如下的程序：
- 项目团队在最终报告中应提出什么单位可以克隆的建议。
- 把最终报告的复印件送达这些单位。
- 由这些单位自主决定是否克隆该项目。

但是，这些单位要对此作出回应。通常可以采取以下三种形式之一：
1. 我们采用了这一突破。
2. 我们将要采用这一突破，但首先要对之修改以使之符合我们的条件。
3. 我们不能采用这一突破，原因如下。

事实上，这一程序是要求该单位采用这一改进或给出不予采用的原因。该单位不得对建议不置可否。

一种类似的但更不明显的克隆形式是把项目重复地运用在更为广泛的各种问题上。

一个项目团队开发了找出拼写错误的计算机软件，另一个团队提出了一个改进了的处理顾客订单的程序，第三个团队制定了实施设计评审的程序。这些项目的共同之处是其最终成果允许同一过程在更广泛的对象上重复应用，如许多不同的拼写差错，许多不同的顾客订单，许多不同的设计等。

项目章程：项目问题和目标陈述

每个被选定的项目都应当有一个书面的问题和目标陈述来规定项目关注的焦点以及最终的成果。经过批准之后，这一陈述便确定了承担该项目的团队的行动。

项目章程的目的

项目章程有若干重要目的：
- 它定义了问题以及预期的最终成果，有助于团队了解该项目的完成意味着什么。
- 它建立了明确的责任，目标成为了每一位团队成员职位说明的补充。
- 它提供了正当性，项目成为了组织的法定业务，团队成员有权花费必要时间来实施使命。
- 它授予了权利，团队有权举行会议，要求人们参加并帮助团队，得到项目所需的数据和服务。

以完美为目标

人们都会同意,完美是最理想的目标,这意味着完全没有差错、缺陷、故障,等等。现实之所以做不到完美,是因为存在着各种各样的不良,这些不良都需要各自的突破项目。如果一个组织试图消灭全部这些缺陷,就可以应用帕累托原理:

- 关键的少数不良是大多数问题的罪魁祸首,从而值得分配资源予以消除。在筛选过程中,它们会得到很高的优先权并且成为将要着手的项目。
- 其余的大多数类型的不良只造成了少部分问题。随着越来越接近于完美,剩余的缺陷就会变得越来越稀少,在筛选过程中的优先程度就会越来越低。

所有的公司都会努力克服那些出现很少但对人身安全有威胁或者有可能造成重大经济损失的故障类型。此外,那些每年进行数千项改进的公司还会攻克那些不甚重要且不多见的不良。为此它们发掘普通员工的创造性。

一些批评认为发布任何不尽完美的目标都是误导,说明愿意容忍缺陷。产生这样的认识是由于缺乏现实的经验。确立完美的目标很容易。然而,这样的目标要求公司去攻克如此稀少的故障类型,它们根本就无法通过筛选的过程。

尽管如此,进步是不容否认的。在 20 世纪,缺陷的测量单位发生了如此之大的修正。20 世纪的前 50 年,缺陷率通常是用百分率表示的;到了 20 世纪 90 年代,许多行业采用了如每百万单位缺陷数这样的指标和西格玛这样的度量。领先的公司的确每年进行着数以千计的突破。它们正在逼近完美,但这是一个永无终点的历程。

尽管许多提案项目从投资回报率而言不足以有说服力,但它们提供了雇员参与改进过程的手段,因此是有其存在价值的。

项目团队

对于每一个选定的项目,会委派一个相应的团队。这个团队负责实现该项目。

为什么需要团队?最重要的项目是那些关键的少数项目,它们一般来说都具有跨职能的性质。症状通常出现在某一个部门,但原因在哪里,是什么,应采取何种措施等都没有一致的看法。经验证明,处理这类跨职能问题的最有效的组织机制便是跨职能的团队。

有些主管更愿意把问题委派给个人而不是团队。("由委员会设计的快马还不上慢骆驼。")在控制的场合，个人负责是一个十分适当的概念（"最好的控制形式是自我控制"）。然而，针对跨职能问题的突破天然地必须由团队来承担。这样的问题交由个人来处理的话，其诊断和治疗在很大程度上会受到部门的限制。

一位工艺工程师受命减少一种来自波峰焊过程的缺陷数目。他的诊断结论认为必须采用一种新的过程。管理层因为投资过多而否定了这个建议。一个跨职能的团队被指派继续研究这个问题。该团队找到了一种只需调整现过程便可以解决问题的办法（Betker，1983）。

人们会对所建议的治疗措施表现出偏见，形成一种文化上的抵制。但是，如果实施治疗措施的部门参与了该项目团队，这种阻力将会大大减小。

团队的任命：发起者

项目团队并不依赖组织结构图的指挥链，这在团队遭遇僵局时是一个很大的不利条件。出于这一原因，有些组织安排委员会的成员或是其他高层管理人员出任特定项目的发起者（或保驾者）。这位发起者密切注意团队的进展情况。当团队遇到阻力时，发起者可以帮助团队找到公司高层中的合适的人。

团队可以由项目发起者、过程主管、本部门领导或其他人来任命。在有些公司中，普通员工可以组建团队（品管圈，等等）从事质量改进活动。不论起源如何，团队都被授权依照目标陈述进行突破。

大多数团队都是为了特定的项目组建的，项目一旦完成就宣告解散。这类团队被称为专项团队，亦即为特定的目的而存在的团队，成员在下一个项目中又分散到了不同的团队中。另外也有连续性的"常设"团队，其成员保持在同一个团队中，实施一个又一个项目。

团队的职责

项目团队有着与目标陈述相当的职责。其基本职责是完成所委派的目标并遵循通用突破程序。此外，其职责还包括：

- 建议修订目标陈述。
- 必要时开发测量方法。
- 向需要了解情况的人员通告进展情况和成果。

成员

团队成员由发起者与有关主管协商后选定。选择时要考虑：（1）哪些部门应参加团队；（2）团队成员应来自哪个层次；（3）应是该层次中的哪些人。

参加的部门应包括：

- 罹患部门。该部门出现了症状，且受到了影响。
- 待检部门。被怀疑是原因所在的部门。（它们未必同意自己可疑。）
- 治疗部门。可能会提供治疗措施的部门。这只是假设，因为许多情况下原因和治疗措施都会出乎人们的意料。
- 诊断部门。给项目提供数据和分析的部门。
- 待召部门与相关专家（SME）。在团队需要时提供专门知识和其他服务。

这份清单中包括了团队成员的一般来源，当然还可以有灵活性。

选择组织中的哪个层次取决于项目的主题。有些项目与产品和过程的技术性和程序性方面有着比较密切的关系，这类项目的团队成员就会来自较低的层次；有些项目牵涉到广泛的业务和管理问题，这样的项目其团队成员就应当具备适当的业务和管理方面的经验。

最后是人员的选择。这要与相应的基层主管协商，要考虑到工作量、先后主次等。关注的焦点在于被选的人员对项目作出贡献的能力。候选成员要有：

- 时间，即参加团队会议和完成所承担任务所需要的时间。
- 知识基础，以使该成员能够贡献推测、见解、想法以及工作方面的信息。
- 培训，即突破过程和相关工具方面的培训。在首次实行的项目中，培训和实施可以也应当是同时进行的。

大多数团队由 6~8 人组成。人太多无法控制，花费也大（护航队的速度取决于最慢的船只）。

团队成员是否都应来自同一层次？在这一提问的背后是担心位置较高的成员会主宰会议。这样的情况肯定会有发生，尤其是在最初的几次会议上。然而，随着群体动力学机制的建立，随着团队成员学会了区分推测与事实，这种情况会逐渐减少。

成员一旦选定，就要公布成员名单以及项目的目标。这意味着把责任正式地赋予了团队和个人。事实上，在项目团队中的工作便成为了成员个人的职位内容，同时也意味着授予了团队前述的正当性和权利。

来自普通员工的成员

在运用突破团队的早些年，各公司通常对于团队的成员有着严格的区分。跨职能项目的团队全部由管理人员和职能专家组成，部门内的项目团队（如质量圈）全部由一线员工组成。图 5—9 比较了这些团队和跨职能项目团队的主要特征。

特征	部门内团队或品管圈	突破团队
基本目的	改进部门内过程和人际关系	通过跨部门突破来提高绩效
次要目的	改进质量	改进团队合作和参与
项目范围	在同一部门内	跨部门的
项目规模	有用的多数	关键的少数
成员	来自同一部门	来自多个部门
参加方式	自愿或强制	必须参加
成员地位	部门内的经理和员工	经理、职能专家、员工
连续性	长期存在	专题性团队，完成后解散

图 5—9　部门团队、品管圈与跨职能团队的比较

资料来源：From Making Quality Happen，Juran Institute，Inc.，1998.

经验表明，涉及有关运营条件的细节性问题，再没有谁比现场员工更为了解了。长时间在现场的工作，使得员工们能够观察到现场的变化并按时间顺序回忆出所发生过的各种事件。通过与现场员工交谈以获得这类信息的做法变得越来越多。员工们成为了随时"待召"或全勤的团队成员。医院中的医生也属于这种情况。对于从事产品生产的员工的调用，必须把他们离开本职工作的时间减少到最低限度。

因此，人们对于扩大员工的参与表现出了日益增长的兴趣，这导致人们开始尝试不区分等级层次的项目团队。这样的团队会成为常规而不是例外。

团队中的上层管理者

有些项目由于其本身的性质而要求团队成员中要有来自管理层的成员。下面是一些有中、高层主管参与的项目团队所实际实施过的突破项目的例子：

- 缩短新产品面市的时间。
- 提高销售预测的准确性。
- 减少有故障倾向的产品特征被继承到新产品中。
- 与供应商建立团队关系。
- 开发战略计划所需要的新的指标。
- 修改突破的表彰和薪酬制度。

要求所有的中、高层主管亲自参加一些项目团队，是出于一些很有说服力的理由。亲自参加项目团队是一种以身作则的行为，这是从事领导的最高形式。这使得他们能够了解他们要求下属在做什么，需要怎样的培训，每周需要多少小

时，完成项目需要几个月，以及需要什么样的资源等。有些建立持续的突破体制的良好意愿之所以失败，可以归因于高层对这些现实的缺乏了解。

基础架构的模式

关于突破的基础架构有好几种图示的方式，其中表示了组织的要素、要素之间的关系以及事件的流向等。图5—10以金字塔的形式表示了基础架构的要素。这个金字塔描绘了一个由最高管理层、自主经营单位和主要的职能部门构成的一个等级性架构。金字塔的顶层是公司质量委员会，有的还有分委员会。这些层级的下面是跨职能的突破团队（在质量委员会和团队之间可能还有委员会）。

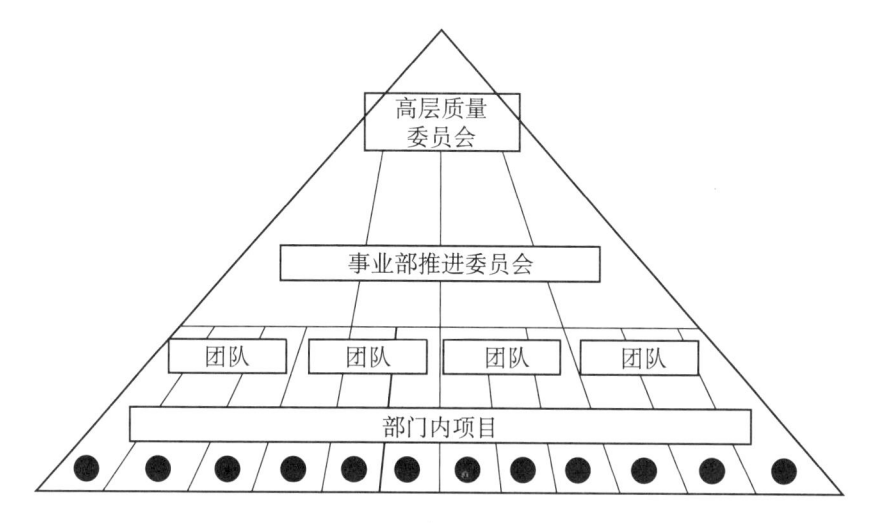

图5—10 突破的基础架构模式

资料来源：Juran Institute，Inc.

在部门内这一层次是由基层员工组成的团队，如品管圈或其他形式。这种架构可以使组织中所有层次的雇员都参与到突破项目中，既可以是关键的少数项目，也可以是有用的多数项目。

团队组织

突破团队并不出现在组织结构图中。每个团队都是"漂浮着的"，没有由某个人担任的上司。换言之，对团队的督导不是由某个人，而是通过目标陈述和突破路线图进行的。

团队当然有其内在的组织结构。这一结构中会包括一名团队领导者（主席等）和一名团队秘书。此外，通常还会有一个推动者。

团队领导者

团队领导者通常由作为发起者的质量委员会或其他监督层任命。团队也可以自己选举领导者。

领导者要承担若干责任。作为团队成员，领导者与其他成员共同承担着实现团队目标的责任。此外，领导者还担任着行政的职责。这一职责不能与人分担，其内容包括：

- 确保团队会议的准时开始和结束。
- 帮助成员参加团队会议。
- 确保议程、备忘录、报告等的准备和公布。
- 与发起者保持联系。

最后，领导者还负有监督团队活动的责任。这不是通过命令的权力进行的，领导者不是团队的上司，而是通过领导的影响力来进行的。这方面的责任包括：

- 协调团队的活动。
- 激励所有成员作出贡献。
- 帮助解决成员之间的冲突。
- 布置两次会议间的个人任务。

承担这些责任需要多方面的技能，包括：

- 训练有素地领导他人的能力。
- 熟悉目标所针对的领域。
- 牢固掌握突破的程序和相关工具。

团队成员

这里的团队成员也包括领导者和秘书在内。每个团队成员的职责主要由以下方面所构成：

- 安排出席团队会议。
- 代表各自所在的部门。
- 贡献自己的工作知识和技能。
- 提出对原因的推测及治疗措施的想法。
- 对其他成员的推测和想法提出建设性意见。
- 主动要求或接受所分配的个人任务。

找出从事项目的时间

项目团队中的工作是十分耗时的。一个人参加项目团队会使其工作量由此而增加 10%，这是参加团队会议和完成所分担任务所必需的。挤出时间来做这些事情是一个需要认真对待的问题，因为这些增加的工作量压在了已经忙得不可开交的那些人身上。

就我所知，没有哪位主管情愿另雇新人来解决这一问题，他们让每个团队成员自己想办法加以解决。就团队成员来说，他们采取了这样一些措施：

- 把更多的活动下放给下属。
- 把那些不太重要的活动稍缓一下。
- 改进常规工作的时间管理。
- 寻找可以取消的现行活动（有些组织采取了特别措施来取消无用的工作以腾出突破项目所需要的时间）。

当项目开始表现出高的投资回报率时，情况就会发生变化，高层会变得越来越愿意提供所需资源。此外，成功的项目会开始减少以前因慢性浪费而膨胀的工作量。

推动者与黑带

大多数组织使用内部咨询人员来帮助团队，这些人员通常被称为是"推动者"或"黑带"。黑带这样的推动者不需要是团队的成员，可以没有实施团队目标的责任（推动者这个词的字面意思是使事情变得容易）。推动者的主要作用是帮助团队实现其目标。推动者的作用通常包括以下方面：

解释组织的意图。推动者通常参加了组织将要实现怎样目标的说明会。团队对说明会的许多内容感兴趣。

协助团队建设。推动者协助团队成员学会如何为团队作贡献，如提出推测、挑战其他人的推测或提出调查路线等。在对团队概念尚不熟悉的那些公司，推动者需要与个人直接接触，激励那些不知如何做的人，抑制那些过分冒尖的人。推动者还要评价团队建设的进展情况并提供反馈。

协助培训。大多数推动者一直从事团队建设和突破过程的培训，他们通常也是其他团队的推动者。这样的经历使他们有能力在许多方面培训项目团队：如团队建设、突破路线图和工具的使用等。

介绍其他项目的经验。推动者有多种渠道获得这种经验：

- 以前服务的项目团队。

- 与其他推动者交谈分享协助项目团队的经验。
- 项目团队公布的最终报告。
- 文献中所报告的项目。

帮助重新调整项目的方向。推动者持有的超然视角有助于他/她在团队陷入困境时察觉。当团队深入到一定程度时，会发觉自己越来越深地陷入了泥潭。项目的目标可能过于宽泛、定义模糊或无法实施。推动者通常会比团队更早觉察到这些问题，从而能够指导团队重新调整项目的方向。

协助团队领导者。推动者通过各种方式来提供协助：

- 协助计划团队会议。在每次会议之前与团队领导者共同进行。
- 鼓励出席。大多数缺席都是由于对成员的时间提出了冲突的要求而造成的。纠正措施常常必须来自成员的上司。
- 改善人际关系。有些团队中的成员和其他成员没有保持良好的关系或者随着项目的进展产生了摩擦。作为"局外人"，推动者能够把这些成员的精力引导到正确的渠道中。这类行动通常在团队会议之外进行。（有时团队领导者也会是问题的一部分，此时推动者也许处在帮助解决问题的最佳位置上。）
- 团队活动范围之外的事情上的帮助。项目有时需要来自团队所及范围之外的决策和行动，推动者会因其广泛的外部联系而提供帮助。

支持团队成员。这种支持是以多种方式提供的：

- 当团队偏离主题时通过提出疑问的方式使团队聚焦于其使命。
- 通过提出如"这一推测有无事实的支持"这样的问题来挑战自以为是的看法。
- 根据对团队行动的观察向团队提供反馈。

向委员会汇报进展情况。就这一作用而言，推动者是项目进展报告过程的组成部分。每个项目团队要提出会议的备忘录和最终的报告，还包括向委员会作口头汇报。

但是，对项目的综合报告还要求有外加的过程，推动者通常便是这一外加报告网络的一部分。

推动者和黑带的资格

推动者经过了专门的训练而有资格发挥上述的作用。这些训练包括团队建立、解决冲突、沟通和质量变革管理的技能；突破过程的知识，如突破路线图、工具和技巧等；对突破与组织的方针目标的关系的了解。此外，推动者通过在项目团队中的工作经历和给团队提供帮助而逐渐成熟起来。

这些预先的训练和经验是推动者的重要资本，否则他们很难获得项目团队的尊敬和信任。

大多数公司都意识到高速的突破需要强大而广泛的推动，因此需要培养训练有素的推动者。然而，推动者往往是在启动阶段有着大量的需要。此后，随着团队领导者和成员逐渐获得训练和经验，对推动者的需要就会开始减少。这一建设性的职位就会转变成为维护性的职位。

这种阶段性的升降使得大多数组织避免使用全职推动者或者职业推动者的概念。推动者是以一种业余的方式工作的，他们的大部分时间用于其常规工作。

在许多大型组织中，黑带是全职的专业人员。经过了突破过程的充分培训，这些人员的全部时间都用在突破活动方面。他们的职责除了推动项目团队的活动之外，还包括：

- 协助项目的提案和审查。
- 承担方法和工具的培训课程。
- 协调项目团队活动与组织的其他活动，包括进行有难度的分析。
- 协助准备向高层管理者提交的总结报告。

团队中不存在由某个人担任的上司。团队不是由个人来监督的，规定其职责的是：

- 项目章程。每个团队的目标陈述都是独特的。
- 突破的步骤或通用程序。这对于所有的团队都是相同的。它规定了团队为了完成其目标必须采取的行动。

遵循接下来的步骤——经历两个"历程"——是项目团队的主要职责。诊断和治疗的历程如下：

- 由症状到原因的诊断历程。包括分析症状、假设原因、测试假设、确定原因。
- 由原因到治疗方案的治疗历程。包括建立治疗方案，在运营条件下测试和检查治疗方案，处理变革阻力，建立控制手段以巩固成绩。

诊断是一种以事实为依据的方法，必须理解有关的关键词的含义。一开始就对其中的一些词汇加以定义是有帮助的。

领导者必须掌握关于突破的关键术语

"缺陷"指任何不符合用途或不符合规范的状态。如无效的发票、废品、低的平均故障间隔时间等。其他的名称还有"差错"、"差异"、"不符合"等。

"症状"指存在问题或缺陷的外在表现。一个缺陷可能会有多个症状。同一个词既可以用来描述症状也可以描述缺陷。

"假设"或"假想"指针对缺陷和症状的存在原因的未经证实的论断。通常为了解释缺陷的存在可以提出多个假设。

"原因"是经过证实的导致缺陷存在的理由。通常会有多个原因存在,这种情况下遵循帕累托原理——关键的少数原因主宰着所有其他的原因。

"主导原因"指使缺陷存在的主要因素,只有将之消除才有可能实现充分的突破。

"诊断"指分析症状、假设原因、检验假设并最终确定原因的这一过程。

"治疗"指能够消除或缓和缺陷原因的改变。

诊断应当先于治疗

毋庸赘言,诊断应当先于治疗,但现实中偏见和陈腐观念仍会挡道。

例如,在整个20世纪中,有许多高层主管对于大多数缺陷是由工人差错造成的这一点深信不疑。尽管很少得到事实的佐证,但这一观念却一直根深蒂固。正是由于这一观念作祟,在1980年代,许多管理者试图通过劝告工人不要制造缺陷来解决他们的质量问题。(事实上,80%以上的缺陷是管理层可控的,工人可控的只有不到20%。)

缺乏训练的团队常常在弄清楚原因之前就匆忙采取治疗措施(预备、开火、瞄准)。例如:

- 一位自信的团队成员"知道"原因并极力主张团队针对该原因采取治疗措施。
- 一位知名专家给团队简要概括了技术问题。这位专家对症状的原因十分肯定,该团队无法对专家的意见提出异议。
- 随着团队成员的经验越来越丰富,他们会对自己的诊断技能树立起自信。这种自信将使他们能够质疑那些未经证实的断言。
- 在深信不疑的成见主导局势的情况下,或许就必须进行专门的研究。

有这样一个经典的研究。Greenridge(1953)分析了来自不同组织的850件有故障的电子产品。数据表明43%的故障是由于产品设计方面的原因造成的,30%可归因于现场操作条件,20%是由于制造的原因,其余的归因于其他各种原因。

对突破的制度化

许多组织都开展了突破活动,但没有几家组织能够成功地使之制度化以年复一年地持续下去。大多数这些组织长期以来年年都在开发新产品、降低成本和改进生产率。它们用以实现这种长年改进的方法广为人知,并能够应用于突破方面。

- 扩展年度经营计划以使之包括突破目标。
- 使突破成为每人的职位说明书中的一部分。大多数公司中,相对于实现质量、成本、交货期等目标的常规工作而言,突破活动一直被认为是一种附带的偶然性的活动。突破必须成为常规工作的一部分。
- 建立最高管理层的审核制度,其中应包括对于突破进展情况的评审。
- 修改考核和薪酬制度,其中要包括突破绩效的指标,并给予一定的权重。
- 创造非常隆重的场合来表彰突破的成就。

评审进展状况

高层主管对于进展状况的有计划的定期评审是维持持续突破的一个不可或缺的部分。不进行评审的活动无法与那些定期评审的活动在重要度上相提并论。下属很自然地会对上级定期评审的活动给予最高程度的重视。

对于突破过程也有必要进行定期的评审。这是通过包括质量管理所有方面的质量审核来进行的。

进展状况评审数据库的大部分内容来自项目团队的报告。然而,对这些报告进行分析并归纳出上层所需的总结,仍要做很多工作。通常这些工作由委员会的秘书来承担,推动者、团队领导者以及其他方面,如财务部门等要给予协助。

当组织有经验后,就会设计出标准的报告格式,这样就会大大方便项目团队、产品线、事业部等向公司提交报告。一家欧洲大公司所使用的一种表格规定每个项目要提出:

- 最初估计的慢性浪费的大小。
- 最初估计的项目成功后的成本降低。
- 实际实现的成本降低。

- 资本投资。
- 成本净降低额。

该公司在各个层次上都要对这些总结进行评审。总公司层次的总结每季度在董事长办公会上进行评审（同填写者的个人交流）。

绩效评价

对进展状况进行评审的目标之一是进行绩效的评价。这种评价既包括对于项目的评价也包括对于个人的评价。对于个人在突破项目中的绩效评价碰到了一个复杂的问题，即成果是由团队所取得的，这实际上是要评价个人对团队活动的贡献。这一新问题尚没有科学的解决方法，因此在基层只能由主管依据来自所有可能来源的信息对下属的贡献加以判断。

在组织的较高层次上，绩效评价包括了对于中、基层主管绩效的判断。这一评价必然地要考虑多个项目所取得的成果，这导致了对管理人员在项目方面的绩效进行综合评价的指标的发展。这些评价指标包括：

- 突破项目的数量：刚启动的、正在进行中的、已经完成的、中途流产的。
- 已完成项目在产品性能、成本降低和投资回报率等方面的价值。
- 下属积极参与项目团队的比例。

上级根据这些指标及其他一些因素来评价其下属的绩效。

突破培训

纵观本章，可以看到多处对培训必要性的强调。这种必要性广泛存在，因为所有雇员都必须理解突破所用的方法和工具。组织或许尚不熟悉项目式的突破方式，人员流动可能很高，员工可能会被赋予新的职责。要承担这些新的责任就必须进行充分的培训。

最近十多年中，许多组织都花巨资对员工在实现卓越绩效的方法和工具方面进行了培训，根据 iSix Sigma 和美国质量协会的说法，有 10 万人以上接受了黑带培训，另有 50 万人接受了绿带培训，美国质量协会和朱兰学院这些机构还建立了新的认证过程，以确保这些人员具备资质并有能力取得成果。黑带培训一般为期六周，最后认证还需要一段时间。

今天的培训是对未来的投资。随着组织迈向未来，这种努力将给我们带来莫大的益处。

致谢

本章有大量内容引自朱兰学院出版的各种培训材料以及由朱兰主编的 *A History of Managing for Quality* 一书，该书由朱兰基金会资助，密尔沃基的质量出版社出版。作者对于朱兰基金会和朱兰学院允许引用这些材料在此深表感谢。

参考文献

Betker, H. A. (1983). "Breakthrough Program: Reducing Solder Defects on Printed Circuit Board Assembly." *The Juran Report*, No. 2, November, pp. 53–58.
Greenridge, R. M. C. (1953). "The Case of Reliability vs. Defective Components et al." *Electronic Applications Reliability Review*, No. 1, p. 12.
Juran, J. M. (1964). *Managerial Breakthrough*. McGraw-Hill, New York. Revised edition, 1995.
Juran, J. M. (1975). "The Non-Pareto Principle; Mea Culpa." Progress. May, pp. 8–9.
Juran, J. M. (1981). "Juran on Breakthrough," a series of 16 videocassettes on the subject. Juran Institute, Inc., Wilton, CT.
Juran, J. M. (1985). "A Prescription for the West—Four Years Later." European Organization for Quality, 29th Annual Conference. Reprinted in *The Juran Report*, No. 5, Summer 1985.
Juran, J. M. (1993), "Made in USA, a Renaissance in Quality." *Harvard Business Review*, July-August, pp. 42–50.
Juran, J. M., and Godfrey, A. B. (1999). "Juran's Quality Handbook, Fifth Edition," McGraw-Hill, NY.
Juran, J. M. "Juran on Quality Leadership," A video package, Juran Institute, Inc., Wilton, CT
Welch, J. (2005). Winning. Harper Collins, New York, NY.

第6章

质量控制：确保可重复和具有符合性的过程

约瑟夫·M·朱兰

关于本章	过程符合性
本章要点	产品符合性：适目的性
定义符合性和控制	统计方法在控制中的作用
反馈回路的要素	质量控制体系和方针手册
控制金字塔	进行审核
对控制的计划	领导者的任务
控制展开表	参考文献
控制的阶段	

关于本章

本章就符合性的过程，亦即"控制过程"加以讨论。"控制"是一个普遍的管理过程，这一过程旨在确保所有关键的运营过程的稳定——防止负面的变化并"确保计划的绩效目标能够实现"。控制包括了产品控制、服务控制、过程控制，甚至还有设施控制。为了保证稳定性，控制过程就要评估实际的绩效，将实际绩效与目标对比，针对所存在的差异采取行动。

本章要点

1. 质量控制是一个普遍的管理过程，基于这一过程来管理运营活动以获得稳定性，亦即防止负面变化并"维持现状"。质量控制是通过采用反馈回路来进行的。

2. 产品或过程的每一个特征都是一个控制的主题，反馈回路正是围绕这一中心来建立的。人员的控制应该尽可能多地由基层员工来进行，这包括办公室职员、工厂工人、销售人员等。

3. 在对质量控制加以计划时广泛使用到流程图。设施控制中的最弱一环是遵守日程计划。

4. 为了确保严格遵守日程计划就必须有独立的审核。

5. 明确哪些是主导性的过程变量有助于计划人员分配资源和确定优先次序。

6. 在过程控制的设计中，应向操作人员提供区分真实变化和误报警所需的工具，最好是提供有助于区分特殊原因和一般原因的工具。这方面的一个有效的工具便是休哈特控制图（或控制图）。自我控制适用于所有职能中的过程，也适用于从总经理到一般工人的所有层次。

7. 对结果的责任应当融入到可控性当中。理想情况下，有关某个过程是否符合过程质量目标的决策应当由员工作出。

8. 要采用自我检验，必须满足几方面的标准：首先是质量第一；还有相互信任、自我控制、培训、资质等。对于被委任进行产品符合性决策的人员，除了应向他们提供决策指南之外，还必须明确规定其责任。

9. 管理的适当次序是，首先建立目标，然后计划如何实现目标，这包括了选择适当的工具。在计划质量控制时，应当提供一个供所有决策者使用的信息网络。

定义符合性和控制

符合性或质量控制是朱兰三部曲中的第三个普遍过程，另外两个是分别在第4章和第5章讨论过的质量计划和质量改进。朱兰三部曲示意图表明了这三个过程之间的关系。

本书的其他章节也利用图6—1来描述质量计划、质量改进和质量控制之间的关系，这是质量管理的基本管理过程。本章的重点则集中于两个"控制带"上。

在图6—1中很容易看出，尽管位于图的中部的过程处于受控状态，但其浪费水平是不可接受的。此时必需的不再是控制而是改进，亦即改变绩效水平的措施。

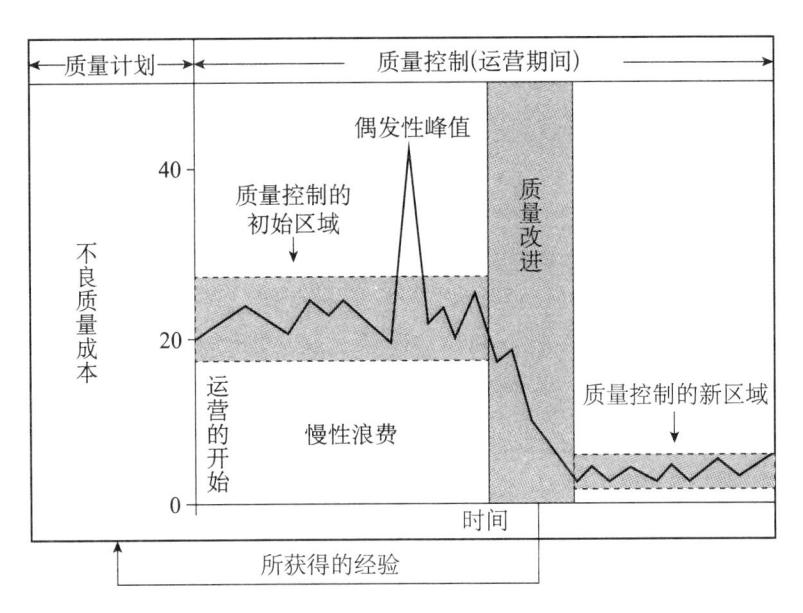

图 6—1　朱兰三部曲示意图

资料来源：Juran Institute, Inc., 1986.

通过改进，达到了一个新的绩效水平。此时的当务之急便是在这一水平上建立起新的控制，以防绩效水平退回到先前的水平甚至变得更糟。这便是图中的第二个控制带。

"质量控制"这一术语出现于 20 世纪早期（Radford，1917，1922）。这一概念将实现质量的方法，由当时居主导的事后检验（检测控制）扩展成为我们现在所谓的"预防（主动控制）"。随后的几十年间，"控制"一词有着很广的含义，其中还包含了质量计划的意思。以后的一些发展又使得"质量控制"的含义有所变窄。"统计质量控制"运动给人以这样一种印象，即质量控制就是由对各种统计方法的应用所构成的。"可靠性"运动声称质量控制只适用于检验时的质量，而不包括使用期间。

在美国，"质量控制"一词现常用先前定义的狭义含义，它属于"卓越绩效、卓越运营、卓越经营或全面质量计划"这些大概念中的一个组成部分。这些大概念可以彼此互换，成为描述一个组织管理质量的各种方法、手段、工具的具有广泛包容性的术语。

在日本，"质量控制"这一术语一直保持着较广的含义。他们所谓的"全面质量控制"大体上相当于我们的"卓越绩效"。1997 年，日本科学技术联盟

(JUSE)采用"全面质量管理"（TQM）这一提法代替了"全面质量控制"（TQC），使得他们所使用的术语与世界其他地方的普遍用法更加一致。

图6—2示出了这一步骤的输入—输出特征。

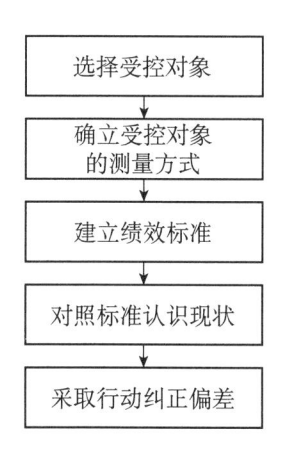

```
选择受控对象
   ↓
确立受控对象
的测量方式
   ↓
建立绩效标准
   ↓
对照标准认识现状
   ↓
采取行动纠正偏差
```

图6—2　输入—输出示意图

在图6—2中，输入是运营过程的特征，或为了产出产品特征而建立的关键控制特性，或为满足顾客需要所要求的关键产品特性。其输出为一个产品和过程控制的系统，该系统为运营过程提供了稳定性。

关键产品特性（KPC）是指一定程度的变异会显著影响产品的安全性、对政府规定的符合性、性能或安装性等的那些产品特性。

关键产品特性是某个过程的输出，这些特性可从产品上、产品内或产品本身测量得到，它们是顾客能够察觉到的输出。

KPC的例子如：

在产品"上"的KPC：宽度、厚度、涂层紧致度、表面光洁度等。

在产品"内"的KPC：硬度、密度、拉伸强度、质量等。

产品"本身"的KPC：性能、重量等。

总的来说，关键控制特性（KCC）是影响输出的那些输入。这些特性是顾客看不到的，只有当实际发生时才能测量得到。

KCC是：

• 一个过程参数，在制造和装配时其变异必须控制在一定的范围内，才能确保KPC的变异保持在其目标范围内。

• 一个过程参数，其变异性的降低会导致KPC的变异性的降低。

• 可直接追踪到KPC。

• 对于保证KPC达到目标值特别重要。

- 没有规定在产品图纸或产品文件中。

与质量保证的关系

质量控制与质量保证有很多共同之处。二者均要评价绩效，均要将绩效与目标相对照，均要对差异采取措施。但二者又互相区别。质量控制的基本目的在于维持控制。绩效的评价是在运营过程中进行的，绩效所对照的也是运营过程中的目标。在这一过程中，要使用测量指标来监测对于标准的符合情况。所产生的信息为员工接受和利用。

质量保证的主要目的在于确认始终保持着控制。绩效的评价是在运营之后进行的，所产生的信息既提供给员工，同时也提供给有需要了解的其他人员。使用结果指标来确定对于顾客需要和期望的符合程度。这里的其他人员可能包括领导层、工厂、职能部门、高层管理人员、主管机关、顾客及公众。

反馈回路

质量控制是通过反馈回路来进行的。反馈回路的一般形式如图 6—3 所示。

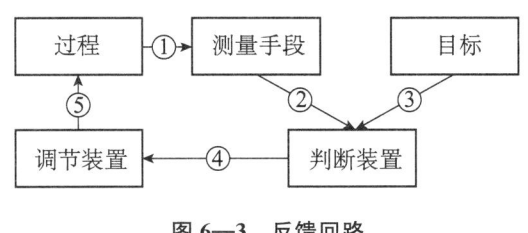

图 6—3 反馈回路

图 6—3 中各步骤的执行过程如下：

1. 回路中的测量手段对受控对象的实际质量加以评价，受控对象即我们所关注的产品或过程的特征。确定一个过程的绩效可以直接评价过程的特征，也可以间接地通过评价产品特征来进行——产品会反映出过程的表现。

2. 测量手段将绩效信息报告给判断装置。

3. 判断装置同时也接收到有关质量目标或标准的信息。

4. 判断装置将实际绩效与标准相对照。若差异过大，判断装置将激活调节装置。

5. 调节装置刺激过程（不论是人力过程还是技术过程）改变其绩效，以使过程质量与质量目标相一致。

6. 过程以恢复符合性作出反应。

要注意的是，图 6—3 中反馈回路的要素是职能。这些职能在各种情况下都是普遍的，但实行这些职能的职责会有很大的差别。很多控制是通过自动反馈回路实现的，没有人的介入。典型的例子如控制温度的恒温器和汽车上控制速度所用的巡航控制系统。

另一种常见的控制形式是由员工来实现的自我控制。这类自我控制的一个例子是乡村的工匠，他执行着反馈回路中的每一个步骤。工匠本人来选择受控对象，设定质量目标，查看实际的质量情况，判断一致性，当出现不一致时他就变成了调节装置。

图6—4描述了自我控制的概念。其基本要素包括员工或团队必须知道他们应该做什么，明白实际做得如何并具有对自己的绩效加以调节的手段。这意味着他们有具有充分能力的过程，有调节过程所必需的工具、技能和知识，还有可以这样做的职权。

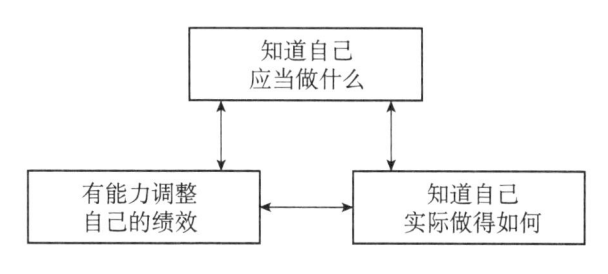

图6—4 自我控制的概念

资料来源：Juran Institute，Inc.

反馈回路的一种更为普遍的形式是办公室文员或工厂工人，他们的工作受到以检验员形式出现的判断装置的评价。这种形式的反馈回路在很大程度上是20世纪早期的泰罗制的产物，它强调把质量计划与运营执行相分离。发端于一个世纪以前的泰罗制对于劳动生产率的提高起到了巨大的作用，但对质量的影响在很大程度上却是负面的。这种负面的影响导致了更大的不良质量成本，更高程度的产品和服务的缺陷，以及顾客的不满。

反馈回路的要素

反馈回路具有普遍意义，它对于保持每一个过程的控制都是至关重要的。它适用于任何类型的运营活动，不论是服务业还是制造业，也不论是营利性的还是非营利性的。它适用于组织中从首席执行官到普通员工的所有层级，无所不包。但是，反馈回路的各要素在本质上却有着很大的差异。

图6—5是描述控制过程的一个简单的流程图，其中包含了简单的通用反馈

回路。

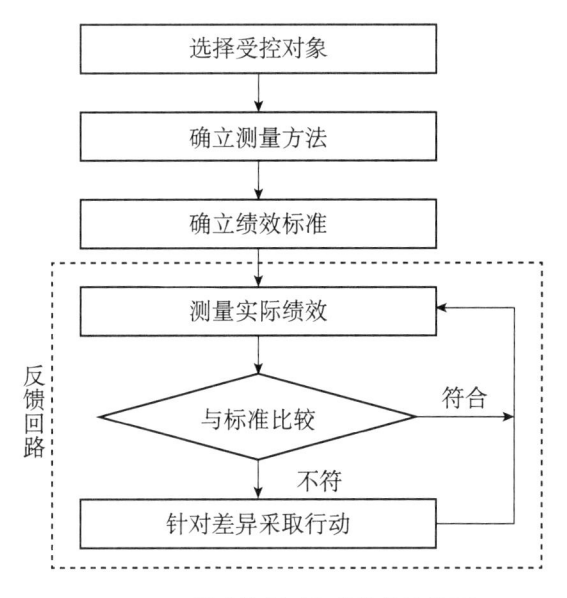

图 6—5 描述控制过程的简单流程图

受控对象

产品、服务或过程的每一个特征都可以成为一个受控对象（所要控制的特定特性或变量），亦即反馈回路所围绕的中心。选择受控对象是关键的第一步。为了选择受控对象，就要识别主要的工作过程和产品，定义工作过程的目标，定义过程本身，确定过程的顾客，选择受控对象（KPC 和/或 KCC）。受控对象可以来自很多方面，包括：

- 顾客表述的对于产品特征的需要。
- 从顾客需要转化的产品特征。
- 创造该产品或服务特性的过程的特征。
- 产业和政府的标准及法规（如《萨班斯·奥克斯利法案》、ISO 9000 等）。
- 保护人身安全和环境的需要（如 OSHA 标准、ISO 14000）。
- 避免诸如冒犯利益相关者、员工或所处社区之类的副作用的需要。
- 失效模式和影响分析。
- 实验设计的结果。

在普通员工这一层次，受控对象主要由体现于规范和程序手册中的产品和过程特征所构成。对管理层而言，受控对象则要广泛得多，且更多体现在经营方面，其重点转向顾客需要和市场竞争方面。这一重点的转移要求更为广泛的受控对象,进而影响着反馈回路的其余步骤。

确立测量方法

选择受控对象之后,接下来的一步便是确定测量过程实际绩效或产品与服务的质量水平的手段。测量是管理中最困难的任务之一,几乎在本书的每一章中都会有所讨论。在确定测量方法时,我们必须明确规定测量方式(手段),测量工具的精确度和准确度,测量单位,测量频率,记录数据的方法,报告数据的形式,将数据转换成有用信息所要作的分析,以及负责测量的人员。在建立测量单位时,必须选择易于理解的单位以便作为共同的决策基础,必须是顾客导向的,而且应当具有广泛的适用性。

确立绩效标准:产品目标和过程目标

对于每个受控对象都必须制定一个绩效标准,亦即一个目标。绩效标准是人们追求的成果,是人们的努力所指之处。表6—1列出了一些受控对象以及相应的目标的例子。

表6—1　　　　　　　　　　受控对象与相关质量目标

受控对象	目标
车辆里程	高速公路上最低为25英里/加仑
隔夜送达	99.5%于次日上午10:30以前送达
可靠性	在25年使用中故障低于3次
温度	最低505华氏度,最高515华氏度
采购订单差错率	订单差错率不超过3‰
竞争性绩效	在6个因素上达到或超过前三家竞争者
顾客满意度	服务优秀率达90%以上
顾客保留率	每年的关键顾客保留率达95%
顾客忠诚度	在80%以上的顾客处占有100%的份额

产品和服务的首要目标是满足顾客的需要。产业顾客经常能够在一定程度上准确表达他们的需要。这类明确的需要直接就成为生产公司的质量目标。与此相对照,一般消费者常常使用含混的词语来表达自己的需要。这类表述必须转化为生产者的语言,才能成为产品目标。

同样重要的其他产品目标还有可靠性和耐久性方面的目标。产品能否达到这些目标可能会对顾客满意度、忠诚度及总费用产生重要影响。产品在保证期内出现问题会严重影响公司的利润率,这种影响会同时体现为直接的代价和间接的代价（失去回头客、坏影响的扩散等）。

生产产品的过程具有两套质量目标：

- 生产满足顾客需要的产品和服务。理想情况下，每一件产品都应满足顾客的需要（满足规范）。
- 以一种稳定且可预测的方式运营。按照质量专家的行话来讲，每个过程应当"处于受控状态"。我们将在随后的"过程符合性"部分中对此进行详细讨论。

质量目标也可以针对职能、部门或人员。用这些目标所衡量的绩效结果便成为公司的计分卡、奖酬制度的一项输入。理想情况下这些目标应当是：

- 正当的：它们应当具有不容置疑的正式地位。
- 可测的：以便能够准确地沟通。
- 可达到的：有事实表明他人已达到过。
- 平等的：职责相当的人员应当具有大致相当的可达性。

质量目标的设定可以依据下述一些基础：

- 产品和服务特征目标和过程特征目标在很大程度上建立在技术分析的基础之上。
- 职能、部门和人员目标应当以业务需要以及外部的标杆分析为基础，而不应以过去的业绩为基础。

21世纪的头一个十年的后期，组织的最高层设定质量目标已经成为常态。设定诸如降低不良质量成本或成为同业之最之类的目标常常构成了战略计划的内容。当前的趋势主要是设定"真正重大"的目标，如满足顾客的需要，满足竞争要求，保持高的质量改进率，改进业务过程的有效性，设定挑战性目标以避免出现新的具有故障倾向的产品和过程。

测量实际绩效

尽可能精确地测量过程的实际绩效是控制质量特性的一个关键步骤。要进行测量，就需要有测量手段。测量手段指的是进行实际测量的装置或人员。

测量手段

测量手段指专门的检测装置。它用于识别某一现象的存在及强度，并将所得到的数据转换成"信息"。这些信息便成为决策的依据。在组织的较低层次上，信息通常是实时的，主要用于现场控制。在较高层次上，需要将信息以各种不同的方式加以整理，以提供更广泛的指标、监测趋势及辨识那些关键的少数问题。

受控对象的广泛差异要求具有多种多样的测量手段。其中一个主要类别是用于测量产品特征和过程特征的大量技术仪器，常见的例子如温度计、钟表、磅秤等。另一主要类别是各种数据系统以及相关的报告，它们为管理层提供了经过整理的信息。还有一类利用人来作为测量手段，问卷、调查、焦点小组、访谈等也是测量手段的形式。

出于控制目的的检测遍布整个组织。对于管理而言，无论是长期还是短期，信息都是必需的。这使人们利用计算机来辅助检测活动并将所获得的数据转换为信息。

大多数测量手段根据一个测量单位来进行评价。所谓测量单位就是某一质量特征的一个规定的量，据此可以用数字或图来评价这一特征。常见的测量单位的例子如温度度数、小时、英寸、吨等。相当多的检测是通过人来进行的，这样的检测注定会具有大量的差错。利用图片作为比较标准有助于减少人为差错，采用详细的说明对于减少人为差错也是极为重要的。

与标准比较

与标准相对照这一行为常常被认为是扮演了判断装置的角色。判断装置可以是人也可以是仪器，无论哪种形式，判断装置均用于执行下面的全部或部分活动：

- 将实际过程绩效与目标对照。
- 解释观测到的差异（如果有的话），确定是否与目标一致。
- 决定需采取的行动。
- 触发纠正行动。
- 记录结果。

这些活动还需要加以详细的阐述，稍后会进一步加以探讨。

针对差异采取行动

在任何功能完备的控制体系中，我们都需要某种对期望的绩效标准和实际绩效之间的差异采取行动的手段。我们需要某种调节装置。这一装置（人工的、技术的或二者兼备）是触发恢复符合性的行动的手段。在运营或员工这一层次上，这或许就是给计算机数据库发出指令的一个键盘，一个程序的改变，一份新的规范，或是调整机器的一个旋钮。对于管理层来说，也许是给下属的一张便笺，一个新的公司政策，或一个过程变革的团队。

关键过程

在前面的讨论中，我们都假定有一个过程存在。它可以是人工的、技术的或二者兼备。它是产出产品和服务特征的手段，每一个特征都要求受控以确保符合规范。所有的工作均是由过程来完成的。过程由输入、劳动力、技术、程序、能源、材料和输出所构成。

采取纠正措施

有很多采取纠正措施的方法来修正过程并使之恢复原状。一个著名的分析根原因并采取纠正措施的方法就是图 6—6 所示的 PDCA 或 PDSA 循环（最初由瓦尔特·休哈特提出，后又因戴明博士的原因被称为戴明环）。戴明（1986）将之称为休哈特循环，许多人都以此描述反馈回路的这一形式。

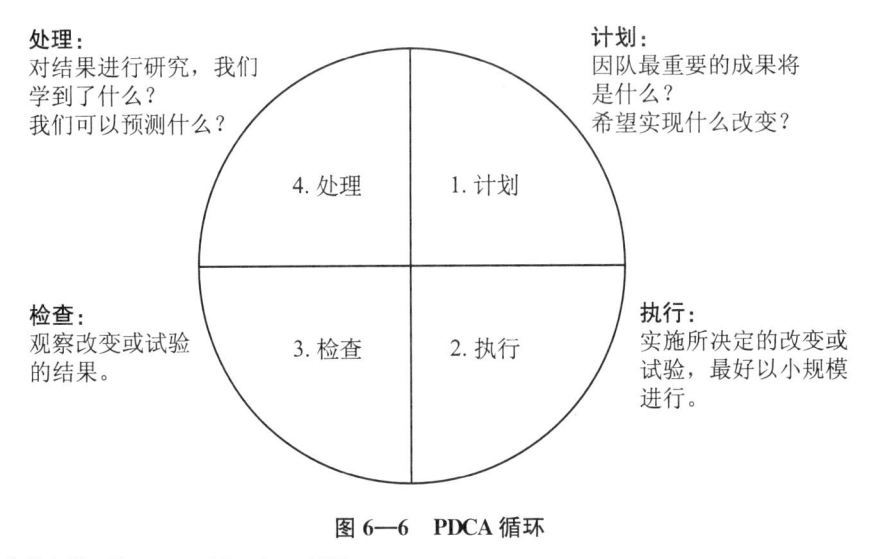

处理：
对结果进行研究，我们学到了什么？
我们可以预测什么？

计划：
团队最重要的成果将是什么？
希望实现什么改变？

4. 处理 | 1. 计划
3. 检查 | 2. 执行

检查：
观察改变或试验的结果。

执行：
实施所决定的改变或试验，最好以小规模进行。

图 6—6　PDCA 循环

资料来源：Shewart and Deming，1986.

在这个例子中，反馈回路被分解为四个步骤，分别被称为 plan（计划）、do（执行）、check（检查）和 act（处理）（PDCA）或 plan（计划）、do（执行）、study（研究）和 act（处理）（PDSA）。这一模型被许多医疗机构和服务行业所采用。这几个步骤大致对应着如下的内容：

- "plan（计划）"包括选择受控对象和设定目标。
- "do（执行）"包括运行和监视过程。
- "check（检查）或 study（研究）"包括检测和判断。
- "act（处理）"包括触发调节装置以采取纠正行动。

PDCA 循环的一个早期版本出现在戴明于 1950 年在日本的首次演讲中。此后，又有其他各种版本陆续发表出来，如 PDSA、RCCA（根原因纠正措施——译者注）等。

其中有些版本试图使 PDCA 循环成为一个同时包容控制和改进各步骤的通用模型。作者认为这种做法容易造成混淆，因为涉及的是两个完全不同的过程。我们的经验表明，所有的组织都应分别定义两种不同的方法，其中的一种方法是针对绩效中的"偶发性变化"采取纠正行动。

从所涉及问题的范围而言，RCCA、PDSA 和 PDCA 不同于六西格玛这样的改进方法，它们更倾向于针对"偶发性问题"进行较为简单的、复杂度较低的分析，以找出问题的根原因。RCCA 分析和沟通工具有助于减少困扰过程的日常性问题。用于分析和诊断偶发性问题的工具一般采用图示性工具的形式，不太重视统计方法的应用。很多接受了 RCCA 之类的方法培训的组织常常缺乏解决慢性问题的适当工具和方法，此时最好采用六西格玛的 DMAIC 改进方法。

控制金字塔

受控对象数目巨大，但需要加以控制的"事项"数目更要大得多。这些事项包括所发布的产品目录以及发送的价目表，乘以各自的品目数；所实现销售额，乘以各项销售额中的品目数；所生产产品件数，乘以有关的质量特征数目；还有相关的雇员关系、供应商关系、成本控制、库存控制、产品和过程开发，等等。

对一个约 350 人的小公司的研究表明，其所控制的事项高达 10 亿项之多（Juran，1964，pp. 181 - 182）。

高层管理人员不可能控制大量的受控对象，他们利用类似图 6—7 所描述的授权方案来将控制工作分类处理。

这种分工建立起了 3 种控制的责任领域，即非人工手段的控制、普通员工的控制和管理人员的控制。

技术控制（非人工手段）

金字塔的底部是自动反馈回路和防错过程，其运行中除了设备维护（但这是非常关键的）以外不存在人的干扰。这些非人工方法承担了对绝大多数事项的控制。这里的受控对象纯粹是技术性的，控制以实时的方式进行。

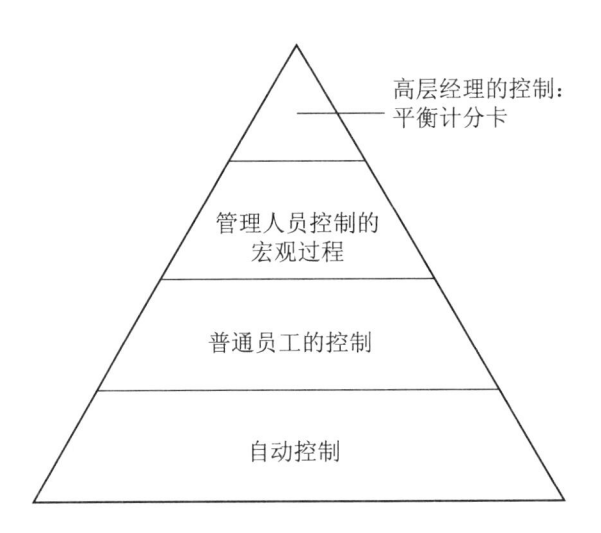

```
              高层经理的控制:
              平衡计分卡

         管理人员控制的
           宏观过程

       普通员工的控制

         自动控制
```

图 6—7 控制金字塔

资料来源：*Making Quality Happen*，Juran Institute，Inc.，Senior Executive Workshop，p. F-5.

金字塔的其余部分的控制要求有人的干预。往远了说，质量控制中最令人赞叹的成就发生在一个已经存在了数百万年的生物过程中，这便是受精卵成长为动物有机体的过程。在人类中，控制这一成长的基因指令是由大约 30 亿个"字母"构成的一个序列。这一序列，亦即人类基因组，被包含在双链 DNA（双螺旋）中，它在从受精卵到人的诞生这一过程中大约要"解码"和复制 1 000 万亿次。

如此巨大的数字，出错的可能性是相当大的（有些差错是无害的，但有些则是有害甚至致命的）。但实际出错的几率只是大约百亿分之一。这一低得令人难以置信的出错率是通过由三个过程构成的一个反馈回路来实现的（Radman and Wagner，1988）：

- 一个高保真的选择过程，利用化学键合来连接正确的"字母"。
- 一个校对的过程，读出最新出现的字母，如果不正确则将之去除。
- 一个采取纠正行动的过程，负责矫正探测到的错误。

员工控制

将这类决策授权于普通员工对于人际关系和运营过程的顺利实施会大有裨益。这些益处包括缩短了反馈回路；让员工在过程实施中有更强的主人翁意识，这常被称为是"授权"；使管理人员有更多的时间去进行计划和改进活动。

许多质量控制决策都能够授权给员工。很多公司已经在这样做。但是，将过程控制决策授权于员工必须满足"自我控制"或"自我管理"的准则（请参看本章随后的"自我控制与可控性"一节)。

管理层控制

控制金字塔的峰顶由"关键的少数"受控对象所构成。它们由包括最高管理层在内的各级管理人员负责。

经理们应该避免过深地陷入质量控制方面的决策,而更应该:
- 做关键的少数决策。
- 提供区分关键的少数决策和其他决策的准则。这类准则的示例请参看后文的表6—3。
- 将其余决策授权于员工,但要确定一个提供基本工具和训练的决策过程。

关键的少数事物与其他事物的区分源自受控对象。表6—2比较了员工和管理人员这两种层次上的受控对象是如何影响反馈回路的各要素的。

表6—2　　　质量控制在两个层次上的对比——普通员工和管理层

	普通员工的层次	管理层
控制目标	规范和程序中的产品和过程特征	经营性的、产品可销性和竞争力
测量装置	技术性的	数据系统
所作决策	符合与否	满足顾客需要与否

资料来源：*Making Quality Happen*, Juran Institute, Inc., senior executive workshop, p. F-4, Southbury, CT.

对控制的计划

对控制的计划也就是构造由概念、方法和工具所构成的系统的活动,借助于这一系统,人们能够使运营过程保持稳定,从而生产出满足顾客需要所必需的产品特征。这一过程的输入—输出特征(包括计划和过程在内)见图6—2。

影响质量的关键因素：顾客及其需要

控制系统的主要顾客是从事控制的公司员工,亦即执行构成反馈回路的各个步骤的那些人们。这些人员必须：(1)理解影响质量的关键因素(CTQ)、顾客的质量需要；(2)明确自身在满足这些需要中的角色。但是,他们中的大多数都缺乏与顾客的直接接触。对于控制的计划活动提供了关于顾客需要的描述,定义了实现这些需要的职责,从而有助于弥合横跨在顾客和员工之间的鸿沟。这样,对于质量控制所进行的计划一方面要向运营人员提供有关顾客需要的信息（不管是直接的顾客需要还是经过转化的需要），另一方面还要明确运营人员的控制责任。对于质量控制的计划可能会非常详尽。

谁来对控制进行计划？以往对控制的计划被委派给了以下这些人员：

- 产品开发人员。
- 质量工程师和专业人员。
- 跨职能设计团队。
- 部门经理和基层监督员。
- 普通员工。

传统上，对关键过程控制进行计划也是对运营过程进行计划的人员的责任。非关键过程通常交给质量部门的质量专家，他们的计划草案要交由运营部门的负责人批准。

最近的趋势表现为人们越来越多地应用团队的方式。团队成员包括运营部门的人员，还包括该过程的供应商和顾客。增加普通员工的参与也是近来的趋势。

符合性与控制的概念

符合性与控制的方法论建立在许多不同概念的基础之上，如反馈回路、过程能力、自我控制等。其中有些概念源自很久以前，而另一些则产生于本世纪和上个世纪。在讨论对控制的计划时，我们将详细讨论一些广泛应用的概念。

过程图或流程图

在对控制进行计划时，通常第一步是绘制出运营过程的流向，如第4章"质量计划：设计创新性的产品和服务"所讨论的那样。图6—8是流程图的一个例子。

流程图被广泛应用于质量控制的计划活动中，它有助于计划团队：

- 理解整个运营过程。团队的每个成员会十分熟悉过程中自己所在的部分，但对过程的其他部分及各部分之间的相互联系却不甚了解。
- 辨识建立反馈回路所围绕的受控对象。在此前的"受控对象"一节中，曾讨论过这些受控对象的性质。

图 6—8 流程图

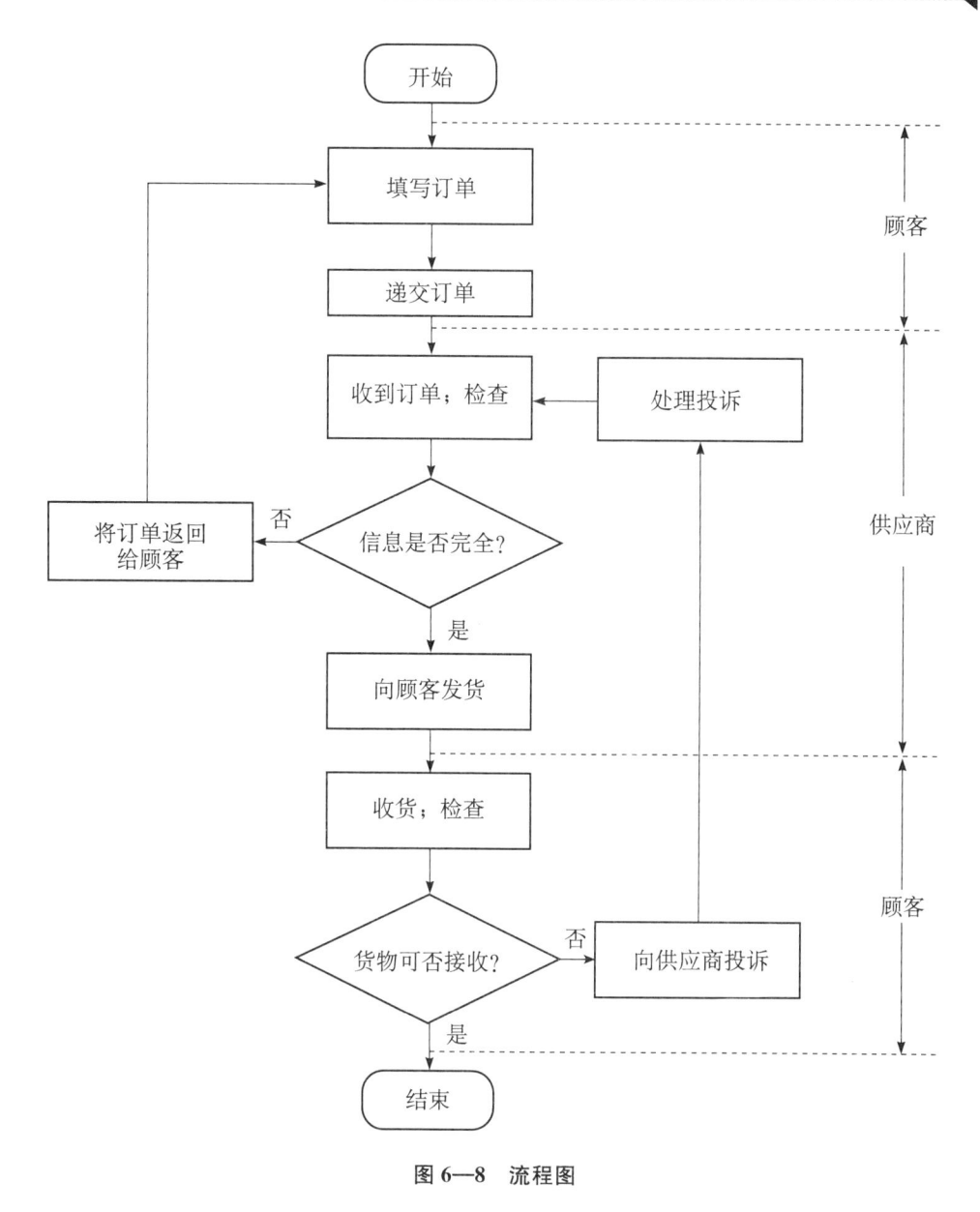

控制展开表

计划人员的工作通常被归纳在一张控制展开表上。展开表是一种重要的计划工具。图 6—9 是这方面的一个例子。

过程控制特征 受控对象	测量单位	测量手段的类型	目标	测量频率	样本容量	决策准则	决策职责	……
波焊状况 焊料温度	华氏度（°F）	热电偶	505°F	持续	—	510°F 降温 500°F 升温	操作者	……
传送带速度	英尺/分钟	测速表	4.5英尺/分钟	1/小时	—	5英尺/分钟减速 4英尺/分钟加速	操作者	……
合金纯度	杂质含量%	实验室化学分析	最大1.5%	1/月	15克	到1.5%时更换焊料	过程工程师	……

图6—9 控制展开表

展开表中的行是各种受控对象，纵列包括反馈回路的要素和运营人员实施控制所必需的其他特征。

纵列中的有些内容是某些受控对象所独有的，有些内容则广泛适用于大多数受控对象。其中包括测量单位、测量手段的类型、质量目标、测量频率、样本容量、决策准则及决策职责等。

职责分工

反馈回路中涉及多项作业，每一项都要求必须有明确的职责分工。在任一控制站都可能有多个人员可以用来完成这些作业。例如，在普通员工这一层次上，一个控制站中可能会包括负责准备设置的专门人员、操作人员、维修人员、检查员等。在这种情况下，必须就由谁来进行哪个决策、由谁来落实哪些措施达成共识。类似图6—9的一种专门的展开表便是用来达成这一共识的一种工具。

在这种展开表中，重要的决策和措施列在左列。其余各列的标题分别是与该控制站相关的职责类别。然后通过员工之间的讨论，就各自的职责分工达成一致。

"谁来对质量负责"这个问题是一个由来已久但颇为模糊的问题，实践表明图6—9所示的展开表是解答这一问题的一个行之有效的方法。这一问题还从来未曾有过答案，因为单就其本身而论是无法回答的。但如果从决策和行动的角度来看，取得一致的答案是不成问题的。这样便澄清了这种模糊认识。

检测和控制站

"控制站"是实施质量控制的一个区域。在组织的较低层次上,控制站通常被界定在一个有限的物理区域中。在这一层次上的控制站可以采用巡逻段或是"控制塔"的形式。在组织的较高层次上,控制站可能在地理上是十分分散的,正如主管们的职责范围一样。

对众多控制站的考察表明,它们通常以如下方式提供评价和/或早期预警:
- 在权限变更处,责任会在此从一个组织转移到另一个组织。
- 在进行某些重大的不可逆行动之前,如签署一项合约。
- 在关键质量特征产生后。
- 在起决定作用的过程变量所在之处。
- 在适合进行经济评价的区域("窗口")。

控制的阶段

流程图不仅揭示了运营过程中事件的进程,从中也可以看出哪些阶段应当成为控制活动的中心。有若干个这样的适用于大多数运营过程的阶段。

启动控制

这种形式的控制所产生的最终结果是决定是否"按下启动按钮"。典型的这类控制包括:

- 倒计时,对为使过程就绪所需的必要步骤加以核对。这种倒计时有时来自供应商,如航空公司提供核对表帮助旅客计划他们的旅程,电力公司提供核对表帮助住户准备冬季取暖。
- 过程和/或产品特征的评价,以确定一旦开始,过程是否符合目标要求。
- 评价活动必须满足的准则。
- 达到准则要求的确认。
- 职责的分派。这种分派变化很大,主要取决于质量目标的关键性程度。质量目标越是重要,就越倾向去将检查活动分派给专业人员、监督员和"独立的"检查员,而非不承担监督职责的普通员工。

运行控制

这种形式的控制在过程的运营期间定期进行。其目的是作出"运行或是停止"的决策,即过程是应该继续产品的生产还是应该停下来。

运行控制由反馈回路的一次又一次闭合所构成。过程和/或产品绩效受到评价并与目标相对照。如果产品和/或过程满足目标要求,且过程没有受到什么显著的不利改变,所作出的决定便是"继续运行"。如果有不符合发生或过程有了显著的改变,便需要采取纠正行动。

这里的"显著"一词的含义超出了字典中的解释。此处的一个意思是说,所显示出的改变是真正的改变还是偶然变异的误报。过程控制的设计应提供必要的工具,以帮助运营部门的人员对于真正的改变和误报加以区分。统计过程控制(SPC)方法便提供这方面的工具。

产品控制

这种形式的控制发生在一定量的产品已经被生产出来之后。控制的目的是判断产品是否符合产品质量目标的要求。这一决策的职责分工因企业而各不相同。但在所有的情形下,那些作决定的人员都必须被提供以必要的设备和培训,以使他们有能力理解产品质量目标,评价实际产品的质量并判断一致与否。

因为所有这些涉及的是一个事实判断,理论上讲可以让任何人来作这个决策,包括普通员工在内。在实践中,这一职责不会授予那些其自身职责可能会影响他们的判断的人员。这种情况下,决策通常交由那些不直接相关的人员,如"独立的"检验员。统计质量控制(SQC)是一种常用的得出无偏判断的方法。

装备控制

大多数运营过程都使用有形的装备,即设备、仪器和工具。对自动化的过程、计算机、机器人等的应用正在日益成为趋势,这一趋势使得产品质量越来越依赖于装备的维护。领先的组织推行了全面生产性维修(TPM)。应用的程度因企业而不同,但TPM和以可靠性为中心的维修(RCM)对于良好的装备控制有很大的支持作用。装备控制方案的组成要素是人们所熟知的:

- 制定实施装备维护的日程计划表。
- 制定一个核对表,也就是一个维护措施所包括作业的清单。
- 训练维护人员来实施作业。
- 明确分派责任以确保对日程计划的遵守。
- 加强对于关键备件的管理。
- 将设备的预防性保养任务和频次标准化。
- 优化维修工作的人员配备和组织的效率。

- 增加设备与操作者的机械接口。

设备控制中最薄弱的环节一向便是对于计划日程的遵守。要确保计划日程得到严格的遵守必须要有一个独立的审核。

在涉及新技术的导入的情况下，维护人员的培训成为了更为薄弱的环节（White，1988）。

1980年代，汽车制造商开始在车辆上引入计算机和其他电子设备。很快便发现许多维修店的技师缺乏这方面的技术教育基础，不能诊断和修复相关的故障。使事情更为糟糕的是，汽车制造商没有充分重视计算机的标准化，结果导致大量的培训需求得不到满足。

支配变量的概念

受控对象是如此众多，计划人员常常被建议要辨识关键的少数受控对象，以使之得到适当的优先。辨识关键的少数的工具之一便是支配变量的概念。

运营过程受到许多变量的影响，但常常有一个变量比其他所有变量的集合都更重要，这样的变量被称为"支配变量"。弄清哪个过程变量是支配变量有助于计划人员分配资源和安排优先次序。最常见的支配变量包括：

- 设置支配。有些过程在多次的运营循环中显示出高度的稳定性和结果重现性，印刷过程便是一个常见的例子。控制的设计应当向运营人员提供必要的手段，以使他们能够在运营过程开始之前进行精确的设置和确认。
- 时间支配。此处过程随时间不断地变化，例如，消耗品的损耗，发热及工具的磨损。控制的设计应提供有关的手段，以对连续性变化的影响进行定期的评价和方便的调整。
- 元件支配。此处的支配变量是投入原材料及元件的质量。这方面的例子如电子或机械设备的装配。控制的设计应致力于供应商关系，包括与供应商的联合计划，以提高投入的质量。
- 员工支配。这些过程中，质量主要依赖于员工的技能和熟练程度。那些依靠手艺的行业是这方面的典型例子。控制的设计应强调员工的能力测试、培训和认证、员工的质量评级，以及减少人为差错的防误措施。
- 信息支配。这里的过程具有"多样小批"的特征，所要生产的产品随时有变化。因此，加工信息经常改变。过程设计应着重于提供一个信息系统，能够就当前的工作与此前的差异发布准确、及时的信息。

过程能力

质量计划过程中的最重要概念之一就是"过程能力"。这一概念的主要应用是在运营过程的计划中。

这一概念在质量控制中也有应用。为解释这一概念，有必要先作一个简要的复习。所有的运营过程为了生产产品都有一种内在的一致性。这种一致性通常可以被量化，甚至在计划阶段便可以做到。过程计划人员可以利用所得到的这类信息来作出关于过程的内在一致性及其与过程目标之间的关系的决策，如关于过程的充分性、替代过程的选择、修正过程的必要性，等等。

当被应用于质量控制的计划活动中时，过程能力的状态成为了决定过程绩效的测量频次、制定装备的维护计划等的主要因素。过程的稳定性和一致性越大，所需的测量和维护次数就越少。

从事质量控制计划的人员应当清楚地理解过程能力的概念，理解这一概念在计划运营过程和计划对运营过程的控制这两方面的应用。

过程符合性

某一过程是否与其质量目标相符合？判断装置通过说明所观察到的过程绩效与过程目标之间的差异来回答这一问题。当当前绩效与质量目标确有差异时，便产生了接下来的问题，即导致这种差异的原因是什么？

变异的特殊性原因与一般性原因

所观测到的差异通常可归于以下两种情况之一：(1) 观测到的改变是由过程中一个主要变量的行为所引起的（或由于一个新的主要变量的进入所引起的）；(2) 观测到的改变是由过程中的多个次要变量的交互作用所引起的。

休哈特将 (1) 和 (2) 分别称为变异的"可归因的原因"和"不可归因的原因"(Shewhart, 1931)。戴明后来则称之为变异的"特殊性原因"和"一般性原因"(Deming, 1986)。以下我们将借用戴明的术语。

"特殊性原因"通常是偶发性的，多起因于某一单个的变量。这种情况相对容易诊断和纠正。"一般性原因"通常是慢性的，多起因于多个次要变量的交互作用，从而难以诊断和纠正。这一对比明确了在解释差异时，区分特殊性原因和一般性原因的重要性。这种区分有着普遍的必要性。特殊性原因属于质量控制的范畴，而一般性原因则属于质量改进的范畴。

休哈特控制图

为判断装置提供有助于区分特殊性原因和一般性原因的工具是当务之急。图

6—10所示的休哈特控制图（或简称控制图）便是达到这一目的的最为适宜的工具。

图6—10的横轴是时间，纵轴是质量绩效。所标注的点显示了随时间推移的质量绩效。

图中画出了三条水平线。中间的线代表以往绩效的平均值，从而是所期望的绩效水平。其他两条线是统计"界限"，它们依据一个预先设定的概率水平，例如1%，区分特殊性原因和一般性原因。

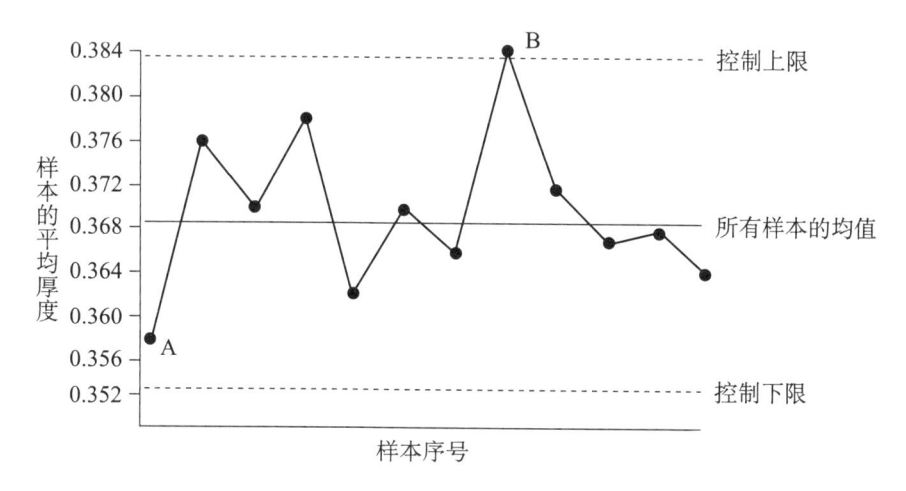

图6—10 休哈特控制图

资料来源："Quality Control," *Leadership for the Quality Century*，Juran Institute，Inc.

控制限内的点

图中的A点不同于以往的平均值。但是，因为A点在界限以内，故这种差异可以归因为一般性原因（以大于1%的概率）。从而我们认为没有特殊性原因存在。当没有特殊性原因存在时，可以作出以下一些普遍的判断：

- 只存在着一般性原因。
- 过程处于"统计控制"状态。
- 过程运行在其最佳的状态。
- 这种程度的变异必须容忍。
- 不需采取行动，否则会使情况更糟（所谓的"摆动"或"振荡"现象）。

以上的观点正在受到一个广泛的改进过程一致性的运动的挑战。虽然一些过程并没有跳出控制界限外的点，但次要变量的交互作用仍然导致了某些缺陷。

有这样一个例子，某过程尽管处于统计控制状态，但仍然实现了一个数量级的改进。这一改进是由一个跨职能的改进团队来进行的，他们辨识出了一些次要的变量并对之采取了措施。这个例子对认为由一般性的原因引起的变异应当维持的传统观点提出了挑战（Pyzdek，1990）。

其他一些例子中所反映出的挑战要更不易察觉一些。同样没有点跳到控制界限之外，也并没有产生缺陷，然而顾客却要求要有越来越高的一致性。这样的例子除了在制造过程中（如化学制品的批次间一致性、随机装配元件的一致性）出现之外，在业务过程中（如预测的准确）也时有所见。顾客这样的要求在不断地增加，他们迫使供应商针对过程中的次要变量来实施改进。

控制限外的点子

B点也不同于以往的平均值，但它跳到了控制限以外。这不可能归因于一般性原因（概率低于1%），因此我们认为B点是由特殊性原因所导致的。传统上这样的"失控"点便是采取纠正行动的信号。

理想情况下，所有这样的信号都应当触发即刻的纠正措施以恢复原状，但实际上许多失控的改变都不会导致纠正行动。通常的原因在于，由于特殊原因而造成的改变实在是太多了，可动用的人员不可能处理所有这些改变。因此应根据经济意义或其他的重要性标准来确定优先次序。优先度高的情况首先采取纠正措施，其余的则需要排队等候。有些优先度很低的改变或许要等很长时间才会轮得上采取纠正措施。

未能采取纠正措施还有一个更深层次的原因，这便是人们对于统计控制界限和质量公差的长期混淆。控制图所具有的精致性和灵敏性很容易消除这种混淆。在20世纪四五十年代，这种混淆颇为普遍，下面是作者亲身体验过的两个例子：

- 一个大型的汽车配件厂在每台机器上放了一张控制图。
- 一个化纤厂创造了一个贴着400多张控制图的"战地指挥所"。

实际上，所有这些情况下控制图都是由质量部门来维护的，但却为运营部门的人员所视而不见。这种过度应用的经历，使管理人员和计划人员对于只因其能灵敏探测改变就应用控制图颇为谨慎。相反，是否应用控制图应当根据它能否增加价值来判断。判断的理由包括：

- 直接涉及顾客的需要。
- 存在对人身安全或环境的风险。
- 涉及巨大的经济利益。
- 所增加的精确性是控制所必需的。

统计控制限和质量公差

在人类历史上的大多数时期,由产品特征或过程特征构成的质量目标通常是用语言来定义的。诸如"颜色要红"和"长度要足够长"都是目标,但自由诠释的空间实在是太大了。此后的技术发展大大刺激了测量的应用,并带来了使用数字来定义质量目标的趋势。除此之外,围绕质量目标还出现了极限或"公差"的概念。例如:

- 至少95%的装运符合计划交货日期的要求。
- 棒长与规定尺寸的误差必须在1mm以内。
- 响应顾客的时间长度是10分钟,误差在正负2分钟之内。

这类质量目标具有正式的地位。它是由产品或过程的设计者来确定的,并以正式的规范加以发布。设计者是法定的质量立法者,他们颁布法律。运营人员负有执行质量法律的义务,亦即符合规定目标和公差的要求。

一直到1940年代之前,人们对于以控制图的形式出现的统计控制限还一无所知。在那个时代,这些控制图没什么正式的地位,它们是由质量部门的质量专家绘制并发布的。对于运营人员而言,控制图是一个神秘而陌生的概念。此外,控制图会触发不必要的纠正行动,造成工作量的增加,这一点令人生畏。运营人员认为:"产品出现不合格时,采取纠正措施总是我们的事情。控制图过于灵敏,连不会导致产品不合格的过程改变也能被探测出来,我们就会被要求采取行动,即使在产品符合质量目标和公差时也是如此。"

这就出现了责任的混淆。质量专家确信控制图提供了不应忽视的有用的早期预警信号,然而质量部门没有意识到运营人员正面临着责任的困惑,后者认为只要产品符合质量目标就没必要采取纠正措施。在那时,高层管理人员提供不了什么帮助,他们不会让自己搅和到这种事务中。由于控制图缺乏正式的地位,运营人员自行其是,对控制图抱一种视而不见的态度。这些原因促成了1950年代所谓的"统计质量控制"运动的衰落。

在1980年代又出现了运用统计方法进行质量控制的新浪潮。许多运营人员接受了"统计过程控制"的培训。这些培训使得困惑有所减少,但一些困惑依然存在。为澄清这些困惑,经理们应该:

- 明确对控制限外的点采取纠正行动的责任。这些措施是必需的还是可自由决定的?
- 确定当点出了控制限而产品仍满足质量公差时采取行动的指南。

从图6—11中可以明显看出决策指南的必要性。对于A象限和C象限而言,指南是明确的：若产品和过程与各自目标相符，过程可以继续运行；若二者均不符，过程就必须停下来并采取纠正措施。对于 B 象限和 D 象限的指南则常常是模糊的，这种模糊性是许多困惑的根源。如果行动的选择权被授予了普通员工，管理人员就应当确立明确的准则。

		产品	
		符合	不符合
过程	不符合	B 模糊	C 清晰
	符合	A 清晰	D 模糊

图 6—11　决策领域

资料来源：*Making Quality Happen*，Juran Institute, Inc. Used by permission.

人们付出了极大的努力来设计控制图的界限，以帮助运营人员发现产品质量是否将要超出产品质量界限。

自我控制与可控性

当人们被供之以做好工作的所有必要条件之后，他们便处在了自我控制的状态。这些必要条件包括：

- 了解质量目标的手段。
- 了解自己的实际绩效的手段。
- 当绩效与目标不符时改变绩效的手段。为满足这一准则要求运营过程必须（1）具有实现目标的能力；（2）提供使运营人员可按需要调整过程以符合目标的特征。

自我控制的这些准则适用于所有职能和所有层次的过程，这里的所有层次包括从总经理一直到非监督职位的员工。

经理们常常很容易认为上述准则已经得到了满足。实际上，要达到这些准则必须解决许多细节问题。从某些过程为了确保符合自我控制的准则而制定的核对清单中可以很清楚地看到这些细节的性质，例如分别为产品设计者、生产工人、行政和支持人员设计的各类清单。

如果自我控制的所有准则在普通员工这一层次上均已达到，则所发生的任何产品不符合都被称为是操作者可控的。如果自我控制的任一准则未能得到满足，则管理层的计划活动便是不完善的，亦即没有为实施反馈回路中的活动提供必要的手段。源自这种计划不足的产品不符合被称为是管理层可控的，在这种情况下，管理人员让工人为质量负责是具有风险的。

对于结果的责任当然应当与可控性相符。然而，过去许多管理人员并不清楚在操作者层次上的可控性。朱兰在1930—1940年代的研究表明，在操作者层次上管理层可控的不符合与操作者可控的不符合的比例是80∶20。这些结论进一步为1950—1960年代的其他研究所证实。80对20的比率有助于解释仅靠激励员工来解决公司质量问题的众多努力之所以失败的原因。

对过程符合性决策的影响

理想情况下，过程是否符合过程质量目标的决策应由基层员工作出。再没有比这更短的反馈回路存在。对于许多过程来说，事实也确实如此。有些情况下，过程的符合性决策是由非运营部门的人员，即独立的检查员或检验员作出的。这样做的理由包括：

- 操作者不处于自我控制的状态。
- 该过程对人身安全或环境至关重要。
- 质量没有头等优先权。
- 在管理者和基层员工之间缺乏相互的信任。

产品符合性：适目的性

产品特征具有两个层次，分别服务于不同的目的。其中一个层次的产品特征所服务的目的如下：

- 满足顾客需要。
- 保护人身安全。
- 保护环境。

服务于上述目的的产品特征被称为具有"适用性"。

第二个层次的产品特征所服务的目的有：

- 为缺乏适用性知识的人员提供工作准则。
- 营造一种纪律与秩序的氛围。
- 保护无辜者不受无根据的指责。

这类产品特征通常包含在内部的规范、程序、标准等文件中。服务于第二层次目的的产品特征被称为具有规范符合性，我们将之简称为符合性。

两个层次产品特征的存在导致了两种决策，即产品是否具有符合性和产品是否具有适用性。图6—12示出了这两类决策与流程图之间的相互关系。

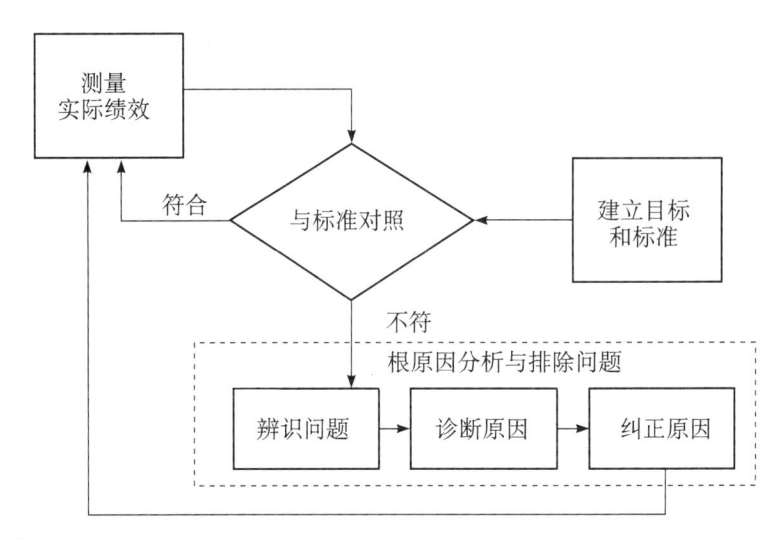

图6—12　质量控制与根原因分析的关系

产品符合性决策

普遍的做法是，符合规范的产品将被送到下一个环节或顾客手中。这里的假设是，符合规范的产品也具有适用性。在绝大多数情况下，这一假设都是成立的。

大量的产品特征加上大量的产品导致了大量的产品符合性决策。理想状况下，这些决策权应授予组织的最低层次，即自动化的装置和操作层员工。将决策权授予操作层员工导致了所谓的"自我检验"的产生。

自我检验

我们将"自我检验"定义为将对产品的决策授权于操作层员工的这样一种状态。被授权的决策主要包括：产品质量是否与质量目标相符？对产品应当采取何种处置？

要注意自我检验与自我控制完全不同，后者涉及的是对过程的决策。

自我检验的优点显而易见：

反馈回路很短。反馈常常直接指向操作人员，他们是纠正措施的驱动者。

自我检验扩大了员工的职位内容，使员工具有较强的主人翁意识。

自我检验避免了由于设置检验员、检查员等而造成的"警察气氛"。

但是，自我检验的利用必须满足若干重要的准则：
- 质量第一。质量必须具有无可置疑的头等优先权。
- 相互信任。管理人员必须充分信任员工从而愿意授权，员工对于管理人员必须具有充分的信心从而愿意承担责任。
- 自我控制。自我控制的条件必须具备，以便员工具有做好工作所必需的全部手段。
- 培训。员工应受到产品符合性决策方面的训练。
- 认证。最近的趋势是包括一个认定的程序。申请自我检验者要通过一个考试，以确保他们能够作出合格的决策。考试通过者发给证书，以后还会担任决策的审核者。

在许多组织中，这些准则并未被完全达到，特别是质量第一这条准则。如果是质量以外的一些参数具有头等优先权的话，产品符合性评价就存在着有偏见的危险。当个人绩效目标与总的质量目标发生冲突时常常会发生这样的问题。例如，某化工公司根据营业收入的目标来奖励销售人员，没有考虑产品的可用性甚至盈利性。销售人员实现了他们所有的目标，但公司却在苦苦挣扎。

适目的性决策

绝大多数产品确实符合规范。对不符合的产品则产生了一个新的问题：不符合规范的产品是否还具有适用性？

作为进行这类决策的一个完备的基础，必须回答如下一些问题：
- 谁将会是使用者？
- 这个产品将如何被使用？
- 在结构的完整性、人身安全或环境方面有无风险？
- 交货的紧要程度如何？
- 替代方案会如何影响生产者和使用者的经济性？

要回答上述问题可能需要付出相当的努力。组织期望通过程序化的指南来尽可能地减少这种付出。所使用的方法包括：
- 将所有的不符合产品视为不具有适用性。这种方式广泛用于对人身安全或环境可能具有风险的产品，如药品或核能。
- 建立一个决策机构。例子之一是广泛应用于国防工业中的"材料评审委员会"。这种措施对于重要的问题很实用，但对于没什么危险的大多数情况就太过烦琐。
- 建立一个多重的授权体系。在这一体系中，"关键的少数"决策由类似材料评审委员会这样的正式的决策机构作出，其余的则授权给其他人。

表 6—3 是一个某公司使用的授权表的例子（作者之一的个人调查）。

表 6—3　　　　　　　　　适目的性决策的多重授权

因不符合而产生的影响	所涉及产品的量或金额的大小	
	小	大
只是内部的经济性	直接涉及的部门主管、质量工程师	有关的工厂经理、质量经理
与供应商的经济关系	供应商、采购员、质量工程师	供应商、管理人员
与客户的经济关系	客户、销售人员、质量工程师	客户、营销、生产、技术和质量方面的主管
产品的现场绩效	产品设计师、销售人员、质量工程师	客户、技术、生产、营销和质量方面的主管
具有危害社会或违反政府法规的风险	产品设计主管、法规监督职员、律师、质量经理	总经理与高层领导班子

说明：对于质量目标就是规范的要求之一的那些产业（如原子能、太空），真正的适用性决策者是客户或政府管制者。

不适用产品的处置

不适用产品的处置有多种方式，如报废、分拣、返工、退还给供应商、降价出售等。内部成本可以设法达到一个经济上的最佳点。然而，影响远不止金钱方面，如日程被打乱，人们受到了责罚等等。为尽可能降低由此而引起的人工损耗，一些公司确立了如下的一些处理规则：

• 选择使有关各方总损失最小化的方案。这样就不再有什么可争论的，更易就如何分担损失达成一致。

• 避免追究责任，反之，将损失看作质量改进的机会。

• 谨慎使用"秋后算账"。将关键的少数损失记在负责部门的头上，从会计的角度来看具有一定的价值，但对于众多的小损失，这样做常常是不经济的，也不利于改进质量。

未能利用满足顾客需要的产品是一种浪费。将不符合顾客需要的产品发出去则更加糟糕。负责产品符合性决策的人员应该被提供以明确的责任界定和决策指南。作为其审核的一部分，管理人员应确保进行产品符合性决策的过程与公司的需要相吻合。

纠正措施

使反馈回路闭合的最后一个步骤是触发一个改变来恢复与质量目标的一致。这个步骤通常被称为是"排除故障"或"灭火"。

需要注意的是,"纠正措施"这一说法一直以来被用在两种非常不同的情景下,如图6—1中所示的那样。反馈回路专门用于消除偶发性的不符合,如图6—1中的"峰值";它并不擅长于解决该图中慢性浪费区域的问题,解决这方面的问题需要应用第5章所讨论的质量改进过程。

我们将在排除故障,亦即消除偶发性的不符这一意义上来使用"纠正措施"这一说法。

纠正措施需要经过诊断和治疗的历程。这些历程要比质量改进更简单。偶发性问题是由不利改变而导致的,所以诊断历程主要是要揭示出发生了什么改变。治疗历程则是要消除所发生的不利改变,恢复符合性。

偶发性改变的诊断

在诊断历程中,我们所关注的焦点在于"发生了什么改变"。有时原因并不明显,这种情况下诊断便成为纠正措施的主要困难。诊断运用这样一些方法和手段:

- 通过解剖来精确地确定产品和过程所表现出的症状。
- 比较产品。比较问题发生前后生产的产品以探究发生了何种改变。也可以将有问题的坏产品与好产品进行比较。
- 比较过程数据。比较问题前后的过程数据,弄清过程条件发生的变化。
- 情景重现。应按时间来编排(小时、天等):(1)过程在偶发性改变的前后所发生的事件,如轮班情况、新雇员上岗、维修行动等;(2)与时间相关的产品信息,如日期代码、加工运转周期、等候时间、转移日期等。

通过对所获得的数据进行分析,通常有助于加深对各种原因推测的认识。有些推测会被推翻,有些推测则会留下来等待进一步的检验。

如运营人员缺乏实施上述诊断所必需的训练,则可能被迫暂时将过程关闭以寻求专家或维修部门等的援助。他们也可能为了赶进度而让过程"依旧"运行,但这会冒达不到质量目标的风险。

纠正措施——治疗

一旦清楚了偶发性改变的原因,事情就好办多了。大多数治疗只是恢复到先前的状态而已。这是重返故地而非探索未知的历程(如处理慢性问题的情况)。现场人员通常能够采取必要的措施来恢复原状。

过程设计本身应当提供调整过程的手段,以便必要时通过调整使之与质量目标相符。在过程启动和运行阶段会需要这类调整。理想状况下,这方面的过程控制设计应当满足以下准则：
- 在过程变量与产品结果之间存在着已知的关系。
- 应提供便于迅速调整关键过程变量的设置的必要手段。
- 在过程设置的改变程度与对产品特征的影响程度之间存在着可预测的关系。

如果这些准则得不到满足，运营人员到一定时候就会被迫胡碰乱试以采取治疗措施。因此而产生的挫折感会影响人们对质量的重视。

统计方法在控制中的作用

数据的收集和分析是反馈回路中的一项重要活动。这一活动属于"统计学"这一学科领域。其方法和工具常被称为是"统计方法"。这些方法长期被用于许多领域中的数据收集和分析工作，如生物、政府、经济、财政、管理等。

统计过程控制（SPC）

这一术语有多重含义，但在大多数组织中，一般都认为其中包括数据的收集，利用诸如频数分布表、帕累托原理、石川图（鱼刺图）、休哈特控制图等工具进行的分析，及过程能力概念的应用。

诸如实验设计、方差分析这样一些先进工具也是统计方法的组成部分，但一般认为其不属于统计过程控制的内容。

优点

这些统计方法和工具对于质量控制有着非常重要的贡献，对于朱兰三部曲的其他两个过程——质量改进和质量计划——也同样如此。对于某些类型的质量问题而言，统计工具绝不仅仅是有用，而是不利用适当的统计工具，问题根本就不可能解决。

SPC运动在基本统计工具方面成功地培训了大批的基层监督员和普通员工，统计知识的增加使他们大大提高了对产品和过程行为的理解。此外，许多人懂得了依据数据收集和分析进行的决策会产出更为卓越的成果。

风险

存在着只重工具而忽视问题和结果的危险。在1950年代这种偏执曾经盛极一时，以致整个统计质量控制运动最终归于失败，"统计"一词也只好从部门名称中除去。

管理的正确次序首先是设定目标，然后计划如何实现目标，其中包括了选择适当的工具。类似地，在解决问题时，亦即在面对威胁或机会时，有经验的管理人员首先识别问题，然后他们借助于各种手段，包括选择合适的工具，来努力解决问题。

在1980年代，有许多公司确实采用了一种以工具为中心的方式，它们在应用统计工具方面培训了大量的人员。然而，这对于公司的基本经营目标没什么显著的效果。其原因在于，这些公司没有建立起一个基础的架构，用以辨识和选择项目、为项目分派明确的责任、提供所需资源、评审进展，等等。

经理们应当确保统计工具的培训不致以培训本身为终结。保证的形式之一是对进展情况加以衡量。评价在运营方面产生的效果可以利用这样一些指标，如在顾客满意或产品绩效方面的改善、不良质量成本的降低等等。类似于开课数目、受训人员数目这样的指标不能用来评价在运营方面产生的效果，因而是一些次要的指标。

决策信息

质量控制必须进行大量的决策。这些决策涵盖了大量的主题，发生在组织的所有层次上。针对质量控制的计划活动应当提供一个能为所有的决策者服务的信息网络。在组织的某些层次上，主要的需要是对实时信息的需求，以便迅速地探测和纠正对于目标的偏离。而在另一些层次上，信息的重点在于概要，这类信息有助于主管们对关键的少数受控对象实施控制。此外，网络还应当根据要求随时提供必要的信息，以便人们探测主要的趋势、分辨威胁和机会、评价组织中的单位和人员的绩效。

在有些组织中，质量信息系统的设计并不局限于对产品特征和过程特征的控制，也可用于控制组织和个人的质量绩效情况，如针对部门和部门负责人的控制。例如，有许多组织制作并定期发布评分榜，公布各市场区域、产品系列和运营职能等的质量绩效数据。这些绩效数据常被作为相应的分管人员的质量绩效指标。

要提供能够满足所有这些目的的信息，就必须进行专门针对信息系统的计划。这样的计划活动最好由专注于质量信息系统的跨职能团队来承担。该团队中应适当包括信息的需求者和信息的供应者。管理当局对质量控制体系的审核，应包括保证质量信息系统满足不同顾客的需要。

质量控制体系和方针手册

大量的质量计划活动是通过"程序"来进行的,这些程序也就是不断重复使用的计划。这些程序经过了仔细的考虑和字斟句酌,并且要经过正式的批准。一旦发布,便成为实施公司事务的公认方法。将质量管理的相关程序以"质量手册"(或类似名称)的形式集中发布,是一种相当普遍的做法。手册中相当一部分是关于质量控制的内容。

质量手册在以下几个方面增加了程序的实用性:

- 权威性。手册经过了组织的最高层的批准。
- 易查找。程序被汇编在一份众所周知的资料中,而非分散在众多的备忘录、口头协议、报告、会议记录等中。
- 稳定性。程序不会因记忆的淡薄和人员的流动而受到影响。

对公司质量手册的研究表明,各公司质量手册中有着非常相像的核心内容。质量控制方面的核心内容包括这样一些程序:

- 反馈回路在过程控制和产品控制中的应用。
- 确保运营过程能够满足质量目标。
- 装备的维护和计量仪器的校准。
- 在质量事务方面的供应商关系。
- 质量信息系统所需要的数据的收集与分析。
- 为实施手册条款而进行的人员培训。
- 确保遵守程序的审核活动。

对能够重复使用的质量控制体系的需要导致了产业、国家和国际标准的演化。关于开发标准操作程序的例子,包括录像带的应用,请参看 Murphy and McNealey(1990)。在程序制定过程中的员工参与有助于确保程序得到遵守。

质量手册的形式

质量手册大同小异。手册的一般内容包括:

1. 总经理的正式声明,其中包括正式的签名。
2. 手册的目的及用法。
3. 公司(或部门)的质量方针。
4. 组织结构图及有关质量职能的职责分工表。

5. 手册规定的绩效审核条款。

手册的其他部分涉及在职能部门、技术性产品和过程、业务过程等方面的应用。详见 Juran (1988, pp. 6.40 - 6.47)。

管理人员可以在以下几个方面对质量控制手册的适用性施加影响：
- 参与确定手册所要满足的准则。
- 批准手册的最终文本，使其正式生效。
- 定期审核手册是否落伍，是否得到了遵守。

进行审核

经验表明控制体系会受到各种类型的"损耗"的影响。人事变动会导致损失重要的知识，意想不到的变化会使体系退化，取巧和滥用会使体系被逐渐削弱直到失效。

审核是克服控制体系退化的主要手段。审核意味着建立一种定期且独立的评审制度，以回答下面的问题：该控制体系是否依然胜任要求？体系有无被遵守？

这些答案对于运营领域的经理们显然是有用的，但这不是审核的唯一目的。另一个目的是要将这些答案提供给那些虽没有直接参与运营但有必要知情的人。如果质量有着最高的优先权，有必要知情的人中就包括了最高主管们。

从而，经理们的职责之一便是要求建立一个定期的质量控制体系审核制度。

领导者的任务

1. 领导者应避免过深地陷入在质量控制方面的决策。他们应当作关键的少数决策，提出区分关键的少数决策与其他决策的准则，在建立了决策过程的条件下授权他人进行其他的决策。

2. 为消除有关控制限和产品质量公差的困惑，领导者应明确对于控制限外的点采取纠正措施的责任，并建立当点子在统计控制限外但产品仍符合质量公差时的行动指南。

3. 作为审核的一部分，领导者应确保产品符合性决策的过程适合公司的需要。同时也应确保统计工具的培训不致以培训本身为终结。对于质量控制体系的管理审核应包括保证质量信息系统满足不同顾客的需要。

4. 领导者可以在以下几个方面对质量控制手册的适用性施加影响：参与确定手册所要满足的准则，批准手册的最终文本并使其正式生效，定期审核手册是否落伍和是否得到了遵守。

参考文献

Deming, W. E. (1950). "Elementary Principles of the Statistical Control of Quality." Nippon Kagaku Gijutsu Renmei (Japanese Union of Scientists and Engineers), Tokyo.

Deming, W. E. (1986). "Out of the Crisis." MIT Center for Advanced Engineering Study. Cambridge, MA.

Juran, J. M. (1964). *Managerial Breakthrough*. McGraw-Hill, New York.

Murphy, R. W., and McNealey, J. E. (1990). "A Technique for Developing Standard Operating Procedures to Provide Consistent Quality." 1990 Juran IMPRO Conference Proceedings, pp. 3D1–3D6.

Pyzdek, T. (1990). "There's No Such Thing as a Common Cause." ASQC Quality Congress Transactions, pp. 102–108.

Radford, G. S. (1917). "The Control of Quality." *Industrial Management*, vol. 54, p. 100.

Radford, G. S. (1922). *The Control of Quality in Manufacturing*. Ronald Press Company, New York.

Radman, M., and Wagner, R. (1988). "The High Fidelity of DNA Duplication." *Scientific American*, August, pp. 40–46.

Shewhart, W. A. (1931). *Economic Control of Quality of Manufactured Product*. Van Nostrand, New York, 1931. Reprinted by ASQC, Milwaukee, 1980.

White, J. B. (1988). "Auto Mechanics Struggle to Cope with Technology in Today's Cars." *The Wall Street Journal*, July 26, p. 37.

第 7 章

战略计划与展开：由良好到卓越 约瑟夫·A·德费欧

关于本章	设计战略计划与展开的要素
本章要点	利用关键绩效指标来测量进展情况
战略计划与质量：益处	启示
启动战略计划与展开	参考文献

关于本章

本章描述了组织建立愿景并部署战略计划以成为市场"质量"领导者的这一过程。战略计划与展开过程解释了组织如何通过整合和校准各种方法来实现卓越绩效。本章主要讨论如下这些重要议题，即如何将战略目标与组织的愿景和使命相校准，如何在整个组织中展开这些目标，如何发挥战略计划的益处。

本章要点

1. 战略计划（SP）是确立长期的经营目标并设计实现目标的手段的系统方法。基于质量管理的组织转型应当与组织的战略计划整合起来。

2. 战略计划方案使组织能够将包括质量改进目标在内的所有目标在组织中加以展开。它为最高管理层作出合理的战略抉择以及确定组织的各种活动的主次提供了依据。

3. 与组织的战略目标不协调的活动应当加以改变或取消。

4. 本章将定义战略计划过程及其展开工作，讨论展开"质量目标"的系统方法。

5. 本章还将阐述领导者在实施战略计划并确保其成功方面所发挥的具体作用。

战略计划与质量：益处

战略计划活动（SP）是确立企业的长期目标以及明确实现目标的途径的一种系统化的方法。一个组织一旦确立了其长期目标，有效的战略计划就能够使其每年制订出年度的经营计划，其中包括了必要的年度目标，还有实现未来目标所必需的资源及行动。

许多组织建立了通过为顾客创造并生产高质量的产品和服务来成为绩效最佳者的愿景。通过这样做，它们就能超越那些没有这样做的组织。这种绩效不只是关于产品和服务的质量，而且是关于经营本身的绩效，这意味着更高的销售额，更低的成本，通过雇员满意实现的更好的文化，最终实现对股东而言更大的市场成功。

有必要将这些目标纳入到战略计划过程以及年度业务计划中。这将确保新的目标成为计划的一个组成部分，而不致与已经确立的资源分配重点发生冲突。否则，无论多么良好的变革意愿也还是会归于失败。

许多领导者将战略计划活动理解为制订战略计划方案和确立财务目标的过程。他们常常并未认识到其中包括了对战略性质量目标、分目标、年度目标以及实现目标的资源和行动所进行的部署。我们将努力突出这一区别，并在本章中使用"战略计划与展开"这一术语。许多组织通过战略展开而避免了变革计划的失败并取得了持久的效果。

六西格玛、精益六西格玛以及前几年的 TQM 都是被广泛应用的变革方法，很自然地被纳入到了许多组织的战略计划方案当中。将这些"质量与顾客驱动"的方法与战略计划活动整合起来，对于组织的成功是至关重要的。

不同的组织选用了不同的术语来描述这一过程。有些采用了"方针管理"这个日语词汇；有些则部分地翻译了这个术语，称之为"方针计划"；还有些则将其简单翻译为"方针展开"；在美国马尔科姆·鲍德里奇国家质量奖的早期版本中，这一过程被称为"战略质量计划"。之后，这一评奖准则中又将其更名为"战略计划"。

高层管理者是否应将质量体现在计划中，不同的组织有不同的做法。但是，将主要的变革活动或质量举措整合在战略计划中却是至关重要的。战略计划与展开的好处是显而易见的：

- 目标更加清晰——通过计划活动澄清了许多的模糊认识。
- 计划过程使目标成为可实现的。
- 监测过程有助于确保目标的实现。
- 确定了消除慢性浪费的改进过程。
- 有助于不断强化对顾客和质量的重视。

什么是战略计划与展开？

战略计划与展开是将以顾客为中心的全组织范围内的质量和卓越经营方法与组织的战略计划方案整合在一起的一种系统化的方法。战略计划活动是一个系统化的过程，组织借助这一过程来确立质量和顾客方面的长期目标，并将这些目标与财务、人力资源、市场营销以及研发方面的目标一道在平等的基础上整合到一个综合的经营计划当中。

作为一个有效的企业管理系统的组成部分，战略计划活动使组织能够计划和执行战略性的组织突破。从长期来看，这些突破的预期效果是实现竞争优势或获得"质量领先"的地位。

在过去的几十年中，战略计划活动已经不断演化为众多的组织变革过程的组成部分，如六西格玛、运营卓越活动（operational excellence，OpEx）等。它已成为支持组织的经营管理系统的基础构成。图7—1是一个简单的质量计划与展开的模型，它构成了本章讨论的主线。

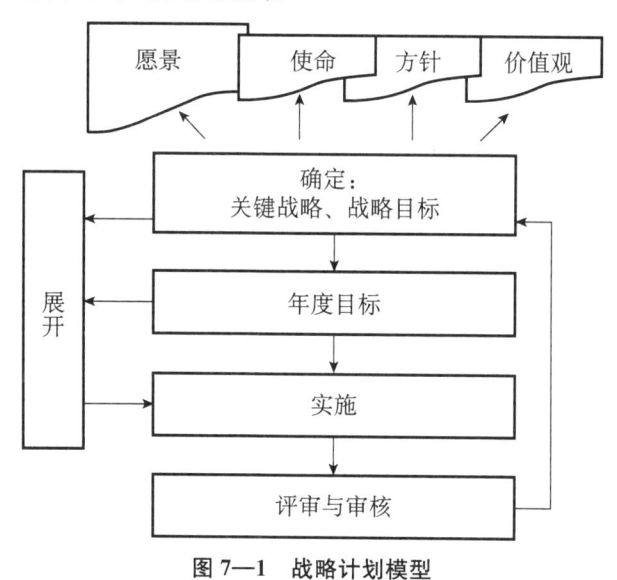

图7—1 战略计划模型

战略计划与展开也是马尔科姆·鲍德里奇国家质量奖、欧洲质量管理奖以及其他国际的和国家的奖项的关键要素。这些奖项的评奖准则都强调，顾客驱动的质量和卓越的运营绩效同为关键的战略性经营问题，必须成为总体经营计划活动中的一个有机组成部分。对于马尔科姆·鲍德里奇国家质量奖获奖者的一个重要的评定表明，获奖公司的绩效表现远优于未获奖的公司（见图7—2）。

	1988—1996年间投资	1997年12月1日的价值	改变率（%）
所有获奖者	7 496.54美元	33 185.69美元	362
标准普尔500家	7 496.54美元	18 613.28美元	148

数据：国家标准技术研究院

图7—2　马尔科姆·鲍德里奇国家质量奖获奖者绩效

资料来源：*Business Week*，March 16，1998，p.60.

1995—2002年间，质量表现出了对利润的巨大影响。"鲍德里奇指数"连续8年胜于"标准普尔500种股票指数"，有些年份几乎达到了4∶1或5∶1。这一指数一直持续到2004年，从这一年开始，马尔科姆·鲍德里奇国家质量奖的表彰增加了小企业和教育机构。小企业的加入影响了"鲍德里奇指数"，但如果把诸如规模之类的因素考虑进去的话，质量仍然具有显著的影响。

Godfrey（1997）指出，有效的战略展开应当作为实现目的的一种工具、一种手段，而不应当作目标本身。它应当成为使组织的全体人员都参与其中的一种努力。它必须立足于现行的活动，而不是使组织忙上加忙。它必须有助于高层主管面对困难的抉择，理清轻重缓急。它不只是要启动新的举措，而且还要取消许多不增值的现行活动。

战略计划的现在

以往这一方法只是建立遍及整个组织的财务目标，现在则进化为旨在确立更为坚实的战略计划。为了在全球市场上更为有效，组织就必须确立一个包括了以下所讨论要素的战略计划。

质量与顾客忠诚目标

主要的质量目标都体现在了战略质量计划中，这些目标由一个层级化的较低层次的目标体系所支持着，如分目标、项目等。改进目标是这样一类目标，它旨在谋求在产品、服务过程或人员的绩效方面取得突破，这种突破是通过关注顾客、供应商以及股东的需要来实现的。"顾客的声音"融入了计划，并同整个计划整合在了一起。这种整合使这些目标取得了正当性，并将财务目标（这对于股东是重要的）与那些对顾客具有重要意义的目标进行了平衡。这也消除了人们对于财务计划和质量计划两套计划并存的担忧。

一套确立年度目标并提供相应资源的系统化、结构化的方法，必须包括如下的要素：

- 有关奖励的规定。在绩效考核和表彰体系中，依据改进目标来评价的绩效被给予相当大的权重，其中还必须包括对于正确行为的表彰。
- 广泛的参与。目标、报告和评审等的设计都旨在获得组织各层级的广泛参与。这种参与包括组织所有层次上的全体员工，为组织的变革举措提供了支持，有助于实现所期望的成果。
- 一套共通的语言。诸如质量、标杆分析、战略性质量展开等关键术语都具有标准的含义，从而使沟通变得越来越精确。
- 培训。所有雇员都要接受有关各种概念、过程、方法和工具的培训。与只在质量部门或管理人员中进行培训的组织相比较，那些在正确的时机对所有部门所有层次的员工都进行培训的组织会处于优势地位。

为何战略展开？其益处

在刚开始实施战略计划的组织中，最初提出的问题常常就是，到底为何要进行战略计划？要回答这个问题，就要考察一下其他的组织从战略计划中所认识到的益处。这包括：

- 将组织的资源集中在那些真正能够提高顾客满意度、降低成本以及增加股东价值的活动上（见图7—2）。
- 建立起一个反应灵敏、灵活机动并训练有素的计划与实施系统。
- 鼓励跨部门的合作。
- 提供了长年持续实施突破活动的过程。
- 通过提供实施计划活动所需要的资源来充分向领导者、管理者和普通员工授权。
- 消除不在计划内的那些不必要的和浪费性的活动。
- 消除各种计划中可能存在的冲突，如财务计划、营销计划、技术计划以及改进计划中的冲突等。
- 集中资源确保财务计划的实现。

为何战略展开？其风险

许多组织实施了全面质量管理及其他的变革管理体系。有些组织取得了令人瞩目的成果，有些组织因在基本经营指标和提高顾客满意度方面收效不大而对结果感到失望，还有些活动则被认为是失败的。导致失败的基本原因之一是未能将这些"质量活动"融入到组织的经营计划当中。

其他的失败原因还有：

- 战略计划工作被指派给了计划部门，而非由高层主管亲自承担。这些计划人员缺乏这方面概念和方法的培训，也不属于组织的决策者行列，因此而导致了所制订的战略计划中未能包括旨在提高顾客满意度及过程改进等方面的改进目标。
- 各个部门只是追求本部门的目标，而未能将部门目标与组织的整体目标整合起来。
- 带有固有缺陷的新产品或新服务不断地被设计出来，这些缺陷从以前的设计中年复一年地被继承到新型号中。这些新设计未接受评估或改进，因此不是顾客所驱动的。
- 项目由于参与不充分，往往会造成耽搁和浪费，在良性的业务结果呈现之前便已经偃旗息鼓了。
- 改进目标仅局限在制造产品和制造过程中。顾客之所以发怒不仅是由于收到了有缺陷的产品，他们也会因不正确的账单和发货延误而生气。由于在年度计划中没有相应的目标而使得开具账单和发货的业务流程未能开展现代的质量计划和质量改进。

以往的战略计划过程的这些缺陷其源头在于缺乏一种将各种活动整合到一个计划中的系统化、结构化的方法。随着越来越多的公司对于战略质量展开变得熟悉，许多公司采用了这一技术，即像管理财务一样在全组织范围的基础上来管理变革。

启动战略计划与展开

要创建以质量和顾客为中心的战略计划，要求领导者成为教练和导师，亲身参与，坚持，消除责备的氛围，并且在最充分的数据基础上进行决策。

朱兰（Juran，1988）曾说过："你需要让会受到影响的人们都参与进来，不只是在计划方案的实施时，而是在计划之初就如此。你必须避免仓促，不要让人猝不及防，要进行试点，以便了解那些具有破坏性的事物并加以纠正。"

战略展开过程

战略质量展开过程要求组织将对顾客的关注融入到组织的愿景、使命、价值观、方针、战略、长期和短期目标以及项目当中去。项目是将质量改进活动、再造以及质量计划团队与组织的经营目标联系起来的逐日逐月进行的活动。

战略展开所要求的要素一般来说对所有的组织都是类似的。但每个组织的独特性决定着各要素应用的次序和步调，以及必须增加额外要素的程度。

在战略展开过程的沟通中，存在着很多的习惯说法。不同的组织在描述同一概念时可能会使用不同的术语。例如，某个组织称为愿景的东西，另一个组织可能会称为使命（见图7—3）。

> 定义摘录
> 使命： 我们从事何种业务
> 愿景： 组织期望达到的未来状态
> 价值观：符合愿景要求的原则或通过实现愿景达到的原则
> 方针： 我们的运营方式以及对顾客和社会的承诺

图7—3 组织的愿景和使命

资料来源：Juran Institute, Inc.

以下是本章使用的几个关于质量计划中的若干要素的定义，它们应用得十分广泛：

愿景（vision）。组织或企业未来期望达到的一种状态。想象力和予人以鼓舞是构成一个愿景的重要成分。通常，愿景可被看作组织的最终目标，是需要花5年甚至10年来实现的目标。

使命（mission）。组织之所以存在的目的或理由，通常是要回答我们要做什么以及服务于谁的问题。

• 捷蓝航空公司（Jet Blue）在肯尼迪国际机场有着无人比肩的地位。如果用乘客人数来衡量的话，捷蓝航空的业务量几乎相当于在肯尼迪国际机场运营的所有其他航空公司的业务量的总和。捷蓝航空依托它们在这一美国最大的航空市场上的坚固地位而确保了盈利能力，即使在最困难的市场环境下也能如此。"我们的使命是让人文关怀回归航空旅行。"

战略（strategies）。实现愿景的手段。战略数量较少，它规定了诸如价格、价值、技术、市场份额，以及组织必须追求的文化这样一些关键的成功因素。战略有时是指"关键目标"或"长期目标"。

年度目标（annual goals）。组织在 1~3 年期内必须实现的，是工作努力所指向的终点和结果。目标有"长期"（2~3 年）和"短期"（1~2 年）之分。目标的实现标志着战略的成功执行。

- 捷蓝航空在增加针对所有旅客的产品选项的同时，致力于保持独特、低成本和高质量飞行的捷蓝航空的独特体验。

伦理准则和价值观（ethics and values）。组织所拥护和信奉的东西。

- 捷蓝航空连续四年被 J. D. Power 评为顾客服务第一名。正是这种杰出的顾客服务持续驱动着捷蓝航空并使之卓尔不群。与 Sirius XM 和 Direct TV 的合作、更舒适的座位空间，所有这些措施都使得每个顾客的飞行体验变得无比愉悦。

方针（policies）。采取管理行动的指南。组织在许多领域中都会有方针存在，如质量、环境、安全、人力资源等。这些方针指导着日常的决策。

举措与项目（initiatives and projects）。由跨职能团队进行的实现某个分目标的活动，其成功的完成有助于确保战略目标的实现。一项举措或项目意味着委派一组选定的人员组成一个团队，并赋予其实现特定目标的责任和权限。

- 经过 6 年计划和 3 年建设，捷蓝航空在肯尼迪国际机场的第五航站楼投入使用。第五航站楼为捷蓝航空的顾客提供了专属的停车场和登机通道，它有 26 个登机口，设置了最高水准的各种服务设施。由于更加接近跑道，使得捷蓝航空的运营更为高效。第五航站楼使该公司在纽约航空市场上进一步占据了先机。

展开计划（deployment plan）。为将愿景转化为行动，必须将愿景加以分解并转换成依次相继的更小更具体的部分，如关键战略、战略目标等，一直展开到项目层次甚至部门行动。将愿景在整个组织中分解和分配的详细计划被称为是"展开计划"，它包括分派角色和责任，以及确定实施项目并实现项目目标所需的资源（图 7—4）。

计分卡和关键绩效指标（scorecards and key performance indicators）。在整个组织中都可见的测量指标，用以评价战略计划实现的程度。

- 截至 2008 年年底，捷蓝航空成为了美国第七大航空公司，每天执飞着 600 多架航班。

第 7 章　战略计划与展开：由良好到卓越　249

愿景，使命，　关键战略　　战略目标　　年度目标　　举措，项目
价值观

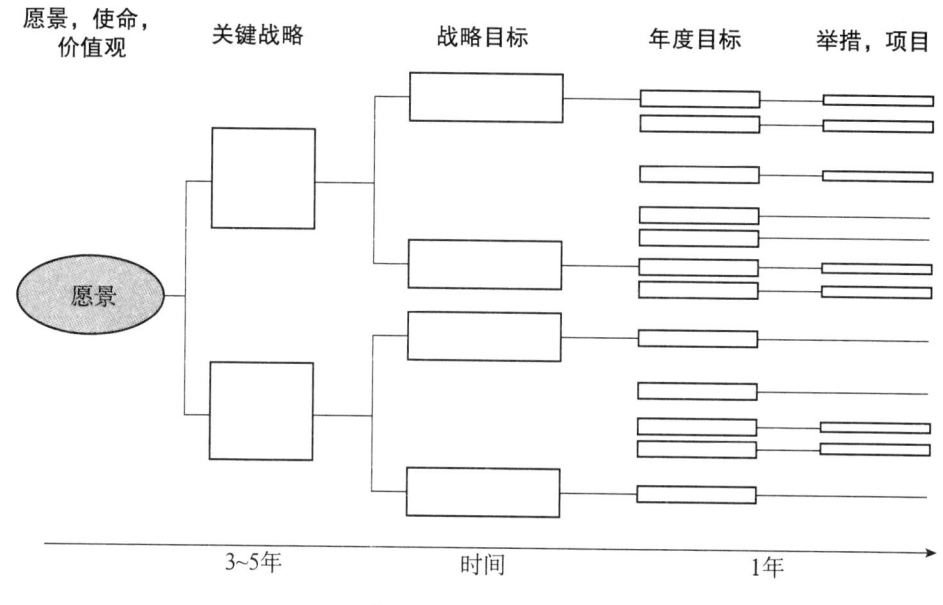

愿景

　　　　　3~5年　　　　　时间　　　　　1年

图 7—4　愿景的展开

资料来源：Juran Institute，Inc.

设计战略计划与展开的要素

建立愿景

战略展开始于一个以顾客为中心的愿景。在我们所知道的成功转变为更具有协作性的组织的那些公司中，其成功的关键是建立并依存于共同的战略愿景。当就总方向达成共识后，实现的途径则可以灵活多变（Tregoe and Tobia，1990）。

"真正有威力的愿景是简明扼要的。十诫、独立宣言、丘吉尔在二战时的演讲，提出的讯息都是如此简明和直率，你简直就能够触摸到它们。我们的公司战略同样也应当有这样一种力量。"

一个愿景应当阐明顾客、雇员、股东或社会能够期望从组织中获得的益处。以下是几个愿景的例子：

> • 世界最大的优质数码产品生产商三星公司的愿景是"引领数字化融合运动"。
> 　三星坚信，通过今天的技术创新，我们将发现应对明日挑战的解决方案。

> 技术为企业的成长,为新兴市场中的人们融入数字化经济,为人们发明新的可能带来了机会。我们致力于开发创新性技术和开拓新市场的有效过程,丰富人们的生活,持续使三星成为可信赖的市场领导者。
>
> • Sentara 医疗机构(位于大西洋中部):我们致力于通过建立创新性的医疗体系,帮助人们实现和保持最佳的健康状态,从而使我们进入全国领先的医疗机构的行列。
>
> • Kaiser-Permanente(一家大型美国医疗机构):我们致力于为我们的成员提供优质、经济的医疗保健。我们的医生和管理人员将通力合作,改进我们的医疗、服务和全面绩效。

上述每一个愿景都给出了关于该组织的方向和特征的一个独特的视角。每一个愿景都向顾客和雇员传达了组织将往何处去的一个总的印象。对于相应的组织来说,愿景为其提供了一个清晰的图景,常常是历史上第一次,描述了它将往何处去以及为何要到那里去。

好的愿景表述应当充满鼓舞力,且在整个组织中为人们所共有。使愿景对于组织来说具有一定的挑战性但有可能在 3~5 年内得以实现通常是一个不错的主意,同时要指出一个可衡量的实现标志(例如,成为最佳)。在创建愿景时,组织应当将它的顾客、它要在其中竞争的市场、组织运营的环境以及组织文化的现状都考虑在内。

愿景的陈述就其本身而言不过是几句话而已,只发布这样一个陈述并不能够让组织的成员认识到他们应当做什么与以往不同的事情。战略展开过程和战略计划是使愿景化为现实的基础。愿景的表述只是提醒人们组织在追求什么,而愿景必须落实到行为和行动上来。

在建立愿景时有一些容易犯的错误:

- 愿景只关注股东。
- 认为战略计划一旦写出来,无须进一步工作自然就会被执行。
- 未能将愿景阐释为对顾客、员工、供应商以及其他的利害相关者的益处。
- 创建的愿景过于容易或是过于困难。
- 未能考虑全球经济在未来 3~5 年将会发生的迅速变化的影响。
- 在创建愿景时未让各层次的关键员工参与。
- 未同竞争对手比较,或未能针对未来需要、内部能力及外部趋势考虑所有可能的信息来源。

就使命达成共识

大多数组织都会有一个使命的陈述。考虑使命陈述时要回答"我们所从事的是何种业务"这一问题。使命常常会与愿景相混淆，或者干脆就被当作一个东西来发布。使命陈述应当明确组织存在的目的或理由，它有助于明确你的组织究竟是谁这一问题。

下面是关于使命陈述的一些例子：

- 三星：我们在三星做的所有事情都是由我们的使命所引导的——成为最好的"数字化 e 公司"。
- 亚马逊：我们的愿景是成为地球上最为以顾客为中心的公司，创建一个这样的场所，使人们在这里能够买到他们希望在线购买的任何东西。
- 戴尔：成为世界上最成功的计算机公司并在市场上提供最好的顾客体验。
- eBay 首倡用信任支撑、机会激励的商业社区。eBay 通过一系列专注于商业、支付和沟通的网站，每天把地区、全国乃至全球的成千上万的人们聚集在一起。
- Facebook 是一个帮助人们与朋友、家人和同事更有效沟通的社交公司。公司通过社交图谱对人们真实世界的社交联系进行数字化映射，开发促进信息共享的技术。任何人都可以登录 Facebook，在一个信任的环境中与他们认识的人互动。
- 谷歌的使命是整合全球信息，供大众使用，使人人受益。
- 丽思·卡尔顿酒店是一个以向客人提供真诚关怀和舒适为最高使命的地方。
- Sentara 医疗机构：我们将通过聚焦、筹谋并致力于我们对社区、对顾客、对最高的医疗质量标准的承诺来实现未来的愿景。

在 Sentara 的例子中，有关未来的提法可能会让读者把这个使命陈述（我们所从事的是何种业务）与愿景陈述（我们将成为什么）相混淆。只有组织自己才可以决定这些词是否应属于使命陈述。正是在对这些问题的争论当中，组织形成了对于其愿景和使命的共识。

愿景与使命结合起来，共同为整个组织提供了一个一致同意的方向。这一方向可以作为日常决策的基础。

制定长期战略或目标

将愿景转化为可实现的计划的第一步就是将愿景分解成为少数几个（通常 4

或 5 个）关键战略。关键战略体现了组织针对如何实现其愿景所要做出的最基本的选择。每项战略必须对实现整体愿景作出显著的贡献。例如：

- 作为一项更为广泛的质量举措的组成部分，施乐公司启动了其质量领先（Leadership Through Quality）计划。在 3 年内，有 10 万名以上的员工接受了培训，这一培训由一个六步骤的过程所组成。得到充分激活的员工实施了大量有关环境和质量改进的举措，每年都实现了丰厚的利润增长。施乐的管理层把这些举措的成功主要归结为员工对于质量管理惯行的应用。他们组建了跨部门团队以解决各种各样的问题。

实施这些关键战略的责任被分配（或展开）给组织中关键的高层主管，这是一个连续的分解和展开过程中的第一步，借助于这一过程，最终使愿景转化为了行动。

为了确定关键战略应该是什么，必须对组织的以下五个领域加以评价并获得相应的数据：

- 顾客忠诚和顾客满意。
- 产品、服务和过程的不良质量成本。
- 组织文化和员工满意。
- 内部业务过程（包括供应商在内）。
- 竞争性标杆分析。

以上的每一项评价都能够构成一个企业平衡计分卡的基础（参见本章稍后讨论计分卡的内容）。通过分析数据，找出从顾客、质量和成本的角度而言的特定优势、劣势、机会和威胁。一旦分析完成，关键战略就可以被制定出来或加以修正，以反映可测的和可观察的长期目标。

制定年度目标

组织要树立明确的、可测量的战略目标，战略要取得成功就必须实现这些目标。这些定量的目标将把组织的努力引导到各个战略上。在这里，目标就是一个瞄准的"靶子"。目标必须是明确的，还必须是定量的（可测量），而且要在特定的时间段内实现。开始时，组织可能会不清楚怎样才算是明确的目标，随着时间的推移，测量系统就会得到改进，目标的制定将会变得越来越明确和可测量。

尽管特定的行业和组织有其独特性，但某些目标却是广泛适用的。为了制定出适当的目标，至少以下的 7 个领域是必须加以考虑的：

产品绩效。这一领域的目标是和产品特征相联系的。它决定了对顾客需要的反应，例如，服务的及时性、耗油量、平均故障间隔时间、礼貌等。这些产品特征直接影响着产品的可销性，在很大程度上决定着销售收入。

竞争绩效。市场经济条件下总是会有这些目标，但它们很少成为经营计划的组成部分。使竞争绩效成为长期经营目标尽管只是最近才出现的趋势，但却是不可逆转的。与其他目标不同，这类目标是参照竞争来设定的，在一个全球化的经济中，它们是一些快速移动的靶子。例如，与前五位竞争者的产品相比较，我们的所有产品在进入市场后一年之内都要成为"同业之最"。

业务改进。这一领域的目标涉及对产品不良、过程的故障的改进，或降低系统中不良质量成本的浪费。改进目标按照正式的质量改进项目的结构来展开，并委派以相应的责任。总的来说，这些项目专注于减少组织中的不良，以此而实现绩效的改进。

不良质量成本。与质量改进相关的目标中通常会包括减少不良质量成本或过程中的浪费的目标。这些成本尽管估计相当高，但并不能够精确地确定。尽管如此，还是有可能通过估计将这一目标纳入到经营计划中，并将其成功地展开到较低的层次。一个典型的不良质量成本目标是在3年内每年降低50%的不良质量成本。

业务过程绩效。这一领域的目标只是在近期才进入到战略经营计划当中。这些目标与那些跨职能的主要过程的绩效有关，例如，新产品开发、供应链管理、信息技术，还有一些诸如应收账款和采购这样的子过程。对于这些大的过程来说，一个特殊的问题是要决定由谁来承担实现这些目标的责任。我们将在后面的"展开给谁？"一节中讨论这个问题。

顾客满意。确立具体的顾客满意方面的目标，有助于使组织持续地关注顾客。很显然，要展开这类目标，必须在当前的满意/不满意的水准以及哪些因素有助于提高满意和降低不满方面，获得大量的良好数据。如果知道了顾客最重要的需要是什么，就可以改变组织的战略以便更有效地满足这些需要。

顾客忠诚和保留。除了直接测量顾客满意度之外，理解顾客忠诚的概念要更为有用。顾客忠诚是对顾客与供应商之间的采购行为的测量。一位顾客对某产品的需要是由A供应商来提供的，若他只从该供应商处购买，则说他对A供应商表现出了100%的忠诚。对顾客忠诚的研究使得组织能够从顾客的角度更好地理解产品的可销性，并且可以促使组织考虑如何更好地满足顾客的需要。组织可以通过标杆分析来发现竞争者的绩效，然后制定目标来超越它的绩效（见图7—5）。

> 产品绩效（以顾客为中心）：这些绩效特征决定了对顾客需要的反应，如服务的及时性、耗油量、平均故障间隔时间、礼貌等。（这里的产品包括货品和服务。）
>
> 竞争绩效：相当于或超过竞争者的绩效从来就是一个目标。这里的不同之处是将之融入了经营计划。
>
> 绩效改进：这是一个新目标。这一目标之所以必要是因为以下这一事实，即质量改进的速率决定了谁将成为未来的质量领先者。
>
> 降低不良质量成本：这一目标涉及成本方面的竞争力。不良质量成本的测量必须以估计为基础。
>
> 业务过程绩效：这涉及主要的跨职能过程的绩效，如开具账单、采购、开发新产品等。

图 7—5　经营计划中的质量目标

资料来源：Juran Institute，Inc.

为年度经营计划所选择的目标是从由组织的各个层次所提出的一系列提案中挑选的。这些提案中只有少数几个能够通过筛选过程，最终成为全组织经营计划的一部分。有些提案会进入到组织较低层次的经营计划中。许多提案会被延后，因为它们未能获得必要的优先权，因此得不到组织的资源。

高层主管应当成为战略目标提案的重要来源，因为他们可以获得重要的输入，这些输入可能来自这样一些来源，如作为高层经理委员会的成员，与顾客的接触，定期的业务绩效评价，和其他组织高层管理者的接触，股东，雇员的抱怨等。

在设定影响产品可销性和销售收入的目标时，应当至少相当于或超过市场质量的水平。有些目标和长期项目有关，例如，周期长达几年的新产品开发，一个主要业务流程的计算机化，以及几年内不会交工的大型建筑项目。在这样的情况下，目标的确定应该满足项目完成时预计达到的竞争情况，要"跃过"竞争者。

在自然垄断的行业中（例如，某些公用事业），组织经常能够利用行业数据库来进行比较。有些组织中还存在着内部竞争，各地区分公司的绩效可以相互比较。

有些内部的部门也有可能会成为内部的垄断者。然而，大多数的内部垄断者都有潜在的竞争者，即提供相同服务的外部供应商。内部供应商的绩效可以与外部供应商的提案相比较。

第三个广泛应用的设定目标的基础是历史绩效。对于一些产品和过程，历史基础有助于实现必要的稳定；而有些情况下，特别是涉及很高的慢性不良质量成本的时候，历史基础起到了很大的破坏作用，因为它维持了存在慢性浪费的绩效。在制定目标的过程中，高层管理者应该警惕历史数据的误用。较高的慢性不良质量成本的目标应该以有计划的突破为基础，这种突破是通过第5章中所讨论的质量改进过程实现的。

确立伦理准则和价值观

共同的价值观反映了组织的文化。简而言之，文化就是一群人所共有的一系列习惯和信念。例如，因为经营类似的业务而面对相似的问题，这是文化的内部元素；另一种是外向型的：这一群人在怎样的环境下经营，以及这会如何影响他们？他们如何与环境互动？（Bool，2008）

社会责任显然是关注第二类元素的一种价值观：关注群体（公司）与其所在环境的相互作用。

有些组织通过建立价值观陈述来进一步对自身加以定义。价值观是一个组织所拥护和信奉的东西。列出的价值观必须以管理层的行动和行为作为支持，否则它的发布只会在组织中造成人们的冷嘲热讽。对所有雇员进行价值观的培训和沟通是使人们参与计划过程的先决条件。组织的方针政策必须符合组织的价值观的要求。

例如，三星公司的价值观陈述是：

- 我们致力于用我们的人力资源和技术创造卓越的产品和服务，让世界变得更加美好。
- 我们的管理理念反映了我们为全世界人民的繁荣作出贡献的决心。员工的才能、创造性和奉献构成了我们努力的关键因素，我们的技术进步为实现更高的生活水准提供了无穷的可能。
- 在三星我们坚信，我们管理企业的方式决定了我们能否成功地为社会以及各国人民的繁荣作出贡献。
- 我们的目标是与顾客共创未来。

沟通组织的方针

这里所讲的"方针"是一种采取管理行动的指南。正式发布的方针陈述是管理层深思熟虑的结果，并得到了最高层的批准。在这一过程中，最高管理层或质量委员会起着非常重要的作用。

在重大的变革时期确立明确的方针是非常必要的，它起着引导组织行动的作用。1980年代以来，发布"质量方针"的活动达到了前所未有的高潮。尽管细节各异，但各个组织所发布的质量方针还是有许多共性。例如，大多数质量方针都表达了满足顾客需要的意愿。方针的表述通常会明确所要满足的具体要求，例如，"本组织的产品应提供顾客满意"。

大多数的方针中都包括与质量竞争有关的语言，例如，"本组织的产品必须达到或超过竞争产品的水准"。

质量方针中第三个经常会强调的领域与质量改进有关，例如，会声明持续改进的意愿。

有些质量方针陈述中可能会包括对内部顾客的考虑，或强调改进努力将延伸到所有的业务阶段。例如：

"Helix 致力于成为生活领域解决方案的领先的提供者。Helix 的基本追求是在所有业务部门的工作和运营中毫不妥协地实现最高的质量标准。我们的目标是在为顾客提供安全、经济和专业的服务同时持续改进我们的组织绩效。"

由于文件化的质量方针相对来说还是一件新事物，因此方针的落实也是一个新问题。有些组织制定了一些规定，要求对方针的遵守与否进行独立的评审。质量保证的国际标准 ISO 9000 要求有质量方针，以此作为满足顾客需要的意愿的声明。为确保方针的实施还规定了一个审核的过程。

领导

最高管理层的参与对于任何战略计划的制订都是一个不可或缺的步骤，这种参与是以执行委员会的方式来进行的。委员会成员通常是来自最高层的关键人员。最高管理层必须结成一个团队来确定组织的战略方向并达成共识。成立这一委员会是要监督和协调旨在实现战略计划的所有战略活动。该委员会负责实施战略经营计划并监测关键绩效指标。组织最高层的执行委员会应当每月或每季度召开会议。

该执行委员会还要负责确保其他的经营单位也有类似的较低层次的委员会。在这种情况下，各委员会之间是互锁的，亦即较高层次的委员会成员出任较低层次委员会的主席（参见图 7—6）。

如果尚没有这种委员会或其他类似的机构，组织就必须建立一个这样的机构。在一个全球性的组织中，其过程是如此复杂以至于无法按照职能来加以管理。这样的委员会确保了有一个跨职能的团队来共同努力，从而使过程的效率和效果最大化。这说起来容易，但实际上却并非如此。高层管理团队的成员或许并不愿放弃其过去所享有的控制权。例如，销售和市场经理已习惯于由他们决定顾客的需要，工程部经理已习惯于其设计产品的独享职责，制造经理则控制着产品生产的王国。短期来看，这些经理们很难轻易放弃他们的独享权力而转变为团队合作者。

目标的展开

长、短期目标的展开也就是要将目标转换为操作方案和项目。这里的"展开"意味着将目标分解为子目标后再将之分配到较低层次上去。在转换时必须仔

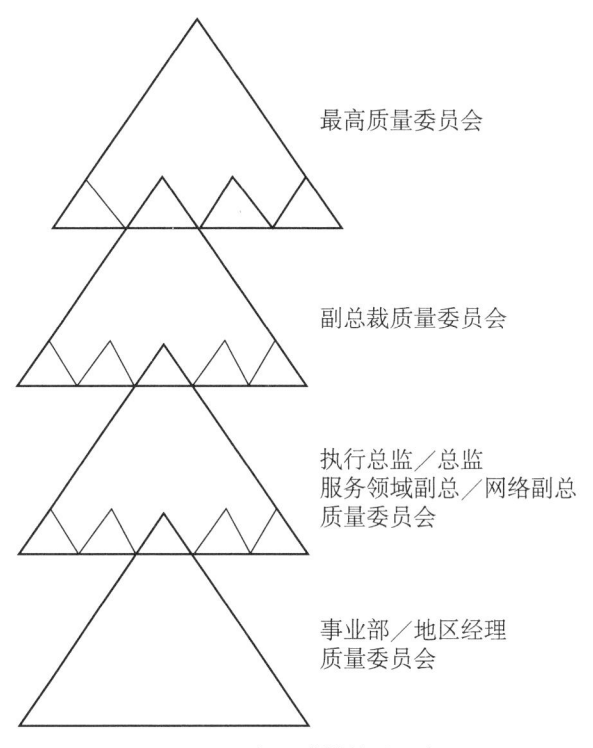

图 7—6 相互联锁的委员会

资料来源：Juran Institute, Inc., 1994.

细注意这样一些细节，如要实现这些目标需要采取哪些行动，谁来采取这些行动，需要的资源，以及计划好的日程安排和重要的管理点。成功的展开要求建立一个管理展开计划的基础架构。目标最终将被委派给跨职能的团队、职能部门以及个人（见图 7—7）。

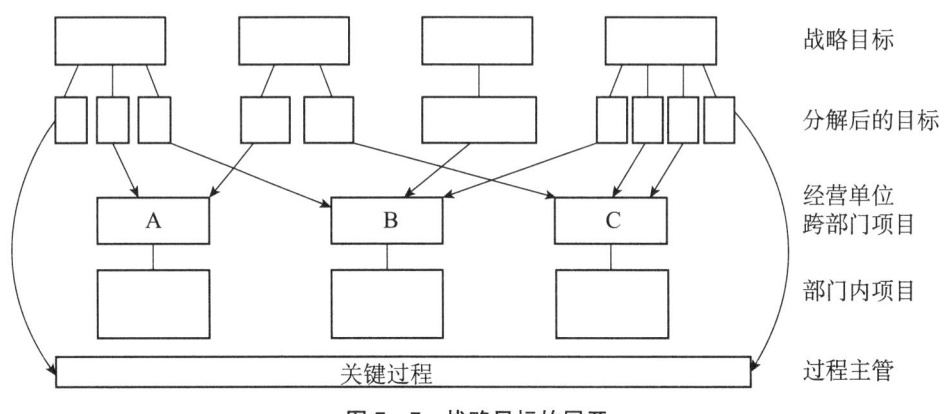

图 7—7 战略目标的展开

资料来源：Juran Institute, Inc.

目标的分解

在对战略目标达成共识之后,还必须将之进行分解并沟通到较低的层次上。展开的过程还包括将大目标分解为可管理的部分(短期目标或项目)。例如:

某航空公司实现95%的准时抵达这一目标将要求以具体的短期(8~12个月)项目来处理以下这些问题:

- 为等候延误的转接航班而推迟起飞的规定。
- 登机口工作人员的决策。
- 清扫飞机所需设备的可获得性。
- 修订部门清扫飞机的程序的需要。
- 员工的行为及认知状态。

某医院改进所服务社区的健康状况的目标会要求进行这样一些项目:

- 降低可预防疾病的发病率。
- 改进患者的就诊方式。
- 改进慢性病的管理方式。
- 开发新的服务和计划以应对社区的需要。

这一展开达到了一些重要的目的:

- 目标的分解一直持续到确定了所要采取的具体行动。
- 目标的分配一直持续到委派了完成上述行动的具体责任。

被委派了责任的人员相应地确定其所需资源并就此同上级沟通。在许多情况下,为了确保目标的实现,必须由委员会来决定具体的项目,并制定出项目团队的章程、确定团队的成员(参见图7—8)。(有关改进过程的详细讨论可参见第5章"质量改进:实现绩效突破"。)

展开给谁?

展开过程的起点是识别组织和高层管理者的需要,这些需要决定了所要采取的行动。通过考虑所需的资源,展开过程将得出一整套最优的目标。子目标通过实施具体的项目而得以实现。例如,1980年代初,福特公司新设计的福特金牛/黑貂车型的目标是"同业之最"。这一目标被分解成400多个具体的子目标,每个子目标都分别与一个特定的产品特征相联系。全部计划活动的工作量十分壮观,涉及了1 500多个项目团队。

在某种程度上,目标的展开可按照组织的层级路线来进行,如由总公司到事业部,再由事业部到职能部门等。然而,当目标涉及跨职能的业务流程,或是跨

图 7—8　子目标

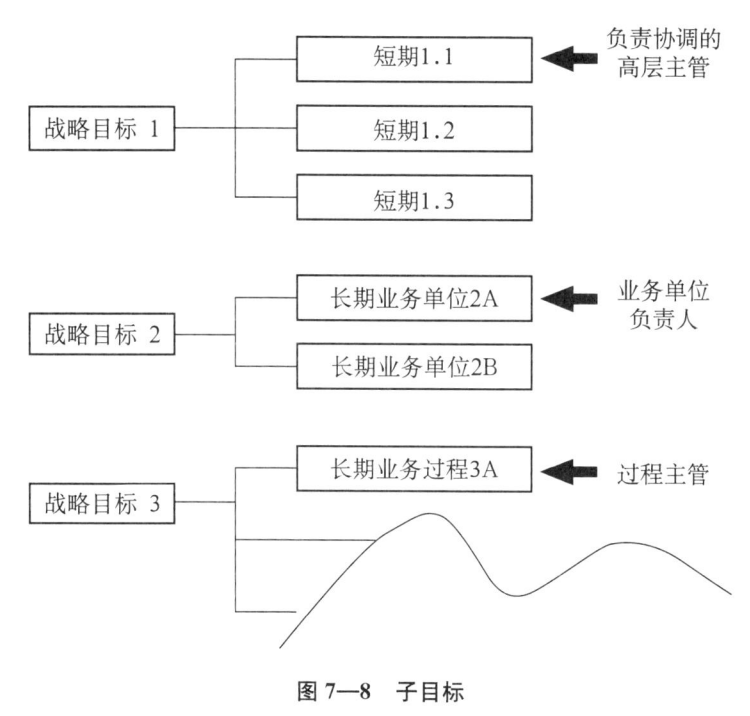

资料来源：Juran Institute，Inc.

职能的影响到顾客的问题时，这种简单的展开方式就会失效。

组织的主要活动都是通过利用相互联系的业务过程网络来实施的。每一业务过程都是一个跨职能的系统，由一系列首尾相连的活动所构成。既然它是跨职能的，过程就没有单独的"拥有者"，对于展开给谁这一问题的答案就不是显而易见的。从而，球被抛到了跨职能团队的手中。在团队项目结束时，才可以确定出一个过程的拥有者。监测和维护这一业务过程的重任便落在了这一过程拥有者（可能不止一人）身上。（参见第 8 章"业务过程管理：创建适应性组织"。）

计划的沟通："传球"

目标一旦确立后，就要同适当的组织单位沟通。事实上，最高层领导会问高层管理者们："你们需要什么来支持这一目标？"这一层次的主管讨论目标并向其下属提出类似的问题，依此类推。所得到的回答要进行归纳并反馈回最高层。这一过程可能会重复几次，直到对于最后的方案基本满意为止。

这一双向沟通的过程被称为是"传球"，这是日本人提出的一个说法。传球包括以下工作：

- 清晰地沟通最高管理层所提出的来年战略计划的关键核心领域。

- 由最高层以下的各个层次的主管人员来辨识和提出组织应当重视的其他领域。
- 决定分别由哪些部门和职能来承担计划中确定的领域。

要进行这种双向的沟通，必须对接受者应当如何作出反应进行培训。以前从事质量改进的经历是最有用的培训。来自那些采用了传球方式的组织的反馈表明，这种方式要优于由高层主管单方面设立目标的做法。

例如：波音航空系统公司非常成功地导入了战略质量计划，其中包括了使命、愿景、关键战略、战略目标等。为了对整个公司的使命、战略和愿景进行评审和优化，波音每年都要进行评估，包括顾客满意度评估、人力资源评估、供应商评估、风险评估、财务评估等。通过获取企业的方方面面（顾客、职工、供应商、社区、股东等）的反馈，波音颁布了经过修订的实施计划并更好地管理了它的资源分配。通过持续的评估以及管理层与职工之间的不断沟通，波音更好地识别了组织中的需要，解决了职工文化和培训方面的问题，进一步优化了使用过程。

战略展开的有用工具

树图是一种辅助展开过程的图示工具（见图 7—8）。它展示出了目标、长期目标、短期目标以及项目之间的层级关系，并显示了每一项分别被分配到了组织的何处。树图在将大小目标之间或团队与目标之间的关系可视化方面是非常有效的。它也为确定是否所有的目标都得到了支持提供了一种可视的手段。

利用关键绩效指标来测量进展情况

绩效测量之所以必要并且应当以一种有组织的方式来进行，有以下几方面的理由：

- 绩效指标显示出了目标实现的程度，量化了进展的情况。
- 要监测持续改进的过程必须通过绩效的测量，这对于为了获得竞争力所必需的变革是非常关键的。
- 管理层为了进行定期的绩效评审，必须对个人、团队以及业务部门的绩效进行测量。

一旦确立了目标并进行了分解，就需要建立关键的测量指标（绩效指标）。一个根据计划监测绩效的测量系统具有以下一些特性：

- 测量指标与组织的战略目标、愿景和使命有着紧密的联系。
- 测量指标包含了对顾客的考虑，也就是说，测量指标关注内、外部顾客的需要和要求。
- 关键过程的少数关键指标的测量能够方便地及时得到，以满足最高管理层决策的需要。
- 能够识别慢性浪费或不良质量成本。

例如，Paudre Valley 医疗系统（PVHS）在实施业务计划的早期就建立了过程的测量指标，从而能够对以下几个方面加以监测和量化：

- 改进了雇员满意度，在全美机构中进入了前 10% 的位置。
- 通过建立针对特定服务领域需要的市场战略，增强了整体的服务领域市场份额。通过将服务领域区分为基本/本地和整体/全国的市场份额，PVHS 确定了在 2012 年基本市场份额达到 65%，整体市场份额达到 31.8% 的目标。
- 通过开办一家癌症中心来支持设施的发展。
- 通过实施医生参与度调查来强化与医生的关系，调查显示医生满意度达到了 80% 的目标。
- 通过实施一个五年计划并使财务灵活度达到 11，以强化公司的财务地位。

对于战略计划过程实行情况的最好的测量应具有简单、定量和图示这几个特征。图 7—9 给出了一个简单的展开图，描述了关键测量指标及其实施状况。这只是对测量指标进行监测的一个方法。

年度质量目标	具体测量指标	测量频次	测量方式	数据来源	责任人

图 7—9　质量目标的测量

资料来源：Juran Institute, Inc.

当确立了目标并展开后，就必须仔细考虑实现每个层次目标所需的手段，以确保它们能够实现所支持的目标。所提出的资源支出必须与可能取得的成果加以对比，并且要评估其成本收益比。这方面的指标例如：

- 财务结果：
  - 收入

- 投资
- 投资回报率
- 人力资源：
  - 已培训人数
  - 在项目团队中的人数
- 项目的数量：
  - 已批准的
  - 实施中的
  - 已结项的
  - 中途放弃的
- 新产品开发：
  - 成功投放市场的产品数量或比例
  - 新产品开发活动的投资回报率
  - 开发一个产品的成本与它所替代的产品的成本比较
  - 新产品带来的收益所占百分比
  - 过去两年内产品投放市场获得市场份额的百分比
  - 产品按时投放市场的百分比
  - 与新产品开发有关的不良质量成本
  - 投放市场后的12个月内所进行的工程更改数
- 供应链管理：
  - 生产前置时间——充填率
  - 库存周转
  - 按时交货百分比
  - 一次通过率
  - 不良质量成本

以下是一家银行用于监测出纳质量的一些测量指标的例子：

- 速度：
  - 排队的顾客人数
  - 排队的时间
  - 每次交易时间
  - 无等候或邮寄交易的周转时间
- 准确性：
  - 每天结束时各出纳数钱的差异

- 注销交易数/处理交易数

一旦测量系统到位,就要定期进行评价以保证目标的实现。

评审进展状况

正规而高效的评审过程能够增加实现目标的可能性。一个组织在计划所要采取的行动时,首先要搞清楚现状与目标间的差距。评审过程就是要确定已经达到的水准与所追求目标之间的差距(见图 7—10)。

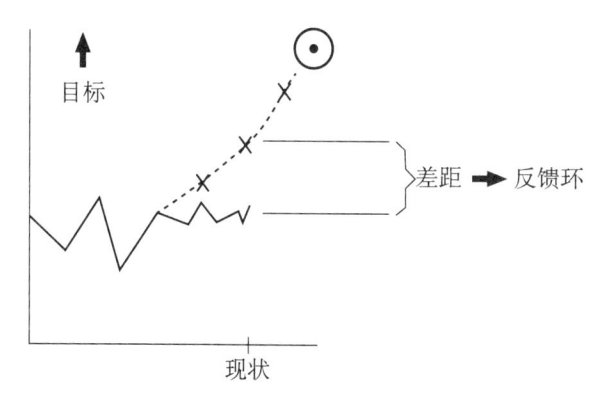

图 7—10 评审

资料来源:Juran Institute,Inc.

将战略展开多次测量的结果用图表的形式展示出来有助于识别必须加以注意的差距。要成功地消除这些差距依赖于一个具有明确的责任和权限的反馈回路来对之采取行动。除了对结果进行评审之外,还需要对进行中的项目进展状况加以评审,以便在还来得及采取措施的时候把潜在的问题识别出来。每一项目都应有明确的预先计划好的评审点,基本上类似于图 7—11 所示的情况。

项目	项目负责人	基础值	目标值	初始计划	评审要点				评审负责人
					资源	分析	计划	成果	

图 7—11 进展评审计划

资料来源:Juran Institute,Inc.

当今的组织有以下几类关键的绩效指标。

产品和服务绩效

一种产品或服务会具有多种多样的特征。对于绝大多数产品特征而言，都存在着绩效指标和技术性的测量装置，从而能够对产品进行客观的评价。

竞争性质量

这些指标与影响产品可销性的那些质量有关，例如，服务的及时性、反应能力、售前和售后服务的态度、订单完成的准确性等。对于汽车来说，其质量包括最高速度、加速性能、刹车距离，以及安全性。对某些产品特征而言，所需数据必须在谈判、说服和购买过程中从顾客处获得。还有些产品特征的数据可以从实验室测试中获得。在有些情况下，还必须进行市场研究。

为了与投放市场时的竞争状态相对应，在确立新产品目标时必须对发展趋势作出研究。

有些组织是在自然垄断条件下经营的，例如区域性的公用事业单位。在这样的情况下，行业协会会收集和发布绩效数据。在内部垄断的情况下（如工资发放、运输等），有时可以从提供类似服务的组织处获得竞争性信息。

改进绩效

在以项目的方式进行质量改进的组织中，这类评估是非常重要的。由于项目之间缺乏共性，集中的评价只限于对下面一些特征的概要说明：

- 项目数。已批准的、进行中的、结项的、放弃的。
- 财务成果。所获收入、投资额、投资回报率。
- 出任项目团队成员的人数。组织的管理团队成员实际参与改进项目的比例，这是一个关键的指标。理想情况下，这一比例应超过 90%，但在绝大多数组织中，实际的比例尚不足 10%。

不良质量成本

正如前面的章节中所述，"不良质量成本"是指在产品和过程完美无缺、不造成任何浪费时就会消失的那些成本。这类成本是巨大的。我们的研究表明，有 15%～25% 的工作都是因产品和过程达不到完美而对以前所做工作的返工。

这类成本无法精确地知道。大多数组织的会计制度只能提供测定不良质量成本的很少一部分信息。要将会计制度扩展到能够提供全面信息的程度，需要投入大量的时间和努力。大多数组织都认为这种努力是不合算的。

要填补这一信息差距所能做的是进行估计，以此向高层主管提供有关总体不良质量成本的规模以及应集中注意的领域的大致信息。这些领域便成为选择质量改进项目的目标领域。之后，完成的项目将提供有关改进前后的质量成本的相当精确的数据。

产品和过程的不良

即使会计系统不提供对不良质量成本的评估，通过衡量产品和过程的不良也还是可以进行很多评估，这种衡量既可以利用自然单位的指标，也可以换算成等值的货币。例如，每1美元销售额、每1美元销售成本、工作时数或单位产品中不良质量成本等。大多数测量指标都可以逐步在更高层次上进行累计。这一特征使得可以利用单位完全相同的指标来设定多个层次的目标，如公司层、事业部层和部门层等。

业务过程绩效

尽管业务过程广泛存在而且非常重要，但只是最近才开始对其绩效进行控制。很重要的原因之一是其跨职能的性质。这类过程不存在一目了然的拥有者，因而其绩效也没有明确而独立的责任。只有那些从属性的小过程有着明确的责任。最高管理层的控制系统必须包括对大过程的控制，这就要求建立有关运转周期、不良等方面的目标，以及对照目标来评价绩效的手段。

计分卡

为了使高层管理者能够了解实现战略质量展开的"成绩"如何，必须设计一套报表，或叫作计分卡。事实上，战略计划决定着所要评价的主题，并确定了最高管理层的计分卡所包括的测量指标。

计分卡中通常应当包括以下几方面的要素：
- 关键的绩效指标（在组织的最高层次）。
- 以数据为依据的定量绩效报告。
- 对于诸如威胁、机会，以及相关事件的定性的报告。
- 所进行的审核（参见本章后文"经营审核"部分）。

因为每一个组织都是独特的，所以这些通常的要素在必要时还要加以补充。最后应当得到一个能够帮助最高管理层实现质量目标的综合性的报告，正如财务报告可以帮助实现财务目标一样。

执行委员会对于计分卡的设计负有最终的责任。在大公司中，这种综合性报告的设计既要求有总部各部门的输入，也要求事业部中各部门的输入。在事业部层次上的输入应当来自多个职能。

这种综合报告应当设计得一目了然，应当使人很容易看出需要注意和采取行动的那些例外情况。采用表格形式的这种报告应当显示出三方面的要素，即目标、实际绩效以及差异。采用图示形式的报告最起码应反映出绩效相对于目标的趋势。选用何种形式应当根据顾客的偏好来决定，这里的顾客也就是组织的高层主管。

管理性报告通常是按月或季度发布的。发布的时间安排应当同执行委员会或其他关键的评审机构的会议日程相一致。计分卡的编辑者通常由质量总监（或质量经理）来担任，他通常也会是执行委员会的秘书。

计分卡在全球企业界发挥的作用与日俱增，甚至超出了其最初的本意。计分卡现在不只用来反映一个组织的绩效状况，而且还被用来判断一个组织有多"绿色"。Climate Counts组织计分卡所评价的就是各行各业的组织在减少全球变暖和倡导绿色经营方面的表现，正在采取实质性努力来减轻导致全球变暖的原因的那些组织将会取得更高的得分。与其他计分卡一样，该计分卡的信息是向公众开放的，因而也是一个改善公众形象的机会。

计分卡的内容包括：

- 先行指标（如外购元器件的质量）。
- 同期指标（如产品检测结果、过程条件以及顾客服务等）。
- 滞后指标（如顾客反馈和退货的数据）。
- 不良质量成本的数据。

计分卡应当定期进行正规的评审。正规化提升了这一报告的正当性和地位，定期评审增加了透明度。最高主管亲自参与评审有助于向组织的其他部门表明评审是非常重要的。

许多组织将对财务、顾客、运营和人力资源的测量整合到一起形成了一个"仪表盘"或"平衡业务计分卡"。

经营审核

审核是高层主管采用的一种重要手段。这里的"审核"意味着独立的绩效评审。"独立"表示审核者对于被审核绩效的适当性没有直接的责任。

审核的目的是为主管经理或其他需要的人员提供独立无偏的信息。就某些方面的绩效而言，需要了解的人员中还包括了高层主管人员。

为确保质量的实现，最高管理层必须确证：
- 系统健全且运作正常。
- 能够实现预期的结果。

质量审核被应用到了越来越多的领域和行业，甚至包括科研领域在内。皇家病理医师学会（the Royal College of Pathologist）对其大量的研究报告实施了质量审核。质量审核确保了每个个人和团队符合相关的程序和标准，确保了他们的工作与研究的使命是一致的。

这些审核可以依据外部制定的标准、内部的特定目标或二者的结合来进行。在审核组织绩效方面有三套著名的外部标准，分别是美国的马尔科姆·鲍德里奇国家质量奖（MBNQA）、欧洲质量奖（EQA）以及日本的戴明奖。它们为评价整个组织的业务卓越程度提供了相似的标准。

传统上，质量审核用于提供一种保证，使人们确信产品符合规范、操作符合程序。在最高管理层，质量审核的主题扩展到了要对以下这些问题作出回答：
- 我们的方针和目标与我们组织的使命是否一致？
- 我们提供的产品质量使我们的客户满意吗？
- 我们的质量在市场的靶子不断移动的情况下是否具有竞争性？
- 我们在降低不良质量成本方面有无进展？
- 我们的职能部门间的合作是否足以保证公司绩效最优？
- 我们是否履行了我们的社会责任？

这类问题不是通过传统的技术性审核来回答的。再说，从事技术性审核的审核员很少会具有从事基于经营的质量审核所必需的管理经验和训练。因此，开展基于经营的质量审核的那些组织通常由高层管理者和外部顾问来担任审核员。

朱兰（1998）曾说过：

> 高层主管应当做的事情之一就是，审核实现计划的管理过程的实施情况。要进行审核需要做三件事情。其一是确定我们需要回答的问题。这是别人不能代劳的，高层主管必须亲自来确定这些问题。其次是整理要给出上述问题的答案所必需的信息。这可以授权他人去做，主要是要收集和分析数据。最后要根据这些答案来决定做什么。这是不可授权他人去做的，这是最高主管必须亲力亲为的事情。

由总裁亲自参与的最高层审核通常被称为"总裁审核"（Kondo，1988）。这类审核会对整个组织产生重大影响。由于其主题事项在本质上是如此重要，以至于审核会深入到每一个主要的职能。最高主管的亲自参与简化了在最高层的沟通问题，增加了未来行动取得进展的可能性。最高主管亲自参与这一事实，向整个组织表明了质量在最高层的重要程度，同时也展现了最高主管身先士卒而非只说不练的领导方式（Shimoyamada，1987）。

启示

有关实施战略展开的风险方面，有一些重要的启示：
- 同时追求过多目标，长期的或短期的，会冲淡结果并模糊组织的焦点。
- 大量的计划和案头工作会挤占必要的活动，削弱经理们的士气。
- 在缺乏有关顾客、竞争者及内部职工的充分信息的情况下开展战略计划，得到的或者是高不可攀的计划，或者是俯首可拾无助于改进财务绩效的计划。
- 领导者将责任过多下授，难以起到领导和掌舵的作用。
- 组织将质量和顾客提到最优先地位会造成一种以往备受重视的财务重要性下降的印象。这种下降感尤其会使那些与此前至高无上的财务目标密切相关的人员无所适从。

在推动战略计划活动时，将一种结构化的方式强加于那些对此不感兴趣的人员，这或许是最大的妨害。从一开始，对这种结构化方式的抵制就会是十分明显的。要导入一套持久、有效的全组织范围内的质量改进活动，一个最重要的前提便是营造一种有利于进行成功所必需的变革的环境。组织正在努力消除过去几年甚至几十年建立起来的障碍，但变革需要时间，且变革只会以一个逐渐演进的形式发生。

参考文献

Bool, H. Social Responsibility & The Corporate Values Statement, http://ezinearticles.com/?id=1871566, 2008

Godfrey, A. B. (1997). "A Short History of Managing Quality in Health Care." In Chip Caldwell, ed., *The Handbook for Managing Change in Health Care*. ASQ Quality Press, Milwaukee, WI.

Godfrey, A. B. (1998). "Hidden Costs to Society." *Quality Digest*, vol. 18, no. 6.

Jet Blue Airways, Terminal 5, JFK International Airport, http://phx.corporate-ir.net/External.File?item=UGFyZW50SUQ9MzMzODAzfENoaWxkSUQ9MzE2NTMwfFR5cGU9MQ==&t=1, 2008.

Juran, J. M. (1988). *Juran on Planning for Quality*. Free Press, New York.

Kondo, Y. (1988). "Quality in Japan." In J. M. Juran, ed., *Juran's Quality Control Handbook*, 4th ed. McGraw-Hill, New York. (Kondo provides a detailed discussion of quality audits by Japanese top managers, including The President's Audit. See Chapter 35F, "Quality in Japan," under "Internal QC Audit by Top Management.")

Shimoyamada, K. (1987). "The President's Audit: QC Audits at Komatsu." *Quality Progress*, January, pp. 44–49. (Special Audit Issue).

Treqoe, B., and Tobia, P. (1990). "Strategy and the New American Organization." *Industry Week.* August 6.

第 8 章

业务过程管理：创建适应性组织 约瑟夫·A·德费欧

关于本章	BPM 的展开
本章要点	计划阶段：计划新过程
为何进行业务过程管理？	转移阶段：将新过程方案转移到运营中
BPM 的由来	做好变革的准备
BPM 的定义	与技术融合的 BPM 的未来
BPM 方法论	参考文献

关于本章

要成功地实现优异的经营成果，很大程度上取决于对于那些大而复杂的跨职能业务过程的管理，如产品开发、开具发货清单、患者护理、原料采购、供应链、分销，等等。如果长期得不到管理，这些业务过程中的许多都会变得过时、过慢、过载、累赘、成本过高、定义不当，不能适应持续变化的环境的要求。对于未能得到适当关注的那些过程而言（这类过程的数目相当庞大，本章稍后将会讨论到），其产出的质量会远远低于有竞争力的绩效水准所要求的质量。本章通过确保重要业务过程的所有权归属，来帮助组织保持其可持续性和适应性。组织掌握了朱兰三部曲的全部过程，就能够解决业务过程的所有权归属问题。

本章要点

1. 要创建可持续和适应性强的组织，就必须对所有的关键业务过程每天进行管理。这只有当组织的愿景和使命得到充分的展开后才能够做到。

2. 要确立与组织的愿景相关联的战略目标。愿景为高层管理者所共享，并以关键业务目标的形式在整个组织中得到展开。

3. 确立跨职能、全职的业务过程团队，由管理系统（教育、沟通、绩效管理、表彰奖励、薪酬、职业通路）领导并受到管理系统的支持。

4. 每个团队的宗旨都是以持续、日常的方式来持续、显著地改进所负责的主要业务过程的效果和效率。

5. 对过程主管授权赋能，使之对这些关键的业务目标负起责任。

6. 要具有卓越绩效和项目管理方面的技能以管理进度、成本，并将工作计划在组织中进行协调和实施。

7. 最高管理层要在组织中并向外部利益相关者积极推动业务过程管理（business process management，BPM）的重要性、影响、进展和成绩。

8. 已经实施了 BPM 的组织的领导者认识到这是一个持久的过程，而非偶尔为之的一次性事件。他们知道持续重视业务过程对于组织的长期成功是至关重要的。

为何进行业务过程管理？

当今企业经营的动态环境的特征可以概括为所谓的"6C"，即 change（变化）、complexity（复杂）、customer demands（顾客需求）、competitive pressure（竞争压力）、cost impacts（成本冲击）和 constraints（约束因素）。这些因素显著地影响着组织实现其经营目标的能力。组织通过推出新的产品和服务来应对这些因素。它们也实施了大量的突破性项目，一定程度上促进了对过程的掌管。

> 业务过程是为产出预期成果（产品或服务）而将人员、材料、能源、设备和信息结合成为工作活动的逻辑构成（Pall，1986）。

衡量过程的质量有三个主要的维度，即效果、效率和适应性：

1. 若产出能够满足顾客的需要，则该过程便是有效果的；若能以最小成本实现其效果，则该过程便是有效率的。

2. 若随着时间的流逝，该过程面对所发生的诸多变化仍能保持效果和效率，则称其具有适应性。

显然，将过程保持在高质量状态的必要性是毋庸置疑的。但现实中，好的过程质量只是例外而非常规。要理解这一点，就必须仔细考察过程是如何设计的，以及随时间的流逝会发生什么样的变化。

BPM 已经成为信息技术（IT）项目的关键构成。如果没有良好的业务过程管理系统，IT 系统就有可能失败。所有专业 IT 项目的实施都必须包括良好的 BPM 过程。借助于技术，BPM 使组织能够从技术基础架构中提取出业务过程，而不再只是使业务过程自动化或解决业务上的问题。BPM 使企业能够比竞争者更快地响应消费者、市场和政府管制的变化，从而获得竞争优势。在 IT 界，BPM 常被称为 BPM 寿命周期。

由于历史的原因，企业组织模式已经演变成为由职能专业化的部门所构成的一种等级结构。管理层的方向、目标和考核由上至下地部署在这一纵向的等级构造中。然而，产出产品，尤其是产出顾客所购买产品（组织因此而存在）的那些过程却是跨职能部门水平流动的（图 8—1）。传统上，过程的每一个职能部分均由一个部门来负责，该部门的主管对这块绩效承担责任。可是，没有谁对整个过程负责。很多问题都源自部门要求与整个过程的要求之间的冲突。

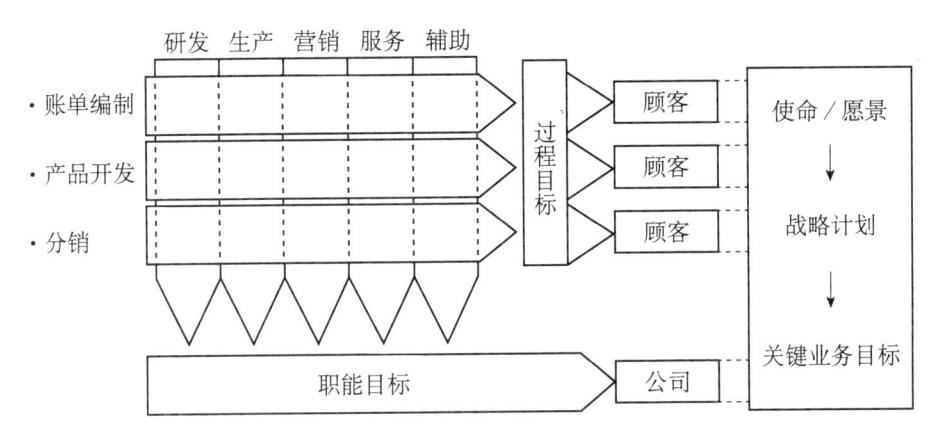

图 8—1　职能部门间的水平工作流

在与职能目标、职能资源、职能成长相竞争中，跨职能的过程备受冷落。结果，这些过程的运行常常是既无效果也无效率，也注定不具有适应性。

过程绩效不良的又一原因在于所有过程在演化过程中均会遭受的自然劣化。例如，在一家铁路公司中，从公司电话簿中可以看出，"维修职员"的数目要多于"职员"的数目。维修职员的设立是为了防止某些曾发生过的严重问题的复发。随着时间的流逝，这种分工的失衡成为了一个外在的证据，表明这些过程将维修固化为了组织的常态。

技术发展的加速，再加上顾客期望的攀升，造成了在成本和质量方面的全球性竞争压力。这些压力刺激了对跨职能过程的探索，人们在思考如何来明确和理解这些过程并改进其绩效。现有大量证据表明，在整个产品生产周期中，BPM技术是导致过程绩效不良的一个主要原因。跨职能过程中，职能目标常常与顾客需要相冲突，这些过程还会产生出各种各样的浪费（不准时、加工废品，等等）。不难找出这类产品，如发货清单的制作、保险单的填报或收款单的支付等，本来只需 20 分钟就可以完成但实际上却要花费 20 多天。它们也很难及时改变以对持续变动的环境作出反应。为了更好地满足顾客的需要，就必须使这些过程恢复其效果、效率和适应性。

BPM 的由来

IBM 公司是最早认识到辨识和管理业务过程的益处的美国公司之一。IBM 在业务过程管理方面的最初努力发生在 1980 年代初，用该公司一位高层主管的话来说，其实质在于"改进的焦点必须放在工作过程上"（Kane，1986）。BPM 在制造业中已经实行了很长时间。在产品制造中，工厂经理"拥有"制造过程的大部分环节。他对这部分制造过程的运营负有完全的责任，同时还要对最终结果负责。作为所有者，他必须控制、改进并优化制造过程以满足顾客需要和业务要求（成本、生产周期、减少浪费、创造价值等）。为了实现这些目标，制造过程的主管们开发出了一些必要的概念和工具，包括对过程要求的定义、过程各步骤的文件化、过程测评指标的建立、过程缺陷的消除，以及过程优化的保证等。事实上，工业工程的大多数内容都与这些任务有关。在认识到这些工具在制造过程中的价值以及它们在业务过程中的应用前景之后，IBM 的高层管理委员会指示将 BPM 方法应用于所有主要的业务过程（如产品开发、经营计划、分销、订单处理、营销计划，等等）中，而不只是制造过程。

与此同时，许多其他的北美公司也开始将 BPM 概念应用于业务过程中，例如 AT&T、福特、摩托罗拉、康宁、惠普等。所有这些公司都将重点放在了跨职能的和跨组织的过程上面。BPM 方法的应用打破了过程中的职能壁垒。在各个例子中，所针对的过程均建立了新型的永久管理结构。

到了 1985 年中期，如同对职能、部门和其他的组织实体进行管理一样，许多组织和行业都在以同样的重视程度管理着所选定的主要业务过程。早期这些做法的名称有业务过程管理、持续过程改进以及业务过程质量改进。

1990年代初期，通过推行业务过程再造（BPR），Michael Hammer（1990）进一步提升了人们对于业务过程的重视。在此后的年代里，BPR常常被认为只是剧烈的变革和缩减规模的举措，而不是过程的改进，这导致了很多再造努力的失败。

BPR之后，在新千年中出现的BPM重新引起了人们对于管理工作流的必要性的重视，成为了一场低调而确实的经营革命。为了理解作为一个整体的组织为何会从过程改进进化到业务过程管理和过程负责制，我们就必须理解业务过程的基本特征以及BPM所带来的益处。传统的"职能制组织"是工业革命的遗产，其根据职能来加以组织的原则来自工作的专业化分工。

职能制组织未必会完全消失，而是发生了转化，成为了对为顾客带来价值的过程进行管理的背景。如何进行组织的决定因素不再是技术上的卓越、创新或长寿，而是多大程度上能够有效地响应和服务顾客。随着组织学会了如何通过项目改进实行跨职能的管理，它就达到了BPM的阶段。BPM就是使所有这些改进项目所带来的变化持久化的过程。

实现持久的顾客满意和成果的唯一途径就是成为一个具有适应性的组织。要具有适应性，意味着组织能够快速地响应顾客需要的变化、技术的发展和竞争者的创新。

表8—1突出了职能制组织和以过程为中心的组织在文化上的重要差异。

表8—1　　　　　　　　　职能制组织与过程型组织

组织行为	职能制组织	过程型组织
管理者管理	资源	顾客与结果
团队产出	独立	合作
组织适应性	僵化、经常重组	灵活、适应
资源重点	满足职位要求	最佳结果、顾客
知识传播	信息孤岛	整个组织中的整合
文化	封闭	开放

BPR应当被认为也是这类方法中的一员。如同本章前面所提到的各种方法一样，BPR将管理关注的重点由职能转向了过程。按照最早讨论BPR并对之命名的那些咨询专家的观点来说，BPR与其他方法的不同之处在于其着重于对过程的剧烈变革，而非渐进式的改良。而且，BPR常常会寻求同时变革一个以上的过程。由于1990年代初期的经济环境，再加上一些作者所描述的诱人回报，BPR一时之间变得炙手可热。

然而，也有证据表明，在 BPR 的早期应用中，快速见效的诱惑促使一些主管（还有他们的顾问们）忽略了人的局限性，在过短的时间内实施了过多的变革，对组织的长期绩效产生了破坏性的作用。Michael Hammer，有关 BPR 的最畅销著作的作者之一，也证实了这一点。此外，在许多早期的应用中，人们对剧烈变革的前景是如此看好，以至于他们变革所有的事情，对于现过程设计中机能完好的那些要素视而不见，这些要素本来是可以很好地继承到新设计当中的。这样的继承会节省时间，减少对设计人员的要求，产生更好的效果。

BPM 的定义

众多卓越的公司都采用了本章所讨论的方法并取得了不断的成功，其中也包括前面提及的那些公司。尽管各个公司在应用时名称和细节不尽相同，但这些方法具有一些共同的核心特征，这些特征使之与其他的质量管理方法区别开来。这些核心特征包括：有意识地面向顾客和顾客的需要；对最影响顾客满意度的少数关键的跨职能过程的特别关注；每一关键过程有着明确的责任模式；有一支跨职能团队负责过程运营；在过程层次上应用由质量控制、质量改进和质量计划所构成的质量管理过程。在本章中，这一方法被称为业务过程管理，或简称为 BPM。

BPM 方法论

当最高管理层选定了关键的过程，确定了过程主管和团队，向他们提供了过程使命陈述和目标，BPM 活动就启动了。当过程主管和团队接受了卓越绩效方法和工具的培训后，他们的活动将沿着 BPM 的三阶段来进行，这便是计划、转换和运营管理。

计划阶段是对过程进行设计（或再设计）的阶段，这也是三个阶段中最耗时的一个阶段，它包括五个步骤：

1. 定义当前过程。
2. 确定顾客需要和过程流向。
3. 建立过程的测评指标。
4. 对测量结果和其他数据加以分析。
5. 设计新过程。其产出就是新过程的方案。

计划阶段是三个阶段中最耗时的阶段。

转换阶段是第二阶段，在这一阶段中，计划阶段所开发的方案由过程团队转交给实施部门，投入运营。

运营管理是 BPM 的第三阶段。在这一阶段，实施主管与团队首先监测新过程的绩效，主要关注过程的效果和效率指标。他们应用适当的质量控制方法来维持过程的绩效，应用质量改进方法来消除过程中的慢性不良。最后，高层要定期进行评审和评估，以确保过程持续满足顾客需要和业务要求，保持竞争力。

需要强调的是，BPM 并非一次性的事件，其本身就是一个持续进行的过程。

> 案例研究：Unisys 是一家全球性的信息技术服务和解决方案公司，其客户遍及全球 100 多个国家。该公司凭借其在系统集成、外包、基础设施服务、服务器技术和咨询方面的先进技术，能够提供丰富的业务解决方案。Unisys 的全球基础设施服务（GIS）部门为组织在设计、集成和管理包括桌面环境、服务器、网络、移动/无线系统等在内的分布式基础设施时提供增值服务。GIS 中有一个关键的部门叫作基础设施管理服务（IMS）部门，主要为客户提供基于服务的解决方案，帮助客户管理和改进基础设施以增加业务价值并降低成本。
>
> IMS 部门开始开发一个名为 Unify 的独特的基于过程的方法。目标是在全球的客户服务中导入可重复性和一致性。这一方法的开发要求 IMS 对 600 多个过程进行测绘和文件化。IMS 需要寻求一种 BPM 的解决方案。
>
> 应用诸如 Microsoft Visio 插件和 Designer（过程模拟软件）这样的技术，IMS 建立了一个全面的业务过程模型。IMS 开始实施其 BPM 方法。在项目开始后的一年内，它开始实施和管理它的关键业务过程，包括组织、资源和角色以及相关的信息在内，而且可以从多个细节层面上来加以观察。作为专门用于企业用户的动态解决方案，BPM 帮助该部门识别出了提升组织效率的最佳路径，确保了各种活动的一致性并减少了培训的要求。

BPM 的另一种做法是基于 BPM 的五种类型的活动，这便是设计、建模、执行、监测和优化。

设计

过程的设计既包括识别现有的过程，也包括设计未来的过程。这里关注的领域包括过程流的再现、其中的参与者、示警和提示、标准操作程序、服务水平协定、任务交接机制等。良好的设计减少了过程寿命期内的问题数量。无论是否考虑现有的过程，这个步骤的目的是确保提出一个正确、有效的理论设计。所建议的改进可以是在人对人、人对系统、系统对系统的工作流中，也可以针对企业所面对的管理、市场或竞争等。

建模

建模时考虑理论设计与各种变量的组合（例如，租金或材料成本的变化决定了过程在不同的环境下如何运行）。这还包括对过程进行"如果……则会"的分析："如果我只用75%的资源来做这一工作，则会发生什么情况？""如果我要用当前成本的80%来做这一工作，则会如何？"

执行

实现过程自动化的一种方式是设计或购买某种应用软件来执行所需的过程步骤。但是，在实践中，这种应用软件很少能够精确地或全面地执行所有的步骤。另一种做法是采用人与软件相结合的方式，但这会更加复杂，会使文件化过程十分困难。

针对这些问题，已经有相应的软件被开发了出来，它可以用计算机能够执行的语言来定义整个（过程设计活动所设计的）业务过程。系统既可以应用相互联系的应用软件的服务来完成业务操作（如计算某笔贷款的还款计划），也可以在因某个步骤过于复杂而不能自动化时要求人工输入。与前两种方式比较，直接执行一个过程定义变得更为直截了当，因此也更容易改进。但是，要对一个过程定义进行自动化，就必须有灵活而综合的基础设施，这就使得这样的系统在旧有的IT环境下无法应用。

系统应用业务规则来提供行为控制的定义，可以采用一个业务规则引擎来驱动过程的执行。

监测

监测也就是对各个过程的追踪，从而能够观察相应的状态信息，获得一个或多个过程的绩效统计。追踪的例子如确定顾客订单状态（如订单到达、等候送货、收款单发出），从而能够识别运营中的问题并加以纠正。

此外，这类信息也可供顾客和供应商用于改进他们的有关过程。这方面的统计数据如客户订单处理速度，上个月所处理的订单数量等。这些测量通常可以归入三个类别，即周期时间、缺陷率和生产率。

监测的程度取决于企业要分析和评估哪些信息以及企业所希望的监测方式，如实时、接近实时或是临时。在这里，业务活动监测要充分发挥 BPM 软件的检测工具的能力。

过程挖掘（process mining）是一系列有关过程监测的方法和工具的集合。过程挖掘针对过程监测的事件记录进行分析，并与一个预先设定的过程模型进行比对。过程挖掘使得过程分析人员能够探测到实际的过程执行与预设的过程模型之间的差异并进行瓶颈分析。

优化

过程优化包括检索建模或监测阶段的过程绩效信息，识别潜在的或实际的瓶颈，以及实现成本节约或其他改进的潜在机会，并将这些改进应用于过程的设计中。这将创造更大的业务价值。

加拿大蒙特利尔接口技术公司（Interfacing Technologies Corporation）的 Meir H. Levi 指出："了解业务过程是当今最重要的管理思维。'过程型组织'的思想正在获得日益巨大的影响。对过程的重视已经成为必须的要求。过程框架与管理结构的整合强调用一种一致而协同的方式来实现成果，这些成果直接影响着绩效基准以及顾客和股东的满意度。"

BPM 的展开

挑选关键过程

组织中运行着诸多的跨职能业务过程，要从中选出少数关键的过程作为 BPM 的对象。组织的战略计划为选择关键过程提供了指南。（参见第 7 章"战略计划与展开：由良好到卓越"。）

关键业务过程的选择有若干种方法：

• 关键成功因素法。这种方法主张，对任何组织而言，只有相对少数的因素（不超过 8 个）可以被看作对于组织的使命和愿景的实现是"必要且充分"的。一旦识别出了这些因素，就可以用之选择关键的业务过程，并排出优先次序（Hardaker and Ward, 1987）。

• 平衡业务计分卡方法（Kaplan and Norton, 1992）。这一方法是从四个方面来衡量组织的业务绩效，即财务绩效、顾客所感知的绩效、内部过程绩效以及组织在学习和创新方面的绩效。每一方面都建立了绩效测评指标和相应的目标值。利用这些指标来考察绩效就可以给出一个"平衡"的绩效评估。在计分卡上造成了不平衡的那些过程便可以认为是最需要关注的过程，亦即是关键过程。

- 另一种方法是请最高管理层确定几个（4~6个）用来对过程进行评价的具体选择标准。这些标准如：对业务成功的影响、对顾客满意的影响、与该过程有关的问题的重要性、该过程当前所涉及的资源数量、改进潜力的大小、引入BPM的可行性、过程对日程计划的影响，等等。借助于这些标准和一些简单的评分体系（如"低、中、高"），主管们便可以对组织的主要业务过程清单中的多个过程（10~25个）进行评价，进而通过比较来确定关键过程。（过程清单可以通过一项单独的过程识别研究提前拟定出来，这项工作一般由公司的质量负责人负责，常常还需要借助于咨询人员。）

无论采用何种方法来识别关键过程，都可以用过程图来展示其结果。"过程图"是一种图示工具，它用业务过程来描述组织以及这些过程与组织的主要利益相关者之间的关系。传统的组织结构图回答的是"谁向谁报告"这一问题，而过程图则是要回答"组织的工作是如何进行的"这一问题。

进行组织：指定主管，挑选团队，确立BPM的基础架构

关键过程，亦即那些主要的跨职能业务过程，对于企业的成功起着关键的作用，质量委员会以特定的方式组织这些过程而对之加以关照。在选定了关键过程之后，质量委员会要任命一位过程主管，赋予其确保过程的效果、效率和适应性的责任，并由其对过程的绩效负责（Riley，1989；Riley et al.，1994）。

复杂的大型过程，尤其是在大公司中，常常会采用一种双重的职责安排。一位行政主管在组织的高层承担着发起人、保驾者和支持者的角色，并对过程的最终结果负责。在运营层次，一位通常由一线或二线经理担任的运营主管带领着BPM团队，负责过程的日常运营。行政主管和运营主管的安排是动态的。这种结构的主要优点在于同时实现了上层的紧密参与和支持以及对过程细节的充分管理。

BPM团队是一个平级的群体，过程中的每个主要职能都有一位经理或主管参加。每位成员都是过程的某一片断的专家。理想情况下，BPM团队的成员数不应超过八位，所选出的每个人都应是一位领导者。团队负责过程的管理和持续改进，团队与过程主管共同对过程的效果和效率承担责任。通常来说，团队的指派是动态的。

过程主管有时会设立一些专门团队来处理某些特别问题（如人力资源、信息

技术、基于活动的成本计算，等等）。这种基于项目的团队的使命是有限的，任务一完成团队便宣告解散。这种专门团队与 BPM 团队是不同的。

图 8—2 是一个多职能的组织和它的一个主要过程的简图。阴影部分包括了行政主管、营运主管、BPM 团队以及利益相关者——由那些高层的职能负责人构成，他们所在职能有该业务过程的活动。一般地，这里的利益相关者与过程的行政主管都是质量委员会的成员。综合起来，图中的阴影部分即称为 BPM 的基础架构。

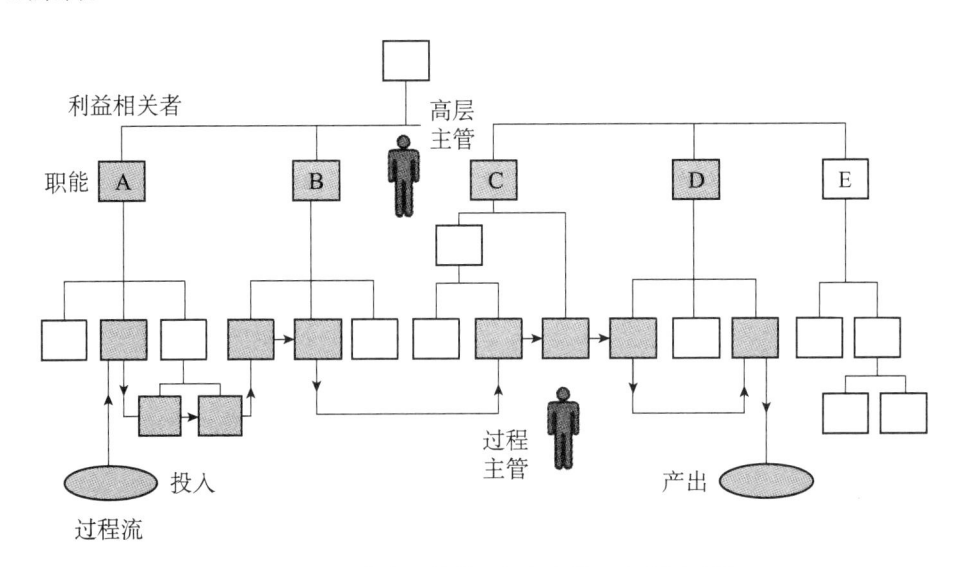

图 8—2　一个多职能的组织和它的一个主要过程

建立团队的使命和目标

过程的初始使命和改进目标是由质量委员会传达给过程主管（行政主管及营运主管）和团队的。为了更有效地履行其职责，过程主管和团队还必须确立他们自己的使命和目标。这一活动是在计划阶段的第一个步骤，亦即定义过程这一步骤中进行的。

计划阶段：计划新过程

BPM 的第一个阶段就是计划，它由五个步骤所构成：（1）定义过程；（2）确定顾客需要并绘制出该过程的流程图；（3）建立过程的测量指标；（4）分析过程测量结果和其他数据;(5)设计(或再设计)过程。计划阶段的输出即新过程的方案。

定义当前过程

过程主管与团队共同合作以精确地定义过程。在完成这一任务的过程中,他们的出发点和主要参照便是质量委员会在选定关键过程以及选择过程主管和团队时所建立的过程文件。这些文件中包括了使命和目标的初步陈述。

有效的使命和目标的陈述应清晰地表明:
- 过程的目的和范围。
- 具有挑战性的顾客需要及业务要求的目标。

(挑战性的目标旨在激励积极的过程改进活动。)例如,某个特别合同管理过程的使命陈述为:为大型信息系统的采购提供有竞争力的特价以及支持性的条款和条件,以可接受的成本来满足顾客对价值、合同支持及时限的要求。

这一过程的目标是:
- 自收到顾客意向书日起 30 天内,将获准的价格和合同支持文件送达顾客。
- 特别合同建议书的产出(实现了销售的建议书所占比例)不低于 50%。

团队必须就这些陈述的适切性达成共识,必要时要提出修改以获得质量委员会的批准,还要将过程的范围、目标及内容文件化。根据可获得的数据和集体的经验,团队要建立相应的文件以描述过程流、过程的优势和劣势、以往绩效、测评指标、成本、投诉、环境、资源等内容。其中有些是叙述性文件,有些肯定还会用到流程图。

业务过程的界定始于对构成该业务过程的主要子过程的调查,通常会涉及 6~8 个子过程。必须将"起始"子过程(首先实施的子过程)、"结尾"子过程(最后实施的子过程)以及中间的主要子过程包括在内。如果过程的上游活动对过程产出质量有重要影响,则这些上游活动就要包含在该过程的边界内。为了突出重点并避免模糊,将明显不属于该过程的子过程列出来也是有帮助的。过程各要素所汇总的信息要以图的形式展示出来,随着计划阶段各步骤的完成,这一图表将由子过程的集合演化成为一个流程图。

图 8—3 示出了上述特别合同管理过程的高阶示意图,它是过程再设计之前的过程分析的结果。在过程定义步骤的最后,这样一张图还算不上是一个流程图,因为还没有表示出子过程发生的次序。建立这种现存的关系是第二个步骤的工作。

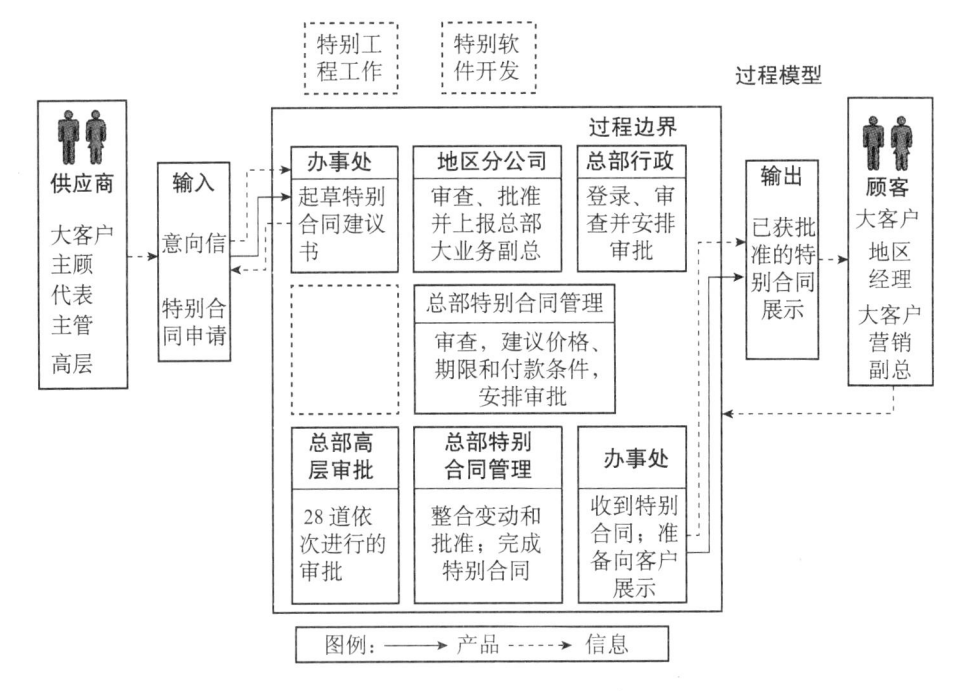

图 8—3 特别合同管理过程的高阶图

确定顾客需要并绘制出该过程的流程图

为了使过程能够高效地运行，团队必须识别出所有的顾客，确定他们的需要，并将之排出主次。明确主次能够使团队集中注意力并将精力花到最有效的地方。

确定顾客的需要和期望必须是一种持续的有训练的活动。过程主管必须确保这一活动作为顾客需求的子过程体现在业务过程的日常进行中，并且要明确对其绩效的责任。这一关键活动的输出就是不断更新的顾客需求陈述。

在过程流程图中，通常应明确关键的供应商和顾客，明确他们在过程中作为材料、产品、信息等的提供者或接收者的作用。尽管这种图可以用于大量的特定的目的，但在此处的最重要目的则是要在过程主管和团队成员之间建立起一种共同的综合的理解，理解子过程之间是如何相互联系的、子过程与顾客和供应商之间是如何相互联系的，以及产品和信息是如何在过程中流动的。在建立流程图时，团队会时常核对顾客的清单，随着对过程认识的深化，或许还会对之进行增删。

过程流程图是团队对过程进行分析以确定其是否能满足顾客需要的基本工具。通过一步一步地预演过程、共享问题和经验，团队就能够确定过程是否得到了正确的描述，必要时还要对图形加以调整以如实反映过程的实际运行情况。

在完成这一步骤后，团队就有了一个对过程分析和改进的起始点。在图8—4中，产品流用实线表示，信息流用点线表示。

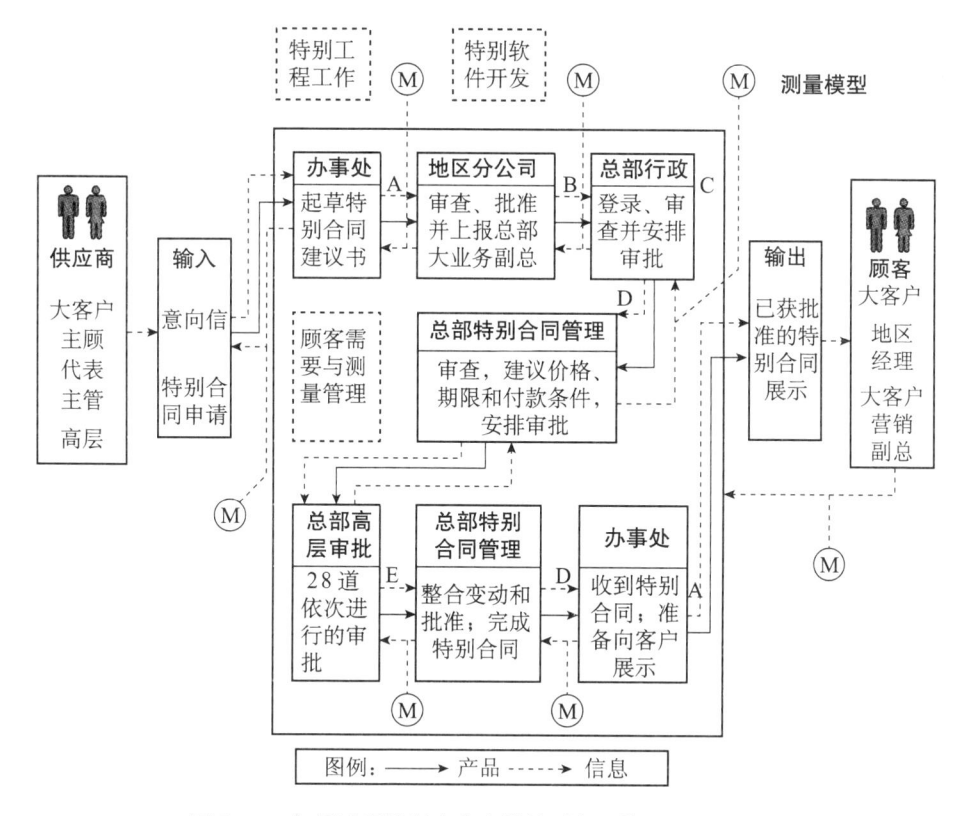

图 8—4 包括过程控制点在内的特别合同管理过程流程图

建立过程测量指标

能够测量的东西，才能够实现。在管理业务过程质量中，建立、收集并运用正确的测量指标起着关键的作用。如果"过程能力"、"过程绩效"以及其他的过程指标所描述的过程没有得到管理，这些指标就不会有什么实际意义。要得到管理，过程就必须满足一些最基本的条件：

1. 有一位主管。
2. 得到了定义。
3. 具备适当的管理架构。
4. 确立了对过程的要求。
5. 建立了测量指标和控制点。

6. 具有稳定、可预测、可重复的绩效表现。

满足这些最低条件的过程被称为是可管理的。在 BPM 中，可管理性是所有其他工作的先决条件。

在这些条件中，(1) 到 (4) 已经在本节中进行了讨论。以下将讨论 (5) 和 (6)。

过程测量

要决定对过程的哪些方面加以测量，我们可以求助于过程使命和我们的顾客需要清单。基于顾客需要的测量指标为衡量过程的效果提供了一种方法。例如，顾客要求在订单生效后 24 小时以内交货，我们就要对我们的订单完成过程规定一个测量指标，如"从接到订单到货物交付客户之间所需时间"，还要建立一个从相关数据中收集、处理、归纳和报告信息的系统。报告给过程行政主管的统计指标是诸如"在 24 小时内交付的订单所占百分比"这样的指标，这是表征及时性绩效的一个统计量。团队也需要数据，这些数据构成了分析和纠正问题以及持续改进的基础。为了实现这些目的，团队就必须有数据，从这些数据中，他们可以计算出诸如交货时间随产品类型等因素的分布这样一些描述性的统计量。在过程设计时就要对数据的用途加以仔细的考虑，以将测量指标和测量系统的设计返工降至最低程度。

基于成本、运转周期、劳动生产率、过程产出等因素设定的指标是对过程效率的测量指标。假定我们的订单完成过程的目标是将订单采选差错降至每千宗订单只有一个差错。要实现这一目标，就必须确定与订单宗数相对的订单采选差错。订单采选差错是一种无意识的差错，亦即当其发生时采选人员是意识不到的，要测量这一指标就必须通过另外的检验来辨识这类差错。检验员通过对已采选订单样本的审核，将差错识别并记录下来。就交货时间这一测量指标而言，团队必须仔细考虑这些测量结果的所有用途。如果是要预估差错率，所需数据就是所检验订单数与所发现差错数。如果是要改进这方面的过程绩效，数据就必须有助于团队识别差错来源并确定根本原因。要做到这一点，每个差错就必须与日期、班次、产品类型、包装容量等因素联系起来，这样便可以对数据加以分层，从而就可以对根原因的各种假设进行检验。

过程的适应性尽管不是一个测量指标，但却是过程主管和团队的一个重要考虑因素。有关适应性的讨论将在本章稍后部分进行。

过程的测量必须与业务绩效联系起来。如果组织的成功要求某些过程必须运行得格外良好，这意味着关键过程的集体成功对于组织的绩效是有益的。过程主管必须留意挑选与传统的经营指标强烈相关的那些过程测量指标，如收入、利润、投资回报率、每股收益、人均生产率，等等。在高层的经营计划评审中，我们鼓励和赞赏主管们努力寻求过程指标与组织的绩效指标之间的联系，这是因为 BPM 所支持的以下两个信念，即组织的成功是我们的追求，而 BPM 则是实现组织成功的途径。

图 8—5 列出了一些典型的过程测量指标以及与之相联系的传统的业务指标。举例来说，"销售定额完成率"是与改善收入这一业务目标相联系的一个传统的业务指标。上述的特别合同管理过程对于这一指标有着重要的影响，因为公司在美国国内收入的 30% 以上都来自这一过程。因此，特别合同管理过程的合同成功率（合同数与提交投标建议书的总数之比）与销售定额完成率以及其他的传统收入指标之间就存在着关联，从而对管理当局而言是一个极为重要的测量指标。测量点标示在了该过程的流程图上。

传统的观点		过程的观点	
业务目标	业务指标	关键过程	过程测量指标
更高的收入	销售定额完成率	合同管理	合同成功率
	收入计划完成率	产品开发	产品开发周期
	发货后被取消的订单价值	账户管理	储备管理和系统即时性保证
	应收款项回款天数		账单质量指数
	S，G&A	生产	生产运转周期
减少费用	存货周转率		

图 8—5　业务目标、传统业务指标与过程测量指标间的联系

控制点

过程的测量也是用于维持新过程的计划绩效的控制机制的一个组成部分。要对过程进行控制，就要求将少数选定的过程变量中的每一个都作为反馈控制回路的控制对象。一般来说，各变量在大过程层次上会有 5～6 个控制点，这些点包括向外部的输出、从外部的输入、关键的中间产品以及其他一些影响度高的过程点。图 8—4 示出了上述特别合同管理过程的各个控制点。有关反馈回路设计以及其他过程控制问题的详细讨论请参见第 6 章"质量控制：确保可重复和具有符合性的过程"。

过程的变异性、稳定性与能力

正如所有其他过程一样，组织的业务过程也具有变异性。诸如休哈特控制图

(参见第6章)这样的统计过程控制工具可以帮助团队减少过程变异并评估过程的稳定性。

评价过程能力是过程质量改进中的一个重要步骤。过程能力是对稳定状态下过程变异的测量。"稳定状态"意味着过程中的所有变异都可归因为随机原因。常用的过程稳定性准则是在利用休哈特控制图来测绘和解释时,过程处于"受控状态"。

统计过程控制、过程能力以及其他有关的工具都是过程团队工具箱里的有用构成。

测量步骤的输出是一份测量计划,它包括所要实施的过程测量项目的清单以及每项测量的实施细节,如谁来测量、如何测量、时间安排,等等。

对过程进行分析

过程分析的目的在于:
- 评价现过程的效果和效率。
- 识别各种绩效不良的内在原因。
- 识别改进的机会。
- 实施改进活动。

首先,团队参照流程图,将过程一层一层地分解为构成过程的要素活动。过程的分解是应用所谓的"过程分解"程序来进行的,这一程序是从最高层开始,对过程进行逐层分解。随着分解的深入,过程就能够更加详细地被描绘出来。

在分析中,随着在某一层次上获得对于过程的优势和劣势的理解,BPM团队的阶段性假说和结论将有助于决定下一步的方向。团队会发现某些子过程比其他的子过程对整个业务过程的绩效具有更为重要的影响(帕累托原理的一个例子)。这些更为重要的子过程便会成为再下一层分析的对象。

当过程的组件已经小得足以判断其效果和效率时,过程的分解即告完成。图8—6给出了一个有关3个典型过程(采购、开发工程和办公室管理)的3层(子过程、活动和任务)分解的例子。

业务过程	子过程	活动	任务
采购	选择供应商	供应商调查	外部供应商建档
开发工程	硬件设计	工程变更	召集变更会议
办公室管理	提供秘书服务	日程管理	变更现行日程

图8—6 过程分解的三个层次

测量数据要根据测量计划来进行收集,以确定过程的效果和效率。数据的分析着重于过程的效果（与顾客要求一致），以及满足当前和未来顾客要求的长期能力。

过程的效率目标是：在满足顾客要求的前提下，以最低的成本和最短的周期时间来运行所有的关键过程。

过程的效果与效率的分析是同时进行的。效果和效率的同时最大化意味着过程能够以低成本产出高质量。换句话说，这意味着该过程能够为顾客提供最大的价值。

"业务过程的适应性"是指随着时间的变化，过程在保持其效果和效率的同时，及时地适应顾客需求和环境变化的能力。在分析业务过程时，要对流程图进行四个步骤的考查，必要时要加以修改。

"过程分析总结报告"是这一过程分析步骤的顶点和关键输出。它包括了分析所得到的结果，亦即过程绩效不充分的原因和可能的解决方案，这些是由过程主管和团队在分析过程中提出和记录下来的。这个报告完成后，是一个对过程的行政主管和利益相关者进行评审的适宜的时机。

这种评审对于过程主管、团队、利益相关者和质量委员会都具有很大的激励作用。可能的过程改进方案的展示尤其会引起人们的兴趣。这些都是在整个计划阶段收集起来的，一直保存在一个点子库中。这些设计建议要加以整理加工，作为过程分析总结报告展示的组成部分供高层评审。

在评审可能的解决方案时，过程行政主管和质量委员会要提出过程设计方案的评选标准。了解最高管理层的评选标准，有助于将过程管理团队的设计努力集中到正确的方向，从而使得经过再设计的新过程方案更容易被接受。

设计（或重新设计）过程

在过程设计中，团队要定义出实现产品目标的具体运作手段。其成果是一个新设计的过程方案。在设计上进行的变更可归纳为五个大类，即工作流、技术、人员和组织、物质的基础架构，以及政策和规章制度。

在设计步骤中，过程主管和团队必须决定是创建一个全新的过程设计还是对现行过程进行再设计。创建一个全新的设计意味着进行根本性的变革，而再设计则通常意味着渐进的变革，它会继承现行设计的某些特征。

团队会从内、外部来源获得许多的设计方案。从内部来源取得备选方案的一种方法是训练操作层人员运用创造性思维来再设计他们的过程。

以这种方式提出的各种点子被整理成文档并储存在点子库中。标杆分析能够从外部提供丰富的思路，其中也会包括根本性变革的点子。

在从效果的角度对过程进行设计时，过程的运转周期通常是最让人关注的变量。在服务主导的竞争中,最短的运转周期常常是起决定作用的特征。而且,缩减运转周期通常也会转化为效率的提高。对于许多过程来说,缩减运转周期的最有效手段是导入新的技术,尤其是信息技术。

面向速度的设计能够创造出惊人的竞争优势,会提高市场份额并减少库存要求。有许多公司在产品开发和生产领域的运转周期缩减方面取得了显著成就,如惠普、宾士域(Brunswick)公司、通用电气的电力分配和控制部门、美国电话电报公司(AT&T)以及贝纳通(Benetton)等(Dumaine,1989)。这些公司所取得的成就均来自针对主要业务过程所采取的努力。这些努力还有其他一些具有普遍性的特点:

- 由最高管理层提出具有挑战性的目标。
- 绝对遵守计划安排。
- 应用最先进的信息技术。
- 减少管理层次以促进雇员的活性化和自我导向的工作团队。
- 使对速度的重视体现在组织的文化中。

在面向速度的设计中,成功的再设计常常源自少数几个很简单的原则,即消除过程中的交接,消除上游活动所引起的问题,消除职能间交接的延误和差错,合并跨职能或跨业务的步骤。简单说明如下:

- 消除过程中的交接。"交接"是指材料和信息在人与人之间的转移,尤其是那些跨部门的转移。不管什么样的过程,只要涉及多个人,就不可避免地会有交接。但必须认识到,交接既耗时又有大量危害过程完整性的隐患,如搞错的指令、弄混的零件标志、过时的规范、误传的顾客要求等。在本章前面讨论过的特别合同管理过程中,并行评审委员会的采用消除了 28 道依次进行的高层审批和相应的交接。

- 消除上游活动所引起的问题。美国一家电脑公司因销售代表不正确地配置系统而导致了订单录入的差错。结果,销售与订单处理过程的成本比竞争对手高出了 30%,某些产品的差错率甚至高达 100%。通过跨职能的再设计,解决了在配置和销售人员技能方面存在的问题,从而提高了交货的准时率,显著节省了成本(Hall et al.,1993)。

- 消除职能间交接的延误和差错。在英国的一家保险公司里,新保险单的处理包括了 10 个交接,至少需要 40 天才能完成。该公司后来采用了只需一次交接的项目经理方式,保险单处理时间降到了 7 天以内(Hall et al.,1993)。

- 合并跨职能或跨业务的步骤。有一家美国的电子设备制造商,其硬件设计、生产、安装和维护的过程有 9 个步骤,涉及三个不同部门中的 7 个岗位。该公司后来除在销售和生产职能各保留一个岗位外，取消了其他所有的岗位（Hall et al., 1993）。

为了确定在实际运行条件下能否正常运行，还要对过程设计方案进行测试。设计测试包括试验、试运行、空转、模拟等。测试结果用于预测过程的绩效表现和成本/收益方面的可行性。

成功的过程设计必须有雇员的参加和参与。忽视了这种参与，将使组织失去实现重大改进的机会，也会对实现重大改进造成阻碍。一线职工在提出新的设计方案方面的创造性是惊人的。

创建新过程方案

当对一个关键的过程进行了重新定义后，我们必须将新过程文件化，并详细说明新的步骤。在新过程方案中，包括了新过程的构成，还有旨在保持新的过程绩效水平的控制方案。图 8—7 示出了上述的特别合同管理过程的新的过程方案，这是一个高阶的过程示意图。

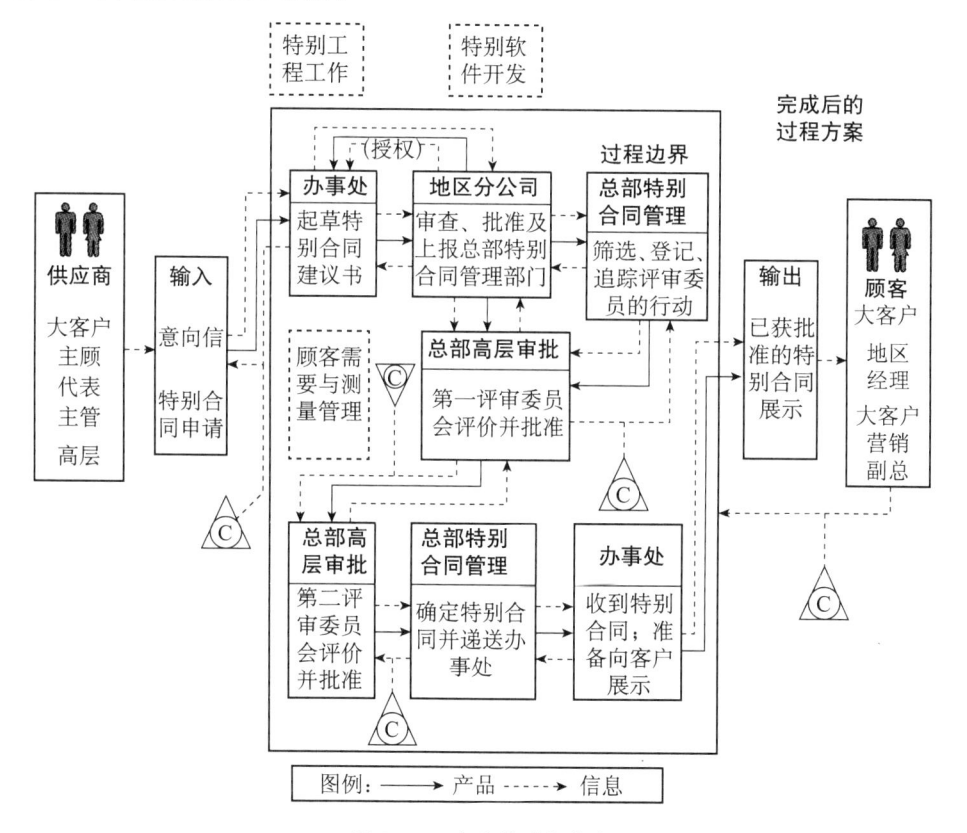

图 8—7 高阶的过程方案

转移阶段：将新过程方案转移到运营中

转移阶段包括三个步骤：（1）计划实施中所涉及的问题；（2）计划实施行动；（3）部署新的过程方案。

计划实施中所涉及的问题

一项重大的 BPM 活动会涉及巨大的花费并促成组织的根本性变革，影响到成百上千的岗位。所有这些都是重大的管理挑战。所有这些变革都必须仔细加以计划、安排和实现，以便新过程能够进行展开以进入到运营管理阶段。图 8—8 明确了所需考虑的问题的类别，并列出了其中所包含的关键要素。

问题的类别	所包含的关键要素
工作流	过程分解（宏观/微观、跨职能的、职能内的、部门间的、部门内的）
技术	信息技术和自动化
人员和组织	职位、职位说明、培训和开发、绩效管理、报酬（激励式的或非激励式的）、表彰/奖励、工会参与、团队、自我导向的工作团队、报告关系和减少层次
基础架构（物质的）	位置、空间、布置、设备、工具和装备
政策/规章	政府、社区、行业、公司、标准和文化
新过程的设计问题	环境、质量、成本和采购

图 8—8　实施中所涉及问题的类别

在图 8—8 列出的五类问题中，人员和组织一般来说在所有的 BPM 活动中都是最具挑战性的变革主题的源头。在人员和组织这一类别中，计划实施所涉及的主题包括：新的职位，通常会变得更加丰富；新的职位说明书；对进入新岗位的人员的培训；新的绩效计划和目标；新的薪酬制度（奖励性工资、共享收益，等等）；新的表彰奖励机制；与工会签订的新劳动合同；过程导向所必需的团队合作和团队建设理念的导入；自我导向的工作团队的成立；团队教育；管理层次的削减；新的报告关系；对于岗位被取消人员的就业计划的开发和管理；福利待遇的临时性安排；解雇后的新职业介绍计划；以知识和贡献为基础而不是依据等级制中的提拔的新的职业生涯路径。这个单子还可以继续罗列下去。此外，还必须考虑在技术、政策和物质基础架构方面的变革。

变革管理技能的重要性是显而易见的。新过程的部署会对那些受到影响的人构成威胁。过程主管和团队必须善于克服变革的阻力。

做好变革的准备

当具备以下四个条件时，变革就会发生。第一，当前状态令人不满甚至使人痛苦，从而形成一种变革的欲求。第二，必须有一种令人满意的选择，一种事情将会如何更好的愿景。第三，存在着达到满意状态的现实步骤，包括实施这些步骤的指南以及在这一过程中的支持。第四，要维持变革的效果，组织和个人必须获得相应的技能并达到一种能动的状态。

这四个条件强化了变革的意图。对变革的进程必须加以持续的监测，以使变革的效果能够永久保持下去。在运营管理阶段，运营控制、持续改进及定期的评审和评价等活动都有助于确保新的过程方案按计划持续运行。

对实施行动的计划

这一步骤的输出是一个复杂的工作计划，这一计划将由过程主管和 BPM 团队来实施。项目管理方面的技能将有助于他们的活动。

部署新的过程方案

在实际实施新过程之前，团队要对新的过程方案加以测试。他们要对挑选出的过程要素加以测试，或许还会进行计算机模拟。测试的目的是预测新过程的绩效和确定可行性如何。测试还有助于团队对过程微调并决定是否进行平行运行（新老过程同时运行）。团队必须决定如何来部署新过程。以下是几种选择：

- 水平部署，一个职能接一个职能地部署。
- 垂直部署，全部职能由上至下地同时部署。
- 模块化部署，一个活动接一个活动，直到全部活动得以展开。
- 按优先次序部署，按优先次序来部署子过程和活动，先从改进潜力最大的开始。
- 试点部署，对过程的小规模试行，然后扩展到全面实施。上述的特别合同管理过程的首次再设计便采用了这种做法，即在全国推广之前首先进行了区域性的试验。USAA 保险公司对新过程的所有试点都是在五大湖地区进行的。USAA 采用这种方式除了要"在全国性推广之前消除新设计中的各种错误"之外，还将之作为"有前途的主管们拓展职业道路的经历"，并"以小得多的阻力将新设计推广到组织的其他部分"（Garvin，1995）。

新过程的全面部署还包括对最新控制方案的开发和部署。图 8—9 列出了一个新的过程方案所包括的内容。

- 过程的使命
- 过程的目标
- 过程管理结构（即主管/团队/利益相关者）
- 过程合同
- 过程描述/模型
- 顾客要求（即顾客名单、顾客需要、要求陈述等）
- 过程流
- 测量方案
- 过程分析总结报告
- 控制方案
- 实施行动方案
- 资源计划
- 日程/时间进度

图 8—9　一个新过程方案的内容

运营管理阶段：管理新过程

一旦过程投入运行，运营管理阶段便告开始。运营管理中的主要活动包括：（1）过程质量控制；（2）过程质量改进；（3）定期的过程评审和评价。

业务过程测量与控制

"过程控制"是一个持续的管理过程，在这一过程中，通过对控制点的测量来把握过程的实际绩效，将测量结果与质量目标进行比较，并对偏差采取行动。过程控制的目标是确保业务过程的绩效保持在所计划的水平上。（参见第 6 章"质量控制：确保可重复和具有符合性的过程"。）

业务过程改进

通过监测相对于顾客要求的过程绩效，过程主管就能够识别出过程的输出与实现顾客满意之间的差距，这些差距便构成了过程质量改进活动的目标。它们表现为缺陷、投诉、高昂的不良质量成本，以及其他的不良。（参见第 6 章"质量控制：确保可重复和具有符合性的过程"。）

定期的过程评审和评价

过程主管对当前的过程绩效进行评审和评价，以确保过程按计划运行。评审应包括对过程设计本身的评审和评价，以应对设计条件的变化和预期的未来变化，如顾客的需要、新的技术以及竞争者的过程设计等方面的变化。过程主管应当就评审顾客需要、评估和标杆分析现有过程设定一个日程表，这是非常值得做的。

随着顾客需要的变化，过程的测评指标也要重新定义，以反映这些变化。这种持续的再定义便构成了一个测量管理子过程的主题，这一子过程是由过程主管和团队所建立的，并对顾客需要子过程进行了补充。这两个子过程有着密不可分的联系。

马尔科姆·鲍德里奇国家质量奖准则中有关业务过程管理的要求为过程绩效的评审和评价提供了一个基础。

世界上的各种其他的评奖准则，以及许多国家的和国际性的标准，都为过程主管和团队考虑过程评审提供了参考和指导。

马尔科姆·鲍德里奇国家质量奖的准则正在日益被认为是对卓越绩效的事实上的定义。业务过程管理是卓越绩效框架体系中的一个重要概念。

组织已经懂得了不要将管理的注意力仅限于财务方面。它们在定义、识别和管理质量方面已经获得了经验。它们习惯了战略性的思考，即设定愿景、使命和目标并将之协调起来。它们也将获得对照这些目标来评估进展的经验。

质量改进过程是超越职能式管理的一个重要步骤，它于1950年代发源于日本，1980年代初在美国得到了广泛的开展。许多组织认识到，质量改进必须有两种新的组织构件，即质量委员会和跨职能项目团队。质量委员会通常由高层管理团队组成，他们在其传统的财务管理职责上，增加了质量管理职责。项目团队认识到，在一个职能制的组织中，减少慢性故障的责任必须由一个跨职能的团队来承担。

BPM是对早期的质量改进活动所获得的诸多经验的一个自然的扩展。这一活动要求必须有观念上的转变，要从对职能专业化的依赖中抽脱出来，理解聚焦于主要的业务过程所具有的益处。它还必须有另外一个组织构件的支持，这便是针对每个主要的业务过程有一个架构。

与技术融合的 BPM 的未来

业务过程管理（BPM）正在日益与基于服务的架构（service-oriented architectures，SOAs）技术以及诸如精益和六西格玛这样的卓越绩效工具结合起来，以促进改进和取得成果。与此同时，这些工具也提升了组织的灵活性和技术辅助的响应性。许多成功的组织都认识到了这种关联性。

根据 IBM 的认识（参考"Aligning Business Process Management, Service-Oriented Architecture, and Lean Six Sigma for Real Business Results"），那些克服了文化和组织障碍的先行者正在收获显著的绩效和财务结果。这包括：

- 通过更为协调、灵活的业务和技术架构而改进了对于市场挑战和变化的响应性。
- 通过对市场造成改变以及使业务过程更加适应关键利基市场的特定需要，改进了创新和实现战略差异性的能力。
- 通过自动化降低了的过程成本，通过应用实时数据、自动示警和有计划地升级等措施提高了对问题的监视、探测和响应能力。
- 通过共享过程模型和高的组件再利用水平而显著降低的技术实施成本。
- 通过过程模拟能力以及提高在编码之前获取反馈与预购的能力而实现的更低的分析成本和风险。

回报可能是巨大的，尤其是对于现在就起而行之的人而言。

参考文献

Dumaine, B. (1989). "How Managers Can Succeed through Speed." Fortune, February. 13, pp. 54–60.
Garvin, D. A. (1995). "Leveraging Processes for Strategic Advantage." *Harvard Business Review,* September/October, vol. 73, no. 5, pp. 77–90.
Hall, G., Rosenthal, J., and Wade, J. (1993). "How to Make Reengineering Really Work." *Harvard Business Review,* November/December, vol. 71, no. 6, pp. 199–130.
Kane, E. J. (1986). "IBM's Focus on the Business Process." *Quality Progress,* April, p. 26.
Kaplan, R. S., and Norton, D. P. (1992). "The Balanced Scorecard—Measures that Drive Performance." *Harvard Business Review,* January/February, vol. 7, no. 1, pp. 71–79, reprint #92105.
Levi, M. H. "Transformation to Process Organization." Interfacing Technologies Corporation, http://www.interfacing.com/uploads/File/The%20Business%20Process-Meir%20Levi.pdf
Pall, G. A. (1987). *Quality Business Process Management.* Prentice-Hall, Inc., Englewood Cliffs, NJ.
Riley, J. F., Jr. (1989). *Executive Quality Focus: Discussion Leader's Guide.* Science Research Associates, Inc., Chicago.
Riley, J. F., Jr., Pall, G. A., and Harshbarger, R. W. (1994). *Reengineering Processes for Competitive Advantage: Business Process Quality Management (BBPM),* 2nd ed., Juran Institute, Inc., Wilton, CT.

第 9 章

朱兰转型模型与路线图 约瑟夫·A·德费欧 贾尼丝·杜塞·汤普森

关于本章	组织结构突破
本章要点	当前绩效突破
文化转型	文化突破
朱兰转型模型	转型路线图
领导与管理突破	参考文献

关于本章

组织实现卓越绩效，将使我们这个世界免于技术失败，从而避免对于环境和人类的危害。使组织由一种文化转型为另一种文化绝非易事。但是，通过系统地实施有效的、可持续的有益变革，这种转型是能够实现的。我们从第 1 章到第 8 章讨论了普遍的原理。本章将从普遍到具体，讨论实现卓越绩效文化的路线图。我们称为朱兰转型模型的这种系统方法能够使所有的组织通过预见未来而实现转型。在达到卓越绩效的状态之前，通常需要实施六个方面的组织突破。

本章要点

1. 突破被定义为有目的地实现显著而持久的有益改变的过程，它通常与过程改进的目标联系在一起。转型要求组织实现突破。需要突破的领域包括领导与管理、组织结构、当前绩效、文化、适应性和可持续性。

2. 组织的变革之所以必要，是因为如下三方面的理由（其中的每一个方面都有可能毁掉一个组织）：（1）高昂的不良绩效成本；（2）持续的社会变化；（3）不变革，组织就会死亡。

3. 所有的组织都应被看作开放系统。开放系统依赖于与组织外部环境的成功互动，依赖于组织内部的各种专门职能间的适当协调。

4. 在实现突破的过程中，某一个工作领域中出现的问题，其根源往往在过程的上游。因此，在某个工作场所受到绩效问题困扰的人们未必能够靠自己的力量解决这些问题。

5. 只有有了积极的参与才能够实现卓越绩效，这种参与既包括造成问题的人，也包括受问题影响的人，还包括能够提出问题解决对策的人（通常是处在问题源头的人，也可能涉及其他方面的人）。

6. 没有系统思考而孤立进行的组织变革很有可能比此前造成更多的问题。

7. 建立转型模型和路线图的方法。

文化转型

若没有一种综合的方法来实施和维持，对文化进行的变革会十分困难，常常会招致失败。朱兰转型模型和路线图描述了实现持久的文化变革必须进行的五种不同的突破。没有这些突破，组织也许会取得优异的结果，但这些结果可能不会长时间地保持下去。如果卓越绩效是组织应用普遍的质量管理方法达成的优异状态，那么组织必须确保这些方法得到成功的应用。要从组织的当前位置到达所追求的理想之地，就要求进行转型性的变革。这样的变革才能使组织持久保持其绩效，实现世界级的地位和市场领先。

这五种类型的突破包括：

1. 领导与管理。
2. 组织与结构。
3. 当前绩效。
4. 文化。
5. 适应性和可持续性。

朱兰转型模型

朱兰转型模型（图 9—1）以朱兰博士和朱兰学院 60 多年的经验和研究为基础。实现了上述的五种突破，就能够达到卓越绩效的状态。每种突破着眼于组织必须改变的一个子系统。每一个子系统对于支持组织的生存都是必不可少的，每一个子系统只靠自身都是不充分的。这些突破使得各个子系统能够发挥自身独特的作用以生产顾客愿意支付或使用的产品、服务和信息。在各种类型的突破中，有些活动或任务会有一定程度的重复或重叠。这是可以预见的，因为各个子系统彼此互相依存，每个子系统都会受到其他子系统的活动的影响。作者认识到，在各种突破中，读者的组织可能已经针对某些问题采取了相应的举措——这样更好。如果是这种情况，如果你们的卓越绩效征程并非从头开始，那你只需要从组织现在所处的位置开始即可。缩小差距或许会成为你的组织的下一个战略计划的组织部分。为了缩小差距，就要制定战略战术目标，确立实现目标的项目，并在所有职能和层次上加以部署。

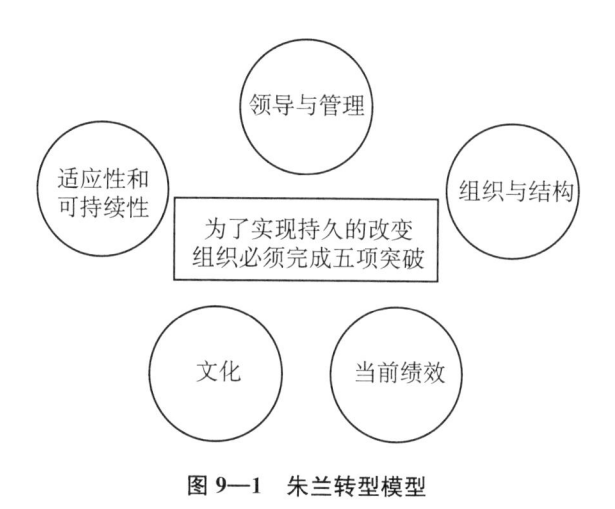

图 9—1 朱兰转型模型

资料来源：Juran Institute，Inc. 2009.

突破与转型性变革

组织中任何时候都可能发生突破，很多情况下突破的发生是由于采取了某些特定的措施，如某种改进项目（例如六西格玛改进、新服务的设计、新技术的发明等）。这类变革会为组织和社会带来迅速的良性改变。但是，它们或许还不足以引起文化的改变或者使这些变化持久保持。这是因为，这些变革也许并非出于正确的理由，它们并非是有意识地实现的，它们的发生具有偶然性。因偶然而发生的变革是不可预测的，也是不可持久的。组织所需要的是可预测的变革。

今天的组织运行在持续而不可预测的变化当中。面对巨大的外部压力，组织中的人们必须进行持续的适应性改进。这些改进或许要费时数月甚至数年才能完成，因为它是众多互相关联、彼此协调的计划、政策和突破项目综合作用的累积效果。所有这些努力综合起来，使组织逐渐发生了转型。

那些不愿改变的组织常常也会因危机或因对即将到来的危机的恐惧而引发组织变革。考虑以下的情景：

> 有两家最大的竞争对手导入了优于我们的产品。结果，我们的 X 和 Y 两种产品的销售额持续走低，我们的市场份额不断下降。使局面更为糟糕的是，我们的新产品开发速度要比竞争者慢得多。新工厂似乎什么事都做不好：设备常常停机，运行时则产出了大量的不合格品，浪费巨大。
>
> 由于差错，许多订单被退回，从而延迟了回款，导致了顾客不满升高，纠纷不断，返工成本居高不下。应收账款过高而且还在不断增加。我们开始意识到，要么在未来面对更多的问题手足无措，要么就从根本上未雨绸缪。领导层必须当机立断，否则组织就会逐渐丢掉市场、失去顾客、丧失收入。

突破是组织生存之本

离开了持续突破的治疗性效果，组织就不能长期生存。这有四个方面的重要原因：

1. 如果置之不理，不良质量成本（COPQ）会持续增加。这些成本居高不下。绩效不良的过程产生了巨大的成本，使得组织不断地被置于危机之下。我们曾在第 1 章和第 5 章讨论过，不良质量的成本据报告占到了所销售产品成本的 20% 以上。这一数据因行业和组织的不同而有所差异。这些成本有时会超过利润或成为亏损的主要原因，这并不少见。无论哪种情况，其总的水平都是惊人的（因其数量巨大且可避免），给组织造成了巨大的损失。在很多削减成本的举措中，不良质量成本都是一个重要的考虑因素。这不仅是因为若不解决将损失巨大，而且还因为通过削减不良质量成本实现的节约能够直接影响绩效基线。进一步地，这种节约会一年一年地持续下去，只要纠正措施是不可逆的，或者针对可逆的改进采取了有效的控制。

2. 发现、消除并预防导致神秘的慢性浪费的原因，是符合逻辑的基本经营思路。由于能够揭示和消除问题的根原因并保持成果——这也是其基本用途所在

——突破性改进成为了人们的首选措施。突破性改进可以被认为是应用科学方法来解决绩效问题,突破性改进方法论与诊断和治疗的医学模式极为相似。

3. 缓慢而持续的变化。突破对于组织的生存至关重要的另一个原因是当今经营环境的持续加剧的变化。这种变化强大而广泛,组织没有哪一部分能够免受其影响。由于组织的所有部分都会受到环境变化的威胁,组织为了生存,就必须充分地改变自身以适应新的外部条件。涉及组织多个职能方面的绩效突破是一种强大的举措,能够产生相应的抵抗措施,足以应对无情的变化。组织有时必须重新设计自身,重新审视、修正自己的核心产品、业务和服务,甚至改变自己的顾客。

4. 没有持续改进,组织就会死亡。另一个有关突破乃组织生存之本的理由来自对于组织行为的科学研究。通过研究开放系统的理论,领导者们能够就组织的运行和管理获得宝贵的启发。这一理论所带来的最重要的启示之一就是关于负熵的概念。负熵是人类组织和诸如细胞或器官(细胞的集合)这些有生命的生物系统共有的特性。熵是所有的生命体和所有的组织趋于其自身终结的趋势,负熵意味着生命系统和社会系统用以延缓其自身终结的那些反制措施。生命有机体会代谢老化的细胞,愈合伤口,抵抗疾病。组织会建立能量的储备(存货和供应)并从环境中获取更多的能量(销售和原材料)来持续补充消耗。生命有机体最终会输掉这场比赛。组织如果不能持续地适应、疗伤(进行突破性的绩效改进),构筑现金和商誉的储备,也只能是如此结局。朱兰转型模型是组织用于抗击其宿命的手段。

系统思考和转型性变革

组织如同有生命的有机体。它由大量的子系统所构成,每个子系统都发挥着独特的作用,对于整体的生命起着不可或缺的重要作用。某个特定的子系统发挥着自身的独特的功能,如设计、生产、管理、维修保养、销售、采购等。不可以把组织与生命有机体过度地类比,生命有机体用有形的边界和结构来区隔各个子系统(如细胞壁、神经系统、消化系统、循环系统等),但组织的子系统的边界与结构并非有形的,它们表现为重复性的事件、活动和交易。这种重复性的活动形式实际上就是组织的各个职能所实施的工作任务、程序和过程。开发系统理论将这些活动类型称为角色。一个角色由一种或多种重复性的活动所构成,所有这些活动的集合产出了组织的输出。

借助互相理解的期望和反馈的循环,角色以一种相对稳定的重复性方式得以维持和执行,如图9—2所示。三重角色开放系统理论与朱兰模型主要关注与这些活动和交互作用相关的职能角色的技术方法、人际关系、组织结构、交互作用等。详细了解组织与环境之间以及组织内部的交互作用，对于实现突破是至关重要的。这些交互作用决定了绩效的效果和效率。

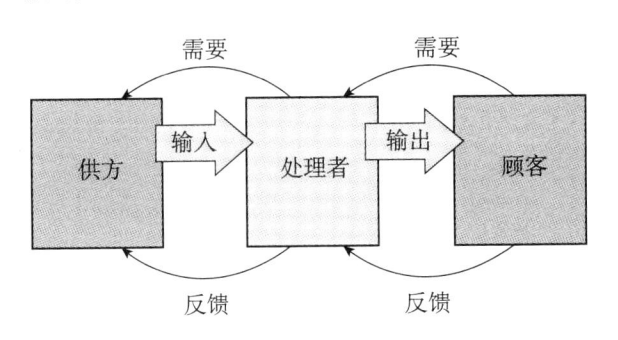

图 9—2　三重角色

资料来源：Juran Institute, Inc. 2009，p. 8.

图 9—2 所示的模型适用于组织的整体、子系统和组织的职能（如组织中的部门和单位）以及在各个职能中和各个层次上发挥作用的组织成员。所有这些实体都同时担任着三种角色，即供方、处理者和顾客。作为处理者，组织从其供方接收原材料——货物、信息和/或服务，负责把输入的能源加以转化。供方可能处在组织的外部，也可能处在组织的内部。处理者的任务就是要把接收到的这些事物转化为某种类型的新的产品——货物、信息或服务。相应地，处理者再向其顾客供应产品，这些顾客既可能处在组织的外部，也可能处在组织的内部。

这些角色之间不只是交换事物。各个角色之间的联系依靠互相理解的期望（规范、工作指令、程序等）和有关期望满足程度的反馈（投诉、质量报告、表扬、嘉奖）。注意在上图中，处理者必须向其供方详细地沟通（用箭头表示）其需要和要求。此外，处理者还要向供方提供有关其期望满足情况的反馈。这种反馈是控制环路的组成部分，有助于确保供方持续满意地提供服务。顾客对其处理者也承担着同样的责任。这里的处理者事实上也是一个供方（只是提供的是产品而非原材料）。

一旦发生了缺陷、延误、差错或过高的成本，原因就可能出在供方、处理者和顾客所完成的某种活动中，出在彼此之间的交易中，或者是需要和反馈沟通的脱节中。在突破性活动中，必须通过深入的探究和探索来准确地揭示根原因。如果原因十分复杂，要把它们查找出来，或许就需要将相应的过程置于一架具有强大威力和精度的显微镜下，实施六西格玛就相当于如此。推行卓越绩效要求所有部门和层次的参与，至少在一定程度上是这样，因为各个部门的绩效在某种意义上与所有其他部门的绩效都相互关联和相互依存。进一步地，任何一个部门的改变都会造成所有其他部门的改变，即使当时未必十分明显。各个部门之间这种相互关联的特性对于每个层次的领导者都具有实际的意义，这意味着在进行决策时，尤其是在进行有关变革的决策时，领导者必须具备"系统思维"。

由于组织是一个开放系统，它的生存就取决于（1）与组织的外部环境之间的成功的交互作用；（2）组织各个特定的内部职能及其输出的适当协调。

各个内部职能的绩效以及相互之间的适当协调取决于对计划、控制和改进的管理过程，以及领导、组织结构和文化这些人际的因素。要管理一个开放系统（如一个组织），各个层次的管理者就必须从系统的角度进行思考和行动。针对任何的变革，管理者既要考虑到对于组织整体的影响，也要认识到各个部分之间的相互关系。如果做不到这样，哪怕只是实施了一些貌似微小的变革，也有可能会招致巨大的危害。领导者们有必要这样来思考问题："如果在 x 方面需要变革，要求所有其他职能做些什么（输入）才能实现这种变革？x 会如何影响其他的职能以及整个组织（最终输出/结果）？"无论采取什么样的突破方式，只有当组织中的人发生了变化，组织才能实现真正的改变。

从作者的经验中有三方面的重要启示：

1. 所有的组织都必须采取一种系统的做法以确保变革发生。在过程中的某个职能或步骤中表现出的问题往往根源在于过程上游的职能或步骤。某个工作领域中的人未必靠自己就能解决本领域的问题，他们需要让其他人也参与到问题解决的过程中。没有其他职能的参与，就有可能产生次优化的现象。次优化带来的是过高的成本和内部顾客的不满，与本来的意图正好相反。

2. 只有从上到下的全体员工都能够持续参与时变革才能够实现。这不仅包括处于问题源头的人员，还包括受到问题影响的人员，以及发起变革纠正问题的人员（可能是处在问题源头的人，也可能是别人）。

3. 只有职能性的变革不足以使组织发生转型。孤立而缺乏系统思考的突破很有可能比实施之前产生更多的问题。

要实现诸如卓越绩效这样的实质性变革，不能只是着眼于改变人们的行为（如通过培训），还要重新定义人们在社会系统中的角色。这其中就包括改变顾客对于其处理者的期望，也包括改变处理者对其供方的期望。换言之，绩效的突破要求组织的设计能够产出协调一致的行为来支持特定的组织目标。决定角色的其他因素或许也需要加以改变，如职位说明、工作安排、工作程序、控制方案、质量体系的其他要素、培训等。只是培训一些高水平的黑带，完成一些项目，还不足以实现突破。尽管这也会带来一定的改进，但不大可能实现长期的文化变革和可持续性。作者认为，许多组织在需要进行突破时，却只是在实施一些简单的改进。

如同我们所认识到的那样,达到卓越绩效的状态意味着实现和保持良性的改变。需要指出的是,无论关于变革的认识多么高明,都不会实现真正的变革。人们必须认识到,为什么必须进行变革,变革会带来什么影响,之后才可能改变他们所做的事以及做事的方式。最能从变革中受益的人常常也会抵制变革,尤其是当他们按照老路子取得了成功的时候。领导变革可能会十分复杂和具有挑战性。因此,试图实施变革的人就必须掌握变革的诀窍。

领导与管理突破

管理者回答了以下两个基本问题才能实现领导的突破:

1. 管理层如何设定组织绩效目标,如何激励组织中的人们去努力实现目标,如何承担责任?
2. 管理者如何最好地发挥和管理组织中的人员及其他资源的力量?

领导不只是限于一个组织的顶层,而是涉及组织的所有层次。一个实现了领导和管理突破的组织表现为具有统一的宗旨和共享的价值观,以及具有一个能够让全体人员积极参与的系统。

每一个工作群体都清楚自己的目标,明确团队及个人的绩效期望。每一个个人都了解自己对于组织的整体使命的贡献,清楚自己的绩效是如何测量的。很少发生不协调或不利于生产率的行为。关于哪些行为可取,哪些行为不可取,组织有相关的决策和行为指南,有助于相对迅速和顺利地解决问题。领导有两方面的主要要素:(1)领导者必须明确要让雇员到何处去并进行清晰的沟通;(2)领导者必须能够鼓励人们遵循其指出的路径,这是通过让人们理解为何这一路径更好来实现的。在本书中,"领导者"和"管理者"未必是指不同的人员。实际上,大多数领导者都是管理者,而管理者也应当是领导者。区别取决于意图和活动,而非人员。领导作用可以也应当是由管理者来发挥的,领导者也必须管理。领导意味着以一种积极的方式对他人施加影响。从这个意义上而言,处于管理层级最顶层的那些人(CEO以及其他带"总"字头衔的人)就可以是最有效的领导者,因为他们比组织中的其他任何人都具有更多的正式的职权。事实上,最高层管理者通常是最有影响力的领导者。对于那些剧烈的变革,如在组织中开展精益六西格玛这样的活动,由CEO来领导变革是最有效的方式。如果其他的领导者,如工会负责人等也能在推动精益六西格玛时发挥领导作用,将会有极大的帮助。如果高层和中层管理者、基层管理者以及非管理岗位的领导者们能够"追随领导",言行一致地支持卓越绩效活动,也同样会如此。领导不是独裁。独裁者让人们恐惧"不当"行为,他们会通过偶尔的奖赏(如土库曼斯坦的免费汽油),释放囚犯,配合宣传的公开造势等方式,让人们追随领导人。独裁者并未让人们心甘情愿地"正确"(独裁者所说的正确)做事,人民只是因害怕而不敢违抗而已。

领导者在领导突破中的作用

战略计划与展开:由一般水准到卓尔不群

战略计划活动的第一个步骤是确立组织的使命。(我们做的是什么生意?我们提供的是什么服务?)接下来,制定和发布组织的愿景,亦即组织所期望达成的未来状态(如:我们将成为X产品或Y服务在世界范围内的首选供应商)。在宣布了组织存在的基本理由以及组织未来立志实现的总体目标之后,最高管理层要提出一些完成使命并实现愿景的关键战略(如:确保优质原材料的可靠来源,在可见的将来确保各个层次的员工稳定而合格,到本年底将不良质量成本降低到去年的50%)。接下来的过程变得更为精确。针对每一关键战略,要提出一些量化的战略目标(指标),这是已有的资源和人员能够实现的目标。这些量化的战略目标又被进一步分解为本年度的目标,未来两年的目标,等等。最后,针对每一个量化的战略目标,要确立一定数量的操作性目标,其中要明确具体的责任人和相应的任务。通常,操作性的目标是要实现的具体项目(如六西格玛项目),是每个部门或单位具体要达成的绩效指标。

战略展开是将目标转化为具体的行动的过程,每一项行动都旨在实现某个具体的目标。展开由两个阶段构成:一个阶段是在战略计划的过程中,一个阶段则是在战略计划方案已经完成之后。在战略计划的过程中,管理层确定了关键战略之后,这些战略将传达到组织的其他人员:事业部负责人、职能部门负责人、过程主管,等等。他们再进一步往下传达至基层主管、团队领导等。他们再进而将战略传达给自己所负责的每一个个人。所有的人都要提供想法和建议,如为了实施战略需要采取哪些活动,具体采用什么样的定量战略目标,要求什么资源等。这些建议再提交给高层管理团队,他们据此进一步细化战略目标和操作性目标。这种交互可能会进行若干次。有人将这种反复的交流称为"传球"。在每一个循环中,目标得到不断的优化,变得更加具体、实际和量化。最后,就得到了一整套精确的战略目标和操作性目标,而且都各有负责人。此外,还建立了衡量绩效进展情况的测量指标,为各个层次的管理者提供了一套观测进展情况的记分卡。最重要的在于,这些目标是在具体负责实施的领导者的参与下建立的,他们将对最终的结果负责。

通过这一过程,组织凝聚在了共同的目标下。所有的职能和层次都参与了进来。这很重要,因为领导不是由身居高位的某一个个人实施的。理想的状态下,它是由所有的层次,所有的部门,所有对他人施加影响的人来实施的。在精心制订的战略计划方案的指导下,在领导者与领导者之间、部门与部门之间,在不同的时间段之间,领导行为(影响他人的努力)都具有了高度的一致性。不同层次或不同部门的决策也不会常常发生冲突。最起码,这是一种理想的状态。

激活员工,使他们能够自我控制

如果管理者能够尽其所能来激活每个人,使人们达到自我控制的状态,这将极大地提高他们的威望,提升追随者对他们的信任度。之所以如此,是因为当一个人达到自我控制的状态时,他或她就能够自由支配为了成功完成本职工作所必需的一切要素。领导者若能做到这一点,追随者就会感激和尊重他们,愿意追随他们。追随者会觉得"我的领导在帮助我。他不只是在说空话,而是在做实事"。

我们简要回顾一下自我控制的内涵,因为它对于领导力的理解十分有帮助。一个处于自我控制状态的人符合以下几方面的要求:

- 确切地知道自己应当做什么,这包括了解过程的绩效标准,知道谁应当做什么,谁负责做决定,自己相对于绩效标准做得如何。
- 及时获得反馈,从而能够对过程进行调整。
- 具有能力充分的过程,这包括必需的工具、设备、材料、保养、时间以及必要时对过程进行调整的职权。

处于自我控制状态的人能够充分支配为了成功完成任务所必需的各种要素。管理层必须为人们提供所必需的条件,因为他们控制着人们实现自我控制所必需的各种资源。那些因为长期缺乏自我控制而不能得到充分的发挥的人,会特别感激那些帮助他们实现自我控制从而走出困境的领导者和管理者们。他们会尊重和信任这样的管理者,他们更容易成为这些管理者的忠实的追随者,他们对于这些管理者所带来的诸如自信、自尊等美好事物会感铭至深。

进行定期的审核

由领导者和管理者进行定期的审核,这是一种展示对变革努力的承诺和支持的绝好方法。通过亲自巡视,与人们交谈他们的所作所为,领导者和管理者们,尤其是最高管理者们,能够有效地表现出他们的信誉和领导能力。管理审核既有正式的方式也有非正式的方式。正式的审核,要求被审核者就所控制的绩效标准回答特定的书面问题,提供数据和相关证据。如果是非正式的审核,则只是与被审核者交谈，询问他们的想法，同时也跟他们分享管理者的意见。管理审核颇有点类似战场上的将军巡视自己的部队。这是管理者展示他们对于事情进展状况的关切的一个机会，有助于了解哪些方面进展顺利，哪些方面则需要采取纠正行动。这也是倾听他人声音并表示尊重的好机会。如果管理者能够进一步追踪他们所听到的建议和抱怨，提供所需的支持和协助，就从另一个方面表现了他们对"部队"的关心。这种做法为组织中的人们与高层的直接沟通提供了渠道，这会让许多人感到自己的重要，激励他们表现出自己最好的状态。更重要的是，这样做使得管理者的领导能力也得到了加强。

实施公开奖励和表彰

领导者可以帮助追随者建立所期望的新的行为标准和模式，这可以通过对追随者进行持续一致的奖励来进行。奖励和表彰的效果能够通过以下这些方式进一步加强：

- 奖励和表彰要公开进行，要仪式化、大张旗鼓。
- 领导者要置身于他想施加影响的人们当中。
- 要解释清楚所实施的奖励与领导者期望追随者所做出的行为之间的关系。例如，在正式推行六西格玛计划之后，组织决定召开全体大会来表彰七个六西格玛项目团队。每个团队对他们刚刚完成的项目进行了展示，包括幻灯片、说明文档、展示物等。

实施前述的不可外授的管理举措

- 成立并积极参与领导和协调绩效改进活动的执行委员会。
- 制定政策给人们提供时间以参与突破团队。
- 建立组织的基础架构。
- 提供资源（尤其是时间）。
- 评审相对于目标的绩效进展状况，包括项目的进展状况。
- 当进展太慢时，消除障碍、阻力并提供支持和其他的纠正措施。

成立并积极参与领导和协调绩效改进活动的执行委员会。这样的委员会在你的组织中也许已经存在。

为持续创新和改进提供资源

突破是通过团队的方式，一个项目一个项目来实现的。项目章程赋予了团队必须完成的目标。每一个项目都要由执行委员会发布书面的正式章程。执行委员会也要为项目团队提供完成使命所必需的人员以及其他的资源。

管理者的角色是管理组织，使之达到高的标准，鼓励适当的行为，让人们负起责任，维护设施和过程，激励和支持员工。要追踪和测量所有部门和所有层次（包括组织整体、职能、事业部、部门、工作小组、个人）完成目标的绩效。绩效指标要定期总结、报告和分析，要将实际绩效与目标相对照进行。管理层要经常采取措施纠正不良绩效，处理过于缓慢的进展状况。可以采取的措施如实施绩效改进项目，提供额外的培训和支持，消除阻力，提供所需资源，采取惩戒措施等。领导者和管理者们必须承担如下的任务：

- 建立必要的体系和程序，确保组织的所有职能和所有层次实现最佳的绩效。
- 奖励适当的行为（如果必要的话，让人们负起责任）。
- 坚持高标准。
- 注重持之以恒。

组织结构突破

实现组织结构的突破涉及：

- 设计并实施组织的运营制度（质量体系、新员工入职训练、培训、沟通过程、供应链）。
- 设计并实施正式的结构，实现各个职能的整合，确立职权层级和报告路线（如组织结构图、跨部门管理方法等）。
- 将彼此依存的各个职能整合、协调成为运转顺利的组织。

实现组织结构的突破意味着回答如下的基本问题："如何建立组织的结构和过程，从而以最优效果和最高效率实现组织的目标？"

这个领域中的趋势是清晰的。越来越多的工作由项目团队来完成。岗位任务可能是由团队的项目说明书来规定的，而不再是或不限于针对个人的职位说明书。绩效评价常常是关于团队的成绩，而不再是或不限于针对个人的成绩。

管理结构的组成除了由职能经理所管理的纵向的职能外，还包括了由过程主管管理的跨职能过程。当纵横两方面的职责同时存在时，则通过矩阵机制来解决可能发生的冲突，这种机制通过职能经理和跨职能过程主管的协商谈判来实现。

跨职能过程和纵向职能必须统一而一致地运行，才能够实现绩效的突破和组织的持久生存。所有层次的领导团队的成员都必须就目标、方法、主次等达成共识。这在实施绩效突破改进项目时尤为重要，因为许多绩效问题的原因都是跨职能的,所以针对这些问题的解决措施的设计和实施也必须是跨职能的。正因为如此,在实施精益或六西格玛活动时有如下这些称谓:质量或执行委员会、推进委员会、促进者(他们作为一个群体定期开会)、跨职能项目团队、项目团队领导者、黑带、黑带大师等。所有这些角色都参与解决变革和团队方面的问题。组织中的职权或管理层次越来越少,报告的线路越来越短,这也是一个日益明显的趋势。

> 企业界中变化的速度没有任何慢下来的迹象。可以看到的是,在未来的几十年中,大多数行业的竞争都将会日益加速。在经济的全球化以及相应的技术和社会发展的驱动下,企业不管身处何地,都面临着可怕的威胁和极好的机会(John P. Kotter,1996)。

对于管理各种职能工作而言,存在着三种广为人知的组织形式,此外还有一种新近出现的新形式。职能式、过程式和矩阵式是最传统最广为接受的组织形式。这几种组织结构的形式历经考验,得到了充分的研究,其优缺点也是众所周知的,它们是组织设计的基本形式。较新的组织设计方式被称为网络型组织。

基于职能的组织

在基于职能的组织中,根据专业化的技术设置相应的部门。对于过程和成果的职责和责任通常呈碎片状地分布在各个部门中。许多公司都是围绕职能部门来设计的组织结构,这种结构呈现为精致的管理层级。这既适合主要的职能(例如,人力资源、财务、运营、市场营销、产品开发),也适合于某个职能部门中的局部。按照职能来进行组织具有一定的好处,在职能的内部职责分明,活动高效。基于职能的组织有利于积累和培养该职能范围内的才能、技巧等。

因此,基于职能的组织具有一些长期的好处。但是,这种组织形式也在部门之间创造了"壁垒"。这些壁垒有时是有形的,有时则是无形的,它们常常造成严重的沟通障碍。这样的组织形式使得决策缓慢、僵化,职能的计划和目标与组织整体的战略计划和目标不能够协调一致。造成的后果就是,在部门内部有较高的效率,但却不能向外部的(也还有内部的)顾客提供最优的结果。

基于业务过程的组织

许多组织为了适应当今世界对快速响应的要求,开始实验新的组织形式以取代基于职能的组织。企业在不断地重新勾勒其组织方式,重新设计工作群体、部门、事业部甚至整个公司,以试图提高生产率、缩短周期时间、提高收入,或增加顾客满意度。组织结构逐渐旋转了90度,演化成为了基于过程的组织。

过程型组织中，报告职责与过程相关联，是由过程主管来负责的。在基于过程的组织中，每个过程都被赋予了必需的职能资源。

这种做法消除了与传统的职能制组织相关的部门间的障碍，更有利于创建跨职能的团队来持续地管理过程。

基于过程的组织形式通常要对与过程相关的业务单位负责。因此，基于过程的组织会具有更好的响应性、效率和顾客导向。

但是，随着时间的推移，纯粹的基于过程的组织可能会有降低和弱化相关职能的技能水平的风险。同时，还可能发生过程标准化程度不足的情况，导致效率低下和组织冗余。再者，这种类型的组织经常需要有一种矩阵式的报告体制，如果各个业务单位的目标存在冲突，就有可能会造成困扰。这种矩阵式结构是由职能和事业部门复合而成的混合结构。

职能卓越性与过程管理的结合

因此，我们所需要的组织应当在促进和培养持续地对过程进行管理和改进的技能的同时，能够以一种响应快速、顾客导向的方式来识别和发挥供应链优化的益处。

这种组织可以由基于职能的组织和基于事业部门的组织结合而成，由事业部门对目标、重点事项和成果负责，职能部门则负责过程的管理、改进以及资源的开发。

根据佛罗里达坦帕大学质量中心的 Frank Gryna 博士的观点，未来的组织将受到在所有组织中都存在着的两个系统的交互作用的影响，这便是技术系统（设备、程序）和社会系统（人员、角色），两者的结合被称为社会技术系统（socio-technical systems，STSs）。

有关社会技术系统的大多数研究都集中在对新的工作组织方式的设计方面，尤其是关于第一线员工的工作。例如，基层主管正在转变为"教练"，他们主要是教导和激活，而非委派和指挥。操作者正在转变为"技师"，他们从事的是多技能的工作并具有广泛的决策权限，而不再是只有有限决策权的狭窄工作。在这种新的组织形式中，团队扮演着重要的角色。有些组织现在报告它们每年有40%的人员参与在团队中，有些组织则报告说这一数字达到了80%。永久性团队（如过程团队、自我管理团队）对于包括质量在内的所有产出指标负责，专门性团队（如质量项目团队）则通常负责质量改进。有关运营和其他职能中的组织形式的文献数量很多而且还在持续增长。有关团队研究的讨论，可参看文献 Katzenbach and Smith（1993）。Mann（1994）讨论了在基于过程的组织中工作的管理者，需要培养作为教练、培训师和"边界管理者"的技能。表 9—1 总结了事业部门管理者、职能管理者、过程管理者和顾客服务网络管理者的相关特征。越来越多的证据表明，事业部组织和职能组织缺乏适应迅速改变的市场和技术变化的灵活性。

表 9—1　　　　　　　　　　　各种角色的特征

角色特征	事业部管理者	职能管理者	过程管理者	网络领导者
战略定位	创业型	专业型	跨职能型	动态的
关注的目标	顾客适应性	内部效率	顾客有效性	适应性、速度
工作责任	跨职能的	狭窄	宽泛	灵活
职权	小于责任	与责任相当	与责任相当	特设，基于领导
互相依赖度	可能高	通常高	高	非常高
个人风格	发动者	反应	积极	主动
任务的模糊性	中等	低	可变	可能很高

资料来源：前两栏引自 Financial Executive Research Foundation，Morristown，NJ。后两栏引自 Edward Fuchs。

建立一个有助于激活员工并促进员工参与的系统。传统的管理建立在佛里德里克·泰罗的专业化教义基础之上。在 20 世纪初，泰罗主张，管理制造型组织的最佳方式就是把一般的工人活动标准化为简单的重复性任务，然后施以严格的监督（Taylor，1947）。工人是干活的，经理则是计划者。在 20 世纪的前半叶，这种专业化的体制带来生产力的巨大提升，造就了具有高度生产力的经济。随着时间的推移，工人受教育程度越来越高，机器和仪器的数量越来越多，也越来越复杂。许多组织意识到员工之间的交互作用的必要性，而不再依赖职工队伍的培训和经验。20 世纪的后半叶开始出现了要求员工共同工作的团队体制，到了 1970 年代中期，由于组织改进绩效的压力日益巨大，团队方式才变得十分流行起来。1980 年代中期开始出现了自我导向的团队。为了取得最大的效益，工作的设计就必须有高度的员工参与。

活性化与承诺

在直接指挥型的管理系统中，上级发布命令而下级只管执行。很难要求长期在这种体制下工作的员工能够迅速适应需要高度参与的高绩效工作系统。有太多的新技能需要学习，太多的旧习惯需要克服。根据大量采用了高绩效工作系统的组织的报告，这种系统是逐渐演化而成的。这种演化要加以精心的管理，一步一步地，逐步让团队成员掌握许多必需的新技能和新行为。

员工参与的第一个阶段是一种咨询式的环境，在这种环境下，管理者会咨询相关人员，听取他们的意见，讨论他们的意见，然后采取单方面的行动。下一个阶段是任命专门团队或项目团队来攻克特定的问题，如改进反应器的清洁周期。这种参与方式常常使团队成员产生自豪感、忠诚和主人翁意识。

新泽西州帕特森市圣约翰医院的"闪电团队"就是一个特殊质量团队的例子。作为开展全面质量管理的组成部分，团队在该医院已经运行了一年多。所有的团队都有实质性的进展，但最高管理层仍嫌步伐缓慢。认识到组织在迅速变化的市场环境中快速取得成果的必要性，他们开发出了一种称为"闪电团队"的方法。通过增设专门的推进者，而加快了团队解决问题的步伐。推进者在问题定位、数据处理和群体互动三个方面节约了时间。

因为推进者对于解决问题的过程富有经验，这为团队提供了比常规活动更多的指导和帮助，使团队能够更加专注于成果，少走了很多弯路。为了提高速度，由该推进者负责会议间隔期间的数据处理，从而缩短了会议之间所需的时间。同时，该推进者能更加熟练地管理团队的互动，这靠训练不足的业余人士是做不到的。团队在一周之内就从首次会议到达了根原因分析阶段，并于接下来的几周设计和实施了几项纠正措施。

团队达到了医院关于缩短急诊室处置延误的目标。急诊患者得到了更加迅速的治疗，工作人员的挫败感大大减轻（Niedz，1995）。专门的团队能够有效聚焦于特定的问题。该团队的成功归功于委任了有能力迅速采取对策的人员。

项目团队

员工需要有时间来对团队将要完成的工作进行组织。为了能够对工作加以组织，确保团队成员知道他们将要做什么、为什么要这样做、如何来进行组织、涉及哪些人，就需要有一定的时间。但是，日程总是如此紧迫，从来没有足够的时间来对工作团队加以组织。

许多的团队都是仓促上马，他们以为他们知道做什么，直接就开始采取行动。他们没有时间获取他人的支持，确定正确的团队目标，制订和实施相应的计划以实现目标，或者安排好应当如何共同工作。这些团队的共同特征是，没有人清楚他们要做什么，为何做，如何做，以及让谁参与。这些问题可以通过将团队活动与五个关键成功因素相联系而加以解决。

领导风格

高度激活的团队成员共担领导职责，有时发自内心，有时则略显勉强。决策是高度合作性的，目标具有高度的共识。团队努力实现共赢，大力鼓励合作精神。关注的重点在于解决和预防问题，而非互相指责。在对宝洁公司佛罗里达 Foley 工厂的一次参观中，负责讲解的一位员工评论说，如果是在过去，他不敢相信他会有能力担任这一任务。新的领导角色赋予了他与顾客和其他外部人士打交道的自信。

自觉责任

诚实、公正、信任和尊重他人在成熟的团队中是显而易见的特点。成员们重视彼此在工作中的成长（潜能得到最大程度的发挥）。团队成员乐于分享经验，互相帮助，因为他们更关注团队的成功而非自己的成功。他们更愿意欣赏和鼓励彼此（以及团队）的成功。

高度承诺的原因

如前所述，活性化的团队成员对组织的目标拥有职权、能力、愿望和理解。许多组织相信这使得团队成员更具有主人翁的感觉，更能够像主人翁一样做事，他们愿意承担更大的责任。活性化的团队成员也具有更多的知识，这进一步提升了他们承担责任的动机和愿望。

实现高绩效的途径

人们观察到，随着雇员承担了更大的责任，拥有了更强的动机和更多的知识，他们会更容易积极为企业的利益而努力。他们开始像真正的所有者那样行事，表现出更高的自觉性和主动性。活性化的团队成员拥有职权、能力和愿望并清楚组织的方向。这样，团队成员会体会到并表现出主人翁的样子，愿意承担更大的责任。他们也具有更多的知识，这进一步提升了他们承担责任的动机和愿望。

那些活性化的组织已经取得了显著的进展，我们可以观察到一些取得成功的关键特征。这些特征来自许多咨询专家的经验，来自作者对许多公司的访问，也来自各种公开发表的著作和文章。这些关键特征有助于我们了解应当如何设计新的组织，如何对老的组织进行再设计以使之更加有效。这里强调的是那些关键的特征，而非事无巨细地描述某个公司的运营。这份清单不可能穷尽所有的特征，但它对于众多类型的组织来说，都是一个十分有帮助的核对表。

关注外部顾客

关注外部顾客，关注他们的需要以及满足这些需要的产品和服务。

- 有相应的结构和职位设计，以减少过程和产品中的变异性。
- 有较少的组织层级。
- 注重业务和顾客。
- 确立界限以在源头上减少不一致。
- 有很强的网络关系。
- 自由、无障碍的沟通。
- 员工清楚关键的顾客是谁，他们需要什么，如何用自己的行动来满足顾客的需要。这意味着所有的行动都立足于满足顾客的需要。员工（如操作者、技术员、车间经理）明白他们是为顾客而工作，不是为厂长而工作。
- 在企业管理中吸收供应商和顾客的意见。

在活性化的组织中，管理者致力于创造一种让人们充分发挥的环境，而非只是控制人们。成功的管理者擅长激发员工，让他们对自己、自己的工作和自己的组织感到自豪。正如时任田纳西 Smyrna 日产工厂总经理的 Marvin Runyon 所强调的那样，"管理就是要提供一种让人们把工作做好的环境"（Bernstein，1988）。

组织与知识管理

学习的过程可以分解为"观察—评估—设计—执行"这样一些基本的组成部分，这一过程可以沿着两个不同的维度进行：

- 概念性学习。对因果关系的更好理解，获得的是有关"为什么"的知识。
- 操作性学习。对于行动和结果之间关系的验证，获得的是有关"如何做"的知识。

田纳西州范德堡大学欧文管理学院的 M. Lapré 教授和欧洲工商管理学院福特讲座教授 L. Van Wassenhove 的研究表明，通过聚焦于质量和生产率的改进，可以加速企业的学习曲线。

当前绩效突破

实现当前绩效的突破（或改进）涉及以下工作：

- 显著改进组织当前所达到的绩效水平。这要通过采取系统的按项目进行的改进举措，发现造成慢性问题的根原因并采取措施加以消除。
- 对"问题"过程实施变革，降低运转不良过程的成本。
- 导入新的制度和控制方法以杜绝这些根原因的反复。

为了实现对当前绩效的突破性改进，就要提出这样的问题，即"如何减少产品和过程中的错误以及因此而导致的顾客不满和高成本（浪费）？"突破性改进活动针对的是质量方面的问题，即那些未能满足内、外部的特定顾客的特定需要的错误。（其他类型的问题由其他类型的突破来解决。）精益、六西格玛、精益六西格玛、根原因纠正行动以及其他类型的各种改进计划应当被纳入到一个系统的绩效改进计划当中。这些方法要解决的是某些总是出错的特定类型的问题：

- 过多的缺陷。
- 不当的延误。
- 过长的周期时间。
- 不必要的成本。

精益和六西格玛都是改进绩效的方法。它们都是基于项目的方式采取跨职能团队来改进当前的绩效水平，两者都要求应用系统的做法来实施。

改进过程绩效的系统做法意味着：

- 定义问题（由促进者和执行委员会来进行）。
- 测量（由项目团队来进行）。
- 分析（由项目团队来进行）。
- 改进（由项目团队来进行，经常需要其他方面的帮助）。
- 控制（由项目团队和运营部门来进行）。

通过这些方法就能够实现当前绩效水平的突破。借助于精益和六西格玛方法，犹如将有问题的过程置于一个具有极高精度和清晰度的显微镜下，从而能够理解和控制输入变量和输出变量之间的关系。

至于具体采取何种方式来解决问题，是常规武器系统（质量改进），还是核武器（六西格玛），组织可以根据需要来进行选择。对于相当多的问题而言，与采用更加精细而复杂的核武器相比较，常规武器已经相当有效，而且也更为便宜。两种方式的投资回报都是相当明显的，但如果你的顾客要求最大限度的质量水准，那么六西格玛方式就更加可取。

对于当前绩效的突破所解决的问题主要包括过多的缺陷、过度的延误、过长的周期时间以及过高的成本。

文化突破

众多改进的达成在组织中形成了一种改进的习惯。每一项改进都影响着质量文化的建立，积累起来，就能够：
- 建立起一套更加支持组织的目标和氛围的新型的行为标准和规范。
- 在组织的各个职能中和各个层次上注入引导组织行为和决策的价值观和信念。
- 决定组织的文化形态，例如风格（正式与非正式，灵活与僵硬，友善与敌意，创业/冒险与被动/避险，鼓励积极反馈与惩罚负面反馈），内部合作与外部合作的程度，高热情/士气与低热情/士气。总之，文化的突破就是要回答如下的基本问题："如何创造一种鼓励组织成员积极地与组织绩效目标协调一致的社会氛围？"

当雇员持续地观察到组织的领导者能够言行一致坚持不懈时，文化的变革就会发生。但这尚未达到持久或根本的变化，还需要关注如下这些问题：
- 评审组织的愿景、使命和价值观。
- 新雇员上岗引导和员工培训。
- 有关奖励和认可的政策和规定。
- 人力资源政策和管理。
- 质量和顾客满意方针。
- 对顾客满意的高度承诺。
- 对持续改进的承诺。
- 标准和行为规范，包括伦理在内。
- 消除人员、惯行和核心业务内容方面的死角。
- 社区福利和公共关系。

组织的文化对于组织的绩效有着巨大的影响。文化决定了对与错，合法与非法，可接受与不可接受。因此，文化的突破对于实现绩效的突破有着深远的影响。这也许是最为困难、最耗时的突破。有关文化突破也有着广泛的误解，这方面的努力常常会失败。

文化的突破意味着（1）建立一套支持组织目标的行为标准和一种社会氛围；（2）在组织的各个职能中和各个层次上注入引导组织行为和决策的价值观和信念；（3）决定组织的文化形态，例如风格（正式与非正式，灵活与僵硬，由上至下的权威与参与式合作，管理驱动与领导驱动，等等）、组织的等级制度（各个职能的相对地位）、奖励结构（根据什么理由来奖励什么人）。

文化的定义

组织是一个社群。根据韦伯的说法，一个社群就是"一个持续存在的合作性的社会群体,其成员通过彼此之间的交互作用发展出了结构化的关系模式……是致力于追求共同目标的一群人"。社群有着长期形成的根深蒂固的习惯和信念。你的工作场所也是一个社群,因此,它由深植于社群成员人格中的共有信念和价值观维系在一起。(在一个工作场所中,若其成员分裂为怀有彼此冲突的信念和价值观的个人和群体,它是不可能维系在一起的。各种类型的社会动荡终将爆发,这包括抵抗、反抗、叛变、罢工、辞职、调离、解雇、剥离、破产等。)

社群的成员遵循了作为行为规范的社群的信念和价值观就会受到奖赏,背离了则会受到惩罚。规范除了信念和价值观外,还包括持续的关系系统、地位、习惯、仪式、惯行等。

社群的行为规范强大而根深蒂固,形成了习惯性的社会行为模式,有时这被称为"文化模式"。在工作场所中,可以识别出影响绩效的文化模式,如参与式管理与威权式管理,随意着装与正式着装,会话风格(尊称与随意),高信任水平与低信任水平,前者让人们畅所欲言,后者则猜忌多疑,限制忠诚、充分沟通并滋生钩心斗角、欺骗和混淆。

文化在管理组织中起的作用

为了实现绩效突破,组织的行为规范和文化模式要支持组织的绩效目标,这是我们所期望的,即使算不上必须。没有这种支持,绩效目标就会被淡化、抵制、应付或忽视。正因为如此,组织的文化特征至关重要,管理层必须理解并采取行动。显然,说比做要容易得多,但这是可以做到的。

朱兰给出了一个关于文化对组织绩效的影响的很好的例子。这个例子涉及多年来管理层一直面对的一个挑战,即在生产现场推行统计控制图,这也是六西格玛控制阶段的一个关键要素。(控制图探测重复性过程的变异类型。它可以就过程绩效提供大量的信息——这些信息是从其他来源所得不到的。控制图广泛应用于制造过程,同时也应用于所有其他新型的重复性处理过程,如医院、行政机关等。在众多的作用中,控制图最主要的用途就是让雇员知道是否应当调整过程,以及何时调整过程,这一作用在很大程度上取代了传统的雇员决策做法。而且,控制图建立在概率和统计定律的基础之上,人们对这些定律有着广泛的误解,甚至认为是神秘莫测。)

> 让生产工人和一线主管接受控制图为一个生产工具有着巨大的困难。我确信这反映的是事实,这依据的是对生产领域推行控制图时令人震惊的高失败率的大量的第一手观察。这种困难不只是现在才有的一个现象。我们早在1920年代后期就对此深有体会,当时西方电气公司霍桑工厂在其生产现场

开始尝试应用控制图。也并非只是美国如此，我在西欧、日本等地都观察到了同样的困难。我个人确信，控制图之所以难以获得工厂现场的广泛接受，主要是由于对工厂文化的不适应，而不是因为控制图在技术上有什么弱点……在生产现场的基层主管看来，控制图造成了一大堆的问题：

控制图缺乏"合法性"（即推行它的是一个没有合法权力的部门）。

控制图与规范相冲突，还得让操作者来解决这种冲突。

控制图与其他的数据收集和展示方式相冲突，还得让操作者来解决这种冲突。

控制图要求操作者采取与以往惯行不同的行动，但未能解决因此而造成的新问题。

测量和控制图的合法性

人类追求"法律与秩序（law and order）"的激情不会止步于组织的大门口。即使在工厂内部，也仍然存在着同样的人类需要，人们追求生活的可预测性，希望规避令人不快的意外。反映在生产现场中，关于法律与秩序的概念融入了多方面的原则当中：

- 一个雇员对一个且只对一个人格化的上司负责。
- 对于非人格化的上司（手册、图纸、程序）的数目没有限度，但这些上司必须有合法性，亦即明确的官方地位。
- 当人格化的上司与非人格化的上司的指令发生冲突时，按前者为准。
- 当具有合法性的某一事物与未取得合法性的某一事物冲突时，前者取胜。

朱兰博士指出，"这些原则是无可争辩的，因为它们决定了工厂现场的法律与秩序"。控制图的推行，在工厂造成了一系列文化模式的改变：

- 开启了一个新的工业律法的来源，但其合法性没有明确的证据。
- 新的工业律法与长久以来一直起作用的律法相冲突，后者尚未通过公认的法律渠道被废止。
- 引入了新的基于事实的信息来源，但旧的来源却未作处置。
- 产生了新的职责，但没有清楚认识到它对于担当这些职责的雇员的影响。

结论

现代方法在工厂中的推行产生了两方面的影响：

1. 技术方面，在过程、仪器记录以及其他的运营技术特征方面的改变。
2. 社会方面，人员、地位、习惯、关系、价值观、语言以及其他的文化模式特征方面的变化。

对于变革的主要阻力来自工厂的文化模式所受到的扰动。

——J. M. Juran

行为规范的获得

家庭里新出生的婴孩，单位里新招聘的员工，新的成员进入一个社群后，就会受到为人处世方面的详细教导。简而言之，这些新成员被教导以该社群的行为规范和文化模式。随着时间的推移，他们会发现，符合这些规范和文化模式就会获得奖励和舒适，而抵制和违抗这些规范和文化模式可能会很难过，因为这会招致批评、谴责甚至惩罚。如果一个个体长时间地接受比较一致的奖励和惩罚，受到奖励的信念和行为就会逐渐内化为个人的规范、价值观和信念的组成部分；持续受到反对和惩罚的行为就会逐渐被放弃而不再重复，这个个体就被社会化了。

行为规范的改变

要注意的是，社会化的实现可能要经年之久。这对于成功的组织文化变革来说是一个重要的前提，变革的推动者们，如最高管理层，必须懂得并预计到这一点。旧的文化模式必须消除并代之以新的模式。这需要时间，需要一致而持久的努力。这就是现实。人类学家玛格丽特·米德（Margaret Mead）关于新的行为和信念的习得有如下的观点：

> 鼓励学习新的行为和态度的有效方式是持续地将人们与某种满足相联系，如具有一致性的表扬、赞赏、优待，提高社会地位，强化对于某个群体的归属，或者物质奖励。当所期望的变化很难迅速见效时，这样做就尤为重要，如营养带来的好处，某种新的播种方式与果园产量的联系等，都要数月甚至数年才能体现出来。这种情况下，效果在完全显现出来之前对行为就不能构成强化，新的行为与效果之间的缺口必须用其他的方式加以填充。

她接着阐述：

> 通过经历长长的一系列这样的场景，在这些场景中，几乎无例外的，新的行为带来了满足，而老的行为则没有带来满足，学习者才能够习得新的行为和态度。
>
> 对一个个体而言，即使从心理上有可以获得的新信息，如果这些信息与他已经形成习惯的行为、信念和态度相悖，他也可能对此浑然不觉。即使迫使他意识到这些信息的存在，他也会有意拒绝，或者几乎马上忘却。
>
> ……由于一个个体的行为、信念和态度是与其文化群体的成员共有的，因而，要改变某个个体某一方面的行为，或许就必须改变整个群体的目标或

行为系统。当这个个体对于群体接受度的需要很高时——无论是因为他本人的心理构成，还是因为他在社群中的地位——就尤其如此。

这对于实现文化突破有如下的启示：

为了真正有效，各个层次的所有管理人员都必须共享、力行并不断强化所期望的新的文化规范和行为模式，这些规范必须一致并始终坚持。

不要指望因为你正式发布了书面的价值观或者在演讲或会议上宣讲了价值观，就能够轻易地改变人们的文化规范或行为。真实的文化规范或行为模式也许与公开的宣称毫无关系。同样地，实际的影响力也不同于组织结构图所标出的那样。（不管官方如何宣称，新员工很快就会知道谁是什么人，真实的情况又是如何。）

有影响力的领导者和管理者通过他们的个人人格魅力和承诺，借助于奖励、表彰以及选择性地不予表彰，能够在短期内对他们的追随者的行为产生影响。作者知道有的组织在推行六西格玛时，向其雇员发出了如下的信息：

> 组织无法要求你相信什么，我们也不要求你相信我们的六西格玛举措，虽然我们希望你能够这样。但是，我们能够要求你表现出一定的行为。因此，我们希望你能够支持，最起码不要阻碍或反对。今后，全力支持和参与六西格玛活动的人将获得奖励和提升；不支持、不参与的人将没有资格提薪提职，他们会被靠边站，甚至会被那些支持六西格玛的人取代。

这不能不说是相当强烈的表述。这些公司通常在短期内能取得一些成果，可是，如果这些强力的领导者不能把这些新的举措植根于组织的文化规范和行为模式中（使组织的成员能够把这些新的价值观和惯行化为己有），很多情况下新举措会因缺乏一致性和持久的强化而偃旗息鼓。

对变革的抵制

奇怪的是，即使有这些强化措施，变革也常常会遭受抵制，即使是有益的变革也如此。那些变革的推动者们必须理解这些抵制的本质，并懂得如何预防或克服。

在前述的控制图的例子中曾总结出了结论，即对变革的抵制来自推动或提出变革时，对文化模式所造成的扰动。在当前的社会或技术系统中游刃有余从而舒服自在的人们不愿意他们的舒服状态被打破，尤其是被那些"不具备合法性的"变革所打破。

当一个群体中引入技术的或社会的变革时，群体成员马上会担忧在新体制下他们的安全状态和舒适水平会不同于或差于在旧体制下的状况。出于可能会无法适应或会失去往日的地位的恐惧,他们的自然反应就是对变革加以抵制。群体成员对于旧体制有太多的依赖。导入新的体制不只是让他们放弃旧体制,而且还必须面对不确定性,面对不可预知的新的做事情的方式,这对他们而言是过于苛刻的要求。对于文化规范的微小偏离也会对社群的成员造成极大的不安。

抵制的表现形式

有些抵制十分剧烈、强大,甚至是暴烈的。朱兰博士曾经举过一些例子。如16世纪欧洲的天文学家提出了宇宙的日心说,极大地冒犯了作为当时主流文化信念的宇宙地心说。从人们的先祖、宗教领袖、祖父母、父母一直到他们自己,地心说的信念代代相传。(而且,如果天气晴朗,人们凭自己的肉眼就可以看到太阳围绕着地球旋转。)对于新提出的"荒谬可笑"不可接受的认识的反对巨大而强烈。如果日心说的鼓动者正确,地心说信奉者就不正确,这当然是不可接受的,没有合法性,错误透顶。要相信新的认识,就必须拒绝和放弃旧的思想,但旧思想已经在文化中根深蒂固。这位"亵渎神明"的天文学家只能被烧死在火刑柱上。

朱兰博士还举过另一个例子。1940年代,当美国的火车机车从蒸汽动力转变为柴油动力时,遭到了铁路工人的反对。他们抗议把满满一火车的人员或宝贵的货物完全交给柴油机车的一个司机,认为这是不安全的,甚至是不道德的。火车头一向是由两个人来操作的,一个司机负责驾驶,一个锅炉工负责烧火。如果其中一个人出了什么问题,另一个人还可以接手。如果是柴油机车,万一司机心脏病发作而死亡该怎么办?当时的抗议是如此剧烈,最后达成了协议,柴油机车上仍保留了锅炉工的岗位。当然,铁路工人真正抗议的是对他们的地位和工作可能造成的损失。

促进文化转型的规范

文化的转型必须获得职工队伍的高度支持。有些文化规范对于提供所需要的支持似乎有着非常重要的作用。如果这些规范还没有成为你们的文化的组成部分,可能就需要进行某些方面的文化突破从而把这些规范植入到组织当中。这些具有推动作用的规范包括:

确信与所生产的数量相比,产品或过程的质量起码同样重要,甚至更为重要。这种信念有助于做出有利于质量的决策:有缺陷的品目不流至下道工序,不出厂,慢性差错和延误要加以纠正。

坚定不移地满足顾客的需要。每个人都知道自己的顾客是谁(接收自己的工作成果的那些人），其满足顾客需要的程度如何。需要时，组织的全体成员都要全力以赴去帮助顾客。

追求挑战性目标和持续改进。改进产品或过程的经济机会总是存在。致力于持续改进的组织才能够不输于或超过竞争者。

不进行持续改进的组织就会落后于人，甚至更糟糕，被淘汰出局。六西格玛产品设计和过程改进如果实施得当，就能够产出卓越的产品设计和近乎完美的过程，带来更加满意的顾客，实现更低的成本。由此而增加的销售收入和成本节约就会直接反映在组织的财务绩效指标中。

顾客导向的行为守则和伦理守则。这些守则要正式发布，要培训新员工，要纳入到绩效评估中，要落实在奖励上。所有人始终都要按照这些守则来行事和决策。各级的管理者要不断强化这些守则。守则适用于所有人，包括董事会成员在内，考虑到他们对他人的影响力的话，也许对他们更为重要。

坚信持续的适应性变革不仅可取而且是必需的。为了保持生存，组织必须建立一个系统来发现社会、政府、国际或技术的变化趋势，这些趋势有可能对组织造成影响。此外，组织还有必要创建一种能够对所发现的变化趋势作出快速反应的结构和过程。

考虑到在快速变化的当今世界中要把握趋势是十分困难的，组织拥有并实施这样的过程和结构就变得至关重要。如果不能够了解变化的趋势，不能够适当地适应这种趋势，组织在不知不觉之中就会落后于人，从而陷入失败的境地。世界上有那么多的满目疮痍的废弃工厂在诉说着不能够跟上步伐的后果。

方针和文化规范

方针是管理行动和决策的指南。组织手册通常是从质量方针的阐述开始的。这一方针中强调了组织成员应当对高质量的产品给予更高的重视，而不是只是考虑产出的产品数量。（"高质量的产品"意味着以最低的成本，最少的缺陷、延误和差错，满足顾客的重要需要的产品、服务或信息。）高质量的产品带来了顾客的满意，销售收入，重复的需要或销售，低的不良质量成本（不必要的浪费）。这里表述的其实就是质量改进的理由。组织的质量手册中还要包括对价值观的陈述，以强化对于实现"质量文化"和绩效突破至关重要的那些文化规范和行为模式。

应当牢记的是，价值观是决策的指南，如果受到漠视和忽略，就会变得没有价值，或者只是沦为了暂时糊弄顾客和雇员的手段。可以确定的是，顾客和雇员很快就能发现真相，并对这种质量方针不屑一顾。这将使整个组织和管理层的信誉受到重创。

人力资源与文化模式

人力资源职能对于文化规范的强化具有重要的作用。它是通过如下几种途径来实现的：

• 招募。在招募广告中要说明组织的特征（如服务导向、顾客导向、在质量方面成为世界的领先者、进取精神、世界级、公平机会等），还要明确所期望的人员特征（如可靠、活力、主动、创造性、分析能力等）。组织的价值观往往通过这些信息得到传递。

• 介绍情况和培训。在向新雇员介绍组织时，通常会包括着装要求、行为、态度、合作等内容。

• 发放员工手册。向新雇员发放员工手册，其他人则每年一次发放。手册中包括了组织的历史，传统的政策与惯行，对组织成员的期望等。所有这些主题都直接或间接地表达了组织的正式文化。

• 奖励和表彰。在这个高度变化的世界中，管理者常常会为应当鼓励何种雇员行为而犯愁。无论奖励何种行为，何时进行奖励，都是在强化行为中所体现的文化规范，奖励应当有助于让受奖者做出更多的该类行为，应当刺激其他人也表现出同类的行为。

• 职业生涯规划和提升。观察一下组织所提升的那些人，你要么会发现（1）与传统的文化规范相吻合的行为，要么会发现（2）与组织的变革所期望的文化规范相一致的行为，如开展六西格玛活动。在前一种情况下，管理者着重强化当前的文化，后一种情况中的管理者则试图创造文化的突破，建立新的文化。两种情况下，人员与组织文化的关系都是考虑提升的重要因素。

适应性和可持续性方面的突破

实现适应性和可持续性方面的突破要求必须：

• 创造相应的结构和过程，以揭示和预测可能会对组织带来机会或威胁的环境的变化和趋势。

• 建立评估环境信息的过程，授权适当的部门和人员来负责。

• 创建促进迅速适应的行动的组织结构，以最大限度地利用机会并避开威胁。

• 就"组织应当如何准备才能够迅速而有效地对意想不到的变化做出反应"这一问题做出回答。

与所有的开放系统一样，组织的生存取决于其探测内外部的机会和威胁并作出正确反应的能力。为了探测到可能的机会和威胁，组织就不能只停留在收集那些正在发生的事件的数据和信息，而且还要发掘这些数据和信息所隐含的对于组织的意义和影响。最后，组织必须采取适当的行动来最大限度地利用所发现的机会并尽可能地减少可能面对的威胁。

要做到这些，就必须有适当的组织结构（如情报部门、信息质量委员会等）和数据质量体系。信息质量委员会主要负责监听"市场之声"。数据被定义为"事实"（如姓名、地址、年龄等）或"用测量数值和单位表述的有关现实情况的测量，可以成为组织有效决策的依据"。这些测量是处于原材料状态的信息。信息是"对问题的回答"或"通过分析数据而揭示出来的意义"。在作者看来，当代的组织似乎被淹没在数据中，但却缺乏有用的信息。即使拥有多个数据库的组织，其数据质量也令人担忧，从而，能够正确地回答问题的能力就更值得怀疑。

管理者们常常为报告的可靠性进行争论，尤其是当数据中所包含的信息令人不快时。各部门的负责人常常质疑财务报表和销售数据的准确性，尤其是在它们带来了坏消息时。

很多情况下，多个数据库对于同一个问题给出的是混乱甚至矛盾的答案。这是因为，每个数据库被设计得操持不同的行话，或者依据的是某个部门或职能的专用术语。数据常常被储存（秘藏）在一些孤立而偏僻的袋子里，不在真正需要他们的人的视线范围内。对于任何依靠数据来进行战略或战术决策的人来说，如果数据得不到或不可信，他也只能是束手无策。如果不能够得到 X 光检查和化验的结果，内科大夫怎么可能给出治疗方案？如果销售团队不知道自己的产品相对于竞争对手产品的销售状况，他们怎么可能来设计促销方案？如果这些销售人员知道，能够回答他们的问题的数据库已经存在，可是只供组织的另一部分人员专用，他们又会作何感想？显然，如果不能获取必要的数据和信息，或者不能够信任所取得信息的可靠性，要实现可适应性方面的突破是极为困难的。对于有些组织来说，及时而可信的数据攸关性命，它们竭尽全力来获取有用的信息。可是，尽管付出了相当的努力，却仍然还是有不少的组织在受久治不愈的数据质量问题的困扰。

实现适应性的路径：适应性循环及其前提

要实现适应性的突破，就必须建立具有如下能力的结构和过程：

- 探测内外部环境中可能会对组织造成威胁或带来机会的变化和趋势。
- 分析和评估信息。

- 将提炼过的信息交给组织中负责采取行动以规避威胁和利用机会的人员。这是一个持续不断的重复性循环。
- 采取行动以规避威胁利用机会。这是一个持续不断的重复性循环。

这个循环更精确地可以构造为一个螺旋，它持续旋转，永无停止（如图9—3所示）。要让这个循环旋转起来，实现适应性方面的突破，还必须实施若干的前提性举措。虽然每一个前提条件都是至关重要的，但其中最关键的是信息质量委员会和数据质量体系。及时可信的数据是一切的起点，能够真实描述现实状况的数据对于组织有着至关重要的作用。

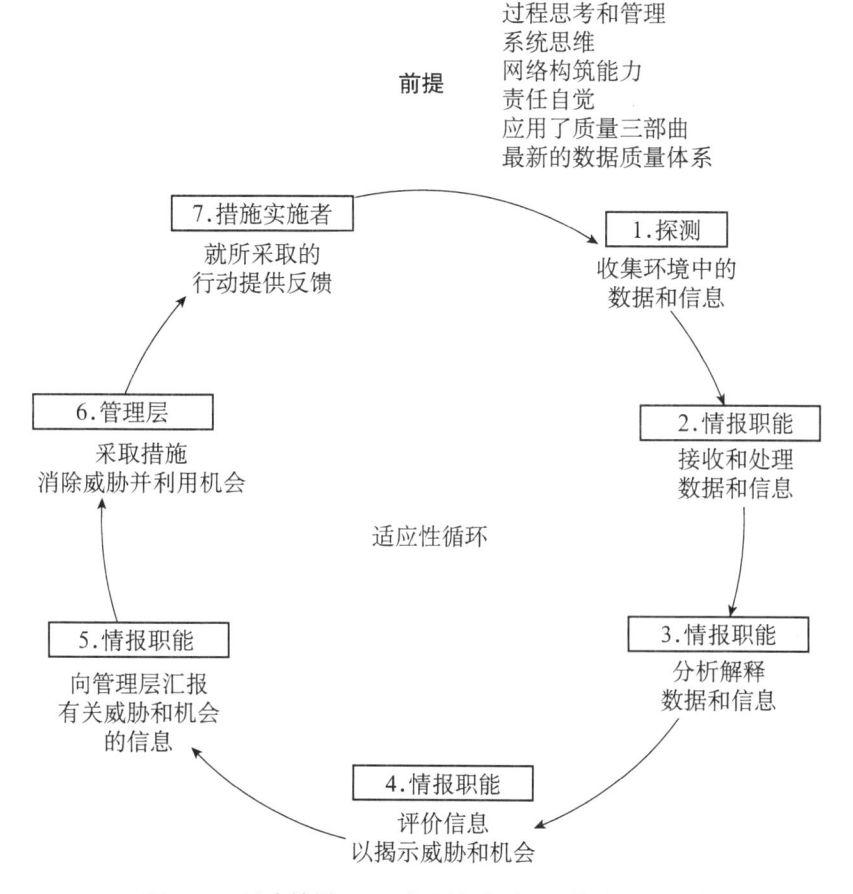

图9—3　适应性循环——探测和应对组织的威胁与机会

资料来源：De Feo and Barnard，2004，p.291.

适应性循环的前提：突破

- 领导和管理。
- 组织结构。

- 当前绩效。
- 文化。

适应性循环的征途

首先由情报部门收集来自内外部环境的数据和信息。至少，我们必须了解一下这些基本的情况。

关于内部环境。
- 测量和数据系统的过程能力。
- 关键的重复性过程的过程能力。
- 关键的重复性过程的绩效（人力资源、销售、设计、工程、采购、物流、生产、仓储、运输、财务、培训、产量、缺陷的类型和水平，周期时间）。
- 造成最重要的绩效问题的原因。
- 管理仪表盘信息：计分卡（相对于目标的绩效）。
- 内部成本和不良质量成本（COPQ）。
- 组织文化的特征（对目标的支持或阻碍程度）。
- 雇员的需要。
- 雇员忠诚。

关于外部环境
- 顾客的需要，现在和将来（顾客或潜在顾客需要我们和我们的产品能够提供什么）。
- 产品（有形产品、服务和信息）的理想设计。
- 顾客满意水平。
- 顾客忠诚水平。
- 可能会造成影响的科学、技术、社会和政府方面的趋势。
- 市场研究和标杆分析结果（与竞争对手对照，与最佳水平对照）。
- 现场信息（我们的产品和服务在使用中的表现）。

你还可在上述清单中加入对你的组织特别重要的那些信息。这个单子看起来似乎很长，要取得所有这些信息或许会很昂贵，你也许会想着弃之不顾。但是，组织要生存下去，就必须定期地收集这些信息，看起来别无选择。值得庆幸的是，因为有不少常规的控制和追踪程序已经在发挥作用，组织或许已经收集了大量的这类数据和信息。考虑到不掌握重要信息的后果，收集其他的那些信息的必要性也就不言而喻了。

有关内部事务的信息来自常规的生产和质量报告、销售数据、应收应付账款报告、月度财务报表、交运数据、库存，以及其他的标准控制和追踪实务。此外，专门设计的书面或面谈形式的调查，可以用于对诸如员工态度和需要之类的信息的了解。市场上有大量成熟的调查工具有售。如果组织中开展了六西格玛活动，则有关测量系统和重复性过程的过程能力的研究就已经得到了常规的实施。即使你们还没有开展六西格玛，这些研究也应当是常规的质量体系的组成部分。开展年度战略计划和展开的组织广泛应用了计分卡。计分卡相当于为管理层提供了一个仪表盘，有助于揭示出组织的特定领域中可能出现的问题。质量改进团队、六西格玛项目团队以及执行年度战略计划的其他项目的最终项目报告可以成为很好的"经验总结"的信息来源，还可以成为设想未来项目的启示。有关不良质量成本（COPQ）研究的方法很多。COPQ结果能够识别出组织有必要改进的领域，从而是选择新的突破项目的重要依据。总的来说，收集组织内部信息的工具和材料数量众多且方便易用。

有关外部环境的信息的收集要更加复杂一些。有些方法必须有相当的技能和足够的细心。确定顾客的需要就是这样一个例子，看上去似乎简单，实际上必须有一些特定的技能才能够把它做好。首先，它要求必须积极主动。需要由个人去找到潜在或实际的顾客，询问他们的需要，亦即他们从产品、服务或信息中希望得到的益处。许多受访者会把他们的需要描述为一个待解决的问题或是某种产品的特征。这类回答必须能够翻译成他们希望获得的益处，而非要解决的问题或产品特征。有很多设计当前和未来产品和服务的方法。这些方法往往需要大量的培训才能掌握，但这是值得的，例如质量计划、六西格玛设计等，还有TRIZ，这是俄罗斯人开发的一种预测未来的顾客需要和产品特征的方法。调查是了解顾客满意度常常采用的方法。这种调查可以在相当程度上了解顾客的感觉和认知。通过调查能够揭示出某种特别的认知模式，即为什么在一个样本中，针对某个特定的提问，有相当比例的回答表示赞同或反对，这是有用的。即使如此，这种调查的结果也很难被看作是"数据"，虽然它在保持谨慎的情况下也有其用途。这种调查方法的局限在于从调查中得到的结果是模糊的。（评分"2"和评分"3"到底有什么区别？例如，对于同一个提问，一个人可能在上午8点是一种回答，而到了下午5点就又是另一种回答。）（这个月满意度调查的分数与上个月相比有了提高，但如果两个月的调查针对的是不同的人，这种提高可能就是毫无意义的。即使是针对同一群人的调查，前面提到过的质疑也仍然是有效的。）

衡量顾客的满意度，或更准确地说，衡量他们对于从你这里获得的产品或服务的详细回答，有一种更为有效的做法是顾客忠诚调查，由经过专门训练的访谈者每隔六个月对同一个人进行调查。这种方法所得到的结果要远远好于顾客满意度的调查结果。其结果定量而直观。调查针对你的组织的产品和绩效，向顾客和前顾客提出经过精心设计的问题。访谈者针对顾客的回答进一步追加提问、澄清问题。从这些回答中可以获得大量的有用信息，这些信息可用图示的方式展示出来。你不仅可以了解到哪些产品或服务的特征让你的顾客愉悦或不快，还可以知道诸如这样的信息，如 X 缺陷（比如交货延误）有多大程度的改进会让你曾经的顾客再次给你机会。

进一步地，你可以把特定类型的改进所带来的销售（数量与收入）图示出来。你能够知道哪些"坏事"必须进行改进，改进或不改进的财务后果如何。顾客忠诚研究所得到的结果对于战略、战术计划活动以及突破性改进活动是重要的影响因素。

要发现在科学、技术、社会和政府方面可能影响组织的趋势，需要大量查阅行业出版物、学术杂志、新闻媒介、网站等，要尽可能地建立网络关系。常规的情报工作可以转包出去，以获得定期的关于重要信息的综述。有关趋势信息的来源有着大量的选择，但获取这些信息的必要性是毋庸置疑的。挑战在于如何从大量无用的信息中筛选出那些有价值的信息。

组织的情报部门的基本任务就是提供本组织的产品和服务的销售与绩效信息，以及与竞争者和潜在竞争者相比较的信息。市场调查和现场情报等方法是这方面的标准方法，有关这些领域的书籍也是汗牛充栋。

许多组织通过开展标杆分析来收集有关世界级最佳实践的信息。他们研究各种重复性过程的内部运行机制，如设计、仓储、生产、订货等等，几乎涉及所有事情。所研究的过程不一定限定于你的竞争对手的过程，它们只需要是最佳的（效果、效率和经济性）。标杆分析是经典的情报收集工作，故常常外包给那些精于此道的机构来进行。研究结果通常向所有参与者公开和共享。发现最佳实践之后，可以将之与本组织的绩效相比较，找出两者的差距，从而识别出改进的机会。

经过适应性循环，将使组织获得适应性方面的突破，从而向可持续性发展。忽略了某个突破或许在短期不会有什么问题，但它的影响是长期性的。考虑一下 2008 年波及全球的那场经济危机。曾经有许多的全球性组织被认为是市场领先者，这是业界处于顺境时的情况。在这次危机中，有许多这样的顶级企业黯然退场，或者被迫与他人合并变成了另外的面孔。为什么会有如此之多的组织陷入困境？我们的解释是，虽然这些组织擅长于满足它们的顾客的需要，但它们没有观察社会的需要。这使得它们未能在"暴风雨来临之前做好准备"，从而挺过危机。要避免这种情况的发生，就要创建一个运转良好并具有高度适应性的组织，这样在遭遇逆境时才能表现得更好。

可持续性

这一突破的第二个部分是可持续性。可持续性具有两方面的重要含义。第一方面的含义是将转型性变革所实现的成果保持下去，第二个方面的含义是从环境的角度确保组织是可持续发展的。最初我们主要关注成果的长期性，随着越来越多的组织开始重视将来可能会给我们带来灾难的环境问题，可持续性将同时涉及这两个方面。第 10 章将详细阐述生态质量的主题。

可持续性是根据信息委员会的发现对绩效进行的定期评估。有了这些信息，领导者们就能对组织进行调整，使之能够持续服务顾客，长久生存下去。

转型路线图

朱兰转型路线图

朱兰转型路线图由五个阶段组成，每个阶段都对应着本章所讨论的这些突破。每一个阶段都是独立的，但每个阶段的开始和结尾并没有清晰地划定。每个组织对变化的反应是不同的。这意味着在某一个阶段上，组织的某个业务单位可能会比其他的业务单位停留更长的时间。这些阶段的划分只是管理变革的指南，而非必须严格遵循的处方。

图 9—4 表示出了转型模型和路线图的五个阶段。路线图的起点是决定阶段。最高管理层中的某个人决定必须采取措施，否则组织就不能满足股东的期望或是完成计划的要求。这个阶段要提出一个详细的变革方案。

在决定阶段，组织要获得关于自己的新信息，或比已有信息更好的信息。这些信息来自大量的评审或评估。我们的经验表明，组织越是能够获得更多的新信息，就越能够更好地对变革进行计划。以下这些重要领域应当进行评审：

- 实施顾客忠诚评估，明确顾客关于你的产品和服务的喜好或意见。
- 识别在组织的绩效中，哪些是强项，哪些方面存在问题。
- 搞清楚雇员关于所建议变革的态度。
- 理解关键的业务过程以及变革对其带来的影响。
- 对运转不良的过程进行成本分析，确定这些成本对绩效底线的财务影响。
- 对所有的业务单位实施世界级质量评审，明确各个单位所需改进的水平。

变革之前对组织进行全面的评审，对于取得成功是至关重要的。我们这里建

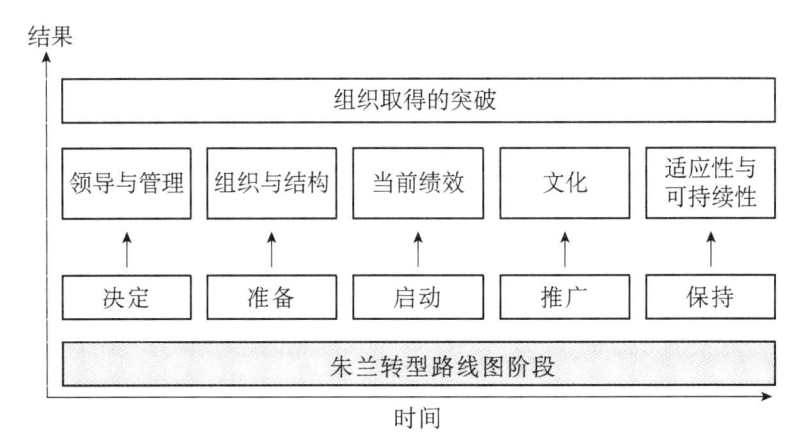

```
结果
↑
┌─────────────────────────────────────────────────┐
│              组织取得的突破                      │
└─────────────────────────────────────────────────┘
┌────────┐ ┌────────┐ ┌────────┐ ┌────────┐ ┌────────┐
│领导与管理│ │组织与结构│ │ 当前绩效 │ │  文化  │ │适应性与│
│        │ │        │ │        │ │        │ │可持续性│
└────────┘ └────────┘ └────────┘ └────────┘ └────────┘
    ↑          ↑          ↑          ↑          ↑
┌────────┐ ┌────────┐ ┌────────┐ ┌────────┐ ┌────────┐
│  决定  │ │  准备  │ │  启动  │ │  推广  │ │  保持  │
└────────┘ └────────┘ └────────┘ └────────┘ └────────┘
┌─────────────────────────────────────────────────┐
│            朱兰转型路线图阶段                    │
└─────────────────────────────────────────────────┘
                                         时间 →
```

图 9—4　朱兰路线图和突破

议的评审是适合所有组织在推行六西格玛转型时的典型评审。通过这些评估和评审，最高管理层就获得了组织实施变革计划的各种定量和定性信息。

实施计划必须包括以下的内容：

- 推动变革所需的基础设施。
- 实施过程中所用的方法和工具。
- 变革所要达成的目标。
- 实现最终成果的详细的阶段性目标。

> 这一阶段所实现的是管理与领导的突破。

第二个阶段是准备阶段。在这个阶段中，最高管理层开始准备即将要进行的变革。其重点在于建立一个试点方案，从而在整个组织全面推行之前，先在少数的业务单位试行变革。

这一阶段的起点是将第一阶段制订的计划进行展开，终点是试点项目的成功启动。从这里开始，组织开始识别为了实现决定阶段所确立的目标而必须实施的改进项目。在这一阶段，组织开始启动试点项目，评估项目的进展情况，努力促成项目的成功。通过完成试点项目，管理层对哪些措施有效哪些措施无效进行评估。接下来，或者决定放弃原先的努力，或者修改计划并扩展到整个组织中。

组织要采取如下这些行动：

- 识别组织绩效中的优势领域并解释可能存在的问题。
- 识别价值流和需要改进的关键业务过程。
- 选择跨职能的试点项目或示范项目并制定项目宪章。
- 制订培训计划并安排培训活动来培训团队成员。

- 向一线职工沟通这一阶段所要采取的步骤。

> 这一阶段所实现的是组织结构的突破。

第三个阶段是启动阶段。在这个阶段中，最高管理层开始先在少数的业务单位推行项目。每个项目都要确立项目章程和项目团队，要评估进展情况并保持所取得的成果。这一阶段的长度取决于项目的数量和期望的成果。对于大多数组织而言，都在一年以内完成这一阶段。每个项目完成、取得成果后，领导者都要总结经验，最终启动更多的项目。

> 这一阶段所实现的是当前绩效的突破。

根据组织规模的不同，全面地推广可能需要数月甚至数年。一个只有 500 员工的组织在展开计划时所需时间要比一个 50 000 员工的组织更少。推广阶段可能需要三到五年。要注意的是，在远未实现文化变革之前就会取得积极的财务成果。在推广阶段多花时间不是一件坏事。组织必须持续地实施其计划，逐步推行到各个业务单位，直到组织花了足够的时间来实施所期望的变革。最后一个阶段是保持阶段，这个阶段的组织能够充分地协调一致地行动。所有的改进目标和六西格玛目标都与组织的战略整合起来。关键的业务过程得到了明确的定义和良好的管理，并任命了责任明确的过程主管。员工的绩效评估和薪酬与所期望的变革相一致，顺应变革的人员受到奖励。最高管理层和各个业务单位的领导者对于变革过程进行定期的评审和审核，这有时会带来对组织的战略的讨论甚至改变。组织对于自身的能力，对于自己的顾客有了更多的认识，这种情况下就有可能会导致战略的改变。

> 这一阶段所实现的是文化的突破。

保持阶段会伴随着组织对其战略目标和财务目标的追逐而持续下去。一旦发生了相对于预期成果的偏离，这也可能是由于组织外部的宏观经济情况的影响，就要对计分卡进行评审，以确定发生了何种变化。在此基础上，组织进行调整，努力使自己保持在当前的水准上。

> 这一阶段所实现的是适应性和可持续性的突破。

实施转型路线图的启示

当你在这条道路上开始征程的时候，要注意从那些曾在变革初期遭到过失败的组织中获取启示。这些失败通过适当的计划是可以避免的。这些启示包括：

- 所有的组织以及组织的业务单位都处在不同的绩效成熟度水平上。
- 倡导者和内部专家（如六西格玛黑带）是组织实现卓越绩效或最佳水平的推动者。
- 针对全体员工就方法和工具进行的强力培训确保了学习作用的发挥，使人们能够应用这些工具来改进绩效。
- 系统地应用和推广诸如六西格玛改进（DMAIC）和六西格玛设计（DFSS）这些实践证明行之有效的方法，才能够在组织中建立起一套共同的语言，才能实现绩效的改进。
- 将改进活动聚焦于顾客，首先能够促进成本的降低，而满意的顾客进而能导致财务绩效指标的突破。
- 只有改进影响顾客的过程和服务，才能实现顾客满意度的显著提升。
- 没有最高管理层的有效领导和全力以赴就不可能成功地实施计划，因为他们控制着资源，实现文化变革的沟通也是由他们来进行的。

有了这一路线图和上述的启示，所有的组织都能够在未来实现可持续的成果。随着越来越多的组织开始实施这种积极的、顾客导向的变革举措，我们就能减轻对于我们多年来一直在构筑的这个质量大堤的依赖。

组织每年通过战略计划过程来不断地自我更新，这种改进循环就能持续下去。若无领导层的更替或危机，组织就将一直行进在实现卓越而可持续的绩效的征程上。

参考文献

Bernstein, P. (1988). The Trust Culture, SAM Advanced Management Journal, pp. 4–8.
De Feo, J. A., and Barnard, W. W. (2004). *Juran Institute's Six Sigma Breakthrough and Beyond: Quality Performance Breakthrough Methods*. McGraw-Hill, New York.
Juran Institute, Inc. (2009). *Quality 101: Basic Concepts and Methods for Attaining and Sustaining High Levels of Performance and Quality*, version 4. (*Source*: Juran Institute, Inc., Southbury, CT.)
Katzenbach, J. R., and Smith, D. K. (1993). Wisdom of Teams: Creating the High Performance Organization, Harvard Business School Press, Boston, MA.
Kotter, J. P. (1996). *Leading Change*. Harvard Business School Press, Cambridge, MA.
Mann, D. W. (1994). "Reengineering the Manager's Role," ASQC Quality Congress Transactions 1994, American Society for Quality, Milwaukee, WI, pp. 155–159.
Neidz, B. A. (1995). "The Blitz Team" IMPRO95 Conference Proceedings, Juran Institute, Inc. Southbury, CT.
Taylor, F. W. (1947). The Principles of Scientific Management, Harper and Row, New York.

第 10 章

展望：促进环境可持续性的生态质量

小约瑟夫·R·德费欧　布赖恩·A·施托克霍夫

关于本章	企业的责任
本章要点	产品和过程寿命周期分析
质量与可持续性：简介	生态质量的定义
全球变暖	生态质量的方法和工具
社会的责任	参考文献

关于本章

随着我们进入 21 世纪，质量管理也在开辟着新的天地。产品开发者在设计产品和服务时，必须满足其顾客的最新关注，这便是对于可持续和生态友好的产品的要求。无论是社会还是企业界，我们都不应只是固守现状，我们必须突破自我设定的界限，必须彻底地跨入一个新的天地——一个崭新的质量天地——从一开始就着眼于生态质量来设计过程和产品。本章将着重讨论质量管理的这一块新的领地，我们将其称为"生态质量"。

本章要点

1. 对环境变化的理解。不断升高的大气二氧化碳水平已经与气候变化和众多的环境问题联系在了一起。诸如冰层融化、淡水短缺、物种灭绝这些现象预示着人类在技术发展进程中构筑起来的"质量大堤"上出现了裂痕。

2. 社会责任。一向相互隔绝的社会在环境问题上开始认识统一起来，采取显著的、协调一致的行动，以加强质量大堤。特别地，人们通过采取种种立法、协定、协议、合约等措施，来鼓励正当的举措并限制那些不可取的行动。

3. 企业责任。企业界正在投入各种项目和举措以应对和减少在产品和过程的整个寿命周期中的环境影响。组织对于其股东和社会负有应对未来变化的责任，这包括明确自身的碳足迹，并实施减少碳足迹的计划。旨在实现综合的碳足迹管理的"从摇篮到坟墓"的全面评估包括了五个寿命周期的阶段。

4. 生态质量的概念及其实现方法都是崭新的，都还处在检验中。我们在此重点讨论其中的四种工具。

质量与可持续性：简介

那些在过去已经取得了成功的组织，无论规模大小，要在未来继续繁荣下去，就必须寻找并抓住机会，在满足社会需要的同时，实现自身的战略目标。组织越来越需要有全局的视野，必须均衡地关注体现了人员、地球和利润（people，planet，profits）三方面要求的产出目标（Savitz and Weber，2006）。因为进入 21 世纪以后，组织已经不能再只是满足于追求利润指标，它们还必须考虑到人和我们的星球。质量管理一直以来就包括了对于人的关注，随着我们继续前行，第三个维度又添加了进来，这便是环境的可持续性与保护。

质量与环境可持续性正在变得日益相互依存。组织不论大小，都在寻求在不牺牲环境完整性的前提下来提升效率和生产率。因此，正如我们所看到的那样，随着质量与环境可持续性的日益结合，质量管理领域中正在发生着根本性的观念转变。这种结合完美之至，我们在商业环境中孜孜以求的卓越绩效扩展到了更大的、作为企业经营背景的自然环境当中。

这种结合由于 ISO 14000 环境管理体系的诞生而进一步强化，该体系是 ISO 9000 的姊妹体系。随着人们环境意识的日益高涨，组织正在寻求新的方式，在满足社会和环境约束的前提下，实现自身的战略目标。越来越多的人开始重视诸如全球变暖和可持续性这些世界性的议题，ISO 14000 的广泛采用便是这种意识的反映。根据本书出版时这一时点的报告，全球有 14 000 个以上的场所通过了 ISO 14000 的认证。其中，大多数分布在如下这些国家或地区：

- 日本（2 600）。

- 德国（1 600）。
- 英国（1 200）。
- 瑞典（650）。
- 中国台湾（500）。
- 美国（590）。
- 荷兰（475）。
- 韩国（460）。
- 瑞士（400）。
- 法国（360）。

质量管理和环境可持续之间的这种结合对于企业和环境都会带来积极的改变。

朱兰博士在许多年之前就采用了"质量大堤保护下的生活"这种提法（Juran, 1969）。正如朱兰博士所阐释的那样，这些质量大堤是我们从危险中获取福祉的一种方式。技术的发展给人们带来了福祉，而借助于这些质量大堤才能使人们免于技术副产品的伤害。朱兰博士指出，这些大堤上会出现微小的裂隙，产品和服务会偶尔失败。这些失败让人不快且代价不菲。当然还可以举出诸如切尔诺贝利和博帕尔灾难这样巨大的失败。这些算是最极端的例子了，但其在全球温室效应可能会造成的海啸面前也相形见绌。

这样的海啸一旦发生，如同许多人相信的那样，大堤将会崩裂，而不只是裂几道缝隙，从而对环境造成更加严重的威胁。近年来，随着人们对温室气体，尤其是二氧化碳，对于气温和气候的影响的讨论日益增多，温室效应的势头正在逐渐加重。二氧化碳有多种来源，既有人为的也有自然的。二氧化碳的物理和相关特性使之成为了全球气温波动的主要嫌犯。切尔诺贝利和博帕尔这些事件发生在局部，其影响也局限于一定的地理范围。但是，全球变暖却不同，顾名思义，其影响要大得多，是世界性的影响。虽然切尔诺贝利和博帕尔这类的技术招致的灾难与全球变暖问题在许多方面都有显著的差异，但在某个方面却又极具共性，这便是技术和人类都有能力带来变化，无论这种变化是好是坏。

全球变暖

全球变暖这一议题把人们的认识分成了两大阵营。一方面，有些人认为全球气温波动反映了正常的、一般性原因引起的变化，或者代表了地球正在经历的一个环境循环或物理循环的一部分,这种循环在遥远的过去也曾经发生过。另一派则主张是人类造成了地球气温的升高,具体来说是由于技术,尤其是温室气体的增加而造成的。这些气体主要是通过自然资源和人类(技术)活动而排放出的,它们造成了"温室效应"。温室气体包括水蒸气、甲烷(methane)、一氧化二氮(nitrous oxide)、氢氟碳化物(hydrofluorocarbons, HFCs)、全氟化碳(perfluorocarbon, PFC)、六氟化硫(sulfur hexafluoride)以及二氧化碳。尤为显著的是,美国环境保护署在2009年初发布的报告称,温室气体造成了空气污染,这会对公众的健康和福祉带来威胁。

在所有这些主要的影响因素中,二氧化碳被认为对我们的环境影响最广,后果也最为严重。大气中的二氧化碳含量达到了破纪录的高点,这被认为与以下现象存在关联,包括海平面上升、全球范围缺水、鱼类枯竭、物种灭绝,还有众多的其他现象。例如,极地冰层正在融化,北极的海冰在1979年到2006年间每10年最低下降量为7.5%(NASA,2009)。世界的广大地区可能会在本世纪中叶遭受严重的淡水短缺(U.N. Environment Programme,2009)。由于过度捕捞,自然的以及人为的环境影响,包括气温改变在内,大西洋的鳕鱼储量急剧下降(Cascorbi and Stevens,2004),难见恢复的迹象。未来几十年中的物种灭绝估计在30%以上,可能危及上百万个物种(Thomas et al.,2004)。

随着发展中的经济体进入到全球化阶段,预计它们的二氧化碳排放将达到警戒的程度。被称为"世界工厂"的中国拥有13.5亿人口,其中只有30%的人口在工厂工作。中国于2006年二氧化碳排放量超过了美国(Aufhammer and Carson,2008),该国的排放在全球的占比2005年是18%,预计到2030年将上升至33%(Garnaut,2008,表3—2)。为了更详细地了解二氧化碳的来源,可参看下面的饼图中所示的按照地区和行业区分的世界二氧化碳排放分布(图10—1a,b),以及按照行业区分的美国的排放分布(图10—2)。

究竟是地球正在经历着又一个环境周期,还是人类活动直接导致了地球气温的升高,或许还是一个争论未决的问题。如果我们能够做些什么来减轻可能对环境造成的损害,作为这个星球的公民,我们就有责任为了我们的孩子和未来的世代而采取措施来保护和维持我们的环境。

虽然已经在采取一些正式的措施,但许多人认为国际合作的程度与世界日益增加的相互依赖和环境威胁尚不匹配。

> 地球并非从父辈那里继承的,而是向子孙借用的。
>
> ——美洲原住民谚语

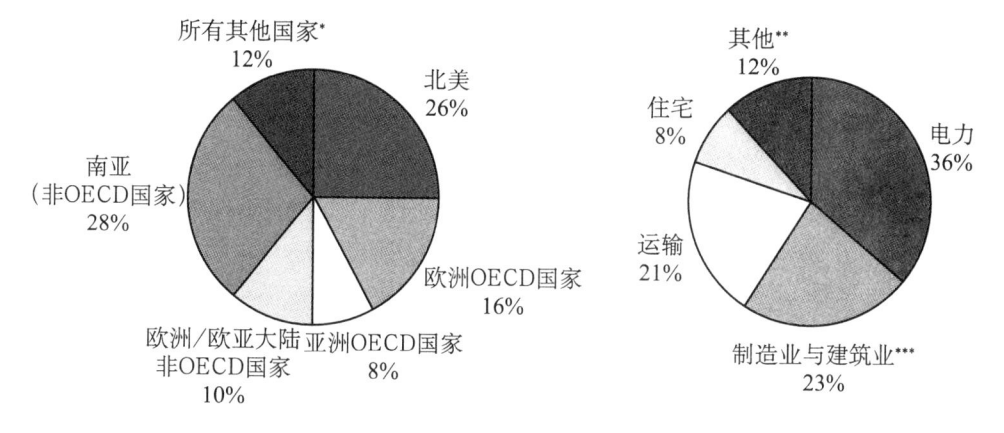

图 10—1 按地区（a）和行业（b）表示的世界二氧化碳排放

注：* "所有其他国家"包括非洲、中东、中南美洲国家。
OECD：经济合作与发展组织。
** "其他"包括商业性的和公共性的服务。
*** "制造业与建筑业"包括了其他的能源工业（如炼油、采煤、石油和天然气开采以及其他的能源产业）。
资料来源：Intergovernmental panel on climate change（IPCC，2005）。

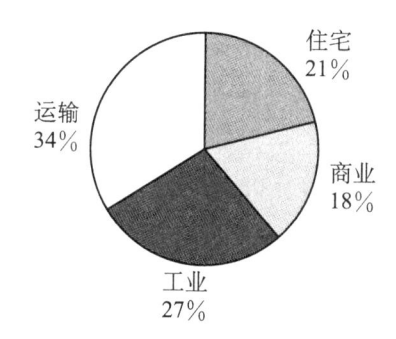

图 10—2 按照最终使用领域分类的能源相关的二氧化碳排放

资料来源：Energy Information Association，2008.

社会的责任

由于技术的进步以及跨距离影响他人的能力，人们在日常生活中的交互程度大大增加。历史上来看，"社会"，从公众这一含义而言，在功能上是由距离的物理限制来决定的。史前时代，一个人所涉及的社会无非就是其家族，后来才相继扩展到部落、村庄、城镇、文化乃至文明。确切地说，人类的社会一直存在着，但对于处在鸡犬之声相闻、老死不相往来的状态下的人们几乎没有什么实际的影响。当时的社会很小，人们所意识到的责任同样也很小。

两个因素——技术与人口数量——共同作用促进了人们的相互作用和相互依存。技术，简单的如车轮，复杂的如互联网，使人员和思想能够方便地远距离运动。人口的影响原先只是区域性的，而现在的影响则要大得多，如国际水域的捕捞作业，把镀有重金属的电子元器件运至另一个大洲回收加工等。

曾经彼此隔绝的社会在环境问题上开始捆绑在了一起。尽管有关各种人类活动对环境的影响的诸多方面尚不存在普遍的共识，政府、草根组织以及其他各种团体正在积极讨论并开始采取清晰而协调一致的行动，以加固朱兰博士在几十年前就敏锐认识到的质量大堤。这些努力无疑将会导致广泛的立法改变，以针对长期以来我们认为理所当然的那些质量领域加以控制。立法对于实现社会目标或许是必需的，但只是控制就足够了吗？

考虑一下立法、协定、协议、条约等的意图。这些手段通过对适当或不适当的活动设限，所起到的主要是限制的作用，尽管也会有所激励。这就是控制的本质——将绩效保持在一定的界限之内。通过持续、渐进的创新，消除背离环境标准的偶发性的特殊原因，质量大堤被逐渐加强。

除此之外我们还可以做些什么？一个良好的控制方案最终将使其自身变得不再必要。一旦大堤的所有漏洞都被堵上，坝体得到了加强，大堤本身就成为了质量改进的界限。就此意义而言，我们有必要超越控制来看问题，突破自我设定的界限，从根本上进入到一个新的天地中，一个新的质量地带，这意味着一开始就从生态质量的角度来设计过程和产品。这便是生态质量（eco-quality）。

企业的责任

从生态质量的角度来看，企业应当扮演何种角色？全球市场对环境变得日益重视，顾客的需要中包括了对于社会的责任。因此，组织开始投资于各种计划和举措，以处理和减少其产品和过程在整个寿命周期的各个阶段对环境的影响。例如，美国财富杂志 500 强企业及其全球伙伴正在认识到理解和改进其内部技术和企业惯行的环境影响的重要性。基于企业可持续发展能力能够为股东创造长期价值的信念，道琼斯在 1999 年创建了可持续发展指数（sustainability indexes），开始率先在全球范围内评价由可持续性驱动的组织的财务绩效。

碳排放信息披露项目（carbon disclosure project，CDP）是另一个国际性的项目。CDP 是一个非营利机构，其使命是为投资人和利益相关者提供有关商业运营在气候变化方面的机会和风险信息。CDP 是洛克菲勒慈善顾问机构（the Rockefeller Philanthropy Advisors，RPA）的一个特别项目，后者旨在通过为相关投资者提供一个协调性的秘书处，帮助全球具有 IRS 501（c）(3) 慈善机构资格的捐助者创建缜密高效的慈善活动。CDP 寻求针对气候改变对商业运营和股东价值的影响，在股东与企业之间建立起持久的关系。CDP 的基本目标是借助于质量信息的支持来促进对话，从而带动对于气候变化的理性应对。

CDP 风险与机会

CDP 的主要目标之一是识别战略性的风险与机会及其商业影响。下面是从 CDP 发送给它的客户的一份问卷中摘取的一些有关风险的提问（Carbon Disclosure Project，2008）。

- 法规——贵公司在气候变化方面的法规风险是什么？
- 自然——贵公司在气候变化方面的自然风险是什么？
- 整体——贵公司在气候变化方面的整体风险是什么？
- 管理——贵公司是否采取或计划了相应的措施以管理整体风险和法规风险并/或适应所识别出的自然风险？
- 财务和经营影响——如何评估所识别风险的当前和/或未来的财务影响？这些风险可能会如何影响你的企业经营？

这些提问反映了产业界在面对气候变化的状况下，或面对正如我们所知道的全球变暖问题的状况下，针对风险和相应的机会所进行的一致的努力。随着政府在二氧化碳水平方面的管制日益严格，组织必须能够证实它们已经实施了促进可持续发展的举措。此外，世界范围内正在不同的阶段上计划和实施诸如碳配额、碳上限以及各种类似的管制。组织对于股东和社会负有责任以应对即将到来的这些变化，这包括清楚自身的碳足迹，并采取措施尽最大努力加以降低。

许多全球性的机构多年来致力于推动具有可持续性的新产品的设计。以下是其中的两个例子。

西班牙电信公司是公司责任的一个例证。2008 年，该公司在整个集团内实施了一个运营控制标准，目的是在其固定和移动电话业务中导入环境管理的最佳实践，从而最大限度地减少西班牙电信公司的环境足迹。

作为全球通讯领域中的领先者，西班牙电信公司一直在持续努力减少其活动对于环境的影响。该公司建立了一个环境管理体系并实施了一套运营控制标准，该标准反映了环境管理方面的最佳实践。该公司在开发此标准时，通过识别网络建设活动和过程中的环境问题，针对各个网络设计了具体的环境管理措施。该公司认为，通过在业务所在国推行该标准来实施环境影响控制，将有助于最大限度地减少该公司的碳足迹。在西班牙电信公司的运营中所识别出的环境问题包括：

- 能源使用。
- 废弃物。
- 无线电波辐射。
- 环境和景观影响。
- 噪声。

沃尔沃公司是另一家在全球得到认可的组织。沃尔沃环境奖授予"在广义环境领域中的杰出创新或科学发现"。沃尔沃环境奖的评定由一个独立的基金会来负责，该基金会成立于 1988 年。获奖者涉及了在环境及可持续发展研究和推广方面的所有领域。

产品和过程寿命周期分析

先前我们曾经介绍过产品或过程的寿命周期阶段的概念。在此，我们将对这一概念进行更为深入的阐述。寿命周期这一概念之所以重要，是因为要获得一个综合的碳足迹认识，就必须分析产品的各个方面，分析从摇篮到坟墓的整个支持过程。这只有综合地分析运营、供应链和分销链才能做到。首先要建立一个碳足迹的基准，接下来的目标就是实施最佳实践，以支持产品及其过程的环境可持续性。尽管这在理论上看起来十分明确，但当前在量化产品或过程的二氧化碳排放时，关于所要包括的寿命周期活动和过程并无统一的或标准的数据要求。

但是，在产品及其支持过程的寿命周期中，我们可以首先识别出能够加以评价和分析的五个阶段。在产品及其支持过程的整个寿命周期中，我们可以确定各个阶段可能产生的二氧化碳排放的范围。一个典型的商业运营有如下五个寿命周期阶段：

1. 产品/过程设计（识别供应链伙伴）。
2. 制造过程。
3. 生产运营。
4. 供应链体系。
5. 最终处置（寿命结束）。

可以理解，组织在确立其碳足迹时，最初关注的是制造、生产和供应链这些处于直接控制之下的活动。但随着成熟度的提高，应更加充分地考虑设计和最终处置的影响。最后，致力于创造和开发具有环境可持续性的过程，这将使顾客、股东和整个社会都受益。

为了在环境可持续性方面满足股东和社会的责任要求，我们建议企业应当采取以下这些活动：

- 为估计二氧化碳排放量所包括的寿命周期活动和过程建立数据集。
- 推动产业伙伴的积极合作以进一步推进产品的环境可持续性以及持续改进。
- 持续评估和分析商业运营中的二氧化碳排放以及其他的环境指标，确保不只是转嫁了环境负担。
- 教育各行各业的厂商和消费者，让人们了解关于各种产品和过程的环境影响。

质量与环境的源起

进入 21 世纪后，质量运动发展到了一个新的天地。如前所述，我们的思路不再局限于只是控制危害（建设和维护质量大堤），而要突破界限，从根本上改进现有过程和产品的环境特性。此外，我们还必须认识到新的顾客需要和社会责任，从一开始就设计出具有生态质量的面向未来的过程和产品。这些认识体现了生态质量的概念。

质量与环境的关系并非一个新问题。朱兰博士在 1969 年就表达了对于不良质量及其相关技术对环境的影响的关切。从这个角度而言，技术是组织满足顾客需要的手段，它反映了人们与物理世界、化学世界和生物世界相互作用的方式。在社会的技术进步过程中，还必须有相应的控制手段，以确保技术进步带来的是福祉而非危害。在关于质量大堤的比喻中（第 2 章 "质量对社会和文化的影响"），朱兰博士提出质量是针对技术进步可能造成的洪水泛滥的保护。大堤偶尔会出现裂隙，我们必须在其失控之前就加以修复。

在阐述对于环境的关切及其与质量管理的关系方面，朱兰博士远远先于他的时代，几乎领先了 30 多年。朱兰博士对于自然资源和环境可持续性的关切基于一个真诚的愿望，这就是要创造一种有质量的生活，不仅是为了自己的子孙，更是为了全人类。朱兰博士直觉地把质量与环境可持续性联系了起来，但未对之命名。朱兰学院将此称作生态质量，作为对朱兰博士的认可。

生态质量的定义

生态质量并非对于产品和服务的"适目的性"的替代，它是对适目的性在未来的含义的扩展。我们相信，出于自己的意愿以及社会和游说团体的压力，顾客将会创造出一个新的质量和卓越绩效的图景，一个新的质量领域，它体现了与质量管理相联系的环境可持续性的要求。我们已经有了将质量设计、质量控制和质量改进的工具与环境可持续性方面的最佳实践加以整合的知识和经验。顾客、主管机构和股东要求企业在生产产品和服务时能够负责任地满足生态方面的要求。生态质量的概念有助于各行各业的企业满足这种要求，注重认识碳足迹并将之降低到适当的水平。

生态质量与卓越绩效

有效的卓越绩效计划将来也要包括对顾客生态质量要求的满足。这也是按照朱兰三部曲进行的，包括了质量设计、质量控制和质量改进的各个过程。首先要对产品及其支持过程进行全面的需要分析，然后针对三部曲的每个步骤采取最合适的方法。过程质量改进仍然是核心，这要通过对碳排放量及来源的详细核算来进行。最后得到一个碳足迹基准，包括了相应的改进建议，旨在通过长期的持续改进，来提高过程效率，消除二氧化碳废弃物，控制排放。通过倾听顾客日益增高的呼声，减少对环境的负面影响，提高效率降低成本以实现投资回报，从而使人员、地球和利润三方面目标由赤字转为盈余。

生态质量的方法和工具

在追求生态友好和生态质量的产品时，我们有大量可用的方法和工具。

ISO 14000 环境管理体系

ISO 14000 标准要求组织建立一个环境管理体系。该标准适用于所有的企业，无论规模、地点或行业。该标准旨在减少企业的环境足迹并降低企业产出的污染和废弃物。该标准的最新版本是由国际标准化组织（ISO）于 2004 年发布的。

ISO 14000 环境管理标准的建立是为了帮助组织最大限度地降低运营对环境的负面影响。其结构类似于 ISO 9000 质量管理标准，两者可以同时实施。一个组织要获得 ISO 14000 的认证，必须通过得到认定的外部审核机构的审核。

作为一种管理工具，一个有效的满足 ISO 14000：2004 标准要求的环境管理体系能够让组织，无论其规模和类型，做到如下的事情：

- 识别和控制组织的活动、产品和服务的环境影响。
- 持续改进组织的环境绩效。
- 以系统的方法设定和实现环境目标，并向外部展示已经实现了目标。

寿命周期评价

这是针对产品或服务从生到死所引起或带来的环境影响进行的"从摇篮到坟墓"的分析。它并不只限于温室气体（参看以下的碳足迹一节），还包括了其他多种损害形式，如臭氧层的消耗、荒漠化、资源消耗等。寿命周期分析的目标是通过给出产品和服务对于环境的负面影响的公正比较，来鼓励明智而适当的选择。

ISO 14000 环境管理标准规定了寿命周期评价的四个阶段：

1. 目标和范围——描述评价的目标、职能单位、系统边界、评价方法以及评价中包括的影响类别。

2. 寿命周期清单——详细列出过程和环境的输入和输出（例如：材料、能源、水、化学物、排放、辐射），主要用软件来收集数据和建模。

3. 寿命周期影响评价——潜在影响的特性描述，转化为通用的测量单位，加权评价不同类别的影响。

4. 解释——对主要影响因素的敏感度、总体分析和结论，相对于目标和范围的评价。

寿命周期评价可以用作一个比较的工具，例如，比较塑料、玻璃和铝制饮料容器的环境影响，其结果可用于市场营销或新产品设计。近期的一项研究报告了寿命周期评价的各种用途：经营战略（18%），研发（18%），产品或过程设计（15%），教育目的（13%），标牌或产品宣传（11%）（Cooper and Fava, 2006）。

碳足迹

碳足迹（或碳概况）是由个人、事件、组织或产品直接和间接造成的所有温室气体排放的总量（The Carbon Trust, 2009）。它常报告为"二氧化碳当量"，也就是以二氧化碳作为一个便利的通用度量。因此，碳足迹并不只是指二氧化碳。这是一个非常广泛的定义，其中包括了多种排放类型，个人或组织对于各种类型有着不同的控制程度。出于实用的考虑，根据可控程度来对二氧化碳当量进行分类是很有用的。通常的分类有：

- 处于直接控制下的活动、产品和服务的排放。
- 处于间接控制下的活动、产品和服务的排放。
- 用电排放。

认识组织的碳足迹有两方面的重要理由，这在之前已经间接地讨论到。首先，顾客、供应商、股东、政府机构以及其他的第三方日益要求企业提供这一信息。例如，参与碳平衡"总量控制与配额交易"（cap and trade）的组织或那些开发绿色营销信息的机构就需要全面、准确、可验证地对温室气体排放加以报告，特别是这些信息还可能成为公众记录的组成部分。其次，正如"没有测量就没有管理"这一谚语所言，碳足迹的测量是减少、控制碳排放，进而实现前述的人员、地球和利润三方面收获的必要步骤。

能源审计

能源审计是指对建筑物、过程或系统的能源流进行的检查和分析，其目的是提高能源效率并减少总的消耗。虽然能源审计并非新事物（效率一直以来就为公司会计部门所关注），但人们对"污染"因素的日益重视起到了重要的推动作用。因为大部分能源来自碳化石燃料，二氧化碳是能源消耗必然伴随的副产品，因此能源的使用成为了碳足迹的主要构成。

能源审计由以下几种类型的信息构成：

- 建筑物信息——建筑物的类型（如办公楼、学校），此前的修护，现行的环保措施，住户状况。
- 建筑物特性——总面积、楼层高度、外墙面积、门的数量和布局、保暖层类型和厚度、玻璃面积、取暖和纳凉方法。
- 电能消耗——计量方法、需求类型（包括峰值、均值、最低值）、能耗成本、服务成本。
- 非电能消耗——其他的能源，如天然气、液化石油气、煤油、煤、木柴、蒸汽。
- HVAC系统——暖气、通风、空调、传感器和控制器、气流、气压。
- 热水——能源、初温和使用温度、热水器至使用点距离、保温、循环。
- 照明——面积、照明类型（白炽灯、荧光灯、汞蒸气灯、高压钠光灯、金属卤化灯）、功率、输出、使用时间、配电盘。

根据能源审计的结果，能够发现机会，减少能源浪费，降低二氧化碳排放和运行成本。许多国家的政府资助了鼓励"绿色建筑"的计划，并提供信息来协助能源审计，例如美国环境保护署能源之星计划中就有这样的内容。

小结

正如气候变化没有单一的影响因素一样，社会的改变也不是由单一的推手推动的，而是一种共同的努力。当组织一门心思竭尽所能满足其顾客的需要时，对那些参差不齐的变革呼声很容易充耳不闻。这样会铸成大错。不可抗拒的期望来自多个源头和视角：

- 顾客——对所购买的产品和服务的环境影响敏感。
- 股东——要求尽责、透明、良好的投资回报。
- 立法者——追求法律鼓励和限制。
- 科学界——寻求基于证据的行动。
- 供应商和分销商——关注"从摇篮到坟墓"的整个链条。

对这些因素采取视而不见的态度并不会使它们消失，真正可能的是，不能够注意这些影响的组织会很快退出历史舞台。我们所有人都以这样那样的方式面对着环境的挑战。

未来属于今天正在筹划未来的人们。

——非洲谚语

参考文献

Aufhammer, M., and Carson, R. T. (2008). "Forecasting the Path of China's CO_2 Emissions Using Province-Level Information." *Journal of Environmental Economics and Management*, vol. 55, no. 3, pp. 229–247.

Carbon Disclosure Project (2008). CDP6 Questionnaire, 1 February. Carbon Disclosure Project, London.

Carbon Trust (2009). "What Is a Carbon Footprint?" The Carbon Trust, London. Retrieved November 19, 2009 from http://www.carbontrust.co.uk/solutions/CarbonFootprinting/what_is_a_carbon_footprint.htm

Cascorbi, A., and Stevens, M. M. (2004). "Seafood Watch Seafood Report: Atlantic Cod." Final Report, July 29. Monterey Bay Aquarium, Monterey, CA.

Cooper, J. S., and Fava, J. (2006), "Life Cycle Assessment Practitioner Survey: Summary of Results." *Journal of Industrial Ecology*, vol. 10, no. 4, pp. 12–14.

Energy Information Administration (2008). "Emissions of Greenhouse Gases Report: Carbon Dioxide Emissions." Report # DOE/EIA-0573(2007), Energy Information Administration, U.S. Department of Energy, Washington, D.C.

Garnaut, R. (2008). "The Garnaut Climate Change Review (2008)." Commonwealth of Australia, Canberra Australian Capital Territory.

Intergovernmental Panel on Climate Change (IPCC), 2005.

Juran, J. M. (1969). "Mobilizing for the 1970s." Quality Progress, August, pp. 8–17.

NASA (2009). Earth Observatory: Arctic Sea Ice. Retrieved November 17, 2009 from http://earthobservatory.nasa.gov/Features/SeaIce/page3.php

Savitz, A. W., and Weber, K. (2006). The Triple Bottom Line. Jossey-Bass, San Francisco.

Thomas, C. D., Cameron, A., Green, R. E., Bakkenes, M., Beaumont, L. J., Collingham, Y. C., Erasmus, et al. (2004). "Extinction Risk from Climate Change." *Nature*, vol. 427, pp. 145–148.

U.N. Environment Programme (2009). UNEP Climate Change Presentation: Science. Retrieved 11/18/09 from http://www.unep.org/climatechange/Science/

Wirtenberg, J., Lipsky, D., and Russell, W. G. (2009). *The Sustainable Enterprise Field Book: When It All Comes Together*. Amacom Books, New York.

Joseph M. Juran, Joseph A. De Feo

Juran's Quality Handbook: The Complete Guide to Performance Excellence, 6th edition

0-07-162973-4

Copyright © 2010, 1999, 1988, 1974, 1962, 1951 by McGraw-Hill Education.

All Rights Reserved. No part of this publication may be reproduced or transmitted in any form or by any means, electronic or mechanical, including without limitation photocopying, recording, taping, or any database, information or retrieval system, without the prior written permission of the publisher.

This authorized Chinese adaptation is jointly publishedby McGraw-Hill Education (Asia) and China Renmin University Press. This edition is authorized for sale in the People's Republic of China only, excluding Hong Kong, Macao SAR and Taiwan.

Copyright © 2013 by Graw-Hill Education (Asia) and China Renmin University Press.

版权所有。未经出版人事先书面许可，对本出版物的任何部分不得以任何方式或途径复制或传播，包括但不限于复印、录制、录音，或通过任何数据库、信息或可检索的系统。

本授权中文简体字改编版由麦格劳-希尔（亚洲）教育出版公司和中国人民大学出版社合作出版。此版本经授权仅限在中华人民共和国境内（不包括香港特别行政区、澳门特别行政区和台湾）销售。

版权© 2013 由麦格劳-希尔（亚洲）教育出版公司与中国人民大学出版社所有。

本书封面贴有 McGraw-Hill Education 公司防伪标签，无标签者不得销售。

北京市版权局著作权合同登记号：01-2013-5885

图书在版编目（CIP）数据

领导者的质量思维/（美）朱兰等主编；焦叔斌译. —北京：中国人民大学出版社，2013.9
ISBN 978-7-300-15120-5

Ⅰ.①领… Ⅱ.①朱… ②焦… Ⅲ.①企业管理-质量管理 Ⅳ.①F273.2

中国版本图书馆CIP数据核字（2013）第217753号

领导者的质量思维
约瑟夫·M·朱兰
约瑟夫·A·德费欧 主编
卓越国际质量科学研究院　组织翻译
焦叔斌　译
Lingdaozhe de Zhiliang Siwei

出版发行	中国人民大学出版社		
社　　址	北京中关村大街31号	邮政编码	100080
电　　话	010-62511242（总编室）	010-62511398（质管部）	
	010-82501766（邮购部）	010-62514148（门市部）	
	010-62515195（发行公司）	010-62515275（盗版举报）	
网　　址	http://www.crup.com.cn		
	http://www.ttrnet.com（人大教研网）		
经　　销	新华书店		
印　　刷	涿州市星河印刷有限公司		
规　　格	165 mm×245 mm　16开本	版　次	2013年10月第1版
印　　张	22.5	印　次	2013年10月第1次印刷
字　　数	403 000	定　价	56.00元

版权所有　侵权必究　印装差错　负责调换